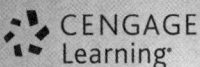

第10版
10th Edition

Principles of Economics

经济学原理

宏观经济学分册

〔美〕曼昆（N. Gregory Mankiw） /著

梁小民　梁砾 /译

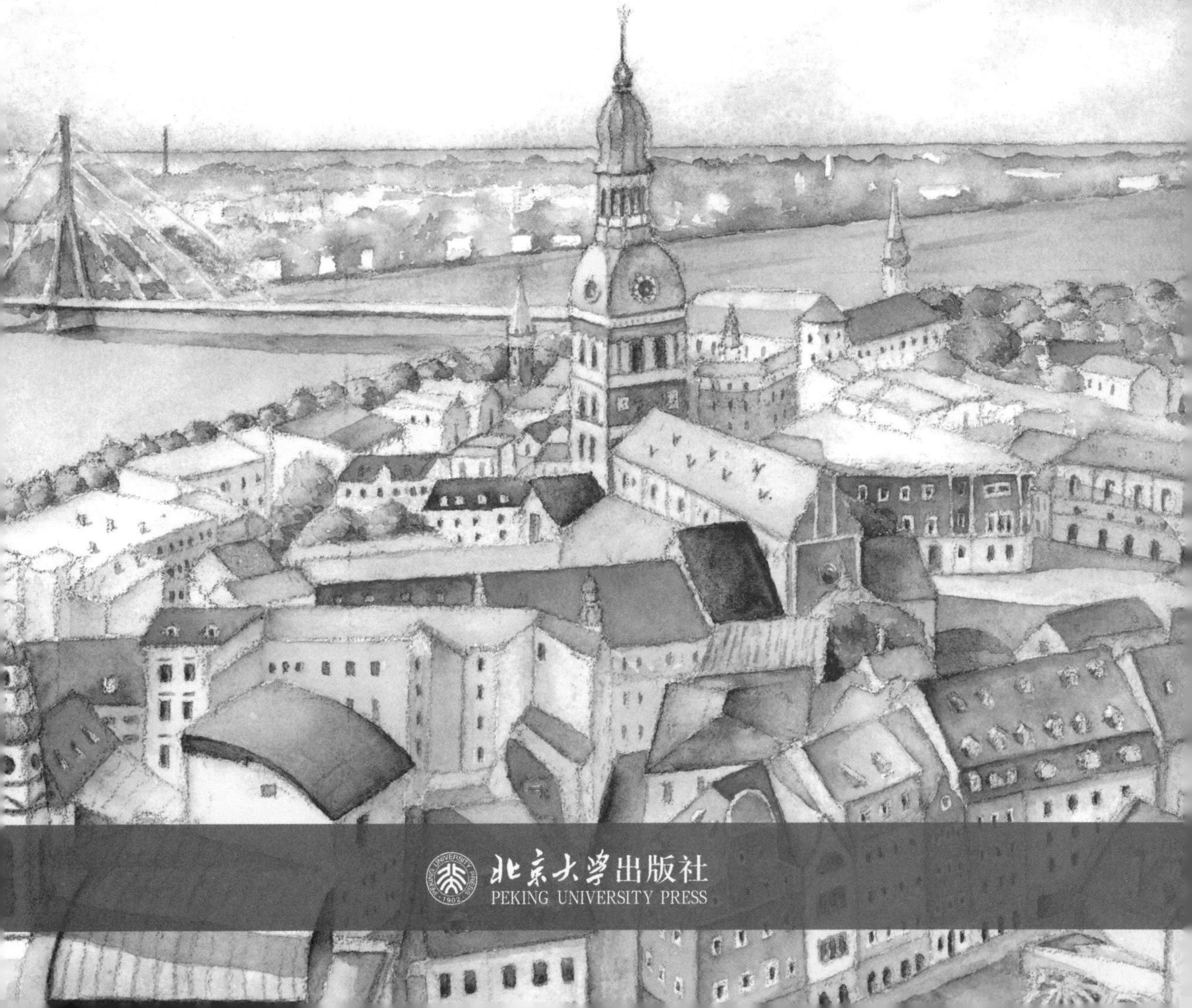

著作权合同登记号　图字：01-2024-4615
图书在版编目（CIP）数据

经济学原理：第10版. 宏观经济学分册 /（美）N. 格里高利·曼昆（N. Gregory Mankiw）著；梁小民，梁砾译. -- 北京：北京大学出版社，2025.9. -- ISBN 978-7-301-36122-1
Ⅰ. F0
中国国家版本馆CIP数据核字第2025Q72Y27号

N. Gregory Mankiw
Principles of Economics, tenth edition
Copyright © 2023, Cengage Learning.
Original edition published by Cengage Learning. All Rights Reserved.
本书原版由圣智学习出版公司出版。版权所有，盗印必究。

Peking University Press is authorized by Cengage Learning to publish and distribute exclusively this simplified Chinese edition. This edition is authorized for sale in the People's Republic of China only (excluding Hong Kong, Macao SARs and Taiwan). Unauthorized export of this edition is a violation of the Copyright Act. No part of this publication may be reproduced or distributed by any means, or stored in a database or retrieval system, without the prior written permission of the publisher.

本书中文简体字翻译版由圣智学习出版公司授权北京大学出版社独家出版发行。此版本仅限在中华人民共和国境内（不包括中国香港、澳门特别行政区及中国台湾地区）销售。未经授权的本书出口将被视为违反版权法的行为。未经出版者预先书面许可，不得以任何方式复制或发行本书的任何部分。

本书封面贴有Cengage Learning防伪标签，无标签者不得销售。

本书采用出版物版权追溯防伪凭证，读者可通过手机下载App扫描封底二维码，或者登录互联网查询产品信息。

书　　　名	经济学原理（第10版）：宏观经济学分册 JINGJIXUE YUANLI（DI-SHI BAN）：HONGGUAN JINGJIXUE FENCE
著作责任者	〔美〕N. 格里高利·曼昆（N. Gregory Mankiw）　著　梁小民　梁砾　译
责 任 编 辑	张　燕
标 准 书 号	ISBN 978-7-301-36122-1
出 版 发 行	北京大学出版社
地　　　址	北京市海淀区成府路205号　100871
网　　　址	http://www.pup.cn
微信公众号	北京大学经管书苑（pupembook）
电 子 邮 箱	编辑部 em@pup.cn　总编室 zpup@pup.cn
电　　　话	邮购部010-62752015　发行部010-62750672　编辑部010-62752926
印 刷 者	三河市北燕印装有限公司
经 销 者	新华书店
	787毫米×1092毫米　16开本　25.75印张　593千字 2025年9月第1版　2025年9月第1次印刷
定　　　价	72.00元

未经许可，不得以任何方式复制或抄袭本书之部分或全部内容。
版权所有，侵权必究
举报电话：010-62752024　电子邮箱：fd@pup.cn
图书如有印装质量问题，请与出版部联系，电话：010-62756370

在线资源使用说明

 学生资源

- **即测即评**（在线测试，附答案）

资源获取方式：

第一步，关注"博雅学与练"微信服务号。

第二步，扫描下方二维码，完成微信账号绑定。

一书一码，扫码一次后即被绑定，请务必使用常用微信扫码。

第三步，扫描书中每章各小节后的"即测即评"二维码，完成在线测试。

（注：如遇到技术问题，可发邮件至 em@pup.cn。）

 教师资源

- **教学演示文稿**（PPT）
- **教师指导手册**（Instructor Manual）
- **在线章节**（Online Chapter）

（注：教师资源仅提供给任课教师。PPT 可提供中英文版，其余资源为英文格式。）

资源获取方式：

如需**中文 PPT**，请扫码关注"北京大学经管书苑"微信公众号：

点击菜单栏的【在线申请】—【教辅申请】，填写相关信息后提交。

北京大学出版社经管图书事业部

联系电话：010-62767312

如需**英文教辅资源**，请扫码关注"圣智教育服务中心"微信公众号：

点击菜单栏的【教学服务】—【教辅申请】，填写相关信息后提交。

Cengage Learning Beijing

联系电话：010-83435000

献给 *Catherine*、*Nicholas* 和 *Peter*，
作为我给下一代的另一种贡献

作者介绍

　　N. 格里高利·曼昆（N. Gregory Mankiw）是哈佛大学的罗伯特·M. 伯瑞（Robert M. Beren）经济学讲席教授。学生时代的曼昆曾在普林斯顿大学和麻省理工学院学习经济学。成为教师后，他讲授过宏观经济学、微观经济学、统计学和经济学原理。多年前他甚至在新泽西州的长滩岛当过一个夏天的帆船运动教练。

　　曼昆教授是一位高产的作者，同时也经常参与学术讨论和政策辩论。他的作品发表在许多学术期刊，如《美国经济评论》《政治经济学杂志》《经济学季刊》上，以及更具普及性的报刊，如《纽约时报》《华尔街日报》上。他也是畅销的中级宏观经济学教科书《宏观经济学》（沃思出版公司出版）的作者。

　　除了教学、研究和写作，曼昆教授还担任美国国家经济研究局的研究员，布鲁金斯学会的经济活动小组成员，美国国会预算办公室、波士顿联邦储备银行和纽约联邦储备银行的顾问，城市研究所和纽约经济俱乐部的理事，以及美国教育考试服务中心的经济学先修课程考试研发委员会成员。2003—2005年，他曾担任美国总统经济顾问委员会主席。

中文版序

我写作经济学教科书的最大乐趣之一，便是看到它们在全世界范围内被广泛采用。当我在出国访学时碰到他国学生，或在哈佛大学碰到前来访问的外国学生时，他们往往会告诉我，我为他们提供了经济学的入门读本，尽管这些书有时是被翻译成我所不懂的各种语言。关于究竟有多少学生接触过我的教科书的报道是粗略的，但可以确定的是，在成为一名教科书作者二十余年后，我在全球数以百万计学生的经济学教育中扮演了一个小小的角色。

正因为经济学的基本原理是如此根本，这种全球范围的普遍使用才成为可能。经济学领域的伟大洞见，如亚当·斯密的"看不见的手"的概念、大卫·李嘉图的比较优势原理，以及约翰·梅纳德·凯恩斯的总需求理论，并不仅仅针对某个特定的时间和空间。相反，它们为机敏的学生提供了观察世界的新透镜和有助于设计更好的公共政策的新工具。当然，一个人透过该透镜看到了什么，以及他或她如何运用这些工具，将取决于特定的历史、政治和文化条件。经济学理论本身并不会给出所有问题的正确答案，但作为通识教育的一部分，它为找到诸多重大问题的正确答案提供了关键线索。

美国学生通常对中国的经济发展颇感兴趣，我相信许多中国学生也会关注美国经济。我向我的学生们指出，中国在过去几十年里的经济增长极为引人注目。考虑到中国庞大的人口规模，人类历史上很可能没有其他事件能比中国经济的快速增长使更多人口脱离贫困。对此，我们唯一适当的反应无疑是赞许。

这种快速增长强化了中国作为世界经济主要参与者的角色。未来几年，将有许多经济议题需要中美两国领导人共同讨论，如全球气候变化、知识产权保护以及国际贸易和金融规则。这些讨论应基于以下认识而展开：繁荣并不是零和博弈，它能以合作和共赢的精神共同实现。就我的教科书在经济学基本原理方面推动了中美两国学生的教育而言，我希望自己能以某种微不足道的方式对两国的持续发展有所贡献。

N. 格里高利·曼昆

前言：致学生

19世纪的伟大经济学家阿尔弗雷德·马歇尔在他的教科书《经济学原理》中这样写道："经济学是一门研究人类日常生活事务的学问。"虽然自马歇尔那个时代以来我们对经济的了解更多了，但经济学的这一定义在今天依然如同在1890年马歇尔的教科书首次出版时那样正确。

作为一名21世纪的读者，你为什么还应该学习经济学呢？理由有三个。

学习经济学的第一个理由是，它能帮助你理解你生活于其中的世界。有许多经济问题可能会激发你的好奇心。为什么在纽约市找公寓如此困难？为什么如果旅客周六停留一个晚上，航空公司对往返机票的收费就要低一些？为什么斯嘉丽·约翰逊出演电影得到的报酬如此之高？为什么许多非洲国家的生活水平特别低？为什么一些国家通货膨胀率高，而另一些国家物价稳定？为什么在一些年份找工作容易，而在另一些年份困难？这些只是经济学课程可以帮助你回答的几个问题。

学习经济学的第二个理由是，它能使你更睿智地参与经济。在你的日常生活中，你要做许多经济决策。当你是学生时，你要决定在学校学习多少年。一旦你参加了工作，你就要决定把多少收入用于支出，多少用于储蓄，以及如何将你的储蓄用于投资。也许有一天你要管理一个小公司或一家大企业，而且你要决定为你的产品制定多高的价格。学习经济学将使你从一个新角度去思考如何最好地做出这些决策。本书各章中探讨的观点本身并不会使你富有，但它将提供一些有助于你努力致富的工具。

学习经济学的第三个理由是，它能使你更好地理解经济政策的潜力与局限性。经济问题总是政策制定者们所关心的。各种不同形式税收带来的负担有哪些？与其他国家自由贸易的影响如何？保护环境的最好方法是什么？政府的预算赤字如何影响经济增长？作为一个选民，你可以帮助政府在这些引导全社会资源配置的政策之间做出选择。对经济学的理解将有助于你履行这一职责。而且或许有一天你自己也会成为那些决策者中的一员。

经济学原理可以运用到生活中的方方面面。无论以后你阅读新闻、管理企业还是制定政策，你都将会为学习过经济学而感到欣慰。

N. 格里高利·曼昆
2022年5月

前言：致教师

在我 20 年的学生生涯中，最令我兴奋的课程是大学一年级时所选的两学期的经济学原理。毫不夸张地说，这门课改变了我的一生。我生活在一个经常在餐桌上讨论政治问题的家庭，关于社会问题的各种解决方案的利弊常常引起激烈的争论。但在学校里，我被科学所吸引。政治问题看起来是模糊、松散和主观的，而科学则是分析性的、系统的和客观的。政治争论无休无止，而科学研究却不断取得进展。

大学一年级的经济学原理课程为我打开了一种全新的思维方式。经济学结合了政治学和科学的优点。它是一门真正的社会科学。它的研究对象是社会——人们的选择如何引导他们的生活，以及他们如何相互影响。但它以科学的冷静态度来研究这一主题。通过把科学方法引入政治问题，经济学旨在应对所有社会面临的挑战。

我写这本书是希望把我在第一门经济学课程中感悟到的兴奋传递给学生。经济学是一门不需要太多知识就可以走得很远的学科（物理学或中文的学习则不然）。经济学家拥有独特的世界观，其中许多内容都可以在一两个学期内学会。本书的目的就是把这种思维方式传递给尽可能广泛的读者，并让读者相信，这种思维方式有助于理解他们的生活和周围的世界。

我认为每个人都应该学习经济学的基本思想。通识教育的目的之一是帮助人们更好地认识世界，从而成为更好的公民。经济学的学习和任何一门学科的学习一样，都服务于这个目的。因此，撰写一本经济学教科书既是莫大的荣誉，也是重大的责任。这也是经济学家促进政府更完善、未来更繁荣的一种方式。正如伟大的经济学家保罗·萨缪尔森所说："如果我能编写一个国家的经济学教科书，我就不在乎谁制定该国的法律，或者谁起草高深的条约。"

第 10 版新在何处？

经济学的目的是理解我们所生活的世界。本书的大部分章节都包括"案例研究"专栏，用以说明如何应用经济学原理。"新闻摘录"专栏提供了来自报纸、杂志和互联网的新闻选录，以说明如何把经济学思想用于阐明社会当前面临的问题。学生在学习了第一门经济学课程之后，应该能从新的视角并以更深刻的见解来思考新闻报道。为了使每一届学生在学习经济学时都感到新鲜和有意义,我在每一版教科书中都会对内容进行更新,以与日益变化的世界保持一致。

第10版中的新应用太多了,无法一一列举,以下是新版所涵盖的部分主题(以及它们所出现的章节):

- 新冠疫情期间的短缺问题重新引发了关于危机期间企业提高价格是否公正的争论(第4章)。
- 网约车市场的未来取决于供给弹性和需求弹性(第5章)。
- 最低工资仍然是一个备受争议的话题(第6章)。
- 碳税是应对全球气候变化的多功能工具(第10章)。
- 随着美国开始建设新的基础设施,公路定价重新受到人们的关注(第11章)。
- 2020年新冠疫情提供了一些关于为何很难削减浪费性医疗支出的教训(第12章)。
- 美国或许可以考虑把增值税作为一项政策(第13章)。
- 拜登政府希望扩大反垄断政策的范围(第16章)。
- 亚马逊公司成为反垄断执法者的目标(第18章)。
- 移民政策在劳动市场上创造了赢家与输家(第19章)。
- 新冠疫情期间的停课可能对收入产生长期持续的影响(第20章)。
- 新研究从人的一生的角度来衡量不平等(第21章)。
- 新冠疫情期间社会保障体系的显著扩大减少了贫困(第21章)。
- 人们在理性应对小概率事件方面表现不佳(第23章)。
- 研究揭示了奴隶贸易的后果如何影响现代非洲(第26章)。
- 1984—2020年美国真实利率的下降是一个谜(第27章)。
- 一般来说,女性是比男性更好的投资者(第28章)。
- 新研究考察了效率工资的实践应用(第29章)。
- 新冠疫情引起的衰退在某些方面是不寻常的(第34章)。
- 新冠疫情期间的货币与财政政策使一些经济学家担心通货膨胀卷土重来(第36章)。
- 人们要求美联储扩大其经济目标组合(第37章)。

第10版还包括了全新的两章。第12章研究医疗经济学。随着医疗在经济中的份额日益增长,其显著特点、面临的问题和政策挑战对学生来说越来越重要。第38章是一个可选的章节,讨论了经济学家如何运用数据。近年来,经济学研究越来越重视实证分析,一些教师希望向学生介绍经济学家所使用的统计方法。教师也可以根据教学需要,选择将这一章提前到课程的前期讲授。

和以往一样,我仔细审阅了每一章内容,以完善其知识覆盖和教学方法。为了确保本书内容清晰、准确且与时俱进,第10版进行了诸多大大小小的修订。

我做出的所有修订以及曾考虑过的其他许多调整,都是根据简洁与否来加以考量的。与经济学所研究的大多数事物一样,学生的时间是稀缺资源。我始终牢记小说家罗伯逊·戴维斯(Robertson Davies)的名言:"写作最重要的一点是精练,而不是让所有人感到无聊。"

本书的结构安排

本书的结构安排是为了使经济学尽可能地让学生感到友好亲切。以下是本书的快速浏览,希望它能使教师了解各部分内容是如何组织在一起的。

导论性内容

第1章"经济学十大原理"向学生介绍经济学家的世界观。该章提前介绍了在经济学中反复出现的一些重要思想,如机会成本、边际决策、激励的作用、贸易的好处,以及市场配置的效率。在全书中,我会经常提到第1章的经济学十大原理,以提醒学生这些思想是所有经济学的基础。

第2章"像经济学家一样思考"考察了经济学家如何研究他们的研究对象。该章讨论了假设在形成理论中的作用,并介绍了经济模型的概念。该章还探讨了经济学家在政策制定中的作用。该章的附录简单复习了如何使用图形,以及图形如何被误用。

第3章"相互依存性与贸易的好处"提出了比较优势理论。该理论解释了为什么个人要与其邻居贸易,以及为什么国家要与其他国家贸易。经济学的大部分内容是关于市场力量如何协调许多个人的生产和消费决策。作为这种分析的出发点,在该章中学生将了解到为什么专业化、相互依存以及贸易会使每个人都受益。

供给和需求的基本工具

接下来的三章介绍了供给和需求的基本工具。第4章"供给与需求的市场力量"提出了供给曲线、需求曲线和市场均衡的概念。第5章"弹性及其运用"介绍了弹性的概念,并用它分析三个不同市场上的事件。第6章"供给、需求与政府政策"用这些工具来考察租金控制和最低工资法等价格管制,以及税收归宿。

第7章"消费者、生产者与市场效率"用消费者剩余和生产者剩余的概念扩展了供求分析。该章首先提出了消费者支付意愿和需求曲线之间的联系,以及生产者生产成本和供给曲线之间的联系,然后说明市场均衡使生产者剩余和消费者剩余之和最大化。这样,学生就可以较早地了解到市场配置的效率。

接下来的两章把生产者剩余和消费者剩余的概念运用到政策问题中。第8章"应用:税收的代价"说明了为什么税收引起无谓损失,以及这种损失的大小由什么决定。第9章"应用:国际贸易",探讨了谁从国际贸易中受益,谁受损,并介绍了有关保护主义贸易政策的争论。

较高深的微观经济学

在考察了为什么市场配置通常是合意的以后,本书又分析了政府有时可以如何改善市场配置。第10章"外部性"解释了污染这类外部效应如何会使市场结果无效率,并讨论了可能的公共与私人解决方法。第11章"公共物品和公共资源"考虑了某些物品(如国防)没有市场价格时所引起的问题。第12章"医疗经济学"考察了经济中一个日益重要的部门的显著特点、面临的问题以及政策挑战。第13章"税制的设计"描述了政府如何筹集支付公共物品所必需的收入。该章提供了关于美国税制的一些制度背景知识,然后讨论了效率和平等目标如何在设计税制时起作用。

接下来的五章考察了企业行为和产业组织。第14章"生产成本"讨论了企业成本包括什么,并介绍了成本曲线。第15章"竞争市场上的企业"分析了作为价格接受者的企业的行为,并推导出市场供给曲线。第16章"垄断"讨论了作为市场上唯一卖者的企业的行为。该章还讨论了垄断定价的无效率、可能的政策反应,以及垄断者实行价格歧视的努力。第17章"垄断竞争"考察有许多提供相似但不相同产品的卖者的市场行为。该章还讨论了有关广告效果的争论。第18章"寡头"介绍了只有少数几个卖者的市场,并使用囚徒困境模型来考察策略性互动。

此后三章提出的问题与劳动市场相关。第19章"生产要素市场"强调了生产要素价格与边际生产率之间的联系。第20章"收入与歧视"讨论了均衡工资的决定因素,包括补偿性工资、人力资本和歧视。第21章"收入不平等与贫困"考察了美国社会的不平等程度、有关政府在改变收入分配中作用的不同观点,以及旨在帮助经受贫困的社会成员的各种政策。

接下来的两章是可供选择的内容。第22章"消费者选择理论"用预算约束线和无差异曲线分析了个人决策。第23章"微观经济学前沿"介绍了不对称信息、政治经济学和行为经济学。一些教师可以跳过所有这些内部或其中部分内容,但这些内容有助于激发学生学习更高级微观经济学课程的兴趣并作好准备。需要讲授这些内容的教师可以比书中安排的顺序更早一点讲授这两章,我在编写这些章节时也考虑到了这种灵活性。

宏观经济学

我讲授宏观经济学的总体方法是在考察短期(价格具有黏性)中的经济之前先考察长期(价格具有灵活性)中的经济。我认为,这种安排使学习宏观经济学变得简单了,原因如下:第一,价格具有灵活性的古典假设与学生已经掌握的供给与需求的基本原理联系更为紧密。第二,古典二分法使有关长期的学习可以分解为几个更容易理解的部分。第三,由于经济周期代表对经济长期增长路径的暂时背离,因此在理解了长期均衡之后再学习这种暂时的背离更为合理。第四,与短期宏观经济理论相比,经济学家对长期宏观经济理论的争议更大。基于这些原因,大多数高级宏观经济课程现在都采用了这种先长期后短期的教学方法,我希望向入门的学生也提供这样的好处。

本书对宏观经济学的介绍从衡量问题开始。第24章"一国收入的衡量"讨论国内生产总值的含义以及与国民收入账户相关的统计数字。第25章"生活费用的衡量"考察消费价格指数的衡量与运用。

接下来的四章描述长期中真实经济的趋势。第26章"生产与增长"考察不同时期之间以及各国之间生活水平巨大差异的决定因素。第27章"储蓄、投资和金融体系"讨论了经济中的各种金融机构及其在资源配置中的作用。第28章"理解金融的基本工具"介绍了现值、风险管理以及资产定价。第29章"失业"考虑失业率的长期决定因素,包括工作搜寻、最低工资法、工会的市场势力以及效率工资。

在讨论了真实经济的长期趋势之后,本书转向货币与价格的长期趋势。第30章"货币制度"介绍了经济学家的货币概念以及中央银行在控制货币量方面的作用。第31章"货币增长与通货膨胀"发展了古典通货膨胀理论,并讨论了通货膨胀给社会带来的成本。

接下来的两章介绍了开放经济的宏观经济学,并保留了价格灵活性和充分就业的长期假设。第32章"开放经济的宏观经济学:基本概念"解释了储蓄、投资与贸易余额之间的关系,名义汇率和真实汇率之间的区别,以及购买力平价理论。第33章"开放经济的宏观经济理论"提出了一个关于物品与资本国际流动的古典模型。该模型说明了各种问题,包括预算赤字与贸易赤字之间的关系,以及贸易政策的宏观经济影响。由于教师对这部分内容的强调有所不同,因此,可以用不同的方法来使用这几章。一些教师可能选择讲授第32章而不讲授第33章,另一些教师也可能略去这两章,还有一些教师可能把这两章内容放在课程最后讲授。

在第26章到第33章介绍了经济的长期理论之后,本书转向解释围绕长期趋势的短期波动。第34章"总需求与总供给"首先介绍了有关经济周期的一些事实,然后引入了总需求与总供给模型。第35章"货币政策和财政政策对总需求的影响"解释了政策制定者如何使用他们掌握的工具来移动总需求曲线。第36章"通货膨胀与失业之间的短期权衡取舍"解释了为什么调控总需求的政策制定者面临通货膨胀与失业之间的权衡取舍。该章解释了这种权衡取舍关系为什么在短期内存在,为什么会随时间推移而变动,以及为什么在长期中并不存在。

宏观经济学的讨论以第37章"宏观经济政策的六大争论"结束。该章考察了政策制定者面临的六个具有争议性的问题:在应对经济周期时政策积极性的适当程度,政府反衰退时在增加支出与减税之间的选择,在实施货币政策时按规则制定与相机抉择之间的选择,实现零通货膨胀率的合意性,政府预算平衡的重要性,以及为了鼓励储蓄而修改税法的必要性。对上述每个问题,该章都提出了争论双方的观点,并鼓励学生做出自己的判断。

本书的最后一章(第38章)是"经济学家如何使用数据"。该章向学生介绍了经济学家用于检验和运用理论的统计方法。教师也可以选择把它移到课程中更靠前的位置讲授。

学习工具

本书的目的是帮助学生学习经济学的基本原理,并向他们展示如何把这些原理运用于现实生活以及身处的世界。为了实现这个目标,书中使用了各种学习工具,这些工具在整本书中反复出现。

"案例研究"专栏

经济学理论只有在能用于解释实际事件与政策时，才是有用且有趣的。因此，本书包含了大量"案例研究"专栏，以应用书中提出的理论。

"新闻摘录"专栏

学习经济学的好处之一是能够获得一个新的视角，并更好地理解来自世界各地的新闻。为了突出这种好处，我收入了许多报纸和杂志文章的摘录，其中一些是由著名经济学家撰写的专栏文章。这些文章和我的简单介绍展示了如何运用基本的经济学理论。其中大部分"新闻摘录"都是本版新增的。每一篇"新闻摘录"都附有"讨论题"，可以用于引出课堂讨论。

"参考资料"专栏

该专栏提供了供读者参考的额外内容。其中一些略微介绍了经济思想史，另一些澄清了一些技术性问题，还有的讨论了一些补充性问题，教师可以选择讨论或者跳过这些问题。

"专家看法"专栏

该专栏总结了一些来自 IGM 经济专家小组（Initiative on Global Markets Economic Experts Panel）的调查结果，他们对几百名著名经济学家的观点进行持续调查。每隔几周，专家们就会收到一种说法，然后被问及是同意这种说法、不同意这种说法，还是不确定。我会在不同章节的有关内容附近展示这些调查结果。这些内容可以让学生了解经济学家什么时候意见一致，什么时候有分歧，以及什么时候不确定。

关键概念

当在各章中介绍关键概念时，本书会以橙色字标出。此外，还会在边栏列出关键概念的定义。这种安排有助于学生学习与复习这些概念。

即测即评

在各章的每一个小节之后，本书都向学生提供了"即测即评"，以检验他们对刚刚学过的内容的理解（学生可以扫描"即测即评"二维码完成在线测试并查看答案）。如果学生不能轻松地回答这些问题，他应该停下来复习相关内容，然后再进入下一节的学习。

内容概要

各章都有简单的内容概要，以提示学生该章最重要的结论。在以后的学习中，内容概要也能为学生复习备考提供一个有效的方法。

"关键概念"列表

各章末尾的关键概念列表可以让学生检验自己对该章所介绍的新术语的理解程度。

复习题

各章末尾的复习题涵盖了各章的主要结论。学生可以用这些题目检验自己的理解并为考试做准备。

问题与应用

各章末尾还包括了多种多样的问题与应用,要求学生运用他们学过的内容解答。教师可以将其作为家庭作业,也可以将其用作课堂讨论。

中文版的不同版本

考虑到教师们在课时数量和课程内容选择方面的差异,中文版提供了三种不同版本。下面是对每个版本的简单介绍:

- 《经济学原理(第 10 版):微观经济学分册》。这个版本包括 23 章,它是为一学期的微观经济学入门课程设计的。
- 《经济学原理(第 10 版):宏观经济学分册》。这个版本包括 15 章,它是为一学期的宏观经济学入门课程设计的。
- 《经济学原理(第 10 版):精要版》。这个版本包括 24 章,它是为一学期的经济学原理入门课程设计的,同时包含了微观经济学和宏观经济学的内容。

教辅资源[*]

出版社为本书配备了各种教辅资源。这些资源使教师讲授经济学原理更容易,而且也使学生学习更容易。北艾奥瓦大学的戴维·R. 哈克斯(David R. Hakes)负责了教辅资源的开发。具体资源如下:

- 教学演示文稿(PPT):本书为教师提供三种类型的 PPT,分别是传统 PPT、图表 PPT 和互动 PPT,方便教师灵活选用。
- 教师指导手册(Instructor Manual):包括学习目标、教学要点提示、习题答案等。
- 在线章节(Online Chapter):本书提供了关于凯恩斯交叉模型(有时也被称为收入 – 支出模型)的一个简要章节,可以作为书中总供给和总需求相关内容的补充材料。

N. 格里高利·曼昆

2022 年 5 月

---

[*] 教辅资源申请方式见本书首页的"在线资源使用说明"。——编者注

学习指南图

第1篇　导　言

第1章　经济学十大原理 —— 一些重要思想指导着经济学的研究。
第2章　像经济学家一样思考 —— 经济学家既可以作为科学家来观察世界,也可以作为决策者来观察世界。
第3章　相互依存性与贸易的好处 —— 比较优势理论解释了人们如何从经济上的相互依存性中获益。

第2篇　市场如何运行

第4章　供给与需求的市场力量 —— 经济如何协调独立的经济主体?通过供求的市场力量。
第5章　弹性及其应用
第6章　供给、需求与政府政策 —— 用供求的工具来考察各种政府政策的效应。

第3篇　市场和福利

第7章　消费者、生产者与市场效率 —— 为什么供求均衡对整个社会是合意的?消费者剩余和生产者剩余的概念解释了市场的效率、税收的代价,以及国际贸易的收益。
第8章　应用:税收的代价
第9章　应用:国际贸易

第4篇　公共部门经济学

第10章　外部性 —— 市场结果并不总是有效率的,政府有时可以弥补市场失灵。
第11章　公共物品和公共资源
第12章　医疗经济学
第13章　税制的设计 —— 为了给政府的各种计划提供资金,政府通过其税制筹集收入,设计税制要关注效率与平等的平衡。

第5篇　企业行为与产业组织

第14章　生产成本 —— 企业理论阐明了竞争市场供给背后的决策。
第15章　竞争市场上的企业
第16章　垄断
第17章　垄断竞争 —— 有市场势力的企业会使市场结果无效率。
第18章　寡头

第6篇　劳动市场经济学

第19章　生产要素市场 —— 这几章考察了劳动市场的特点,大多数人在劳动市场上赚到了自己的大部分收入。
第20章　收入与歧视
第21章　收入不平等与贫困

第7篇　深入研究的论题

第22章　消费者选择理论 ─────────── 微观经济学中深入研究的论题包括家庭决策、不对
第23章　微观经济学前沿 称信息、政治经济学以及行为经济学。

第8篇　宏观经济学的数据

第24章　一国收入的衡量 ─────────── 用于监测整体经济发展的生产总量和物价总水平。
第25章　生活费用的衡量

第9篇　长期中的真实经济

第26章　生产与增长 ───────────
第27章　储蓄、投资和金融体系 这几章描述了长期中决定关键真实变量的力量,这
第28章　理解金融的基本工具 些变量包括 GDP 的增长、储蓄、投资、真实利率和
第29章　失业 ─────────── 失业。

第10篇　长期中的货币与物价

第30章　货币制度 ─────────── 在决定物价水平、通货膨胀率和其他名义变量的长
第31章　货币增长与通货膨胀 期行为时,货币制度至关重要。

第11篇　开放经济的宏观经济学

第32章　开放经济的宏观经济学: ─────────── 用贸易余额、国外净投资和汇率描述了一国与其他
　　　　基本概念 国家的交易。
第33章　开放经济的宏观经济理论 ─────────── 开放经济的长期模型解释了决定贸易余额、真实汇
率和其他真实变量的因素。

第12篇　短期经济波动

第34章　总需求与总供给 ───────────
第35章　货币政策和财政政策对 总需求与总供给模型解释了短期经济波动、货币政
　　　　总需求的影响 策和财政政策的短期效应,以及真实变量和名义变
第36章　通货膨胀与失业之间的 量之间的短期联系。
　　　　短期权衡取舍

第13篇　最后的思考

第37章　宏观经济政策的六大争论 ─────────── 提出了在宏观经济政策六个具有争议性的问题上争
论双方的观点。
第38章　经济学家如何使用数据 ─────────── 通过数据分析来检验理论和估计参数是经济科学的
核心。

目 录

第8篇 宏观经济学的数据

第24章 一国收入的衡量

24.1 经济的收入与支出 004

24.2 GDP的衡量 005
参考资料 其他收入衡量指标 008

24.3 GDP的构成 009
24.3.1 消费 009
24.3.2 投资 009
24.3.3 政府购买 010
24.3.4 净出口 010
案例研究 美国GDP的构成 011

24.4 真实GDP与名义GDP 011
24.4.1 一个数字例子 012
24.4.2 GDP平减指数 013
案例研究 美国半个世纪的真实GDP 015

24.5 GDP是衡量经济福利的好指标吗 016
案例研究 GDP与生活质量的国际差异 017
新闻摘录 性、毒品和GDP 018

24.6 结论 020

内容概要 020
关键概念 021
复习题 021
问题与应用 021

第25章 生活费用的衡量

25.1 消费价格指数 025
25.1.1 如何计算CPI 025
参考资料 CPI的篮子中有什么 027
25.1.2 衡量生活费用涉及的问题 028
25.1.3 GDP平减指数与CPI 029

25.2 根据通货膨胀的影响调整经济变量 031
25.2.1 不同时期的美元数额 031
参考资料 指数先生进入好莱坞 032
案例研究 生活费用的地区差别 033
25.2.2 指数化 035
25.2.3 真实利率与名义利率 035
案例研究 美国经济中的利率 036

25.3 结论 037

内容概要 038
关键概念 039
复习题 039
问题与应用 039

第9篇 长期中的真实经济

第26章 生产与增长

26.1 世界各国的经济增长 044
参考资料 你比最富的美国人还富吗 045

26.2 生产率：作用及决定因素 046
26.2.1 为什么生产率如此重要 046
26.2.2 生产率是如何决定的 047
参考资料 生产函数 049
案例研究 自然资源会成为经济增长的限制因素吗 049

26.3 经济增长和公共政策 050
26.3.1 储蓄和投资 050
26.3.2 收益递减和追赶效应 051

26.3.3 来自国外的投资	052
26.3.4 教育	053
26.3.5 健康与营养	054
26.3.6 产权和政治稳定	055
26.3.7 自由贸易	056
26.3.8 研究与开发	057
26.3.9 人口增长	057
案例研究 非洲的贫困为何如此严重	060
新闻摘录 美国繁荣的秘方	062
26.4 结论：长期增长的重要性	063
内容概要	064
关键概念	064
复习题	064
问题与应用	064

第27章 储蓄、投资和金融体系

27.1 美国经济中的金融机构	067
27.1.1 金融市场	067
27.1.2 金融中介机构	069
27.1.3 总结	071
27.2 国民收入账户中的储蓄与投资	071
27.2.1 一些重要的恒等式	071
27.2.2 储蓄与投资的含义	073
27.3 可贷资金市场	074
27.3.1 可贷资金的供给与需求	074
27.3.2 政策1：储蓄激励	076
27.3.3 政策2：投资激励	077
案例研究 从1984年到2020年美国真实利率的下降	078
27.3.4 政策3：政府预算赤字与盈余	080
案例研究 美国政府债务史	082
参考资料 2008—2009年的金融危机	083
27.4 结论	084
内容概要	085
关键概念	085
复习题	085

问题与应用	085

第28章 理解金融的基本工具

28.1 现值：衡量货币的时间价值	088
参考资料 复利计算的魔力与"70法则"	091
28.2 风险管理	091
28.2.1 风险厌恶	091
28.2.2 保险市场	092
28.2.3 企业特有风险的多元化	093
28.2.4 风险与收益之间的权衡取舍	095
28.3 资产评估	096
28.3.1 基本面分析	096
参考资料 股票投资者需要关注的关键数据	097
28.3.2 有效市场假说	098
案例研究 随机游走与指数基金	099
新闻摘录 Y染色体携带者投资的风险	100
28.3.3 市场非理性	101
28.4 结论	102
内容概要	102
关键概念	103
复习题	103
问题与应用	103

第29章 失业

29.1 失业的认定	106
29.1.1 如何衡量失业	106
案例研究 美国经济中男性与女性的劳动力参工率	108
29.1.2 失业率衡量了我们想要衡量的内容吗	109
29.1.3 失业者没有工作的时间有多长	111
29.1.4 为什么总有些人失业	111
参考资料 就业岗位数	112
29.2 工作搜寻	113
29.2.1 为什么摩擦性失业是不可避免的	113
29.2.2 公共政策和工作搜寻	114
29.2.3 失业保险	114

29.3 最低工资法   115
案例研究   谁在领取联邦最低工资   116

29.4 工会和集体谈判   117
29.4.1 工会经济学   117
29.4.2 工会对经济是好还是坏   119
参考资料   不匹配是结构性失业的来源之一   120

29.5 效率工资理论   120
29.5.1 工人健康状况   121
29.5.2 工人流动率   121
29.5.3 工人素质   121
29.5.4 工人努力程度   121
29.5.5 工人的士气   122
案例研究   亨利·福特与令人惊叹的"5美元日薪"   122
新闻摘录   效率工资的实践应用   123

29.6 结论   125

内容概要   126
关键概念   126
复习题   126
问题与应用   127

第10篇 长期中的货币与物价

第30章 货币制度

30.1 货币的含义   132
30.1.1 货币的职能   132
30.1.2 货币的种类   133
参考资料   加密货币：时尚还是未来   134
30.1.3 美国经济中的货币   135
参考资料   为什么信用卡不是货币   136
案例研究   所有通货都去了哪里   136

30.2 联邦储备系统   137
30.2.1 美联储的组织结构   137
30.2.2 联邦公开市场委员会   138

30.3 银行与货币供给   139
30.3.1 百分之百准备金银行制的简单情形   139
30.3.2 部分准备金银行制下的货币创造   140
30.3.3 货币乘数   141
30.3.4 银行资本、杠杆以及2008—2009年的金融危机   143

30.4 美联储控制货币的工具   145
30.4.1 美联储如何影响准备金量   145
30.4.2 美联储如何影响准备金率   147
30.4.3 控制货币供给中的问题   147
案例研究   银行挤兑和货币供给   148
新闻摘录   哲基尔岛之行   149
30.4.4 联邦基金利率   151

30.5 结论   152

内容概要   153
关键概念   153
复习题   153
问题与应用   154

第31章 货币增长与通货膨胀

31.1 古典通货膨胀理论   157
31.1.1 物价水平与货币价值   157
31.1.2 货币供给、货币需求与货币均衡   158
31.1.3 货币注入的影响   160
31.1.4 调整过程简述   161
31.1.5 古典二分法和货币中性   162
31.1.6 货币流通速度与货币数量方程式   163
案例研究   四次恶性通货膨胀期间的货币与物价   165
31.1.7 通货膨胀税   166
31.1.8 费雪效应   167

31.2 通货膨胀的成本   169
31.2.1 购买力下降了？通货膨胀谬误   169
31.2.2 皮鞋成本   169
31.2.3 菜单成本   171
31.2.4 相对价格变动与资源配置不当   171
31.2.5 通货膨胀引起的税收扭曲   172
31.2.6 混乱与不方便   173
31.2.7 未预期到的通货膨胀的特殊成本：任意的财富再分配   174

31.2.8 通货膨胀是糟糕的，但通货紧缩
　　　　可能更糟　　　　　　　　　　175
案例研究　《奥兹国历险记》与银币自由
　　　　铸造的争论　　　　　　　　175
新闻摘录　恶性通货膨胀时期的生活　177

31.3　结论　　　　　　　　　　　　　179

内容概要　　　　　　　　　　　　　　180
关键概念　　　　　　　　　　　　　　180
复习题　　　　　　　　　　　　　　　180
问题与应用　　　　　　　　　　　　　180

第11篇　开放经济的宏观经济学

第32章　开放经济的宏观经济学：基本概念

32.1　物品与资本的国际流动　　　　186
32.1.1　物品的流动：出口、进口以及净出口　186
案例研究　美国经济日益提高的开放程度　187
32.1.2　金融资源的流动：资本净流出　188
32.1.3　净出口与资本净流出相等　　　189
32.1.4　储蓄、投资及其与国际资本流动的关系 191
32.1.5　总结　　　　　　　　　　　　192
案例研究　美国的贸易赤字是国家问题吗　193

32.2　国际交易的价格：真实汇率与名义汇率 195
32.2.1　名义汇率　　　　　　　　　　195
参考资料　欧元　　　　　　　　　　　196
32.2.2　真实汇率　　　　　　　　　　197

32.3　第一种汇率决定理论：购买力平价理论 199
32.3.1　购买力平价理论的基本逻辑　　199
32.3.2　购买力平价理论的含义　　　　200
案例研究　恶性通货膨胀期间的名义汇率 201
32.3.3　购买力平价理论的局限性　　　202
案例研究　汉堡包标准　　　　　　　　203

32.4　结论　　　　　　　　　　　　　204

内容概要　　　　　　　　　　　　　　205
关键概念　　　　　　　　　　　　　　205
复习题　　　　　　　　　　　　　　　205

问题与应用　　　　　　　　　　　　　205

第33章　开放经济的宏观经济理论

33.1　可贷资金市场和外汇市场的供给与需求 209
33.1.1　可贷资金市场　　　　　　　　209
33.1.2　外汇市场　　　　　　　　　　210
参考资料　购买力平价是一种特例　　　213

33.2　开放经济中的均衡　　　　　　　213
33.2.1　资本净流出：两个市场之间的联系 213
33.2.2　两个市场的同时均衡　　　　　214
参考资料　区分供给与需求　　　　　　216

33.3　政策和事件如何影响开放经济　　216
33.3.1　政府预算赤字　　　　　　　　216
33.3.2　贸易政策　　　　　　　　　　218
33.3.3　政治不稳定与资本外逃　　　　220
案例研究　来自中国的资本流入　　　　222
新闻摘录　把事实和虚构分开　　　　　223

33.4　结论　　　　　　　　　　　　　225

内容概要　　　　　　　　　　　　　　226
关键概念　　　　　　　　　　　　　　226
复习题　　　　　　　　　　　　　　　226
问题与应用　　　　　　　　　　　　　226

第12篇　短期经济波动

第34章　总需求与总供给

34.1　关于经济波动的三个关键事实　　232
34.1.1　事实1：经济波动是无规律的且不可
　　　　预测的　　　　　　　　　　232
34.1.2　事实2：大多数宏观经济变量同时波动 232
34.1.3　事实3：随着产量的减少，失业增加 234

34.2　解释短期经济波动　　　　　　　234
34.2.1　古典经济学的假设　　　　　　234
34.2.2　短期波动的真实性　　　　　　235
34.2.3　总需求与总供给模型　　　　　235

34.3	总需求曲线	237	
34.3.1	总需求曲线为什么向右下方倾斜	237	
34.3.2	总需求曲线为什么会移动	240	

34.4 总供给曲线 242
 34.4.1 长期中总供给曲线为什么是垂直的 242
 34.4.2 长期总供给曲线为什么会移动 243
 34.4.3 用总需求和总供给来描述长期增长与通货膨胀 244
 34.4.4 短期总供给曲线为什么会向右上方倾斜 245
 34.4.5 短期总供给曲线为什么会移动 249

34.5 经济波动的两个原因 250
 34.5.1 总需求曲线移动的影响 251
 参考资料 再度审视货币中性 253
 案例研究 总需求曲线的两次重大移动：大萧条与第二次世界大战 254
 案例研究 2008—2009年的衰退 255
 34.5.2 总供给曲线移动的影响 257
 案例研究 石油与经济 259
 参考资料 总需求与总供给模型的起源 260
 案例研究 2020年的新冠疫情衰退 261
 新闻摘录 2020年不寻常的低迷 262

34.6 结论 264

内容概要 264
关键概念 265
复习题 265
问题与应用 265

第35章 货币政策和财政政策对总需求的影响

35.1 货币政策如何影响总需求 269
 35.1.1 流动性偏好理论 269
 参考资料 长期利率与短期利率 272
 35.1.2 总需求曲线向右下方倾斜 273
 35.1.3 货币供给的变动 274
 35.1.4 美联储政策中利率目标的作用 275
 案例研究 为什么美联储关注股市（股市也关注美联储） 276
 35.1.5 零利率下限 277

35.2 财政政策如何影响总需求 278
 35.2.1 政府购买的变动 278
 35.2.2 乘数效应 279
 35.2.3 支出乘数的公式 280
 35.2.4 乘数效应的其他应用 281
 35.2.5 挤出效应 281
 35.2.6 税收变动 282
 参考资料 财政政策如何影响总供给 283

35.3 运用政策来稳定经济 284
 35.3.1 支持积极稳定政策论 284
 案例研究 白宫的凯恩斯主义者 286
 35.3.2 反对积极稳定政策论 286
 35.3.3 自动稳定器 287

35.4 结论 288

内容概要 289
关键概念 289
复习题 289
问题与应用 290

第36章 通货膨胀与失业之间的短期权衡取舍

36.1 菲利普斯曲线 292
 36.1.1 菲利普斯曲线的由来 293
 36.1.2 总需求、总供给和菲利普斯曲线 294

36.2 菲利普斯曲线的移动：预期的作用 295
 36.2.1 长期菲利普斯曲线 295
 36.2.2 "自然"的含义 297
 36.2.3 使理论与证据相一致 298
 36.2.4 短期菲利普斯曲线 299
 36.2.5 自然率假说的自然实验 301

36.3 菲利普斯曲线的移动：供给冲击的作用 303

36.4 降低通货膨胀的代价 305
 36.4.1 牺牲率 305
 36.4.2 理性预期与无代价的反通货膨胀的可能性 307
 36.4.3 沃尔克的反通货膨胀 308

36.5 最近的历史 309
　36.5.1 格林斯潘时代 309
　36.5.2 大衰退时期 311
　36.5.3 新冠疫情时期 312

36.6 结论 313

内容概要 314
关键概念 314
复习题 315
问题与应用 315

第13篇 最后的思考

第37章 宏观经济政策的六大争论

37.1 货币政策与财政政策制定者应该试图稳定经济吗 319
　37.1.1 支持强力稳定政策的理由 319
　37.1.2 支持适度稳定政策的理由 320

37.2 政府反衰退应该增加支出还是减税 321
　37.2.1 支持通过增加支出来反衰退的理由 321
　37.2.2 支持通过减税来反衰退的理由 323

37.3 货币政策应该按规则制定还是相机抉择 324
　37.3.1 支持基于规则的货币政策的理由 324
　37.3.2 支持相机抉择的货币政策的理由 326
　参考资料　通货膨胀目标制 327

37.4 中央银行应该把通货膨胀率接近于零作为目标吗 327
　37.4.1 支持接近于零的通货膨胀率的理由 328
　37.4.2 支持适度通货膨胀的理由 329
　新闻摘录　货币政策的目标 330

37.5 政府应该平衡其预算吗 332
　37.5.1 支持平衡预算的理由 332
　37.5.2 反对平衡预算的理由 333

37.6 应该为了鼓励储蓄而修改税法吗 334
　37.6.1 支持通过税收改革鼓励储蓄的理由 335

　37.6.2 反对通过税收改革鼓励储蓄的理由 336

37.7 结论：经济政策与灰色地带 337

内容概要 338
复习题 338
问题与应用 339

第38章 经济学家如何使用数据

38.1 经济学家收集和研究的数据 340
　38.1.1 实验数据 340
　案例研究　"迁移机会"计划 341
　38.1.2 观测数据 342
　38.1.3 数据的三种类型 343

38.2 经济学家用数据做什么 343
　38.2.1 描述经济 344
　38.2.2 量化关系 344
　38.2.3 检验假设 344
　38.2.4 预测未来 345
　案例研究　FRB/US模型 346

38.3 数据分析的方法 346
　38.3.1 找出最佳估计 347
　38.3.2 衡量不确定性 350
　38.3.3 考虑混杂变量 351
　38.3.4 确定因果效应 353
　案例研究　服兵役如何影响公民的收入 355

38.4 结论 356

内容概要 356
关键概念 356
复习题 357
问题与应用 357

术语表 359

索引 365

第8篇
宏观经济学的数据

| 第24章 |
一国收入的衡量

| 第25章 |
生活费用的衡量

第 24 章　一国收入的衡量

当你完成学业并开始寻找一份全职工作时,你所经历的求职体验在很大程度上是由当时的经济形势决定的。在一些年份,整个经济中的企业都在扩大物品与服务的生产,就业需求因此增加,找到一份工作便很容易。在另一些年份,企业削减生产,就业需求因此减少,招聘广告寥寥无几。任何一个大学毕业生都希望在经济扩张的年份进入劳动力队伍,而不愿意在经济紧缩的年份进入。

整体经济的状况影响着我们每一个人,因此经济状况的变动被新闻媒体广泛报道。实际上,新闻中充斥着各种经济统计数据。这些统计数据可能衡量的是经济中所有人的总收入(国内生产总值,即 GDP)、平均物价上升或下降(通货膨胀或通货紧缩)的比率、劳动力中失去工作的人所占的百分比(失业率)、商店的总销售额(零售额),或者本国(地区)与其他国家(地区)之间贸易的不平衡程度(贸易赤字)。所有这些统计数据都是宏观经济数据。它们关注的不是某个家庭、企业或市场的情况,而是提供了关于整体经济的信息。

正如第 2 章所讨论的,经济学分为两个分支:微观经济学和宏观经济学。**微观经济学**(microeconomics)研究家庭和企业如何做出决策,以及它们如何在市场上相互影响。**宏观经济学**(macroeconomics)研究整体经济,旨在解释同时影响许多家庭、企业和市场的经济变化。宏观经济学家解决各种各样的问题:为什么一些国家的平均收入高,而另一些国家的平均收入低?为什么物价有时迅速上升,而在另一些时候则较为稳定?为什么生产和就业在一些年份扩张,而在另一些年份收缩?政府可以用什么方法来促进收入的迅速增长、通货膨胀率的降低和就业的稳定?这些问题在本质上都属于宏观经济问题,因为它们都涉及整体经济的运行。

由于整体经济是由在许多市场上相互影响的家庭和企业构成的,因此微观经济学和宏观经济学密切相关。例如,供给和需求这种基本工具

微观经济学: 研究家庭和企业如何做出决策,以及它们如何在市场上相互影响的学科。

宏观经济学: 研究整体经济现象(包括通货膨胀、失业和经济增长)的学科。

---

* 正文的边码为英文原书页码,供读者查询索引中的词条时使用。由于局部删节以及排版方式的差别,个别边码可能会出现不连贯的情况。——编者注

既是微观经济分析的中心,也是宏观经济分析的中心。然而,对整体经济进行研究面临一些特殊的挑战。正如要理解一片森林,仅对每一棵树分析透彻是不够的。

在本章和下一章中,我们将讨论经济学家和政策制定者用来监测整体经济状况的一些数据。我们的出发点是国内生产总值(GDP),它衡量的是一国的总收入。GDP通常被认为是衡量社会经济福利状况的单一最佳指标。

24.1 经济的收入与支出

如果你要判断一个家庭经济状况的好坏,首先就要看这个家庭的收入。高收入通常意味着较高的生活水平——更大的住房、更好的医疗、更豪华的汽车、更奢侈的假期,等等。

同样的逻辑也适用于一国的经济。判断一国经济是富裕还是贫穷时,我们自然就会考察经济中所有人赚到的总收入。这正是GDP的作用。

GDP同时衡量两件事:经济中所有人的总收入,以及用于经济中物品与服务的总支出。GDP既能衡量总收入又能衡量总支出,是因为这两者实际上是相同的。对一个整体经济而言,收入必定等于支出。

这是因为每一笔交易都有两个参与方:买者和卖者。某个买者的1美元支出正是对应卖者的1美元收入。如果Karen向给她修剪草坪的Doug支付100美元,那么Doug是服务的卖者,而Karen是买者。Doug赚了100美元,而Karen支出了100美元。这笔交易对经济的收入和支出做出了相同的贡献。无论用总收入还是总支出来衡量,GDP都增加了100美元。

解释收入和支出相等的另一种方法是用图24-1所示的循环流量图。你也许还记得第2章所讲的,这个图描述了一个简单经济中的家庭和企业之间的全部交易。为了简化问题,这个图假设所有物品与服务都被家庭购买,并且家庭将全部收入用于支出。在这个经济中,当家庭从企业购买物品与服务时,这些支出在物品与服务市场上流动;当企业用销售收入来支付工人工资、土地租金和企业所有者利润时,这些收入在生产要素市场上流动。货币不断地从家庭流向企业,然后又流回家庭。

GDP衡量货币的流量。我们可以用以下两种方法来计算这个经济的GDP:加总家庭的总支出或加总企业支付的总收入(工资、租金和利润)。由于经济中所有的支出最终要成为某人的收入,所以无论我们如何计算,GDP都是相同的。

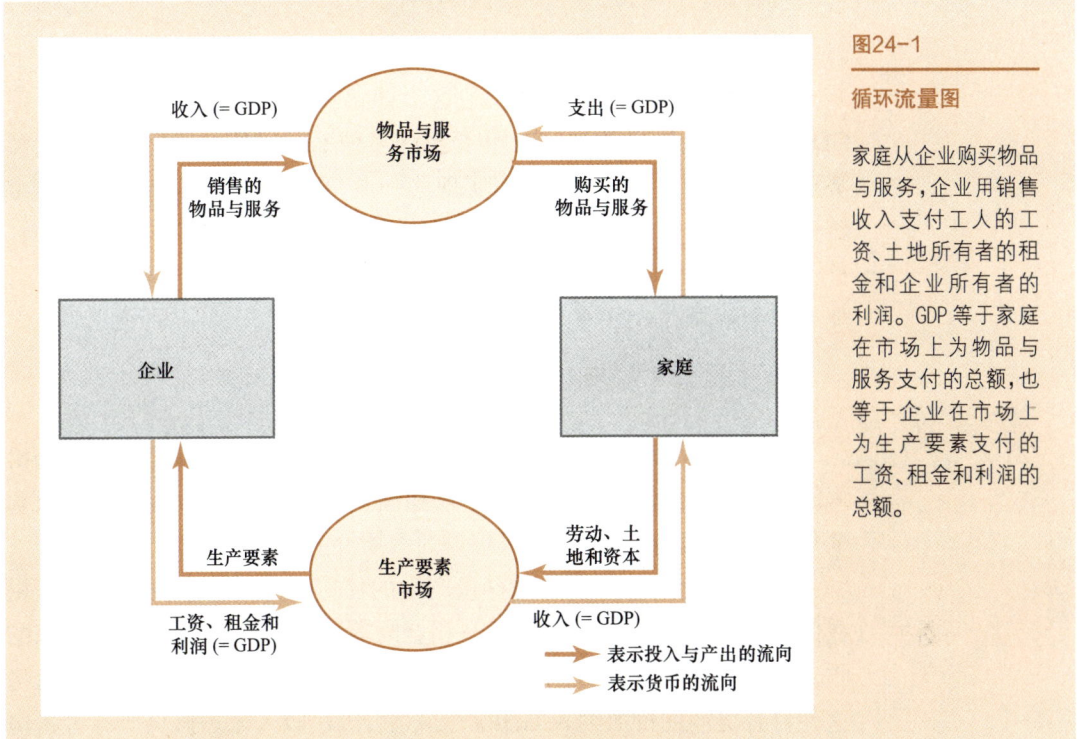

图24-1

循环流量图

家庭从企业购买物品与服务，企业用销售收入支付工人的工资、土地所有者的租金和企业所有者的利润。GDP等于家庭在市场上为物品与服务支付的总额，也等于企业在市场上为生产要素支付的工资、租金和利润的总额。

当然，现实经济比图24-1所示的情况要复杂得多。家庭不会将全部收入用于消费，而是会将部分收入用于支付政府税收，部分收入用于储蓄以备未来之需。此外，家庭也并没有购买经济中生产的全部物品与服务，一些物品与服务由政府采购用于公共事业，还有一些由计划扩大生产能力的企业购买。但基本原理是相同的：无论是家庭、政府还是企业购买某种物品或服务，该交易总有买者与卖者。因此，对整个经济而言，支出和收入总是相等的。

即测即评24-1

（扫码答题）

24.2 GDP 的衡量

我们已经在一般意义上讨论了 GDP 的含义，现在可以更准确地说明如何衡量这个统计指标。下面是从支出角度对 GDP 的定义：

国内生产总值（gross domestic product，GDP）是在某一既定时期一个国家内生产的所有最终物品与服务的市场价值。

这个定义看上去相当简单，但实际上，在计算一个经济的 GDP 时，会遇到许多微妙的问题。因此，下面让我们来仔细探讨这个定义中的每一个词。

国内生产总值：
在某一既定时期一个国家内生产的所有最终物品与服务的市场价值。

"GDP 是……的市场价值"

"你无法比较苹果与橘子。"这个谚语在通常情况下是正确的,但 GDP 正是要做这样的事。GDP 要把许多种不同物品加总为一个衡量经济活动价值的单一指标。为了实现这一点,它使用市场价格将衡量数量转化为衡量价值。价格是价值的衡量标准,因为它反映了人们愿意为各种不同商品支付的金额。如果一个苹果的价格是一个橘子价格的 2 倍,那么一个苹果对 GDP 的贡献就是一个橘子的 2 倍。

"……所有……"

GDP 对经济的衡量力求全面,囊括在经济中生产并在市场上合法出售的所有东西。GDP 不仅衡量苹果和橘子的市场价值,而且还衡量梨和葡萄柚、图书和电影、理发和医疗等的市场价值。

GDP 还包括经济中住房存量产生的住房服务的市场价值。对于租赁住房,这种价值很容易计算——租金既等于房客的支出,又等于房东的收入。但对于自有住房,居民并不支付租金。政府通过估算租赁价值将这种自有房产的价值纳入 GDP。实际上,国民收入账户假设所有者将房屋出租给自己,隐含的租金既包括在房东的支出中,又包括在其收入中,因此应将其计入 GDP。

但是,还有一些物品的价值没有被纳入 GDP,因为衡量起来十分困难。这类物品包括大多数非法生产与销售的物品,例如毒品。GDP 也不包括只在家庭内生产和消费而没有进入市场的物品。例如,你在杂货店买的蔬菜是 GDP 的一部分,但你在自家院子里种的蔬菜却不是。当你居家工作时,你为雇主创造的产出是 GDP 的一部分,但你为家庭创造的产出却不是。

这些未被纳入 GDP 的东西有时会引起一些似是而非的结果。当 Karen 向 Doug 支付修剪草坪的费用时,这种交易就是 GDP 的一部分。但如果 Karen 和 Doug 结婚了,情况就变了。尽管 Doug 仍然会给 Karen 修剪草坪,但修剪草坪服务的价值就不再纳入 GDP 了,因为 Doug 的服务不再在市场上出售。他们的婚姻可以提高他们的经济福利和社会总福利,但减少了 GDP。

"……最终……"

当英特尔制造的芯片被戴尔用来生产电脑时,芯片就是一种中间产品,而电脑是最终产品。GDP 只包括最终产品的价值,因为中间产品的价值已经包括在最终产品的价格中了。把芯片的市场价值与电脑的市价值相加就会产生重复计算的情况，也就是说，会(错误地)把芯片的价值计算了两次。

该原则的一个例外情形是：生产出来的中间产品没有被使用，而是成为企业的存货，以备未来使用或销售。在这种情况下，中间产品被暂时作为"最终"产品，其价值作为存货投资成为 GDP 的一部分。因此，增加的存货价值应纳入 GDP，而当存货产品以后被使用或出售时，再把减少的存货价值从 GDP 中扣除。

"……物品与服务……"

GDP 既包括有形的物品(如食物、衣服、汽车)，又包括无形的服务(如理发、打扫房屋、看病)。当你购买了一件印了你最喜爱的乐队标志的 T 恤时，你购买的是一种产品，其购买价格是 GDP 的一部分。当你花钱去听同一个乐队的演唱会时，你购买的是服务，票价也是 GDP 的一部分。

"……生产的……"

GDP 衡量当期生产的物品与服务，而不涉及过去生产的物品与服务的交易。比如，当奔驰汽车公司生产并销售一辆新汽车时，这辆汽车的价值包括在 GDP 中。而当一个人把一辆二手奔驰车出售给另一个人时，这辆二手车的价值不包括在 GDP 中。

"……一个国家内……"

GDP 衡量的是一个国家地理范围之内的生产价值。当一个加拿大人暂时在美国工作时，他的产出是美国 GDP 的一部分。当一个美国人在海地拥有一个工厂时，这个工厂的产出不会计入美国 GDP(而是会计入海地 GDP)。因此，如果某些物品与服务是在一国国内生产的，则无论生产者的国籍如何，它们的价值都被纳入该国的 GDP。

"……在某一既定时期……"

GDP 衡量某一既定时期内发生的生产的价值。这个时期通常是一年或一个季度。GDP 衡量这一段时期内经济的收入流量与支出流量。

当政府公布一个季度的 GDP 时，通常会以"年率"表示。这意味着所公布的季度 GDP 数据是该季度的收入与支出量乘以 4 后的结果，这么做是为了更易于比较季度与年度的 GDP 数据。

此外，当政府公布季度 GDP 时，它提供的是经季节性调整后的数据。从未经调整的数据中能清楚地看到，一年中某个时期生产的物品与服务多于其他时期(每年 12 月的购物旺季是其中一个高点)。当监测经济状况时,经济学家和政策制定者通常想消除这些有规律的季节性变动。因此,政府统计学家会对季度数据进行调整,以避开季节性周期。新闻中公布的GDP数据通常是经过了这种季节性调整的。

现在我们再复习一下GDP的定义:GDP是在某一既定时期一个国家内生产的所有最终物品与服务的市场价值。

这个定义倾向于将GDP视作经济中的总支出。但是,不要忘了,一种物品或服务的买者的每一元支出都要变为对应卖者的收入。因此,除了加总支出来计算GDP,政府也会加总得出经济的总收入,即国内总收入(gross domestic income,GDI)。GDP和GDI的数值几乎完全相同。为什么是"几乎"?因为这两种衡量方法得到的结果本应该完全相同,但数据来源并不完美。GDP与GDI之间的差异被称为统计误差。

显然,GDP是衡量经济活动价值的一种复杂指标。在高级宏观经济学课程中,你将进一步了解其计算的更多细节。即使现在,你也可以看到,GDP的定义中的每个词都有其丰富的含义。

即测即评24-2
(扫码答题)

参考资料　　其他收入衡量指标

当美国商务部每三个月计算一次本国的GDP时,它还会计算衡量收入的其他指标,以更全面地反映经济状况。这些指标与GDP的不同之处在于它们是否包括某些类型的收入。下面我们按从大到小的顺序简要描述其中五个指标。

- **国民生产总值**(gross national product,GNP)是一国永久居民(称为国民)所赚到的总收入。它与GDP的不同之处在于,它包括本国公民在国外赚到的收入,而不包括外国人在本国赚到的收入。例如,当一个加拿大人暂时在美国工作时,他的产出是美国GDP的一部分,但不是美国GNP的一部分(而是加拿大GNP的一部分)。对大部分国家来说,国内居民承担绝大部分的国内生产,因此GDP和GNP是非常接近的。

- **国民生产净值**(net national product,NNP)是一国居民的总收入(即GNP)减折旧。折旧是经济中设备和建筑物存量的磨损或损耗,例如卡车报废和电脑过时。在美国商务部编制的国民收入账户中,折旧被称为"固定资本消耗"。

- **国民收入**(national income)是一国居民在物品与服务生产中赚到的总收入。它与国民生产净值几乎是相同的。这两个指标的不同仅源自数据收集问题引起的统计误差。

- **个人收入**(personal income)是家庭和非公司制企业获得的收入。与国民收入不同,个人收入不包括留存收益——公司获得的但没有支付给其所有者的收入,还要减去间接税(例如销售税)、公司所得税和社会保障支付(主要是社会保障税)。此外,个人收入还包括家庭从其持有的政府债券中得到的利息收入,以及家庭从政府转移支付项目中得到的收入,如社会福利和社会保障收入。

- **个人可支配收入**(disposable personal income)是家庭和非公司制企业在履行它们对政府的义务之后的剩余收入。它等于个人收入减个人税收和某些非税收支付(例如交通罚款)。

虽然各种衡量收入的指标在细节上有所不同,但它们对经济状况的描述几乎总是一致的。当 GDP 迅速增长时,其他收入衡量指标通常也会迅速增长。当 GDP 减少时,其他收入衡量指标通常也会下降。因此,就监测整体经济的波动而言,我们选择用哪一种收入衡量指标并不太重要。

24.3 GDP 的构成

经济中的支出有多种形式。在任何一个时刻,Lopez 一家人可能正在汉堡王享用午餐,福特公司可能正在新建一个汽车厂,美国海军可能正在采购一艘潜艇,而英国航空公司可能正从波音公司购买一架飞机……GDP 包括了国内生产物品和服务涉及的所有支出形式。

为了了解经济如何使用稀缺资源,经济学家按照各种支出类型研究 GDP 的构成。为此,GDP(用 Y 表示)被分为四个组成部分:消费(C)、投资(I)、政府购买(G)和净出口(NX):

$$Y = C + I + G + NX$$

这个等式是一个恒等式——按等式中各个变量的定义,该等式必定成立。在这种情况下,由于 GDP 中的每一元支出都必然属于 GDP 四个组成部分中的一个,所以这四个组成部分的总和必然等于 GDP。现在我们来进一步考察这四个组成部分。

24.3.1 消费

消费(consumption)是家庭用于物品与服务(购买新住房除外)的支出。其中,"物品"包括家庭购买的汽车与家电等耐用品,以及食品和衣服等非耐用品;"服务"包括理发和医疗这类无形的东西。按照惯例,家庭用于教育的支出也被计入服务消费(虽然有人会认为教育更适合放在投资部分)。

消费:
家庭用于物品与服务(购买新住房除外)的支出。

24.3.2 投资

投资(investment)是对用于未来生产更多物品与服务的物品(称为"资本品")的购买。它是用于企业资本、住房资本和存货的支出总和。企业资本包括企业的建筑物(如工厂和办公楼)、设备(如工人的电脑)及知识产权产品(如电脑软件)。住房资本包括房东(用于出租)的公寓和房主的个人

投资:
用于企业资本、住房资本和存货的支出。

住房。按照惯例,购买新住房是一种被划入投资而非消费的家庭支出形式。

正如本章前面所提到的,对存货的处理方式值得我们关注。当苹果公司生产了一台电脑但并没有出售,而是将其加到存货中时,我们就视作苹果公司自己"购买了"这台电脑。也就是说,核算国民收入时会把这台电脑作为苹果公司投资支出的一部分来处理。如果苹果公司以后卖出了存货中的这台电脑,则其存货投资就将是负的,抵消了买者的正支出。用这种方法处理存货是因为 GDP 衡量的是整个经济中生产的物品与服务的价值,而增加到存货中的产品是这个时期生产的产品的一部分。

你应该注意到了,GDP 核算中"投资"这个词有其特殊含义。在日常谈话中,这个词可能会让你想到金融投资,如股票、债券以及共同基金——在本书的后面我们要研究这些主题。与此相反,由于 GDP 衡量购买物品与服务的支出,因此这里"投资"是指购买未来用于生产其他物品和服务的物品(例如设备、住房和存货)。

24.3.3 政府购买

政府购买:
中央和地方政府用于物品与服务的支出。

政府购买(government purchase)包括中央和地方政府用于物品与服务的支出。它包括政府雇员的薪水和用于公务的支出。美国国民收入账户称这种支出为"政府消费支出和总投资",在本书中,我们会采用传统且较短的术语"政府购买"。

我们有必要对"政府购买"的含义加以说明。当政府向一位士兵或中小学教师支付薪水时,这份薪水就是政府购买的一部分。但是,当政府向一位老年人支付社会保障补助或者向刚刚被解雇的工人支付失业保险补助时,情况就完全不同了:这些政府支出被称为转移支付,因为它们并不用于交换现期生产的物品与服务。转移支付改变了家庭收入,但并没有反映经济的生产。(从宏观经济的角度看,转移支付类似于"负"的税收。)由于 GDP 旨在衡量来自物品与服务生产的收入和用于这些物品与服务生产的支出,所以转移支付不被计入政府购买。

24.3.4 净出口

净出口:
外国对国内生产商品的支出(出口)减去国内对外国商品的支出(进口)。

净出口(net export)等于外国对国内生产商品的支出(出口)减去国内对外国商品的支出(进口)。国内企业把产品卖给别国的买者,比如,美国波音公司向英国航空公司销售一架飞机,就增加了美国的净出口。

"净出口"中的"净"指从出口中减去进口这一事实。要减去进口,是因为 GDP 的其他组成部分中包括了进口的物品与服务。例如,假设美国一个家庭从瑞典的沃尔沃公司购买了一辆价值 5 万美元的汽车。对美国来说,这笔交易增加了 5 万美元的消费,因为购买汽车是消费支出的一部分;同时,也减少了 5 万美元的净出口,因为该辆汽车是进口的。换句话说,净出口包括国外生产的物品与服务(符号为负),因为这些物品与服务已经体现在消费、投资和政府购买中(符号为正)。因此,当国内的家庭、企业或政府购买了国外的物品与服务时,它在增加消费、投资或政府购买的同时,也以相同金额减少净出口,从而对 GDP 的值没有影响。

即测即评24-3

(扫码答题)

案例研究 美国GDP的构成

表 24-1 显示了 2021 年美国 GDP 的构成。这一年美国的 GDP 大约为 23 万亿美元。用这个数字除以 2021 年美国的人口数量,可以得出该年美国的人均 GDP——2021 年美国的人均收入和人均支出都是 69 386 美元。

	总量(10 亿美元)	人均量(美元)	占总量的百分比(%)
GDP(Y)	22 994	69 386	100
消费(C)	15 750	47 528	68
投资(I)	4 108	12 396	18
政府购买(G)	4 052	12 226	18
净出口(NX)	-916	-2 764	-4

资料来源:U.S. Department of Commerce.
注:由于计算过程中的四舍五入,各部分之和可能与总量不等。

表24-1

美国的GDP及其构成

该表说明了 2021 年美国经济的 GDP 总量及其四个组成部分的明细。在看这个表时,要记住 $Y=C+I+G+NX$ 这个恒等式。

其中,消费占 GDP 的约 68%,即人均 47 528 美元;投资是人均 12 396 美元;政府购买是人均 12 226 美元;净出口是人均 -2 764 美元,这个数字是负的,因为美国人从出售给外国人的商品中所赚到的收入小于他们用于购买外国商品的支出。

这些数据来自美国经济分析局——美国商务部负责提供国民收入核算的部门。你可以在它的网站 http://www.bea.gov 上找到最新的 GDP 数据。

24.4 真实 GDP 与名义 GDP

正如我们已经说明的,GDP 衡量经济中所有市场上物品与服务交易的总支出。如果总支出从某年到下一年增加了,则下述两种情况中至少有一种必然是正确的:(1)经济生产了更多的物品与服务;(2)物品与服务以更高的价格销售。在研究经济随着时间推移所发生的变化时,经济学家们想区分这两种影响。尤其是,他们想衡量不受价格变动影响的物品与服务的总产量。

为此,经济学家使用了一个被称为真实GDP的衡量指标。真实GDP回答了一个假设性的问题:如果我们以过去某一年的价格来衡量今年生产的物品与服务的价值,那么这些物品与服务的价值是多少?通过使用固定在过去水平上的价格来评价现期生产,真实GDP能够说明一段时期内经济中整体物品与服务生产的变动。

为了更准确地说明真实GDP是如何构建的,我们来看一个例子。

24.4.1 一个数字例子

假设一个经济中只生产两种产品——热狗与汉堡包,其数据如表24-2所示。该表列出了2022年、2023年和2024年这两种产品的价格与产量。

表24-2

真实GDP与名义GDP

该表说明了如何计算一个只生产热狗与汉堡包的假想经济的真实GDP、名义GDP和GDP平减指数。

年份	价格与产量			
	热狗价格(美元)	热狗产量(个)	汉堡包价格(美元)	汉堡包产量(个)
2022	1	100	2	50
2023	2	150	3	100
2024	3	200	4	150

年份	计算名义GDP
2022	1×100 + 2×50 = 200(美元)
2023	2×150 + 3×100 = 600(美元)
2024	3×200 + 4×150 = 1200(美元)

年份	计算真实GDP(以2022年为基年)
2022	1×100 + 2×50 = 200(美元)
2023	1×150 + 2×100 = 350(美元)
2024	1×200 + 2×150 = 500(美元)

年份	计算GDP平减指数
2022	(200美元/200美元)×100 = 100
2023	(600美元/350美元)×100 ≈ 171
2024	(1 200美元/500美元)×100 = 240

为了计算这个经济的总支出,我们把热狗和汉堡包的产量乘以它们各自的价格。在 2022 年,100 个热狗以每个 1 美元的价格售出,因此,用于热狗的总支出等于 100 美元。在同一年,50 个汉堡包以每个 2 美元的价格售出,因此,用于汉堡包的支出也等于 100 美元。该经济的总支出——用于热狗和汉堡包的支出之和——是 200 美元。这是按现期价格计算的物品与服务的生产价值,称为**名义 GDP**(nominal GDP)。

表 24-2 说明了这三年名义 GDP 的计算过程。总支出从 2022 年的 200 美元增加到 2023 年的 600 美元,然后增加到 2024 年的 1 200 美元。这种增加部分是由于热狗和汉堡包产量的增加,部分是由于热狗和汉堡包价格的上升。

为了消除价格变动的影响并得出关于产量的衡量指标,我们使用**真实 GDP**(real GDP),即按不变价格计算的物品与服务的生产价值。我们在计算真实 GDP 时,首先指定一年作为基年,然后用基年热狗和汉堡包的价格来计算所有年份的物品与服务的价值。换句话说,基年的价格为比较不同年份的产量提供了一个基准。

在这个例子中,我们选择 2022 年作为基年,然后用 2022 年热狗和汉堡包的价格计算 2022 年、2023 年和 2024 年生产的物品与服务的价值,如表 24-2 所示。我们发现,真实 GDP 从 2022 年的 200 美元增加到 2023 年的 350 美元,然后又增加到 2024 年的 500 美元。这种增加一定是由于产量的增加,因为价格被固定在了基年的水平上。

总之,名义 GDP 是用现期价格来计算经济中物品与服务的生产价值;真实 GDP 是用不变的基年价格来计算经济中物品与服务的生产价值。由于真实 GDP 不受价格变动的影响,所以真实 GDP 的变动只反映产量的变动。因此,真实 GDP 可以被理解为衡量整体经济物品与服务生产的指标。

我们计算 GDP 的目的是衡量整体经济的运行状况。由于真实 GDP 衡量经济中物品与服务的生产,所以它反映了经济满足人们物质需要与欲望的能力。这样,真实 GDP 作为衡量经济状况的指标要优于名义 GDP。当经济学家谈到经济的 GDP 时,他们通常指的是真实 GDP,而不是名义 GDP。而且,在谈到经济增长时,他们会用从一个时期到另一个时期真实 GDP 变动的百分比来衡量。

24.4.2 GDP 平减指数

回顾一下:名义 GDP 既反映了经济中物品与服务的产量,又反映了这些物品与服务的价格。真实 GDP 只反映产量,因为价格被固定在了基年水平。通过这两个统计指标,我们可以计算出第三个统计指标——

名义 GDP:
按现期价格计算的物品与服务的生产价值。

真实 GDP:
按不变价格计算的物品与服务的生产价值。

GDP 平减指数：
用名义 GDP 与真实 GDP 之比乘以 100 计算的物价水平衡量指标。

GDP 平减指数（GDP deflator），它只反映物品与服务的价格。

GDP 平减指数的定义如下：

$$\text{GDP 平减指数} = \frac{\text{名义 GDP}}{\text{真实 GDP}} \times 100$$

由于基年的名义 GDP 与真实 GDP 必定是相同的，所以基年的 GDP 平减指数总是等于 100。后续年份的 GDP 平减指数衡量的是名义 GDP 相对于基年的变动中，无法归因于真实 GDP 变动的部分。

GDP 平减指数衡量相对于基年价格的现期物价水平。为了理解这一点，我们来看一对简单的例子。首先，我们假设经济中的产量一直在增加，但价格保持不变。在这种情况下，名义 GDP 和真实 GDP 以同样的比率增加，因此，GDP 平减指数不变。然后，我们假设物价水平一直在上升，但产量保持不变。在第二种情况下，名义 GDP 增加，而真实 GDP 保持不变，因此，GDP 平减指数上升。在这两种情况下，GDP 平减指数都反映了价格的变动，而不是产量的变动。

现在回到表 24-2 的例子，GDP 平减指数的计算在表的底部。对于 2022 年，名义 GDP 是 200 美元，真实 GDP 也是 200 美元，因此，GDP 平减指数是 100（基年的 GDP 平减指数总是 100）。对于 2023 年，名义 GDP 是 600 美元，真实 GDP 是 350 美元，因此，GDP 平减指数约为 171。

经济学家用通货膨胀这个词来描述经济中整体物价水平上升的情况。通货膨胀率是从一个时期到下一个时期某个物价水平衡量指标变动的百分比。用 GDP 平减指数计算两个相邻年份的通货膨胀率的公式如下：

$$\text{第二年的通货膨胀率} = \frac{\text{第二年的 GDP 平减指数} - \text{第一年的 GDP 平减指数}}{\text{第一年的 GDP 平减指数}} \times 100\%$$

由于 2023 年的 GDP 平减指数从 100 上升到 171，所以通货膨胀率就是 (171-100)/100 × 100%，即 71%。在 2024 年，GDP 平减指数从前一年的 171 上升到 240，因此，通货膨胀率是 (240-171)/171 × 100%，即约 40%。

GDP 平减指数是用来监测经济中平均物价水平以及通货膨胀率的一个衡量指标。GDP 平减指数的得名是因为它可以用来从名义 GDP 中剔除通货膨胀因素，也就是说，它能"平减"名义 GDP 中由于物价上涨而引起的上升。在下一章中，我们将考察经济中物价水平的另一个衡量指标——消费价格指数，并说明这两个指标之间的差别。

即测即评24-4
（扫码答题）

案例研究　　美国半个世纪的真实GDP

真实 GDP 传递了重要的信息。图 24-2 显示了 1970 年以来美国经济真实 GDP 的季度数据。

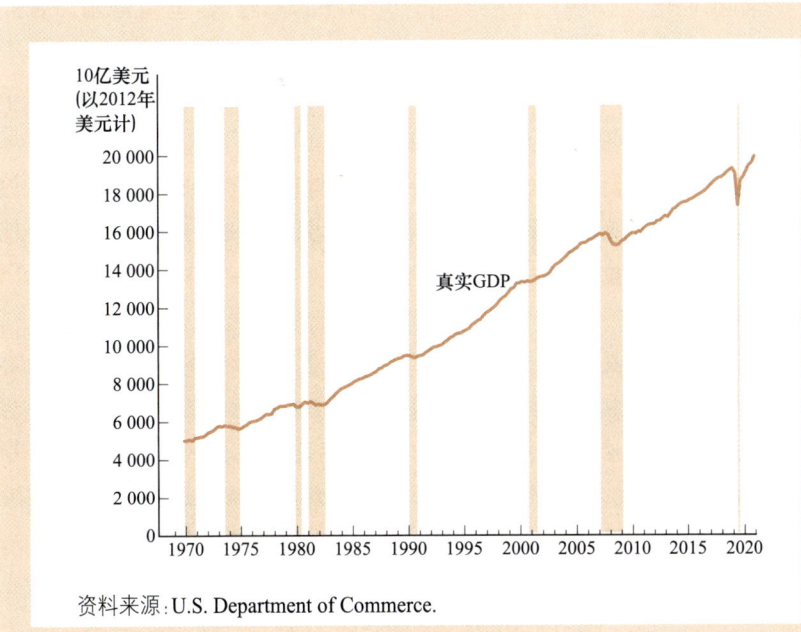

图24-2

美国的真实GDP

该图显示了 1970 年以来美国经济真实 GDP 的季度数据。衰退——真实 GDP 下降的时期——用垂直的柱型阴影表示。

资料来源：U.S. Department of Commerce.

这些数据传递出的一个信息是美国的真实 GDP 一直在增长。美国 2021 年的真实 GDP 是 1970 年的 4 倍左右。换言之，美国物品与服务的产量平均每年增长 3% 左右。由于真实 GDP 的增长率超过了美国该时期的人口增长率，如今的美国人比其父辈和祖父辈享有更高程度的经济繁荣。

这些 GDP 数据还表明增长并不稳定。真实 GDP 的上升过程中夹杂着偶尔的下降，这些时期被称为经济衰退。图 24-2 用垂直的柱型阴影标记了衰退。(官方商业周期测定委员会什么时候宣布经济陷入衰退并没有什么固定的规则，但一个经验法则是真实 GDP 连续两个季度下降。2020 年的新冠疫情衰退是个例外，当时 GDP 出现了不寻常的大幅下降，但仅持续了一个季度。)衰退不仅与收入下降相关，而且还与其他形式的经济不景气表现相关，如失业增加、利润减少、破产增加，等等。

宏观经济学的大部分内容是要解释真实 GDP 的长期增长与短期波动。正如我们将在以后几章中说明的，出于这两个目的，我们需要不同的模型。因为短期波动代表着对长期趋势的背离，所以我们首先考察长期中包括真实 GDP 在内的关键宏观经济变量的状况，然后在后续章节中以这种分析为基础解释短期波动。

24.5 GDP 是衡量经济福利的好指标吗

本章前面提到，GDP 通常被认为是衡量社会经济福利的单一最佳指标。现在我们知道了 GDP 是什么，下面就让我们集中讨论这种观点的基础，以及 GDP 作为社会经济福利衡量指标的局限性。

正如我们已经说明的，GDP 既衡量经济的总收入，也衡量用于物品与服务的总支出。人均 GDP 告诉我们经济中的人均收入与支出。由于大多数人更愿意获得更高的收入并享受更高的支出，所以人均 GDP 似乎就成为衡量典型个体的经济福利的自然指标。

但也有人对 GDP 作为经济福利衡量指标的有效性持有异议。罗伯特·肯尼迪（Robert Kennedy）在 1968 年竞选美国总统时，曾慷慨激昂地批评了这类经济衡量指标：

> （GDP）并没有考虑到我们孩子的健康、受教育的质量，或是做游戏时的快乐。它不包括我们的诗歌之美、婚姻的稳定，也不体现公共辩论的智慧或公职人员的廉正。它既不衡量我们的勇气，也不衡量我们的智慧，更不衡量我们对祖国的热爱。简言之，它衡量一切，除了使我们的生活有意义的东西；它可以告诉我们关于美国的一切，除了我们为什么以身为美国人而骄傲。

罗伯特·肯尼迪所说的话大部分都是正确的。那么，为什么我们还要关注 GDP 呢？

答案是，更高的 GDP 确实有助于我们过上更好的生活。GDP 没有衡量我们孩子的健康，但 GDP 更高的国家能够为孩子提供更好的医疗环境；GDP 没有衡量孩子们受教育的质量，但 GDP 更高的国家能够负担得起更好的教育体系；GDP 没有衡量我们的诗歌之美，但 GDP 更高的国家有余力让更多公民去阅读和欣赏诗歌；GDP 没有考虑到我们的知识、廉正、勇气、智慧和对国家的热爱，但当人们不用太过担心维持生活的物质必需品时，这一切美好的品性也更易培养。简言之，GDP 并不直接衡量这些使生活有意义的东西，但它确实衡量了我们获取这份有意义生活所需的诸多要素的能力。

然而，GDP 也并不是衡量福利的完美指标。对美好生活做出贡献的某些东西并没有包括在 GDP 中，比如闲暇。例如，假设经济中的每个人突然开始每周工作七天，周末不再与家庭和朋友享受闲暇或者追求个人爱好，那么，社会将生产更多的物品与服务，GDP 肯定会增加。然而，尽管如此，我们不应该得出每个人状况都变得更好的结论，因为减少闲暇引起的福利损失会抵消人们从生产并消费更多的物品与服务中所获得的收益。

由于GDP用市场价格来评价物品与服务，因此它排除了几乎所有在市场之外进行的活动的价值。特别是，GDP漏掉了在家庭中生产的物品与服务的价值。当厨师做出美味佳肴并将其在餐馆出售时，饭菜的价值是GDP的一部分。但是，如果厨师为他的家人做一顿同样的饭菜，那么他附加于原材料之上的价值并不被计入GDP。同样，幼儿园提供的儿童托管服务是GDP的一部分，而父母对孩子的照料却不是。义工也为社会福利做出了贡献，但这些贡献并不反映在GDP中。

GDP还没有关注环境质量。设想政府取消了所有环境法规，那么企业就可以不考虑它们引起的污染而进行生产，这样的话，GDP会增加，但人们的福利很可能会下降。空气和水污染引起的福利损失将大于产量增加带给人们的收益。

GDP也没有涉及收入分配。假设存在两个社会：一个社会由100个年收入为5万美元的人组成；另一个社会有10个人的年收入是50万美元，而另外90个人一无所有。这两个社会的GDP均为500万美元，人均GDP也都是5万美元。然而，几乎没有人会认为它们是相同的。人均GDP告诉我们平均每个人的情况，但平均值的背后却隐藏着个体状况的巨大差异。

最后，我们可以得出这样一个结论：就大多数情况——但不是所有情况——而言，GDP是经济福利的一个很好的衡量指标。但我们必须清楚认识到GDP包括了什么，又遗漏了什么。

即测即评24-5
（扫码答题）

案例研究　　GDP与生活质量的国际差异

要判断GDP作为经济福利衡量指标的有用性，一个方法是考察国际数据。富国与穷国的人均GDP水平差异巨大。如果更高的GDP能够带来更高的生活水平，那么我们就应该能观察到GDP与各项生活质量衡量指标之间高度相关。事实上，我们的确观察到了这种趋势。

表24-3列示了12个主要国家的人均GDP排名。该表还显示了这些国家人口的预期寿命、平均受教育年限，以及通过询问人们对生活的满意程度而构建的生活满意度指数（按从0分到10分的量表评分，10分为最佳）。这些数据显示了一种明显的模式。在美国、德国等富国，人口的预期寿命为80岁左右，平均受教育年限为13年或14年，而且生活满意度是7分左右。而在尼日利亚和孟加拉国等穷国，人口的预期寿命一般比富国的人少10年左右，平均受教育年限不到他们的一半，生活满意度大约比富国的人低2分。

表24-3

GDP与生活质量

该表列示了12个主要国家的人均GDP和其他三项生活质量衡量指标。

国家	人均真实GDP（美元）	预期寿命（岁）	平均受教育年限（年）	生活满意度（0分到10分）
美国	54 941	80	13	7.0
德国	46 136	81	14	7.1
日本	38 986	84	13	5.9
俄罗斯	24 233	71	12	5.6
墨西哥	16 944	77	9	6.4
中国	15 270	76	8	5.1
巴西	13 755	76	8	6.3
印度尼西亚	10 846	69	8	5.1
印度	6 353	69	6	4.0
巴基斯坦	5 311	67	5	5.8
尼日利亚	5 231	54	6	5.3
孟加拉国	3 677	73	6	4.3

资料来源：*Human Development Indices and Indicators: 2018 Statistical Update*, United Nations.

注：真实GDP是2017年的数据，以2011年为基年计算。平均受教育年限的统计对象是25岁及以上的成年人。

生活质量其他方面的数据也说明了类似的情况。人均GDP低的国家往往存在如下情况：婴儿出生时体重轻、出生后的死亡率高，产妇的死亡率高，儿童营养不良的比率高。在人均GDP低的国家，学龄儿童实际入学率较低，上学的儿童也只能在人均教师数量很少的条件下学习，而且成年人中文盲较普遍。这些国家的公民拥有电视机和电话的数量往往较少，接触互联网的机会也较少。这些国际数据无疑都表明，一国的人均GDP与其人口的生活质量密切相关。

新闻摘录

性、毒品和GDP

一些国家正在争论国民收入账户中应该包括些什么。

请不要谈性，因为我们是法国人

Zachary Karabell

法国政府2014年发布了一项看起来无须声明的声明：法国不会把非法毒品交易和性交易计入该国的GDP。

这项声明听起来有点别扭，因为法国和其他许多国家一样，从未把这类交易计入国民收入账户。大多数国家也不会声明它们不打算做的事情，就像美国不会宣布"美国政府没有登陆金星的计划"。然而，法国此番表态，实为回应邻国和欧盟所带来的巨大压力，后者要把这些交易计入国民收入账户和经济产出。这就引发了一系列问题：应该把这些交易计入国民收入账户吗？如果应该，那么为什么计入这些交易而不计入其他交易？

我们到底在衡量什么——以及为什么要衡量这些?

没有什么数字像GDP一样塑造了我们今天的世界。它已经变成一国成功与否的决定性因素,政治家和权威们把它作为国家实力的主要标志,并作为国家伟大与否的数字代名词。

但GDP只是一个统计数据,像所有统计数据一样都充满了局限性。GDP作为国民收入核算的副产品被创造出来不过是20世纪30年代的事。GDP从来不是能够包罗万象的全面衡量指标,尽管它总被误以为是这样。经济生活的许多领域,比如义务劳动和家务劳动,都被漏掉了。

现在欧盟的官方统计机构——欧盟统计局(Eurostat)正积极推动把许多非法交易计入GDP,其中最引人注目的是卖淫交易和非法毒品交易。这一主张的逻辑很简单,正如联合国的一个委员会在2008年提出的,性交易和非法毒品交易都是重要的经济活动,如果不把它们纳入经济统计,那么我们看到的就不是经济全貌——这会使得制定明智的政策更加困难。此外,不同的国家有不同的法律,比如在荷兰,性交易是合法的,大麻交易也是合法的。这些商业交易(或者至少是有记录并纳税的交易)已经是荷兰GDP的一部分。因此,如果意大利或西班牙不把这些活动计入GDP,就会给各国GDP数字的比较带来挑战。

这就是为什么西班牙、意大利、比利时和英国都把非法毒品交易和没有许可证的性交易计入其国民收入账户的原因。英国国家统计局以特别严谨的态度执行欧盟的这个指令,发布了一份20页的合法性说明,详细解释了他们是如何做的,比如说,如何计算性交易的交易额(借助于警方的记录),以及如何处理国内生产与进口毒品的问题。这样做的结果是英国的GDP增加了100亿英镑。

但是法国对此表示反对。法国政府(或者至少是官僚们)决定,尽管欧盟有指令,但法国不会把那些往往是无意的或非自愿的非法活动的影响计入GDP。卖淫显然属于这样的活动(一位法国部长说,"街头卖淫"主要是由黑社会控制的),而且同样有理由认为一些毒品的使用也属于这样的活动,因为它们有让人上瘾的性质。

法国的决定无疑带有强烈的道德色彩。通过声明这些交易是非自愿的或无意的而不应该被计入GDP,法国政府将一种关于社会"应然"的道德愿景置于社会"实然"的经济状况之上。这会使本已复杂的统计数字更加混乱,而这并不符合国家的利益……

在GDP已有的各种局限性的基础上,再为其增添一个新的道德维度,只会使这一指标更加无用。毕竟,如果不将性交易计入GDP是因为它贬低了女性,那么为什么不以煤炭燃烧恶化环境为由将煤炭生产从GDP中剔除呢?为什么不以吸烟致癌为由将烟草交易从GDP中剔除呢?照此逻辑,要剔除的交易清单可能无穷无尽。

如果GDP是我们目前衡量国民产出的最好指标,那么至少应该尝试纳入所有可以衡量的产品。美国实际上已经把内华达州的合法性交易以及科罗拉多州、加利福尼亚州和华盛顿州的大麻销售及消费计入GDP,仅仅因为它们是商业交易并构成了我们称之为"经济"的混沌实体,这种做法并未遭到强烈的反对。

不去统计毒品和性交易并不会使它们消失,反而会以一种排除我们所不喜欢的事物的徒劳做法,阻碍我们理解经济生活的复杂状况的努力。

讨论题

1. 你认为非法交易是否应该被纳入 GDP 的统计范围？为什么？
2. 是否有一些合法交易在你看来是对社会不利的？如果有，是哪些？你认为统计 GDP 时是否应该包括这些交易？为什么？

资料来源：*Slate*, June 20, 2014.

24.6 结论

本章讨论了经济学家如何衡量一国的总收入。当然，衡量只是起点。宏观经济学主要致力于揭示决定一国 GDP 的长期与短期因素。例如，为什么美国和日本的 GDP 高于印度和尼日利亚？穷国的政府可以用什么方法加快 GDP 的增长，以追赶富国？为什么 GDP 在某些年份增长迅速而在另一些年份却下降了？政策制定者可以用什么方法减缓 GDP 的这种波动？这些是我们马上要讨论的问题。

就本章而言，重要的是认识到衡量 GDP 的重要性。我们在生活中都会对经济状况有一些直观的感知，但是经济学家和经济政策制定者需要具体的数据才能做好他们的工作。因此，用 GDP 等统计数字对经济状况加以量化，是发展宏观经济学这门科学的第一步。

内容概要

◎ 由于每一次交易都有买者与卖者，所以经济中的总支出必定等于经济中的总收入。

◎ 国内生产总值（GDP）衡量经济用于新生产的物品与服务的总支出，以及生产这些物品与服务所赚到的总收入。更确切地说，GDP 是在某一既定时期一个国家内生产的所有最终物品与服务的市场价值。

◎ GDP 分为四个组成部分：消费、投资、政府购买和净出口。消费包括家庭用于物品与服务（购买新住房除外）的支出。投资包括用于企业资本、住房资本和存货的支出，包括家庭购买新住房的支出。政府购买包括中央与地方政府用于物品与服务的支出。净出口等于国内生产并销售到国外的物品与服务的价值（出口）减国外生产并在国内销售的物品与服务的价值（进口）。

◎ 名义 GDP 用现期价格来计算经济中物品与服务的生产价值。真实 GDP 用不变的基年价格来计算经济中物品与服务的生产价值。GDP 平减指数——用名义 GDP 与真实 GDP 的比率计算——衡量经济中的物价水平。

◎ GDP 是衡量经济福利状况的一个良好指标，因为人们通常偏好于更高的收入。但 GDP 并不是衡量经济福利状况的一个完美指标。例如，GDP 不包括闲暇的价值和清洁环境的价值。

关键概念

微观经济学 投资 名义 GDP
宏观经济学 政府购买 真实 GDP
国内生产总值（GDP） 净出口 GDP 平减指数
消费

复习题

1. 解释为什么一个经济的收入必定等于其支出。
2. 生产一辆经济型轿车和生产一辆豪华型轿车，哪一个对 GDP 的贡献更大？为什么？
3. 一个农民以每斤 2 美元的价格把小麦卖给面包师。面包师用小麦制成面包，然后以每个 3 美元的价格出售。这两笔交易对 GDP 的贡献分别是多少？
4. 许多年以前，Sophie 花 500 美元收集了一套唱片。今天她在旧货市场上把她收集的唱片卖了 100 美元。这笔销售如何影响现期 GDP？
5. 列出 GDP 的四个组成部分，并各举一个例子。
6. 为什么经济学家在判断经济福利状况时用真实 GDP，而不用名义 GDP？
7. 某个经济在 2023 年生产了 100 个面包，以每个 2 美元的价格售出；在 2024 年生产了 200 个面包，以每个 3 美元的价格售出。计算这两年的名义 GDP、真实 GDP 和 GDP 平减指数（以 2023 年为基年）。从 2023 年到 2024 年，这三个统计指标分别提高了百分之多少？
8. 为什么一国的 GDP 增加是人们所希望的？举出一个 GDP 增加了但并不是人们所希望的情形的例子。

问题与应用

1. 下列交易分别会影响 GDP 的哪一部分（如果有影响的话）？请解释原因。
   a. Fester 叔叔从一家国内制造商处购买了一台新冰箱。
   b. Dolly 姑妈雇用当地承包商建造了一套新房子。
   c. 小黄一家从 Ellis 家购买了一幢古老的维多利亚时代的房子。
   d. 你向理发师支付理发费。
   e. 福特公司把一辆库存的野马汽车卖给了 Martinez 一家。
   f. 福特公司生产了一辆福克斯汽车，并把它卖给了 Aris 汽车租赁公司。
   g. 加利福尼亚州雇用工人重新铺设了 66 号高速公路。
   h. 联邦政府给你的祖母寄来了一张社会保障支票。
   i. 你的父母购买了一瓶法国红酒。
   j. 本田公司扩大了其在俄亥俄州的工厂。
2. 填写下表中的空白处：

年份	真实 GDP（以 2000 年美元计）	名义 GDP（按当期美元）	GDP 平减指数（以 2000 年为基年）
1970	3 000	1 200	_____
1980	5 000	_____	60
1990	_____	6 000	100
2000		8 000	
2010		15 000	200
2020	10 000		300
2030	20 000	50 000	_____

3. GDP 组成部分中的"政府购买"并不包括用于社会保障这类转移支付的支出。想想 GDP 的定义,解释为什么转移支付被排除在外。

4. 正如本章所述,GDP 不包括再销售的二手商品的价值。为什么包括这类交易会使 GDP 作为一项经济福利状况衡量指标的参考价值变小?

5. 下表是来自牛奶和蜂蜜产地的一些数据:

年份	牛奶价格（美元）	牛奶产量（品脱）	蜂蜜价格（美元）	蜂蜜产量（品脱）
2023	1	100	2	50
2024	1	200	2	100
2025	2	200	4	100

a. 以 2023 年作为基年,计算每年的名义 GDP、真实 GDP 和 GDP 平减指数。

b. 计算 2024 年和 2025 年相对于上一年的名义 GDP、真实 GDP 和 GDP 平减指数的变动百分比。对每一年,指出哪个变量未发生变动。解释你的答案。

c. 经济福利状况在 2024 年还是 2025 年改善得更多?解释原因。

6. 考虑一个只生产巧克力棒的经济。在第一年,产量是 3 根,单价是 4 美元。在第二年,产量是 4 根,单价是 5 美元。在第三年,产量是 5 根,单价是 6 美元。以第一年为基年。

a. 这三年的名义 GDP 分别是多少?

b. 这三年的真实 GDP 分别是多少?

c. 这三年的 GDP 平减指数分别是多少?

d. 从第二年到第三年,真实 GDP 的增长率是多少?

e. 从第二年到第三年,用 GDP 平减指数衡量的通货膨胀率是多少?

f. 在这个只有一种产品的经济中,如果没有先回答问题 b 与 c,你应该如何回答问题 d 与 e?

7. 考虑以下美国 GDP 的数据:

年份	名义 GDP（10 亿美元）	GDP 平减指数（以 2012 年为基年）
2020	21 141	113.6
2000	10 287	78.1

a. 2000—2020 年,名义 GDP 的增长率是多少?(提示:变量 X 在 N 年中的增长率用 $100 \times [(X_{末尾年}/X_{起始年})^{1/N} - 1]$ 来计算。)

b. 2000—2020 年,GDP 平减指数的增长率是多少?

c. 按 2012 年的价格衡量,2000 年的真实 GDP 是多少?

d. 按 2012 年的价格衡量,2020 年的真实 GDP 是多少?

e. 2000—2020 年,真实 GDP 的增长率是多少?

f. 名义 GDP 的增长率高于还是低于真实 GDP 的增长率?解释原因。

8. 临近每个月月底时,美国政府会公布经过修正的美国 GDP 的估算值。查找报道最新数据的新闻报道,或者在美国经济分析局的网站 http://www.bea.gov 上阅读新闻。讨论真实 GDP、名义 GDP 及 GDP 各组成部分的变化。

9. 一个农民种植小麦,并将其以 100 美元的价格卖给磨坊主。磨坊主又把小麦加工成面粉,并将其以 150 美元的价格卖给面包师。面包师把面粉做成面包,再以 180 美元的价格卖给消费者。消费者吃了这些面包。

a. 在这个经济中,GDP 是多少?解释原因。

b. 增加值的定义是生产者生产的产品的价值减去生产者购买的用于生产产品的中间产品的价值。假设除了上面所描述的,再没有其他中间产品,计算这三个生产者的增加值分别是多少。

c. 在这个经济中,三个生产者的总增加值是多少?总增加值与经济的 GDP 相比较如何?

这个例子是否暗示了计算 GDP 的另一种方法？

10. 不在市场上销售的物品与服务，例如家庭生产并消费的食物，一般不包括在 GDP 中。你认为在比较美国和印度的经济福利状况时，表 24-3 中第二列的数字会产生误导吗？解释原因。

11. 1970 年以来，美国的劳动力中妇女参工率显著上升。

    a. 你认为这种上升会如何影响 GDP？

    b. 现在设想一种包括用于家务的劳动时间和闲暇时间的福利状况衡量指标。该指标的变动和 GDP 的变动相比如何？

    c. 你能想出与妇女参工率提高相关的福利状况的其他方面吗？构建一个包括这些方面的福利状况衡量指标是否可行？

12. 一天，Barry 的理发店得到 400 美元理发收入。在这一天，其设备折旧价值为 50 美元。在其余的 350 美元中，Barry 向政府交纳了 30 美元销售税，拿回家 220 美元工资，留 100 美元在理发店以便未来购置新设备。在他拿回家的 220 美元中，他用 70 美元交纳了个人所得税。根据这些信息，计算 Barry 对以下收入衡量指标的贡献：

    a. 国内生产总值

    b. 国民生产净值

    c. 国民收入

    d. 个人收入

    e. 个人可支配收入

第 25 章 生活费用的衡量

1931 年,时值美国经济大萧条,纽约扬基队向著名棒球运动员贝比·鲁斯(Babe Ruth)支付了 8 万美元的年薪。当时,即使对于明星球员,这样高的薪酬也是非同寻常的,但鲁斯并不是普通球员,而且他并不缺乏自信。据说一个记者曾问鲁斯,是否认为他的年薪比时任美国总统胡佛(年薪 7.5 万美元)还高是合理的。鲁斯回答:"我遇上了好年头。"

2021 年,美国职业棒球大联盟球员的平均年薪约为 420 万美元,而洛杉矶道奇队的投手特雷弗·鲍尔(Trevor Bauer)的年薪是 3 800 万美元,成为收入最高的球员。乍一看,这个事实会使你认为,在这九十年间,棒球运动员这一职业更赚钱了。但正如每个人都知道的,物品与服务的价格也上升了。1931 年,5 美分就可以买一个冰淇淋甜筒,25 美分就可以买一张本地电影院的电影票。由于贝比·鲁斯时代的物价比我们现在低得多,我们很难立即判断出他的生活水平比现在的运动员高还是低。

在上一章中,我们考察了经济学家如何用 GDP 衡量一个经济所生产的物品与服务的数量。本章要考察的是经济学家如何衡量整体的生活费用。为了比较贝比·鲁斯的 8 万美元薪酬与今天的薪酬,我们需要找到一种把货币数字转化为有意义的购买力衡量指标的方法。这正是一个被称为消费价格指数(CPI)的统计指标的工作。

CPI 用来监测生活费用随着时间的推移而发生的变动。当 CPI 上升时,普通家庭必须花费更多的金钱才能维持同样的生活水平。经济学家用"通货膨胀"这个术语来描述物价总水平上升的情况,而用"通货紧缩"来描述物价总水平下降的情况。通货膨胀率是物价水平相较于上一个时期的变动百分比。上一章中我们说明了经济学家如何用 GDP 平减指数来衡量通货膨胀,但是你在晚间新闻里听到的通货膨胀率很可能是基于 CPI 的,因为 CPI 可以更好地反映消费者购买的物品与服务。

正如我们将在以后各章说明的,通货膨胀是宏观经济表现中备受关注的一个方面,也是指导宏观经济政策的关键变量。本章通过说明经济学家如何构建CPI,以及如何用CPI来比较不同时期的货币数字,来为后续分析提供一些背景知识。

25.1 消费价格指数

消费价格指数(consumer price index,CPI)是普通消费者所购买的物品与服务的总费用的衡量指标。美国劳工部下属的劳工统计局(BLS)每月都会计算并公布美国CPI。本节考察如何计算CPI,以及这一衡量指标存在什么问题。我们还要讨论如何比较CPI与GDP平减指数,后者是物价总水平的另一个衡量指标,我们在上一章已经考察过。

消费价格指数:普通消费者所购买的物品与服务的总费用的衡量指标。

25.1.1 如何计算CPI

美国劳工统计局在计算CPI和通货膨胀率时,要使用成千上万种物品与服务的价格数据。为了说明如何编制这些统计数字,我们这里考虑消费者只购买两种物品——热狗和汉堡包——的简单经济。表25-1说明了在计算CPI时,美国劳工统计局所遵循的五个步骤。

表25-1 CPI和通货膨胀率的计算示例

该表展示了如何计算一个经济的CPI和通货膨胀率,假设这个经济中的消费者只购买热狗和汉堡包。

第一步:通过消费者调查确定固定的一篮子物品	
一篮子物品 = 4个热狗, 2个汉堡包	

第二步:找出每年每种产品的价格		
年份	热狗的价格(美元)	汉堡包的价格(美元)
2022	1	2
2023	2	3
2024	3	4

第三步:计算这一篮子物品每年的费用	
年份	一篮子物品的费用
2022	1×4 + 2×2 = 8(美元)
2023	2×4 + 3×2 = 14(美元)
2024	3×4 + 4×2 = 20(美元)

第四步:选择一年(2022年)作为基年并计算每年的CPI	
年份	CPI
2022	(8美元/8美元)×100 = 100
2023	(14美元/8美元)×100 = 175
2024	(20美元/8美元)×100 = 250

第五步:用CPI计算与上一年相比的通货膨胀率	
年份	通货膨胀率
2023	(175−100)/100×100% = 75%
2024	(250−175)/175×100% ≈ 43%

第一步，固定篮子。 确定哪些物价对普通消费者是最重要的。如果普通消费者买的热狗比汉堡包多，那么热狗的价格就比汉堡包的价格重要，因此，在衡量生活费用时就应该赋予热狗更大的权重。美国劳工统计局通过消费者调查确定普通消费者购买的物品和服务篮子，从而设定这些权重。在表 25-1 的例子中，普通消费者的购物篮子包括 4 个热狗和 2 个汉堡包。

第二步，找出价格。 找出每个时点篮子中每种物品与服务的价格。表 25-1 显示了三个不同年份热狗和汉堡包的价格。

第三步，计算这一篮子的费用。 用价格数据计算不同时期一篮子物品与服务的费用。表 25-1 计算了三个不同年份的费用。需要注意的是，在这种计算方式中，只有价格发生了变动。通过使这一篮子物品与服务保持不变（4 个热狗和 2 个汉堡包），我们可以把价格变动的影响与可能同时发生的数量变动的影响区分开来。

第四步，选择基年并计算指数。 指定某个年份为基年，作为与其他各年相比较的基准。（基年的选择是任意的。CPI 用于衡量生活费用的变动，无论选择哪一年作为基年，这些变动都是相同的。）一旦选择了基年，则 CPI 可以用下式计算：

$$CPI = \frac{\text{当年一篮子物品与服务的价格}}{\text{基年一篮子物品与服务的价格}} \times 100$$

也就是说，任何给定年份的 CPI 是该年份一篮子物品与服务的价格除以基年一篮子物品与服务的价格，再乘以 100。

在表 25-1 的例子中，2022 年是基年。在这一年，一篮子热狗和汉堡包的费用是 8 美元。因此，各年的 CPI 等于各年的一篮子物品的价格除以 8 美元并乘以 100。2022 年的 CPI 是 100（基年的 CPI 总是 100）。2023 年的 CPI 是 175。这意味着，2023 年一篮子物品的价格是基年的 175%。换句话说，在基年需要花费 100 美元的一篮子物品在 2023 年需要花费 175 美元。同样，2024 年的 CPI 是 250，表示 2024 年的物价水平是基年物价水平的 250%。

通货膨胀率：
自前一个时期以来价格指数变动的百分比。

第五步，计算通货膨胀率。 **通货膨胀率**（inflation rate）是自前一个时期以来价格指数变动的百分比。我们可以用 CPI 计算通货膨胀率。也就是说，两个连续年份之间通货膨胀率的计算方法如下：

$$\text{第二年的通货膨胀率} = \frac{\text{第二年的CPI} - \text{第一年的CPI}}{\text{第一年的CPI}} \times 100\%$$

如表 25-1 所示，在这个例子中，2023 年的通货膨胀率是 75%，2024 年的通货膨胀率约为 43%。

虽然这个例子通过假设篮子中只包括两种物品而把现实世界简化了,但它说明了美国劳工统计局是如何计算 CPI 和通货膨胀率的。美国劳工统计局每月收集并整理成千上万种物品与服务的价格数据,并遵循上述五个步骤,确定普通消费者生活费用上升的速度。当美国劳工统计局每月公布 CPI 时,你通常会在晚间新闻中听到这些数字,或在第二天的报纸上看到这些数字。

参考资料　　CPI的篮子中有什么

美国劳工统计局在编制 CPI 时,竭力想把普通消费者购买的所有物品与服务都包括进来,而且竭力想根据消费者购买的每种物品与服务的数量来对其进行加权。

图 25-1 显示了美国消费者在主要物品与服务项目上的支出比例。首先,最大的项目是住房支出,占普通消费者预算的 42%,包括居住费用(33%)、燃料和其他公共服务支出(5%),以及家具和维修支出(5%)。① 其次是交通支出,占 18%,包括用于汽车、汽油、公共汽车和地铁等的支出。再次是食物和饮料支出,占 14%,包括在家消费的食物(8%)、在外面消费的食物(5%)及含酒精的饮料(1%)。

除此之外,医疗支出占 8%,教育和通信支出占 6%,休闲娱乐活动支出占 5%,包括衣服、鞋和首饰在内的服装支出占 2%。

最后还有一项 3% 的支出是其他物品与服务。这个项目包含的是不适于划归其他类别的支出杂项(如香烟、理发和丧葬支出)。

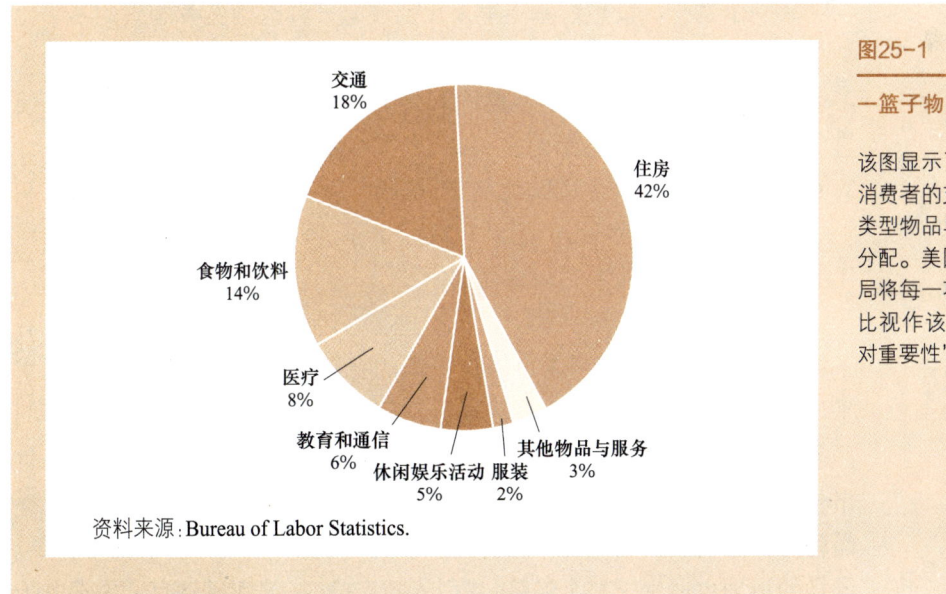

图25-1

一篮子物品与服务

该图显示了美国普通消费者的支出在不同类型物品与服务间的分配。美国劳工统计局将每一项支出的占比视作该项目的"相对重要性"。

资料来源:Bureau of Labor Statistics.

---

① 因四舍五入,分项支出比例的加总不等于住房支出的总比例。——译者注

除了整个经济的 CPI，美国劳工统计局还计算其他几种价格指数。比如，它会公布一些狭窄类别的物品与服务项目（例如，食物、衣服和能源）的指数。它还会计算除食物和能源外的所有物品与服务的 CPI，这一统计数据被称为**核心 CPI**（Core CPI）。由于食品和能源价格在短期内的波动性较大，所以核心 CPI 能更好地反映潜在的通货膨胀趋势。最后，美国劳工统计局还计算**生产价格指数**（producer price index, PPI），该指数衡量的是企业而不是消费者所购买的一篮子物品与服务的费用。该指数以前被称为批发价格指数（wholesale price index），其历史可以追溯到 1893 年的一份参议院报告，这使它成为美国最古老的价格指数之一。

> 515 **核心 CPI：**
> 所消费的食物和能源之外的物品与服务的总体费用的衡量指标。
>
> **生产价格指数（PPI）：**
> 国内企业所购买的一篮子物品与服务的费用的衡量指标。

25.1.2 衡量生活费用涉及的问题

CPI 的目的是衡量生活费用的变动。换句话说，CPI 试图确定为了保持生活水平不变，收入应该增加多少。但是，CPI 并不是生活费用的完美衡量指标。这个指标有三个普遍认为难以解决的问题。

第一个问题是替代偏差。当价格从一年到下一年发生变动时，它们并不都是同比例变动的：一些物品的价格上升得比另一些物品快，一些物品的价格甚至下降。消费者对此的反应是少购买价格上升相对较快的物品，多购买价格上升较慢甚至下降的物品。也就是说，消费者倾向于用那些变得相对便宜的物品来作为替代品。如果计算 CPI 时假设一篮子物品和服务是固定不变的，就忽略了消费者的这种替代行为，从而高估了从一年到下一年的生活费用的增加。

举一个例子。设想在基年苹果比梨便宜，因此，消费者购买的苹果比梨多。在确定 CPI 的商品篮子时，美国劳工统计局会观察消费者的购买习惯，并将更多的苹果而不是梨纳入篮子。假设下一年梨变得比苹果便宜了。消费者的反应自然是多买梨、少买苹果。但美国劳工统计局在计算 CPI 时仍在使用既定的购物篮子，实际上就是假设消费者仍然购买和上一年同样数量的苹果，但苹果现在变贵了，因此，CPI 所衡量的生活费用的增加就大于消费者实际感受到的。

第二个问题是新产品的引进。引进了一种新产品就意味着消费者有了更多的选择，这使消费者可以用更低的费用来维持相同的经济福利水平。为了说明原因，现在假设你可以在同样提供 100 美元礼品兑换券的两家商店中任选其一：一家是商品种类繁多的大型商店，另一家是商品价格相同但品种十分有限的小型商店。你会偏好哪一家？大多数人会选择品种更多的商店。实际上，可选择范围的扩大使每一美元的价值增加了。同样的道理也适用于整个经济：当引入新产品时，消费者就有了更多的选择，每一美元的价值也更大了。但由于 CPI 是基于固定不变的一篮子物品与服务,因此它没有反映出因引进新产品而带来的美元价值的增加。

例如,2001年苹果公司推出了iPod,这是一种小型音乐播放设备,也是iPhone的前身。虽然当时市面上已有音乐播放设备,但它们没有iPod轻便、功能强大和易于使用。iPod是增加消费者机会的一种新选择。对于任何既定的货币量,iPod的引进使人们的生活变得更好了;换句话说,达到同样的福利水平,所需的货币量更少了。当然,随着后来iPhone及其他智能手机的推出,这种情况再次出现,这些新设备不仅可以实现与iPod同样的功能,而且功能更多。一个完美的生活费用衡量指标应该能够反映出这些新产品的引进所带来的生活费用的减少。但是,由于CPI使用的是既定的购物篮子,它不会因新产品的引进而下降。最终,美国劳工统计局对购物篮子进行了修订,将iPod、iPhone等包括在内,使以后的指数得以反映这些产品价格的变动。但是,与这些设备最初引进相关的生活费用减少从未反映在这一指数中。

第三个问题是无法衡量的质量变化。如果一种物品的质量从一年到下一年变差了,而价格保持不变,那么1美元的价值就会下降,因为你支付同样的货币量得到的东西变差了。同样,如果一种物品的质量从一年到下一年上升了,1美元的价值也会随之上升。美国劳工统计局尽其所能地考虑这种质量变化。当篮子里一种物品的质量变动时,例如某种车型的马力增加或比上一年更省油时,美国劳工统计局就要根据质量变化来调整该物品的价格。实际上,这是为了计算质量不变的一篮子物品的价格。尽管做了这些努力,但质量变化仍然是一个问题,因为质量是难以衡量的。

关于以上问题有多严重以及应该如何应对,经济学家之间仍然存在许多争论。研究表明,通货膨胀率每年被高估约0.5%到1%。这个问题之所以重要,是因为许多政府计划用CPI来调整物价总水平的变动。例如,社会保障受益者每年补助的增加就与CPI相关。一些经济学家建议修改这些政府计划,例如,减少社会保障补助自动增长的幅度,以纠正衡量中存在的问题。但另一些经济学家认为,调减社会保障补助增长幅度将是一个错误,因为老年人的医疗保健支出往往更多,而这类支出通常比标准的CPI篮子的价格上涨得更快。

25.1.3 GDP平减指数与CPI

上一章讲过经济中物价总水平的另一个衡量指标——GDP平减指数,它是名义GDP与真实GDP的比率。由于名义GDP是按现期价格计算的现期产出的价值,而真实GDP是按基年价格计算的现期产出的价值,所以GDP平减指数反映了相对于基年物价水平的现期物价水平。

经济学家和政策制定者为了判断物价上升的快慢,会同时监测GDP

"这个价格看上去或许有点高,可是你得记住,这是以今天的美元计价的。"
图片来源:Cartoon Features Syndicate.

平减指数和 CPI——以及其他一些指标。通常,针对同一时期的价格变化,这两个统计数字反映了相同的变化趋势,但两个重要的差异可能会导致它们出现分歧。

第一个差异是,GDP 平减指数反映了国内生产的所有物品与服务的价格,而 CPI 反映了消费者购买的所有物品与服务的价格。例如,假设由波音公司生产并出售给空军的一架飞机的价格上升了,尽管这架飞机是 GDP 的一部分,但它并不是普通消费者购物篮子中的一部分。因此,这一价格上涨会反映在 GDP 平减指数中,但不会反映在 CPI 中。

再举一个例子,假设菲亚特公司提高了其汽车的价格。由于菲亚特汽车是意大利生产的,所以这种汽车并不是美国 GDP 的一部分。但是,美国消费者会购买菲亚特汽车,所以这种汽车是美国 CPI 篮子中的一部分。进口消费品(如菲亚特汽车)的价格上升会反映在 CPI 中,但不会反映在 GDP 平减指数中。

从历史上看,当石油价格变动时,CPI 和 GDP 平减指数之间的第一个差异尤为重要。虽然美国长期以来一直生产石油,但是消费得更多,从而导致了大量的石油进口。因此,石油和石油产品(如汽油和燃料油)的支出在消费者支出中的占比远远高于它们在 GDP 中的占比。因此,当石油价格上升时,CPI 的涨幅远高于 GDP 平减指数。但如今这种现象的重要性已有所降低。自 2008 年以来,美国的石油产量大幅增加,从而减少了对石油进口的依赖。

GDP 平减指数和 CPI 之间的第二个且更微妙的差异涉及如何对各种价格进行加权,以得出反映物价总水平的单一数字。CPI 比较的是固定的一篮子物品与服务的当年价格和基年价格。美国劳工统计局只是偶尔改变这一篮子中物品与服务的构成。相比之下,GDP 平减指数比较的是现期生产的物品与服务的价格和基年同样的物品与服务的价格。由于这个原因,用来计算 GDP 平减指数的物品与服务的组合会随时间的推移而自动变动。当所有价格都同比例变动时,这种差异并不重要。但是,如果不同物品与服务价格的变化幅度不同,各种不同价格的加权方式就将对总体通货膨胀率的计算产生影响。

图 25-2 显示了 1965 年以来分别用 GDP 平减指数和 CPI 衡量的美国年通货膨胀率。你可以看到,有时这两个衡量指标并不一致。我们可以透过这些数字,用我们讨论过的两个差异来解释这种不一致。例如,在 1979 年和 1980 年,用 CPI 衡量的通货膨胀率远高于用 GDP 平减指数衡

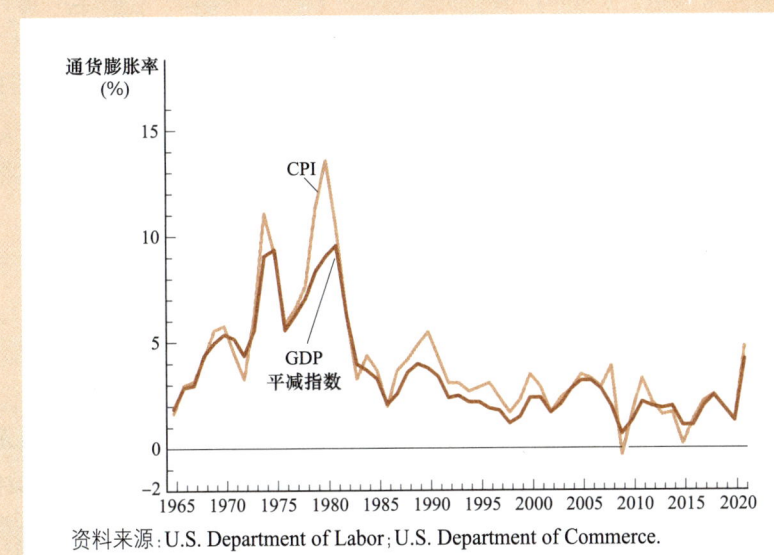

图25-2

通货膨胀的两个衡量指标

该图显示了美国1965年以来的通货膨胀率——物价水平变动百分比(分别用GDP平减指数和CPI来衡量)。要注意的是,这两个通货膨胀衡量指标通常是同时变动的。

资料来源:U.S. Department of Labor; U.S. Department of Commerce.

量的通货膨胀率,那是因为在这两年中,石油价格上升了一倍以上。相反,在2009年和2015年,由于石油价格暴跌,用CPI衡量的通货膨胀率又远低于用GDP平减指数衡量的通货膨胀率。但是,这两种衡量指标之间的不一致是例外情形,而不是常态。

(扫码答题)

25.2 根据通货膨胀的影响调整经济变量

既然我们已经知道了如何计算价格指数,现在我们就可以用这个指数来比较过去的美元数额与现在的美元数额了。

25.2.1 不同时期的美元数额

让我们回到贝比·鲁斯的收入问题。与今天球员的薪水相比,他在1931年时的8万美元薪水是高还是低呢?

要回答这个问题,我们需要知道1931年的物价水平和今天的物价水平。棒球运动员增加的薪水中的一部分是基于物价上涨而对他们所做的补偿。为了比较贝比·鲁斯的薪水与今天球员的薪水,我们需要将他1931年的薪水进行"通货膨胀调整",即将1931年的美元换算成今天的美元。

把第 T 年的美元换算成今天的美元的公式如下:

$$\text{今天的美元数额} = \text{第 } T \text{ 年的美元数额} \times \frac{\text{今天的物价水平}}{\text{第 } T \text{ 年的物价水平}}$$

CPI之类的价格指数可以衡量物价水平,从而决定通货膨胀调整的幅度。

现在我们把这个公式运用于贝比·鲁斯的薪水换算。美国政府的统计数字表明,1931年的CPI为15.2,而2021年的CPI为271。这就意味着,物价总水平上升为原来的约17.8倍(271/15.2)。我们可以用这些数字得到按2021年美元计算的贝比·鲁斯的薪水:

$$\frac{\text{按2021年美元}}{\text{计算的薪水}} = \frac{\text{按1931年美元}}{\text{计算的薪水}} \times \frac{2021\text{年的物价水平}}{1931\text{年的物价水平}}$$

$$= 80\,000 \times \frac{271}{15.2} \approx 1\,426\,316\,(\text{美元})$$

我们发现,贝比·鲁斯1931年的薪水相当于2021年超过140万美元的薪水。虽然这是一笔很高的收入,但仅相当于2021年球员平均薪水(420万美元)的三分之一,不到道奇队明星投手特雷弗·鲍尔的薪水(3 800万美元)的4%。包括经济增长和超级明星收入份额增加在内的多种因素,都使顶尖运动员的生活水平有了极大提高。

我们再来看看胡佛总统1931年的薪水7.5万美元。为了把这个数字换算为2021年美元,我们再次将其乘以这两年物价水平的比率。我们发现,按2021年美元计算,胡佛总统的薪水相当于75 000美元×(271/15.2),即1 337 171美元。这个数字大大高于拜登总统的40万美元薪水,看来胡佛总统的确遇上了一个好年头。

 **参考资料**　　　　指数先生进入好莱坞

电影史上最卖座的影片是哪一部呢?答案可能会令你大吃一惊。

电影受欢迎的程度通常用票房收入来衡量。按照这个标准,2005年上映的《星球大战:原力觉醒》以美国国内票房收入9.37亿美元名列榜首,紧随其后的是《复仇者联盟:终局之战》(8.53亿美元)、《阿凡达》(7.61亿美元)和《黑豹》(7亿美元)。但这个排序忽略了一个明显而重要的事实:包括电影票价格在内的物价一直在上涨。通货膨胀使近年来的电影在票房收入排名中更具优势。

"也许通货膨胀的力量会与你同在。"

图片来源:Lucasfilm/Photo 12/Alamy Stock Photo.

当我们根据通货膨胀的影响调整票房收入时,情况就完全不同了。以2019年美元计算,

现在名列榜首的是《乱世佳人》(18.51亿美元),其后是最早一部《星球大战》(16.29亿美元)和《音乐之声》(13.04亿美元)。《星球大战：原力觉醒》(9.89亿美元)则降到第11位。

《乱世佳人》在1939年公映,当时电视机还未普及。在20世纪30年代,每周大约有9 000万美国人去电影院,而现在每周只有2 500万美国人去电影院。但那个时代的电影很少能上票房排行榜,因为当时的票价只有现在的四分之一。实际上,若根据名义票房收入排名,《乱世佳人》甚至没有进入前100部。而一旦我们根据通货膨胀的影响进行调整,白瑞德和斯嘉丽①就"身价百倍"了。

案例研究　　　　生活费用的地区差别

当你大学毕业时,可能有好几个工作机会供你选择。但如果这些工作是在不同地区,那你在比较薪酬的时候就要当心了。生活费用不仅在不同时期不一样,而且在不同地区也不一样。一旦你考虑到物价的地区差别,看起来丰厚的薪酬可能也并不那么丰厚了。

美国经济分析局利用为CPI收集的数据来比较美国各地的物价,生成了一个有用的统计数字——地区价格平价。正如CPI衡量从一年到另一年生活费用的变动一样,地区价格平价衡量州与州之间生活费用的差异。

图25-3说明了2020年美国的地区价格平价。例如,夏威夷的生活费用是美国一般地区的112%(也就是说,夏威夷的生活费用比平均水平高12%)。密西西比州的生活费用是美国一般地区的87.8%(也就是说,密西西比州的生活费用比平均水平低12.2%)。

是什么导致了这些差别?产品(如食品和衣服)的价格只能解释生活费用地区差别的一小部分。大多数产品是可贸易的,可以很容易地将其从一个地方运送到另一个地方。由于地区贸易,严重的产品价格不对称不太可能长期持续。

服务可以解释生活费用地区差别的更大一部分。例如,一个州的理发费用可能比另一个州更高。如果理发师愿意流动到理发服务价格高的地区,或者如果顾客愿意在全国飞来飞去寻找理发服务便宜的地区,那么各个地区的理发服务价格也会趋同。但由于理发服务的"运输"成本非常高,大幅的价格不对称就可以持续下去。

住房服务对于理解生活费用的地区差别特别重要。这种服务在一般消费者的预算中占有相当大的份额。而且,房屋或公寓一旦建成,便不能轻易地移动,它所在的土地更是完全不可移动的。因此,住房费用的差异就可以一直持续下去。例如,夏威夷的房租几乎是密西西比州的两倍。

在比较不同的工作岗位时要记住以上事实。你不仅要看薪水金额,还要看当地物品与服务的价格,特别是住房的价格。

---

① 《乱世佳人》中的男女主角。——译者注

图25-3

生活费用的地区差别

该图显示了美国50个州及哥伦比亚特区与美国平均水平相比的生活费用情况。

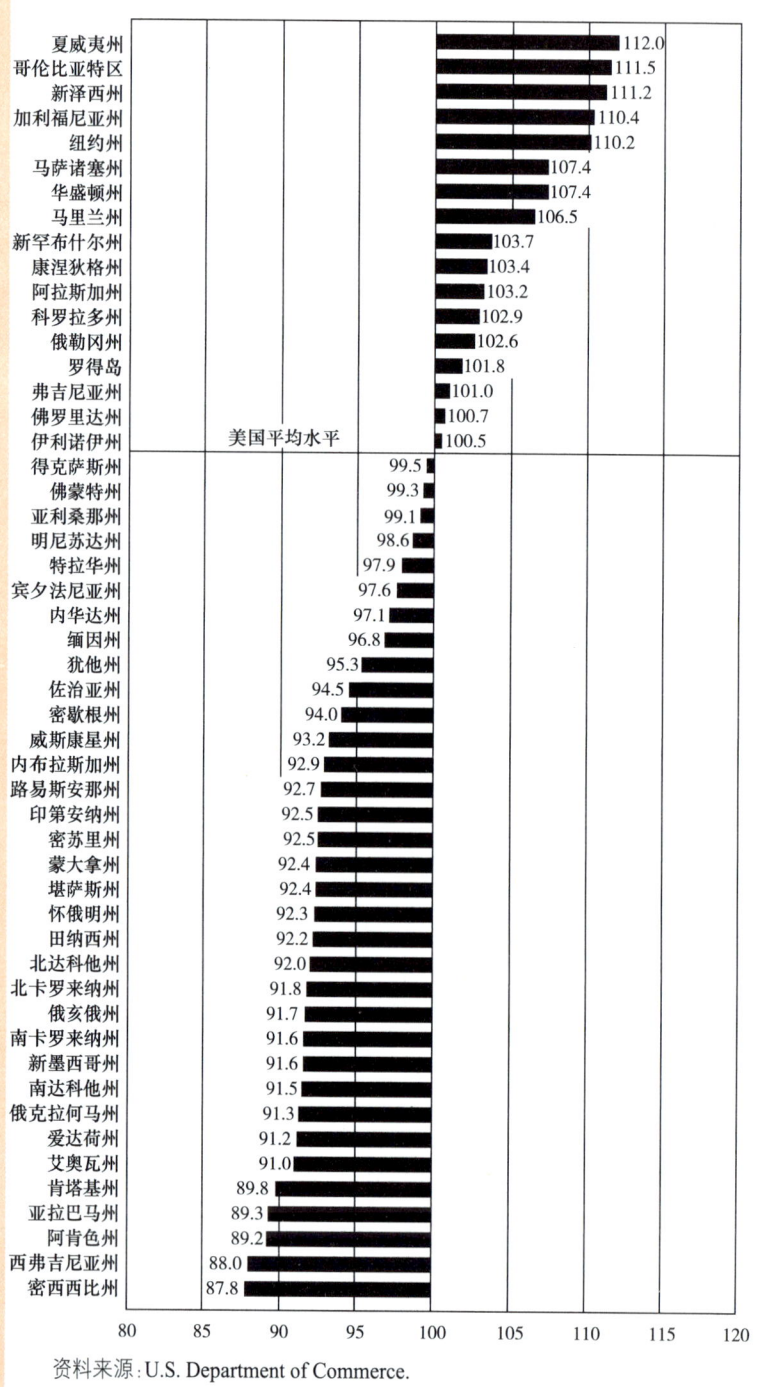

资料来源：U.S. Department of Commerce.

25.2.2 指数化

正如我们刚刚说明的,当比较不同时期的货币数额时,要用价格指数来校正通货膨胀的影响。根据法律或合同按物价水平的变动对货币数额进行自动调整,就称为通货膨胀的**指数化**(indexation)。

例如,企业和工会之间签订的许多长期合同中有工资部分或全部与 CPI 挂钩的条款。这种条款被称为**生活费用津贴**(cost-of-living allowance,COLA)。根据这一条款,当 CPI 上升时,工资会自动增加。

指数化也是许多法律的特点。例如,社会保障补助每年会进行调整,以补偿受益人因物价上升遭受的损失。美国联邦所得税的税级——确定适用税率所依据的收入水平——也根据通货膨胀进行指数化处理。然而,税法中也有许多内容,尽管应该根据通货膨胀进行指数化处理,但实际上并没有。我们在后面会更充分地讨论这些问题。

指数化:
根据法律或合同按物价水平的变动对货币数额进行自动调整。

25.2.3 真实利率与名义利率

在考察利率数据时,根据通货膨胀的影响校正经济变量尤其重要,而且颇为棘手。利率的概念必然涉及对不同时点的货币量的比较。当你把钱存入银行账户时,你现在就给了银行一些货币,银行未来要偿还你的本金和利息。同样,当你向银行借款时,你现在就得到了一些货币,而未来必须向银行偿还本金和利息。在这两种情况下,要充分了解你与银行之间的交易,了解未来美元的价值不同于今天美元的价值是很关键的。换句话说,你必须对通货膨胀的影响进行校正。

我们来看一个例子。假设莎莎把 1 000 美元存入一个银行账户,该账户每年支付 10% 的利率。一年以后,莎莎累积的利息为 100 美元,她可以提取 1 100 美元。但这 100 美元使莎莎比一年前存款时更富有了吗?

答案取决于我们所说的"更富有"这个词的含义。莎莎确实比一年前多了 100 美元,换句话说,莎莎所拥有的美元数量增加了 10%。但是,莎莎并不关心货币数量本身,而只关心她用这些货币能买到什么。如果她的钱存入银行后物价上升了,那么现在每一美元买到的东西就比一年前少了。在这种情况下,她的购买力——她能买到的物品与服务的数量——并没有上升 10%。

为了使问题简化,我们假设莎莎是一个电影迷,把所有的钱都用在购买电影票上。莎莎存款时,一张电影票是 10 美元,她的存款 1 000 美元相当于 100 张电影票。一年以后,在得到 10% 的利息之后,她有 1 100 美元。现在她能买多少张电影票?这取决于电影票价格的变动。以下是几种情形:

- **零通货膨胀**:如果电影票的价格仍然是 10 美元,那么她能购买的电影票数量就从100张增加到110张。美元财富增加10%意味着她的购买力也上升了10%。

- **6%的通货膨胀**：如果电影票的价格从10美元上升到10.6美元，那么她能购买到的电影票数量就从100张增加到约104张，意味着她的购买力上升了约4%。
- **10%的通货膨胀**：如果电影票的价格从10美元上升到11美元，那么她仍然只能购买100张电影票。尽管美元财富增加了，但是她的购买力与一年前相同。
- **12%的通货膨胀**：如果电影票的价格从10美元上升到11.2美元，那么她能购买到的电影票数量就从100张减少到约98张。尽管美元财富增加了，但是她的购买力却下降了约2%。

如果莎莎生活在一个通货紧缩——负的通货膨胀，或者更简单地说，物价下降——的经济里，就会有另一种可能性出现：

- **2%的通货紧缩**：如果电影票的价格从10美元下降到9.8美元，那么她能购买到的电影票数量就从100张增加到约112张，意味着她的购买力上升了12%左右。

这些例子表明，通货膨胀率越高，莎莎的购买力增加得就越少。如果通货膨胀率高于利率，那么她的购买力实际上就下降了。如果出现通货紧缩，那么她的购买力上升的幅度就大于利率上升的幅度。

名义利率：
通常公布的、未对通货膨胀的影响进行校正的利率。

真实利率：
已对通货膨胀的影响进行校正的利率。

（扫码答题）

为了了解一个人能从储蓄账户中赚到多少，我们需要同时考虑利率和价格变动。衡量货币数额变动的利率被称为**名义利率**（nominal interest rate），已对通货膨胀的影响进行校正的利率被称为**真实利率**（real interest rate）。名义利率、真实利率和通货膨胀率之间的关系接近于以下公式：

$$\text{真实利率} = \text{名义利率} - \text{通货膨胀率}$$

真实利率是名义利率和通货膨胀率之差。名义利率告诉你，随着时间的推移，你的银行账户中的货币数量增加得有多快；而真实利率则告诉你，随着时间的推移，你的银行账户中的货币的购买力提高（或下降）得有多快。

案例研究　　美国经济中的利率

图25-4显示了1965—2020年美国经济中的真实利率与名义利率。图中的名义利率是3个月期国库券的利率（其他利率的数据也是相似的）。真实利率是用名义利率减去通货膨胀率计算出来的。在这里，通货膨胀率是用CPI的变动百分比衡量的。

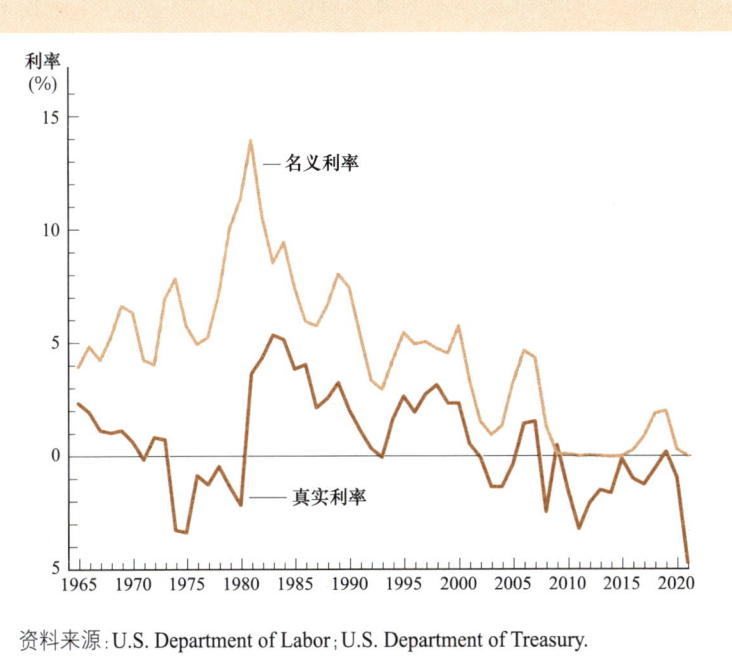

图25-4

真实利率与名义利率

该图显示了1965—2020年美国的年度名义利率与真实利率。名义利率是3个月期国库券的利率。真实利率是名义利率减去通货膨胀率（用CPI的变动百分比衡量）。要注意的是，名义利率和真实利率并不总是同步变动。

资料来源：U.S. Department of Labor；U.S. Department of Treasury.

图25-4的一个特点是，名义利率几乎总是高于真实利率。这反映了在这一时期，尽管美国经济偶尔会出现通货紧缩，但在大多数年份里，物价水平是上涨的。与此相反，如果你观察19世纪末的美国经济或者近年来的日本经济，就会发现存在显著的通货紧缩。在通货紧缩时期，真实利率高于名义利率。

图25-4还表明，由于通货膨胀率是变动的，因此真实利率与名义利率并不总是同步变动。例如，在20世纪70年代末，名义利率很高，但由于通货膨胀率极高，真实利率就很低。实际上，在20世纪70年代的许多年份，真实利率是负的，这是由于通货膨胀对人们储蓄的侵蚀要快于名义利息支付的增加。与此相反，在20世纪90年代末，名义利率较20年前低，但由于通货膨胀率也低很多，因此真实利率比20年前高。但名义利率与真实利率的变化往往是同方向的：例如，2020年新冠疫情期间，名义利率降到接近于零而真实利率再次变为负值。在后面的几章中，我们将研究决定真实利率与名义利率的经济因素。

25.3 结论

著名棒球运动员尤吉·贝拉（Yogi Berra）曾说过："5美分不再值10美分。"当然，5美分从来就没有值过10美分，但确实，5美分、10美分和1美元背后的真实价值一直是不稳定的。物价总水平的持续上升已成为常态。这种通货膨胀一直在降低每一单位货币的购买力。当比较不同时期的美元数额时,要牢记今天的 1 美元的价值不同于 20 年前的 1 美元,很可能也不同于 20 年后的 1 美元。

本章讨论了经济学家如何衡量经济的物价总水平以及他们如何用价格指数来校正通货膨胀对经济变量的影响。价格指数使我们可以比较不同时点的美元金额,从而更好地了解经济是如何变动的。

本章关于价格指数的讨论与上一章关于 GDP 的讨论,仅仅是研究宏观经济学的第一步。很快,我们将考察一国 GDP 的决定因素以及通货膨胀的原因与影响。在前面两章解释了经济学家如何衡量宏观经济的产量和价格以后,现在我们就准备构建一个解释这些变量变动的模型。

接下来几章的安排如下:首先,我们考察真实 GDP 以及储蓄、投资、真实利率和失业这些相关变量的长期决定因素;其次,我们考察物价水平以及货币供给、通货膨胀和名义利率这些相关变量的长期决定因素;最后,在说明这些变量在长期中如何决定以后,我们考察是什么引起真实 GDP 和物价水平短期波动这样更为复杂的问题。我们刚刚讨论过的衡量问题将为接下来几章的这种分析奠定基础。

内容概要

- 消费价格指数(CPI)表示相对于基年同一篮子物品与服务的费用,这一篮子物品与服务现期的费用是多少。这个指数用于衡量经济的物价总水平。CPI 的变动百分比可用于衡量通货膨胀率。

- 出于三个原因,CPI 并不是生活费用的完美衡量指标。第一,它没有考虑到,随着时间的推移,消费者用变得较便宜的物品替代原有产品的能力。第二,它没有考虑到因新产品的引进而带来的货币购买力的提高。第三,它没有衡量物品与服务质量的变动。由于这些衡量问题,CPI 高估了真实的通货膨胀。

- 与 CPI 一样,GDP 平减指数也衡量经济的物价总水平。这两个价格指数通常同步变动,但存在重要差异。与 CPI 不同,GDP 平减指数反映的是国内生产出来的物品与服务的价格,而不是消费者购买的物品与服务的价格。因此,进口产品影响 CPI,但不影响 GDP 平减指数。此外,CPI 用固定的一篮子物品与服务,而 GDP 平减指数会随着 GDP 构成的变动而自动改变物品与服务的组合。

- 不同时点的美元数额并不代表购买力的真实差别。为了比较过去与现在的美元数额,应该用价格指数对过去的数字进行通货膨胀调整。

- 许多法律和合同会用价格指数来校正通货膨胀的影响。但是,税法只是在部分方面针对通货膨胀作了指数化处理。

- 当考察利率数据时,对通货膨胀的影响进行校正尤为重要。名义利率是通常所公布的利率,它是储蓄账户中的货币数额随着时间的推移而增加的速度。与此相比,真实利率是储蓄账户中的货币购买力随着时间的推移而提高(或下降)的速度。真实利率等于名义利率减通货膨胀率。

关键概念

消费价格指数（CPI）　　生产价格指数　　名义利率
通货膨胀率　　　　　　　指数化　　　　　真实利率
核心 CPI

复习题

1. 你认为哪一项对 CPI 的影响更大：鸡肉价格上升 10%，还是鱼子酱价格上升 10%？为什么？
2. 哪三个问题使 CPI 在衡量生活费用时不算是完美的指标？请具体陈述一下。
3. 如果进口法国红酒的价格上升，对 CPI 的影响更大，还是对 GDP 平减指数的影响更大？为什么？
4. 在长期中，巧克力棒的价格从 0.2 美元上升到 1.2 美元。在同一时期，CPI 从 150 上升到 300。根据整体通货膨胀进行调整后，巧克力棒的价格实际变动了多少？
5. 解释名义利率和真实利率的含义。它们之间有什么关系？

问题与应用

1. 假设在你出生的那一年，有人为庆祝你的出生买了 100 美元的物品与服务。你猜猜今天买等量的物品与服务要花多少钱？查找关于 CPI 的数据，并根据这些数据进行计算。（你可以在 http://www.bls.gov/data/inflation_calculator.htm 上找到美国劳工统计局的通货膨胀计算器。）

2. 假设 Vegopia 国的居民把他们的全部收入用于购买花椰菜、西蓝花和胡萝卜。在 2023 年，他们用 200 美元买了 100 棵花椰菜，用 75 美元买了 50 棵西蓝花，用 50 美元买了 500 根胡萝卜。在 2024 年，他们用 225 美元买了 75 棵花椰菜，用 120 美元买了 80 棵西蓝花，用 100 美元买了 500 根胡萝卜。
   a. 计算每年每种蔬菜的单价。
   b. 以 2023 年为基年，计算各年的 CPI。
   c. 2024 年的通货膨胀率是多少？

3. 假设人们只消费三种物品，如下表所示：

	网球	高尔夫球	佳得乐饮料
2023 年单价	2 美元	4 美元	1 美元
2023 年数量	100 个	100 个	200 瓶
2024 年单价	2 美元	6 美元	2 美元
2024 年数量	100 个	100 个	200 瓶

   a. 这三种物品价格变动的百分比分别是多少？
   b. 用类似于计算 CPI 的方法，计算整体物价水平变动的百分比。
   c. 如果你知道从 2023 年到 2024 年每瓶佳得乐饮料的容量增加了，这个信息是否会影响你对通货膨胀率的计算？如果是，会怎样影响？
   d. 如果你知道佳得乐饮料在 2024 年推出了新口味，这个信息是否会影响你对通货膨胀率的计算？如果是，会怎样影响？

4. 登录美国劳工统计局的网站（http://www.bls.gov），并找到美国 CPI 的数据。包括所有项目的指数在过去一年上升了多少？哪个支出类别的物价上升得最快？哪个支出类别的物价上升得最慢？哪些支出类别经历了物价下降？你能解释这些现象吗？

5. 一个小国的民众痴迷于电视上播出的《好声音》节目。他们生产并消费的全部物品和服务就是卡拉 OK 机和声乐课程，如下表所示：

年份	卡拉 OK 机		声乐课程	
	数量	单价	数量	单价
2023	10 台	40 美元	6 节	50 美元
2024	12 台	60 美元	10 节	60 美元

a. 用类似于计算 CPI 的方法，计算物价总水平变动的百分比。（以 2023 年为基年，并将购物篮子固定为 5 台卡拉 OK 机和 3 节声乐课程。）

b. 用类似于计算 GDP 平减指数的方法，计算物价总水平变动的百分比。（同样以 2023 年为基年。）

c. 用两种方法计算的 2024 年通货膨胀率相同吗？解释原因。

6. 编制 CPI 中若遇以下情形会出现什么问题？解释原因。

a. 手机的发明。

b. 汽车上加装安全气囊。

c. 个人电脑因价格下降而销量增加。

d. 每包葡萄干麦片中的葡萄干分量增加。

e. 在油价上升后人们更多地使用节油型汽车。

7. 一打鸡蛋的价格在 1980 年 1 月是 0.88 美元，而在 2021 年 1 月是 1.47 美元。生产工人的平均工资在 1980 年 1 月是每小时 6.57 美元，而在 2021 年 1 月是每小时 25.86 美元。

a. 鸡蛋的价格上升了百分之多少？

b. 工人的工资上升了百分之多少？

c. 在这两个年份，工人必须分别工作多少分钟才能赚到买一打鸡蛋的钱？

d. 用鸡蛋来衡量，工人工资的购买力提高了还是降低了？

8. 本章说明了尽管大多数经济学家认为 CPI 高估了实际的通货膨胀，但每年的社会保障补助仍然与 CPI 同比例增加。

a. 如果老年人的消费篮子和其他人相同，社会保障补助会使老年人的生活水平每年都有提高吗？解释原因。

b. 实际上，老年人消费的医疗服务比年轻人多，而且医疗费用的增加快于整体通货膨胀。要确定老年人某一年的实际福利状况是否比上一年更好，你需要做哪些工作？

9. 假设债务人和债权人一致同意按名义利率来偿还贷款，结果通货膨胀水平高于他们双方的预期。

a. 这笔贷款的真实利率高于还是低于预期的水平？

b. 债权人从这种未预期到的高通货膨胀中获益还是受损？债务人获益还是受损？

c. 20 世纪 70 年代的整体通货膨胀水平比 70 年代初时大多数人预期的要高得多。这对那些在 20 世纪 60 年代得到固定利率住房抵押贷款的房主有何影响？对发放贷款的银行有何影响？

第9篇
长期中的真实经济

| 第 26 章 |
生产与增长

| 第 27 章 |
储蓄、投资和金融体系

| 第 28 章 |
理解金融的基本工具

| 第 29 章 |
失　业

第 26 章　生产与增长

当你在世界各国旅行时,你会观察到生活水平的巨大差异。根据物价的国际差异进行调整以后,美国、日本或德国等富国的人均收入是印度、尼日利亚或尼加拉瓜等穷国人均收入的十倍左右。这种收入差距反映在生活质量的巨大差别上。富国的人们拥有更好的营养状况、更安全的住房、更好的医疗条件、更长的预期寿命,以及更多的汽车、电话和电脑。

即使在一个国家内,生活水平也会随着时间的推移而发生巨大变化。过去一个世纪中,美国按人均真实 GDP 衡量的人均收入每年增长 2% 左右。虽然 2% 看起来无足轻重,但这一增长率意味着人均收入每 35 年翻一番。这就是为什么普通美国人的生活水平很可能高于他们的祖父母在相同年龄时的生活水平。

国与国之间的增长率差别很大。从 1990 年到 2020 年,中国的人均 GDP 以平均每年 8.5% 的速度增长,增加了将近 11 倍。这种增速让中国只用了大约一代人的时间就从世界上最穷的国家之一变为中等收入国家。相比之下,在同样的时期内,津巴布韦的人均 GDP 累计下降了 24%,其普通民众深陷贫困。

用什么来解释这些不同的经历呢?富国怎样才能维持它们的高生活水平?穷国又应该采取什么政策来加快经济增长,跻身发达国家的行列呢?这些问题是宏观经济学中最重要的问题。正如经济学家罗伯特·卢卡斯(Robert Lucas)所指出的:"这些问题对人类福祉的影响实在是令人吃惊——一旦开始思考这些问题,就很难再考虑其他任何问题了。"

前两章讨论了经济学家如何衡量宏观经济的产量和价格。现在我们开始研究决定这些变量的因素。回想一下,一个经济的 GDP 既衡量该经济中赚到的总收入,又衡量用于该经济生产的物品与服务的总支出。真实 GDP 水平是判断经济繁荣与否的一个良好标准,而真实 GDP 的增长是判断经济进步程度的一个良好标准。本章聚焦真实 GDP 水平及其增长的长期决定因素。在本书的后面,我们将研究围绕真实 GDP 长期趋势的短期波动。

在本章我们分三步进行研究:首先考察人均真实 GDP 的国际数据,这些数据可使我们对世界各国生活水平与增长的差异程度有一个大致了解。其次讨论生产率——每小时劳动生产的物品与服务量。一个国家的生活水平主要是由生产率决定的,因此我们将详细分析影响生产率的诸多因素。最后考察生产率和一国采取的经济政策之间的联系。

26.1 世界各国的经济增长

作为研究长期增长的出发点,我们先考察世界上一些国家的经济增长历程。表 26-1 显示了 13 个国家人均收入(人均真实 GDP)的数据。这些数据涵盖了这些国家一个世纪以上的历史。该表前两列列出了国家与时期(因为各国数据的可获得性不同,因此时期略有不同)。第三列和第四列列出了约一个世纪前和 2020 年的人均真实 GDP 的估计值。

表26-1 不同国家的经济增长历程

国家	时期	人均真实 GDP(按 2020 年美元计算)		年增长率(%)
		期初	期末	
中国	1900—2020	834	17 312	2.56
日本	1890—2020	1 751	42 197	2.48
巴西	1900—2020	907	14 836	2.36
墨西哥	1900—2020	1 350	18 833	2.22
印度尼西亚	1900—2020	1 038	12 074	2.07
德国	1870—2020	2 544	53 694	2.05
加拿大	1870—2020	2 766	48 073	1.92
印度	1900—2020	786	6 454	1.77
美国	1870—2020	4 688	63 544	1.76
阿根廷	1900—2020	2 671	20 768	1.72
孟加拉国	1900—2020	726	5 083	1.64
巴基斯坦	1900—2020	859	4 877	1.46
英国	1870—2020	5 601	44 916	1.40

资料来源:Robert J. Barro, Xavier Sala-i-Martin, *Economic Growth* (New York: McGraw-Hill, 1995),表 10.2 和表 10.3;世界银行网站;作者的计算。
注:考虑到国际价格差异,对数据进行了购买力平价(PPP)调整。

人均真实 GDP 数据表明,各国民众的生活水平差别很大。例如,美国 2020 年的人均收入约为中国的 4 倍、印度的 10 倍。最贫穷国家的人均收入水平之低,是发达国家近几十年来所未见的。2020 年,孟加拉国或巴基斯坦的普通人的真实收入和 1870 年美国普通人的收入水平大致相当。

表 26-1 的最后一列是年增长率,它衡量的是各国人均真实 GDP 的年均增长速度。例如,美国在 1870 年的人均真实 GDP 是 4 668 美元,而 2020 年是 63 544 美元,年增长率为 1.76%。这意味着,如果人均真实 GDP 从 4 668 美元开始,150 年中每年增长 1.76%,那么最终会达到 63 544 美元。当然,人均真实 GDP 实际上并不是每年正好增长 1.76%,而是一些年份增长更多,另一些年份增长更少,还有些年份会下降。1.76% 的年均增长率忽略了围绕长期趋势的短期波动,代表的是许多年份中人均真实 GDP 的平均增长率。

表 26-1 中的国家按增长率从高到低排序。位居前列的有巴西和中国,这两个国家已经从世界上最贫穷国家行列跻身中等收入国家行列。同样位居前列的还有日本,它从一个中等收入国家变为最富有国家之一。

排名靠后的有巴基斯坦和孟加拉国,这两个国家在 19 世纪末就属于最贫穷的国家,今天仍然如此。位列末位的是英国。在 1870 年,英国是世界上最富有的国家,人均真实 GDP 高出美国约 20%,是加拿大的接近两倍。如今,英国的人均真实 GDP 比美国低 29% 左右,比加拿大低 7% 左右。

这些数据表明,世界上最富有的国家并不一定在未来也是最富有的,而世界上最贫穷的国家也并不一定永远陷于贫困。但是,用什么来解释长期中的这些变化呢?为什么有些国家快速增长,而另一些国家却落后了呢?这些正是我们接下来要探讨的问题。

(扫码答题)

参考资料　你比最富的美国人还富吗

《美国遗产》(*American Heritage*)杂志曾公布最富有的美国人的名单。位居榜首的是"石油大亨"约翰·D. 洛克菲勒(John D. Rockefeller,1839—1937)。根据该杂志的测算,他的财富相当于今天的约 2 500 亿美元,与当今的美国首富、科技巨头埃隆·马斯克(Elon Musk)的财富大致相当。

尽管拥有巨额财富,但洛克菲勒并没有享受

约翰·D. 洛克菲勒

图片来源:Bettmann/Getty Images.

到我们如今习以为常的诸多便利。他无法看电视、玩电子游戏、上网冲浪或收发电子邮件,炎炎夏日也无法使用空调。在一生的大部分时间中,他既无法乘汽车或飞机旅行,也无法给朋友和家人打电话。他也无法受益于今天医生常规使用的各种延长寿命、提升生活质量的疫苗和药物。

现在想一想:如果有人让你在以后的生活中放弃洛克菲勒没有享受到的所有现代便利,他得给你多少钱呢?你愿意为 2 500 亿美元这样做吗?也许不愿意。如果你不愿意这么做,是否就意味着,你的生活境况比历史上美国最富有的人洛克菲勒还好呢?

如前一章所述,使用标准价格指数比较不同时点的货币数额时,无法充分反映新产品的引入,因此通货膨胀率被高估了。反过来,这也意味着真实经济增长率被低估了。对洛克菲勒的生活的审视表明,这个问题是多么重要。由于巨大的技术进步,今天的普通美国人大概比一个世纪以前最富有的美国人还"富有",尽管在标准经济统计中这个事实被忽视了。

26.2 生产率:作用及决定因素

从某种意义上说,解释不同国家、不同时期生活水平差距悬殊的原因很容易,其答案可以归结为一个词——生产率。但是,从另一种意义上说,这种差异也令人深深困惑,因为许多因素影响着一国的生产率。

26.2.1 为什么生产率如此重要

丹尼尔·笛福(Daniel Defoe)在著名小说《鲁滨孙漂流记》中讲述了一个流落荒岛的水手鲁滨孙·克鲁索(Robinson Crusoe)的故事。我们可以基于此建立一个简化的经济模型。由于克鲁索独自生活,所以他自己捕鱼,自己种菜,自己缝制衣服。克鲁索的活动——对鱼、蔬菜和衣服的生产与消费——构成了一个简单的经济。通过考察克鲁索的经济,我们可以了解一些也适用于更复杂、更现实的经济的结论。

什么因素决定了克鲁索的生活水平呢?简言之,是**生产率**(productivity),即每单位劳动投入所生产的物品与服务的数量。如果克鲁索在捕鱼、种菜和做衣服方面是一把好手,他就能生活得很好——至少在小岛上尽可能地好。如果他对这些事情不擅长,他的生活就会很艰难。由于克鲁索只能消费自己生产的东西,所以他的生活水平就与他的生产率密切相关。

在克鲁索经济的情况下,显然,生产率是生活水平的关键决定因素,而生产率的提高则是生活水平提高的关键决定因素。克鲁索每小时能捕到的鱼越多,他晚餐能够吃的鱼就越多。如果克鲁索能够找到一个更好的捕鱼地点,他的生产率就会提高。生产率的这种提高使克鲁索的状况

生产率:
每单位劳动投入所生产的物品与服务的数量。

变好：他可以享用更多的鱼，或者缩短用于捕鱼的时间，而把更多的时间用于生产其他物品上。

生产率在决定生活水平方面所起的关键作用，对国家而言和对被困的水手而言是同样的。回想一下，GDP 同时衡量一个经济的两件事：经济中所有人的总收入以及用于经济中物品与服务的总支出。GDP 之所以可以同时衡量这两件事，是因为对整体经济而言，它们必然是相等的。简而言之，一个经济的收入就是该经济的产出。

这意味着，一个国家只有能够生产大量物品与服务，它的民众才能享有更高的生活水平。美国人比尼日利亚人的生活水平高，是因为美国工人的生产率比尼日利亚工人高。日本人的生活水平提高得比阿根廷人快，是因为日本工人的生产率提高得更迅速。回想一下，第 1 章中的经济学十大原理之一是，一国的生活水平取决于它生产物品与服务的能力。这一原则对今天庞大而复杂的经济和对克鲁索那种小而简单的经济来说同样正确。

但是，认识到生活水平和生产率之间的联系只是第一步。它自然而然地引出下一个问题：为什么一些经济生产物品与服务的能力比另一些经济要强得多？

26.2.2 生产率是如何决定的

虽然生产率在决定克鲁索的生活水平方面极为重要，但是克鲁索的生产率是由许多因素决定的。例如，如果他有更多渔具，如果他经过培训学到了最好的捕鱼技术，如果岛上有大量的鱼可供捕捞，或者如果他发明了更好的鱼饵，那么他在捕鱼方面就会做得更好。上述每一种决定克鲁索生产率的因素——我们称之为物质资本、人力资本、自然资源和技术知识——在更复杂、更现实的经济中都有对应的要素。下面我们依次考虑每一种要素。

人均物质资本　如果工人使用工具工作，生产率就会更高。用于生产物品与服务的设备和建筑物的存量被称为**物质资本** (physical capital)，或简称为资本。例如，当木工制造家具时，他们用的锯、车床和电钻都是资本。工具越多，木工越能迅速而精确地生产更多的产品：只有基本手工工具的木工每周生产的家具要少于使用精密、专业化设备的木工。

物质资本：
用于生产物品与服务的设备和建筑物的存量。

你可以回想一下，用于生产物品与服务的投入（如劳动、资本等）被称为生产要素。资本的一个重要特征是，它是一种生产出来的生产要素。也就是说，资本既是生产过程的投入，又是过去的生产过程的产出。木工用车床制造桌子腿，而车床本身是制造车床的企业的产出，车床制造者又用其他设备来制造它的产品。因此，资本是一种用于生产各种物品与服务(包括更多资本)的生产要素。

人均人力资本 生产率的第二个决定要素是人力资本。**人力资本**(human capital)是经济学家用来描述工人通过教育、培训和经验获得的知识与技能的一个术语。人力资本包括在早期儿童教育、小学、中学、大学和成人在职培训中所积累的技能。

人力资本：
工人通过教育、培训和经验获得的知识与技能。

虽然教育、培训和经验不像车床、推土机和建筑物那样具体，但是人力资本在许多方面都与物质资本类似。和物质资本一样，人力资本也可以提高一国生产物品与服务的能力，它也是一种生产出来的生产要素。人力资本的生产需要教师、书籍和学习时间等形式的投入品。实际上，可以把学生看作"工人"，他们的重要工作就是生产将用于未来生产的人力资本。

人均自然资源 生产率的第三个决定因素是**自然资源**(natural resources)。自然资源是由自然界提供的用于生产物品与服务的投入品，如土地、河流和矿藏。自然资源有两种形式：可再生资源与不可再生资源。如果管理得当，森林是一种可再生资源。在伐倒一棵树后，人们可以在原地种植一棵树苗，以便将来再次收获。石油是不可再生资源的一个例子。由于石油是自然界在几百万年中形成的，储量有限，因此一旦耗尽，就无法再创造出来。

自然资源：
由自然界提供的用于生产物品与服务的投入品，如土地、河流和矿藏。

自然资源的差别是世界各国生活水平差异的部分原因。美国历史上的成功部分是由于拥有大量适于农耕的土地。现在中东地区的某些国家(如科威特和沙特阿拉伯)之所以富有，只是因为它们正好坐落于世界上石油储量最大的地区。

虽然自然资源很重要，但是它并不是一个经济实现高生产率的必要条件。例如，日本虽然自然资源匮乏，但仍是世界上最富裕的国家之一。国际贸易使日本的成功成为可能。日本进口大量石油和其他自然资源，再出口其制造的产品。许多自然资源丰富的国家也可以从这种交换中获益。

技术知识 生产率的第四个决定因素是**技术知识**(technological knowledge)——社会关于生产物品与服务的最好方法的知识。两百年前，大多数美国人在农场里耕作，这是因为有限的农业技术要求大量的劳动力投入才能养活整个国家的人口。现在，由于化肥、农药、农业机械和植物杂交技术的进步，只需少部分人就可以生产出足以养活整个国家的食物。这种技术变革使更多劳动力可以用于生产其他物品与服务。

技术知识：
社会关于生产物品与服务的最好方法的知识。

技术知识有多种形式。一种技术是公共知识——某个人使用这种技术后，大家就都了解了这种技术。例如，亨利·福特创立汽车流水装配线后，其他汽车制造商很快就纷纷效仿。另一种技术是由私人拥有的——

只有发明它的公司知道。例如,只有可口可乐公司知道其软饮料的配方。还有一种技术在短期内是由私人拥有的。当一家制药公司发明了一种新药时,专利制度赋予该公司在一定时期内独家生产这种药物的权利。然而,在专利期满后,其他公司就被允许生产这种药品了。所有这些形式的技术知识对经济中物品与服务的生产都非常重要。

有必要对技术知识和人力资本进行区分。技术知识是指社会关于世界如何运行的知识,人力资本是指把这种知识传递给劳动力所耗费的资源。打个恰当的比喻,技术知识好比社会教科书的质量,而人力资本则是人们阅读这本教科书所花的时间。生产率取决于这两者。

即测即评26-2
(扫码答题)

参考资料　　　生产函数

经济学家经常用生产函数来描述生产的投入量与产出量之间的关系。例如,假设 Y 表示产量,L 表示劳动量,K 表示物质资本量,H 表示人力资本量,N 表示自然资源量,那么我们可以写出:

$$Y = AF(L, K, H, N)$$

式中,$F(\ )$ 是一个表示这些投入如何组合起来以转化为产出的函数。A 是表示可得到的生产技术的变量。A 随着技术进步而上升,这样,一个经济就可以用既定的投入组合获得更多产出。

许多生产函数具有规模收益不变的特性。如果生产函数为规模收益不变的,那么所有投入翻一番就会使产出也翻一番。在数学上,对于任何一个正数 x,可以把生产函数的规模收益不变表示为:

$$xY = AF(xL, xK, xH, xN)$$

在这个式子中,所有投入翻一番可以用 $x=2$ 来表示。等式右侧表示投入翻一番,而等式左侧表示产出翻一番。

规模收益不变的生产函数有一种有趣且有用的含义。为了说明这种含义,设 $x=1/L$,则上式变为:

$$Y/L = AF(1, K/L, H/L, N/L)$$

请注意,Y/L 是人均产出,也是生产率的一个衡量指标。该式说明,生产率取决于人均物质资本(K/L)、人均人力资本(H/L)、人均自然资源(N/L),以及技术水平 A。因此,该式对我们刚刚讨论过的生产率的四个决定因素进行了一个数学上的概括。

案例研究　　　自然资源会成为经济增长的限制因素吗

当前,全球人口接近80亿,约是一个世纪前的4倍。同时,人们的生活水平大大提高了。一个长期存在的争论是,人口的增长和生活水平的提高在未来能否持续。

一些评论者认为，自然资源最终会限制世界经济能够增长的程度。世界上的不可再生性自然资源（例如石油和矿藏）的总量是固定的，这些自然资源正在日渐耗尽。随着这些资源的供给减少，经济增长会放慢，生活水平甚至可能被迫下降。至少这一观点是这么说的。

尽管这一观点的逻辑很有说服力，但大多数经济学家对这种增长限制的担忧程度比人们预期的要低。他们认为，技术进步通常能提供避免这些限制的方法。如果我们拿今天的经济与过去比较，就会发现自然资源的利用方式已经得到了改进：现代汽车的油耗更低，一些汽车甚至不再使用汽油。新建房屋的隔热性能更好，供暖和制冷所需的能源更少。更高效的采油装置使得采油过程中浪费的石油更少。资源回收使一些不可再生性资源被重复利用。替代能源的开发，使我们能用可再生性资源来代替不可再生性资源。例如，在发电领域，风能和太阳能正逐渐代替煤和石油。

20世纪中叶，一些环保人士担心锡和铜的过度使用。当时锡和铜是关键商品：锡用于制造食物容器，而铜用于制造电话线。一些人建议对锡和铜实行强制回收利用及配给，以便为子孙后代保留这些资源。但是，今天塑料已取代锡成为制造许多食物容器的材料，而电话通信通常可以利用以沙子为原料生产的光导纤维或无线电波来传输，用不着铜缆了。技术进步使曾经至关重要的一些自然资源变得不那么必要了。

但这些努力是否足以保证经济的持续增长？回答这个问题的一种方法是考察自然资源的价格。在市场经济中，稀缺性反映在市场价格上。如果世界陷入了自然资源短缺，那么这些资源的价格就会随着时间的推移而上升。但实际情况往往与此相反。自然资源的价格在短期内波动显著，但在长期中，大多数自然资源的价格（根据总体通货膨胀调整后）是稳定或下降的。这表明我们节约这些资源的能力的提高速度比其供给减少的速度要快。市场价格没有给出任何理由使我们相信，自然资源会成为经济增长的限制因素。

26.3 经济增长和公共政策

社会的生活水平取决于它生产物品与服务的能力，而其生产率取决于物质资本、人力资本、自然资源和技术知识。鉴于这些关系，世界各国的政策制定者面临一个核心问题：如何通过政府政策来提高生产率和生活水平？

26.3.1 储蓄和投资

由于资本是生产出来的生产要素，一个社会可以改变它所拥有的资本量。如果一个经济当前生产了大量资本品，那么未来它就拥有更多的资本存量，从而具备更强的生产更多物品与服务的能力。因此，提高未来生产率的一种方法是将更多的现期资源投入资本品的生产。

第1章提出的经济学十大原理之一是人们面临权衡取舍。当考虑资本积累时,这个原理尤其重要。由于资源是稀缺的,因此,把更多资源用于资本品生产,就意味着用于生产现期消费的物品与服务的资源减少了。也就是说,社会如果更多地投资于资本,就必须减少消费并把更多的现期收入储蓄起来。由资本积累所引起的经济增长并不是"免费的午餐"——它要求社会牺牲现期物品与服务的消费,以换取未来的更高消费水平。

下一章我们要更详细地考察金融市场如何协调储蓄与投资,还要考察政府政策如何影响储蓄与投资的数量。在此请注意,鼓励储蓄和投资是政府促进经济增长,并在长期中提高生活水平的一种方法。

26.3.2 收益递减和追赶效应

假设政府推行一种提高国民储蓄率的政策——提高储蓄(而不是消费)占 GDP 的百分比。这会出现什么结果呢?随着一国储蓄的增加,用于生产消费品的资源减少,而更多的资源用于生产资本品。结果是资本存量增加,引起生产率的提高和 GDP 的更快增长。但是,这种高速增长能持续多长时间呢?假设储蓄率处于新的高水平,GDP 的高增长会一直持续下去,还是只能持续一段时间呢?

关于生产过程的传统观点认为,资本具有**收益递减**(diminishing returns)特性:随着资本存量的增加,每增加一单位资本所带来的产出增量会递减。换句话说,当工人已经用大量资本生产物品与服务时,再给他们增加 1 单位资本,只能使生产率略微提高。图 26-1 说明了这一点,该

收益递减:
随着投入量的增加,每一单位额外投入所带来的收益减少的特性。

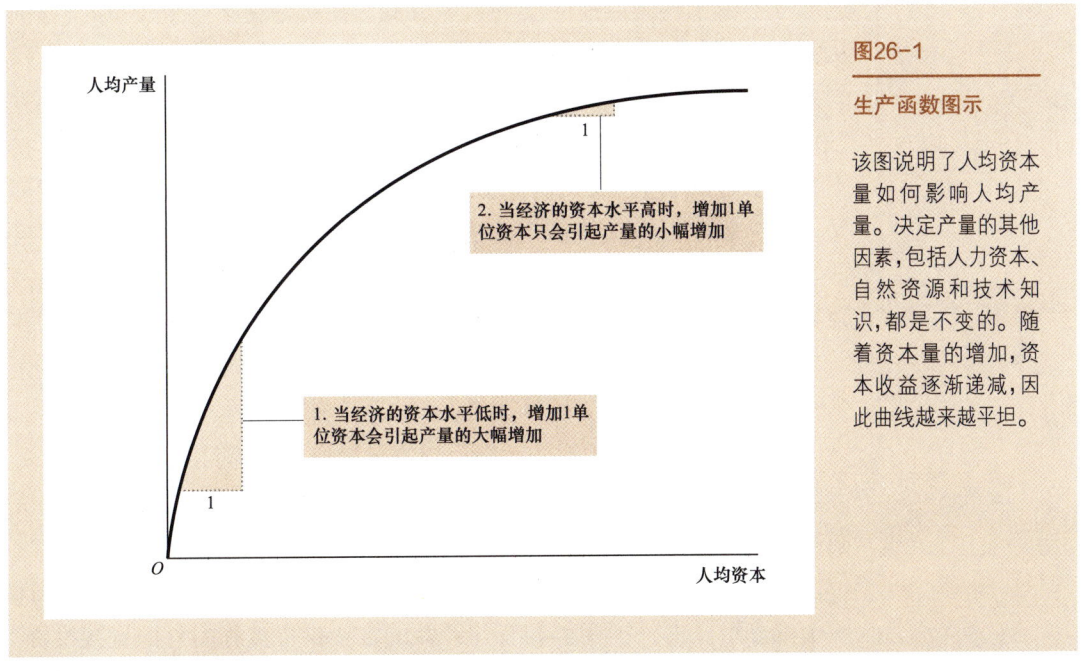

图26-1

生产函数图示

该图说明了人均资本量如何影响人均产量。决定产量的其他因素,包括人力资本、自然资源和技术知识,都是不变的。随着资本量的增加,资本收益逐渐递减,因此曲线越来越平坦。

图表明在决定产量的其他因素都不变的情况下，人均资本量如何决定人均产量。资本收益递减有时也被称为资本边际产出递减。

由于收益递减，储蓄率上升所引起的高增长只是暂时的。随着更高储蓄率带来更多的资本积累，从增加的资本中得到的收益随着时间的推移而逐渐减少，增长因此会放缓。在长期中，储蓄率上升会引起生产率和收入水平的上升，但不会引起这些变量增长率的提高。然而，达到这种"长期"可能需要相当长一段时间。对经济增长国际数据的研究表明，储蓄率的上升可以带来持续数十年的经济显著增长。

资本的收益递减特性还有一层重要的含义：在其他条件相同的情况下，如果一国开始时较穷，它就更易实现快速增长。这种初始条件对后续增长的影响有时被称为**追赶效应**（catch-up effect）。在贫穷国家中，工人缺乏最基本的生产工具，导致生产率低下。在这种情况下，少量的资本投资就可以大幅提高工人的生产率。与此相反，富裕国家的工人之所以生产率高，部分原因是他们已经拥有大量资本可供使用。在这种情况下，再追加资本投资对生产率只有较小的影响。对经济增长国际数据的研究证明了这种追赶效应：当控制住其他变量（例如投资占 GDP 的百分比）时，穷国往往增长得比富国更快。

这种追赶效应有助于解释某些令人费解的事实。从 1960 年到 1990 年，美国和韩国的投资占 GDP 的百分比相似。但在此期间，美国经济只实现了 2% 左右的温和增长，而韩国经济却以超过 6% 的速度增长。追赶效应可以解释这种差别。在 1960 年，韩国人均 GDP 不到美国的十分之一，这部分是由于韩国以前的投资水平极低。在初始资本存量较少时，韩国从资本积累中获得的收益就大得多，从而后续有更高的经济增长率。

这种追赶效应也表现在生活的其他方面。当一个学校在学年末颁发"最佳进步奖"时，获奖的往往是学年初成绩较差的学生。那些在学年初不刻苦学习的学生发现，他们取得进步比那些一贯刻苦学习的学生更容易。要注意的是，在起点既定的情况下，"最佳进步奖"是好的，但成为"最佳学生"更好。同样，从 1960 年至 1990 年，虽然韩国的经济增长比美国快得多，但美国的人均 GDP 仍高于韩国。

26.3.3 来自国外的投资

旨在提高一国储蓄率的政策可以增加投资，并提高长期经济增长率。但国内居民的储蓄并不是一国增加资本存量的唯一方式，外国人的投资同样可以实现这一目标。

来自国外的投资可以采取多种方式。福特汽车公司可以在墨西哥建一个汽车厂。由外国实体拥有并经营的资本投资被称为**外国直接投资**。

追赶效应：
起点较穷的国家往往比起点较富的国家增长更快的特征。

或者，美国人可以购买墨西哥公司的股票（也就是说，购买该公司的所有权份额），而该墨西哥公司可以用出售股票的收入来建造一个新工厂。使用国外资金但由国内居民经营的投资被称为外国有价证券投资。在这两种情况下，美国人都为增加墨西哥资本存量提供了所必需的资源。这就相当于用美国人的储蓄为墨西哥的投资提供资金。

当外国人在一个国家投资时，他们的目的是获得投资回报。福特公司的汽车厂增加了墨西哥的资本存量，从而提高了墨西哥的生产率，增加了墨西哥的 GDP。但福特公司也以利润的形式把一些额外收入带回美国。同样，当美国投资者购买墨西哥公司的股票时，他们也有权得到墨西哥公司赚到的一部分利润。

因此，来自国外的投资对经济繁荣程度的各个衡量指标的影响并不相同。我们还记得，一个国家的 GDP 是该国居民和非居民在国内赚到的收入，而 GNP 是该国居民在国内和国外赚到的收入。当福特公司在墨西哥开办汽车厂时，工厂产生的部分收入归属于并不生活在墨西哥的人。因此，外国在墨西哥的投资所增加的墨西哥人的收入（用 GNP 衡量）小于在墨西哥增加的产量（用 GDP 衡量）。

尽管如此，来自国外的投资也是实现一国经济增长的一种方式。尽管这种投资的一部分收益要流回外国所有者手中，但这种投资也增加了一国的资本存量，提高了该国的生产率和工资水平。此外，来自国外的投资也是穷国学习富国开发并运用先进技术的一种方式。出于这些原因，许多经济学家都建议欠发达经济体鼓励来自外国的投资。这往往意味着取消政府对外国人拥有国内资本的限制。

试图促进资本流向贫穷国家的一个国际组织是世界银行。世界银行从资本充裕的国家获得资金——它最大的股东是美国、日本、中国、德国、法国和英国，再向欠发达国家发放贷款，以便这些国家能投资于道路、排水系统、学校和其他类型的资本。它也就如何最有效地运用这些资金向这些国家提供咨询服务。世界银行与其姊妹组织国际货币基金组织都是在第二次世界大战后建立的。战争给我们的一个教训是，经济不景气往往引起政治动乱、国际局势紧张及军事冲突。因此，促进全球经济繁荣符合所有国家的利益，世界银行和国际货币基金组织成立的目的就在于此。

26.3.4 教育

教育作为人力资本投资的一种形式，对于一个国家的长期经济繁荣而言，至少和物质资本投资同样重要。在美国，从历史上看，每多受一年学校教育，工人的工资平均会增加 10% 左右。在人力资本尤为稀缺的欠发达国家,受过教育的劳动者与未受过教育的劳动者之间的工资差距更大。因此,通过提供优质学校并鼓励人们充分利用教育资源,政府政策可以提高人们的生活水平。

和物质资本投资一样,人力资本投资也有机会成本。当学生在校学习时,他们放弃了本可以作为劳动力赚到的收入。在欠发达国家,尽管接受学校教育的收益非常高,但儿童往往早早辍学,仅仅是因为家庭需要他们的劳动来养家糊口。

一些经济学家认为,人力资本对经济增长特别重要,因为人力资本可以带来正外部性。外部性是一个人的行为对旁观者福利的影响。例如,受过教育的人可能提出一些有关如何最好地生产物品与服务的新思想。如果这些新思想传播开来,让每个人都可以利用,那么就构成了教育的外部收益。在这种情况下,学校教育的社会收益就远远大于个人收益。这种观点为我们所看到的公共教育形式下对人力资本投资的大量补贴提供了理论依据。

一些穷国面临的一个问题是人才外流——许多受过高等教育的劳动者移民到富国,因为他们在这些国家可以享有更高的生活水平。如果人力资本具有正外部性,那么这种人才外流就使那些留下来的人比未发生人才外流时更穷。这个问题使政策制定者进退两难。美国和其他富国有最好的高等教育体系,很自然地,穷国会把它们最好的学生派到国外深造。但这些留学生可能选择不回国,因此这种人才外流将进一步减少穷国的人力资本存量。

26.3.5 健康与营养

人力资本通常指教育,但也可以用来描述对人的另一类投资:提高人口健康水平的支出。对人口的健康进行适当投资是一国提高生产率和生活水平的途径之一。

已故经济史学家罗伯特·福格尔(Robert Fogel)发现,长期经济增长的一个重要因素是通过改善营养提升人口的健康状况。据他估算,1780年的英国,约有五分之一的人营养不良,以至于他们不能从事体力劳动。而在那些有劳动能力的人中,热量摄入不足也大大降低了他们的工作效能。随着营养状况的改善,劳动者的生产率也提高了。

福格尔通过观察人口的身高来研究这些趋势。身材矮小可能是营养不良的一个标志,特别是在胎儿时期和儿童时期。福格尔发现,随着一国经济的发展,人们摄入更多食物,平均身高也随之增长。1775—1975年,英国的人均热量摄入增加了26%,男性的平均身高增加了3.6英寸(约9厘米)。同样,1962—1995年,韩国经济快速增长,人均热量摄入增加了

44%，男性的平均身高则增加了 2 英寸（约 5 厘米）。当然，人的身高是由遗传因素和环境因素共同决定的，但由于人的遗传基因结构变化很慢，因此平均身高的增加更可能是由环境因素引起的——营养状况的改善是最显而易见的一种解释。

福格尔因其在经济史领域的贡献获得了 1993 年诺贝尔经济学奖，其贡献不仅包括对营养状况的研究，还包括对美国奴隶制和铁路在美国经济发展中作用的研究。在获颁诺贝尔奖时所做的演讲中，他概括了健康和经济增长之间关系的证据。他的结论是："1790—1980 年，总体营养状况的改善对英国人均收入增长的贡献率约为 30%。"

今天，营养不良现象在英国和美国这些发达国家已经很少见了（相比之下，肥胖是更普遍的问题）。但对一些发展中国家的民众而言，健康状况差和营养不良仍然是一个严重的问题。据联合国估计，在撒哈拉以南非洲地区，约有四分之一的人口尚处于营养不良的状态。

健康和财富之间的因果关系也是双向的。穷国之所以贫穷，部分原因是人们的健康状况差，而人们健康状况差的部分原因又是他们穷，负担不起必要的医疗和营养费用。这种恶性循环屡见不鲜，但也存在良性循环的可能性：促进经济更快增长的政策会改善人们的健康状况，而健康状况的改善又会进一步促进经济增长。

26.3.6　产权和政治稳定

政策制定者促进经济增长的另一种方法是保护产权和维持政治稳定。这触及了市场经济运行的核心。

市场经济中的生产来自数百万个人与企业的相互交易。当你买了一辆汽车，你就购买了汽车经销商、汽车制造商、钢铁公司、铁矿开采公司等众多企业的产出。这种生产分工使经济中的生产要素得到尽可能有效的利用。为了实现这个结果，经济必须协调这些企业之间以及企业和消费者之间的交易。市场经济通过市场价格实现这种协调。也就是说，市场价格是市场这只"看不见的手"用来使经济中的成千上万个市场实现供求平衡的工具。

要使这一机制有效运转，必须尊重产权，即人们对自己拥有的资源行使权利的能力。如果铁矿公司预计矿石会被盗采，它就不会费力去开发铁矿。如果钢铁公司预期铁矿公司会违约而不交货，它就不会向铁矿公司支付货款。出于这个原因，法院在市场经济中所扮演的一个重要角色是保障产权执行。通过刑事司法体系，法院阻止偷窃和欺诈；通过民事司法体系，法院保证买卖双方履行合约。

在欠发达国家，司法体系往往不能正常运行，产权的缺失可能会是一个重大问题。合约难以执行,欺诈行为往往得不到惩罚。在一些情况下,政府不仅不能保护产权,实际上还侵犯产权。例如,在一些国家,企业为了顺利经营,不得不贿赂有权力的政府官员。这种腐败以多种方式降低了生活质量。用经济学术语来说,它阻碍了市场的协调能力,同时也抑制了国内储蓄和来自国外的投资。

对产权的一大威胁是政治的不稳定性。当革命和政变频繁时,产权在未来能否得到保障就很值得怀疑。如果一个发生革命剧变的政府可能会没收一些企业的资本,那么国内居民储蓄、投资和创业的动力就会减少,外国人的投资意愿也会下降。即使只是存在发生革命剧变的威胁,也会降低一国的生活水平。

简而言之,经济繁荣部分地取决于有利的政治制度。一个司法系统高效、政府官员廉洁和政治局势稳定的国家,其国民生活水平将高于一个司法系统薄弱、政府官员腐败和政权更迭频繁的国家。

26.3.7 自由贸易

世界上最穷的一些国家试图通过实施内向型政策来实现更快的经济增长,这些政策旨在通过避免与世界其他国家的相互交易来提高国内的生产率和生活水平。一些国内企业通常支持幼稚产业保护论,声称它们需要避开来自国外的竞争,以实现生存和发展壮大。这种幼稚产业保护论加上对外国企业的普遍不信任,时常会使欠发达国家的政策制定者实行关税和其他贸易限制。

今天的大多数经济学家相信,穷国实行与世界经济融为一体的外向型政策会使其状况变好。国际贸易能提高一国公民的经济福利。在某种意义上,贸易是一种"技术"。当一个国家出口小麦并进口纺织品时,该国就如同发明了一种把小麦变为纺织品的技术一样而从中获益。因此,取消贸易限制的国家将经历类似重大技术进步所带来的经济增长。

考虑到许多欠发达经济体规模不大,内向型发展的弊端尤为明显。例如,阿根廷的GDP总量与美国密歇根州的GDP总量相近。设想一下,如果密歇根州禁止居民与美国其他州及美国以外的国家的人进行贸易,将会出现什么情况。当不能利用贸易的好处时,密歇根州就要生产它所需的所有消费品,还要生产它所需的所有资本品而不是进口其他地方最先进的设备。密歇根州的生活水平马上就会下降,而且随着时间的推移,情况还会继续恶化。这正是阿根廷在20世纪大部分时间里实行内向型政策所出现的情况。与此相反,实行外向型政策的经济体,例如韩国、新加坡,都实现了很高的经济增长率。

一国与其他国家的贸易量不仅取决于政府政策,还取决于地理环境。

有天然海港的国家要比没有这种资源的国家更容易开展贸易。世界上的许多重要城市(如纽约、旧金山和香港)都位于沿海并非偶然。同样,许多内陆国家由于开展国际贸易更为困难,其收入水平往往低于可以便捷通航的国家。

26.3.8 研究与开发

今天人们的生活水平比一个世纪前更高,主要原因是技术进步。包括电话、晶体管、电脑和内燃机在内的发明创新,大大提高了经济体生产物品与服务的能力。

虽然大多数技术进步来自企业和个人发明家所进行的私人研究,但推动这些研究也符合公共利益。在很大程度上,知识是公共物品:一旦某个人发现了某种思想,该思想就进入社会的知识宝库,其他人可以免费使用。正如政府在提供国防等公共物品上发挥作用一样,它在鼓励新技术的研究和开发方面同样责无旁贷。

美国政府长期以来参与技术知识的创造和传播。早在一个世纪前,美国政府就资助关于农业耕作方法的研究,并指导农民如何最好地利用他们的土地。近几十年来,美国政府一直通过空军和美国国家航空航天局(NASA)支持航空航天研究,使美国成为火箭和航天飞机的领先制造者。如今美国政府仍不断通过美国国家科学基金会和美国国立卫生研究院的研究资金,以及对从事研究与开发的企业实行减税,来鼓励技术知识进步。

政府还通过专利制度鼓励研究。当个人或企业发明了一种新产品(例如新药品)时,发明者可以申请专利。如果该产品被认定为原创性的,政府就会授予其专利。专利赋予发明者在规定年限内排他性地生产该产品的权利。在本质上,专利赋予发明者对其发明的产权,从而把他的新思想从公共物品变成私人物品。这或许会延缓创新的传播,但通过允许发明者从其发明中获利(尽管只是暂时的),专利制度增强了个人和企业从事研究的激励。

专家看法　创新与增长

"未来全球的创新将不足以使美国和西欧在接下来的一个世纪维持与过去150年间同样高的人均经济增长率。"

对此,经济学家说:

- 34% 不同意
- 59% 不确定
- 7% 同意

资料来源:IGM Economic Experts Panel, February 11, 2014.

26.3.9 人口增长

经济学家和其他社会科学家就人口如何影响社会的问题争论已久。其最直接的影响是劳动力规模:人口多意味着生产物品与服务的劳动者多。人口众多正是中国成为世界经济重要参与者的原因之一。

但是，人口多同时也意味着消费这些物品与服务的人多。因此，尽管人口多意味着物品与服务的总产出更多，但是它不一定就代表普通民众的生活水平更高。的确，在各种经济发展水平上都存在着人口大国与人口小国。

除了人口规模的上述明显影响，人口增长与其他生产要素之间的关系更为微妙且存在更多的争论。

托马斯·罗伯特·马尔萨斯

图片来源：2002 ARPL/Topfoto/The Image Works.

导致自然资源紧张　　早期经济思想家、英国牧师托马斯·罗伯特·马尔萨斯（Thomas Robert Malthus，1766—1834）以其著作《论人口对未来社会进步影响的原理》①而闻名于世。在这本书中，马尔萨斯提出了严峻的预警。马尔萨斯认为，不断增长的人口将始终制约着社会养活自己的能力，因此人类注定要永远生活在贫困之中。

马尔萨斯的逻辑是非常简单的。他从指出"食物是人类生存所必需的"以及"两性间的性欲是必然的，且将几乎保持现状"开始，得出的结论是"人口的力量永远大于地球上生产维持人类生存的必需品的力量"。根据马尔萨斯的观点，对人口增长的唯一限制是"灾难和罪恶"。他认为，慈善机构或政府减缓贫困的努力都是"反生产"的，因为这些努力使穷人能够生育更多孩子，进而给社会生产能力造成了更大的压力。

马尔萨斯或许正确地描述了他生活的那个时代，但他的可怕预言并没有变为现实。尽管过去两百年间世界人口增长为原来的6倍左右，但全世界的平均生活水平还是大大提升了。由于经济增长，如今长期饥饿和营养不良状况远没有马尔萨斯时代那么普遍。饥荒虽偶有发生，但通常都是源于收入分配不平等或政治不稳定，而非食物生产不足。

马尔萨斯错在哪里呢？正如我们在本章前面的案例研究中所讨论的，人类创造力的提升抵消了人口增加所产生的影响。马尔萨斯从未想到过的农药、化肥、机械化农业设备、新作物品种以及其他技术进步使每个农民可以养活越来越多的人。尽管要养活的人变多了，但由于每个农民的生产率更高了，需要的农民反而更少了。

稀释了资本存量　　马尔萨斯担心人口对自然资源使用的影响，而一些现代经济增长理论则强调人口对资本积累的影响。根据这些理论，人口的快速增长降低了每个工人的GDP，因为劳动力数量的迅速增加使资本存量被分摊得更稀薄。换句话说，当人口快速增长时，每个工人配备的资本就减少了。每个工人分摊的资本量的减少会导致生产率和人均GDP的降低。

这个问题在人力资本方面表现得最明显。人口快速增长的国家存在

---

① 简称《人口论》。——译者注

着大量学龄儿童,这加重了教育体系的负担。这也是人口快速增长的国家教育水平往往较低的原因。

世界各国的人口增长率差别很大。在发达国家,例如美国和西欧一些国家,近几十年来人口的年增长率不到1%,而且预期未来人口增长会更慢。与此相反,在许多贫穷的非洲国家,人口的年增长率为3%左右。按这种增长速度,人口每23年就要翻一番。这种快速的人口增长使得工人获得实现高生产率水平所需的工具和技能更加困难。

虽然快速的人口增长并不是欠发达国家贫穷的主要原因,但一些分析家认为,降低人口增长率将有助于这些国家提高居民生活水平。在一些国家,用控制家庭生育孩子数量的法律就可以直接实现这个目标。例如,从1980年到2015年,中国实行了独生子女政策。在另一些国家,减少人口增长的目标则是通过提高人们对避孕技术的认识来间接实现的。

国家影响人口增长的另一种方法是运用经济学十大原理之一:人们会对激励做出反应。抚养孩子也像任何一种决策一样有机会成本。当机会成本增加时,人们就将选择维持较小规模的家庭。特别是,有机会获得良好教育和满意工作的女性生育的孩子数量往往少于那些工作机会少的女性。因此,实行促进性别平等的政策可能是欠发达国家降低人口增长率以及提高生活水平的一种方法。

促进了技术进步 虽然快速的人口增长会通过减少人均资本量而抑制经济繁荣,但它也有积极的一面。一些经济学家提出,世界人口增长一直是技术进步和经济繁荣的发动机。其中的机制很简单:人口基数越大,对技术进步做出贡献的科学家、发明家和工程师可能就更多,从而惠及每个人。

经济学家迈克尔·克雷默(Michael Kremer)在1993年发表的一篇题为《人口增长与技术变革:公元前100万年到1990年》的文章中对这种假说提供了一些证据支持。克雷默注意到,在漫长的人类历史中,世界经济增长率一直随着世界人口的增长而增长。例如,人口为10亿时(1800年左右)的世界经济增长率比人口只有1亿时(公元前500年左右)要高。这个事实与更多的人口引起更快的技术进步的假说一致。

克雷默的第二个证据来自对世界不同地区的比较。约公元前1万年冰河时代结束时,极地冰盖融化形成的洪水冲破了大陆之间的连接地带(大陆桥),并把世界分为了几个地区,彼此隔绝数千年。如果说当有更多的人做出发明时技术进步更为迅速,那么人口规模更大的地区理应有更快的经济增长。

根据克雷默的研究,事实的确如此。在1500年左右(当时欧洲的航海家重建了大陆之间的联系),世界上最成功的地区是覆盖大部分亚非欧

地区的"旧世界"文明。按照技术进步的程度,其次是美洲的阿兹特克文明和玛雅文明,再次是澳大利亚的狩猎采集部落,最后是塔斯马尼亚的原住民,他们甚至不知道用火,石器和骨器也很匮乏。

即测即评26-3
(扫码答题)

最小的隔绝地区是弗林德斯岛,它是位于塔斯马尼亚和澳大利亚之间的一个小岛。由于人口最少,弗林德斯岛取得技术进步的机会最小,甚至出现了文明倒退。在公元前3000年左右,弗林德斯岛上的人类社会完全消失了。

从这些证据中克雷默得出结论:较大规模的人口提升了技术进步的潜力。

案例研究　非洲的贫困为何如此严重

地球上许多最贫困人口生活在撒哈拉以南非洲地区。2020年该地区的人均GDP只有3 821美元,仅相当于世界平均水平的22%。在这个地区,极端贫困是普遍存在的:40%的人口每天的生活费不到1.9美元,而全世界只有9%的人口在同一标准之下。

要解释这种低水平的经济发展并不容易。许多相关的因素在起作用,而且有时很难区分贫穷的原因与结果。但我们仍然可以理出一些线索。

投资不足。由于撒哈拉以南非洲地区的人均收入与人均资本的水平低,人们可能会认为该地区的资本回报率高,从而对国内储蓄者和外国投资者产生吸引力。但实际上,撒哈拉以南非洲地区的资本形成在GDP中的占比低于世界平均水平几个百分点。投资的低水平可能是由以下因素造成的。

教育程度低。生活在该地区的儿童中,有31%没能完成小学阶段的教育,与此相比,全世界儿童的这一比例是10%。此外,当地的学校教育质量也低。在撒哈拉以南非洲地区,小学中的师生比是37∶1,与此相比,世界平均水平是23∶1。该地区只有65%的成年人有读写能力,而世界平均水平为86%。由于受教育少,工人的生产率也低。

健康状况不良。在撒哈拉以南非洲地区,1岁儿童中有27%没有接种DPT(白喉、百日咳和破伤风)疫苗,30%没有接种麻疹疫苗——这两项数字都是世界平均水平的2倍左右。在5岁以下的儿童中,33%因营养不良而生长发育迟缓,与此相比,世界平均水平为22%。在成年人中,1.6%感染艾滋病毒,是世界平均水平的4倍左右。这些统计数字不仅反映了极端的个人悲剧,也有助于解释经济困境。健康状况不良的工人,其生产率也低。

人口增长快。撒哈拉以南非洲地区近年来的人口年均增长率为2.7%,即人口每26年就会翻一番。与此相比,世界人口年均增长率为1.1%,即人口每64年才翻一番。快速的人口增长使其很难为工人配备实现高生产率所需要的物质与人力资本。

地理劣势。撒哈拉以南非洲地区有25%以上的人口生活在埃塞俄比亚、乌干达、乍得、尼日尔和马里等内陆国家,与此相比,全世界只有7%人口生活在内陆国家。内陆国家往往较为贫穷。由于缺乏便捷的海运通道，它们很难利用国际贸易获益。

自由受到限制。 社会科学家开发了一些判断一国公民所享有的自由程度的指数。这些指数衡量司法系统的可靠性、个人保障和安全、言论自由和参与国际贸易的权利等。撒哈拉以南非洲国家按这些衡量指标排名往往很低，与南亚、东欧和中东国家相当。自由程度最高的国家主要集中在西欧、北欧和北美。（世界其他地区，如南美，则介于这两种极端情况之间。）这些自由程度指数与经济繁荣正相关：更高的自由程度一般与更高的收入相关，这也许是因为某些限制遏制了"看不见的手"有效配置资源的能力。

腐败现象严重。 许多非洲国家的政府腐败问题严重。根据监测腐败情况的非营利组织"透明国际"的数据，2020年，索马里和南苏丹是世界上最腐败的国家，而撒哈拉以南非洲是最腐败的地区。（腐败程度最低的国家是新西兰和丹麦。）严重的腐败遏制了国内居民储蓄和投资，也令国际投资望而却步。

殖民遗留问题。 经济学家达龙·阿西莫格鲁（Daron Acemoglu）和詹姆斯·罗宾逊（James Robinson）把非洲许多国家的经济发展水平低下归因于欧洲殖民者早期建立的制度。在17世纪和18世纪，欧洲人更倾向于在气候温和的殖民地定居，如美国、加拿大和新西兰等。由于计划在那些地方长期居住，殖民者将与其母国类似的包容性制度引入了这些地区。包容性制度广泛地分配政治权力，尊重产权和法治，从而促进了经济繁荣。而在包括非洲的大部分地区在内的热带气候地区，殖民者对永久定居几乎没有兴趣，因此在那里建立了攫取性制度，例如专制政府，目的是剥削当地的人口和自然资源。即使在殖民者撤离后，这些攫取性制度依然存在并被新的统治精英接管，持续阻碍着经济发展。

奴隶贸易的后果。 经济学家纳森·努恩（Nathan Nunn）提出，非洲经济发展水平低下的部分原因是始自1400年前后、持续约500年的国际奴隶贸易。在这一时期，约有2 000万名非洲人由于战争、绑架和被亲友出卖而成为奴隶。努恩为其假说提供了证据：今天非洲最穷的地区往往也是当初被掠走最多奴隶的地区（尽管这些地区原来并不是最穷的地区）。他对此的解释是，奴隶贸易通过破坏政治和法律制度并留下不信任的文化而遏制了经济发展。

以上原因表明，非洲问题没有简单易行的解决方案。但贫困也并非宿命。由于有好政策与好运气的结合，非洲国家博茨瓦纳已经发展成为一个中等收入国家，其人均GDP与世界平均水平相当，而极端贫困率不到其他撒哈拉以南非洲国家的一半。博茨瓦纳的劣势是内陆国家，且饱受艾滋病毒肆虐之苦。但与其大多数邻国相比，博茨瓦纳有更高的投资率、更优质的教育、更低的人口增长率、更高的疫苗接种率、更低的营养不良率、更高的自由程度和更少的腐败，以及比较幸运地没有大规模被奴役的历史。这个曾经的殖民地国家已经成为非洲持续运作最久的民主政体。在某些方面，博茨瓦纳是一个国家通过聚焦影响经济增长的力量来实现成功发展的样本。

新闻摘录 美国繁荣的秘方

在世界大国中,美国长期以来保持着最高的人均收入水平。在下文中,一位经济学家深入探讨了美国成功的原因。

为什么美国比其他大国更富有?

Martin Feldstein

美国每年的人均产出都高于世界上大多数其他发达经济体。2015年,美国经购买力平价调整的人均真实GDP为5.6万美元,德国为4.7万美元,法国和英国为4.1万美元,意大利只有3.6万美元。

简而言之,美国比其他同等发达国家都要富有。这是为什么?以下是我认为的使美国区别于其他工业化国家的十个特点:

创业文化。在美国,个人表现出创办和发展企业的强烈意愿,以及承担相应风险的意愿。美国文化对失败和再创业更加宽容。甚至商学院的学生也表现出强烈的创业意愿,而这又是自我强化型的:像脸书(Facebook)这样的硅谷成功案例持续激发创业热潮。

支持创业的金融体系。美国拥有比欧洲更为发达的股权融资体系,包括愿意为新创企业融资的天使投资人,以及有助于企业成长的高度活跃的风险投资市场。美国还拥有去中心化的银行系统,有至少7 000家小型银行可以为创业者提供贷款。

世界一流研究型大学。美国的高校提供很多驱动高科技创业的基础科学研究。教职人员和博士生经常会参与大学周边的初创企业的项目,校企合作文化鼓励这种交叉互动。顶尖的研究型大学吸引着全世界的人才,其中很多人最终选择留在美国发展。

劳动力市场没有被大型工会组织、国有企业或者过度严苛的劳动法规所束缚。美国私营部门劳动力中只有不到7%是工会成员,也几乎没有国有企业。尽管美国也对工作条件和雇佣问题进行监管,但是规则条款远没有欧洲那么繁杂。因此,工人更容易找到合适的工作,企业更容易创新,初创企业也更容易起步。

包括移民在内的人口增长。美国不断增长的人口意味着更年轻因而更具可塑性和培训潜力的劳动力。尽管存在移民限制,但政府也制定了一些特殊规则——基于个人才能和行业担保,为个人提供进入美国并获得公民身份(绿卡)的可行途径。此外,单独设立的"绿卡抽签"制度,为渴望来到美国的人提供机会。美国吸引移民的能力一直是其繁荣的重要原因之一。

崇尚勤奋工作的文化(以及税收制度)。美国员工的年均工作时长是1 800小时,比法国的1 500小时和德国的1 400小时要长得多(但低于新加坡、韩国和中国香港地区的超过2 200小时)。总体来说,工作时间更长意味着产出更多,真实收入也更高。

保证能源独立的能源供给。尤其是页岩气开采为美国企业提供了充足且相对廉价的能源。

有利的监管环境。尽管美国的监管体系远不够完美,但是与欧洲国家和欧盟相比,给企业带来的负担更小。

比其他工业化国家更小规模的政府。根据OECD的数据,美国各级政府(包括联邦、州和地方政府)的总支出占GDP的38%,而德国的这一占比是44%,意大利是51%,法国是57%。其他国家更高的政府支出,不仅意味着税收占收入的比例更高,也意味着转移支付更多,从而降低了对人们工作的激励。美国人的工作激励更高,工作时间更长也就不足为奇了。

州际竞争带来的政治分权体制。州和州之间的竞争鼓励创业和工作,每个州都通过法律和税收条款吸引企业和居民。有些州不征收所得税,并通过劳动法限制工会化。各州为本地学生提供学费低廉的优质大学教育。各州也开展立法上的竞争,用法律制度吸引新创企业和大型企业。美国的政治分权程度可能在高收入国家中是独树一帜的。

美国能否保持这些优势?约瑟夫·熊彼特在其 1942 年出版的《资本主义、社会主义和民主》一书中警告说,资本主义会衰落并失败,因为资本主义赖以繁荣的政治与思想环境,会被资本主义的成功以及知识分子的批评所侵蚀。他认为民众所选举出的社会民主党派会建立限制企业家精神的福利国家。

尽管熊彼特这本书出版时他已经从欧洲移民美国二十多年了,但他在书中的警示似乎更适用于当今的欧洲而非美国。美国的福利制度也在强化,但程度远不及欧洲。而且美国的舆论氛围对资本主义的支持度也更高。

如果熊彼特仍在世,他可能会指出,欧洲工业化国家之所以未能实现美国那样强劲的经济增长,正是因为社会民主党派在欧洲的发展及其所带来的福利制度扩张。

讨论题

1. 你认为文中所列举的十个特点中,哪些最能解释美国的繁荣?为什么?
2. 你认为文中所列举的十个特点中,哪些最容易因政策失误而被削弱?为什么?
3. 你认同作者的观点吗?在哪些方面不认同?为什么?

Martin Feldstein,哈佛大学经济学教授。

资料来源:*Harvard Business Review*, April 20, 2017.

26.4 结论:长期增长的重要性

在本章中,我们讨论了什么因素决定一国的生活水平,以及政策制定者如何通过促进经济增长的政策来提高生活水平。本章的大部分内容可以概括为经济学十大原理之一:一国的生活水平取决于它生产物品与服务的能力。希望促进生活水平提高的政策制定者应该致力于通过鼓励生产要素的快速积累和保证其得到最有效利用,来提高本国的生产率。

关于政府在促进经济增长中的作用,经济学家们的观点并不一致。但至少政府可以通过保护产权和维持政治稳定来支持"看不见的手"发挥作用。更具争议的是,政府是否应该甄别出对技术进步特别重要的特定行业并给予补贴。毫无疑问,这些都属于经济学中最重要的问题。一代政策制定者能否成功学习并遵循经济增长的基本原理,决定了下一代人将继承一个怎样的世界。

内容概要

- 按人均 GDP 衡量的经济繁荣程度在世界各国差别很大。世界上最富裕国家的人均收入是最贫穷国家的十倍左右。由于真实 GDP 增长率的差别也很大,因此各国的相对地位一直在急剧变动。
- 一个经济的生活水平取决于其生产物品与服务的能力。生产率又取决于工人可获得的物质资本、人力资本、自然资源和技术知识。
- 政府政策能以许多不同的方式影响经济的增长率:鼓励储蓄和投资,鼓励来自国外的投资,促进教育,提高人口健康水平,维护产权和政治稳定,允许自由贸易以及促进新技术的研究与开发。
- 资本积累服从收益递减规律:一个经济拥有的资本越多,该经济从新增加的一单位资本中得到的产出增量就越少。因此,尽管更高的储蓄会引起一定时期内的更高增长,但是随着资本、生产率和收入的增加,增长最终会放慢。由于收益递减,在穷国,资本的收益通常很高。在其他条件相同时,由于追赶效应,这些国家可以增长得更快。
- 人口增长对经济增长有多种影响。一方面,更加迅速的人口增长会通过使自然资源供给紧张和减少人均资本量而降低生产率。另一方面,更大的人口规模也可以提高技术进步的速度,因为会涌现更多的科学家和工程师。

关键概念

生产率　　　　　自然资源　　　　　收益递减
物质资本　　　　技术知识　　　　　追赶效应
人力资本

复习题

1. 一国的 GDP 水平衡量什么?GDP 的增长率衡量什么?你是愿意生活在一个 GDP 水平高而增长率低的国家,还是愿意生活在一个 GDP 水平低而增长率高的国家?
2. 列出并说明生产率的四个决定因素。
3. 学士学位是哪一种形式的资本?
4. 解释储蓄率的提高如何带来生活水平的提高。什么因素会阻碍政策制定者提高储蓄率的努力?
5. 储蓄率的提高会引起暂时的增长率提高还是永久的增长率提高?
6. 为什么取消关税这类贸易限制会引起更快的经济增长?
7. 人口增长率如何影响人均 GDP 水平?
8. 说明美国政府鼓励技术知识进步的两种途径。

问题与应用

1. 包括美国在内的大多数国家都从其他国家进口大量物品与服务。但本章认为,只有一国本身能生产大量物品与服务,它才能享有高生活水平。你能解释得通这两个事实吗?

2. 假定社会决定减少消费并增加投资。
   a. 这种变化会如何影响经济增长？
   b. 社会中的哪些群体会从这种变化中获益？哪些群体会受损？
3. 社会选择把多少资源用于消费，把多少资源用于投资。这些决策中的一部分涉及私人支出，另一部分则涉及政府支出。
   a. 分别描述一些代表消费的私人支出形式，以及代表投资的私人支出形式。国民收入账户把学费作为消费支出的一部分。按你的看法，应该把你用于教育的资源视作消费的一种形式，还是投资的一种形式？
   b. 分别描述一些代表消费的政府支出形式，以及代表投资的政府支出形式。按你的看法，应该把政府用于医疗计划的支出视作消费的一种形式，还是投资的一种形式？你会区分年轻人的医疗计划和老年人的医疗计划吗？
4. 资本投资的机会成本是什么？你认为一个国家可能对资本"过度投资"吗？人力资本投资的机会成本又是什么？你认为一个国家可能对人力资本"过度投资"吗？解释原因。
5. 在20世纪90年代和21世纪前20年，来自日本和中国这些亚洲经济体的投资者在美国进行了大量直接投资和有价证券投资。当时许多美国人对这种投资表示不满。
   a. 从哪些方面来说，美国接受这种外国投资比不接受更好？
   b. 从哪些方面来说，美国人自己进行这种投资会更好？
6. 在许多发展中国家，年轻女性的中学入学率低于男性。说明如果年轻女性有更多的教育机会，可以促进这些国家经济增长的几种方式。
7. 国际产权指数（International Property Right Index）根据法律与政治环境以及产权受到保护的程度来为各国评分。在网上找到最近的评分排名。选择三个产权保护程度高的国家和三个产权保护程度低的国家。然后找出这六个国家人均GDP的估算值。你发现了什么规律？对这种规律给出两个可能的解释。
8. 国际数据表明，人均收入与人口健康状况之间存在正相关关系。
   a. 解释更高的收入如何带来更好的健康状况。
   b. 解释更好的健康状况如何带来更高的收入。
   c. 这两个假说的相对重要性与公共政策如何相关？
9. 18世纪伟大的经济学家亚当·斯密曾写道："使一个国家从最野蛮状态进入最繁荣状态的必要条件不过是和平、轻税和较好的司法行政系统而已，其余则是自然而然的事情。"解释亚当·斯密所说的三个条件如何促进经济增长。

第 27 章　储蓄、投资和金融体系

设想你刚从大学毕业（当然，你获得的是经济学学位），并且决定开办一家企业——一家经济预测公司。在通过出售你的预测结果赚钱之前，你必须承担相当可观的初始费用。你需要购买电脑、打印机、软件、办公桌、椅子和档案柜等，这些都是你的公司用来生产并出售服务的资本品。

你如何得到购买这些资本品的资金呢？也许你可以动用自己的储蓄，但更可能的情况是，像大多数企业家一样，你没有足够的钱来开办自己的企业。你必须从其他渠道获得你所需要的资金。

你可以通过几种方法为这些资本投资筹资。你可以向银行、朋友或亲戚借钱，承诺在以后某一天不仅会还钱，还会为使用这笔钱而支付利息。你也可以说服某人向你提供创业资金，以换取你的未来利润的一部分。在这两种情况下，你对电脑和办公设备的投资使用的都是别人的储蓄。

金融体系（financial system）由帮助将一个人的储蓄与另一个人的投资相匹配的金融机构组成。正如我们在上一章中所讨论的，储蓄和投资是长期经济增长的关键因素：当一国把其相当大一部分的 GDP 储蓄起来时，就有更多的资源用于资本投资，而资本的增加会带来一国的生产率和生活水平的提高。然而，协调储蓄与投资并不是一件简单的事。在任何时候，总有一些人想把一些收入储蓄起来以备未来之需，而另一些人想借钱来投资新的、成长中的企业。是什么将这两部分人联系到一起的呢？又是什么保证了资金供给与资金需求相平衡呢？

本章将考察金融体系如何运行：首先，讨论经济中组成金融体系的各种机构；其次，讨论金融体系和一些关键宏观经济变量之间的关系，尤其是储蓄和投资之间的关系；最后，建立一个金融市场上的资金供求模型，在这个简单的模型中，仅存在单一利率，它作为价格调整供求平衡。这个模型展示了政府政策如何影响利率，从而影响社会对稀缺资源的配置。

> **金融体系：**
> 经济中帮助将一个人的储蓄与另一个人的投资相匹配的金融机构组合。

27.1 美国经济中的金融机构

在最广义的层次上,金融体系使经济中的稀缺资源从储蓄者(支出小于收入的人)流动到借款者(支出大于收入的人)手中。储蓄者为各种目的而储蓄——几个月后去度假,数年后供孩子上大学,或者几十年后享受更舒适的退休生活。同样,借款者出于各种原因而借钱——购买汽车,购买住房,或者开办企业。储蓄者向金融体系提供资金时,预期在以后的某一天收回这笔钱和利息;借款者从金融体系贷款时,也知道要在以后的某一天连本带利地偿还。

金融体系由帮助协调储蓄者与借款者的各种金融机构组成。在分析驱动金融体系运行的经济力量之前,我们先讨论其中最重要的金融机构。这些金融机构可以分为两种类型:金融市场和金融中介机构。

27.1.1 金融市场

金融市场(financial markets)是储蓄者可以直接向借款者提供资金的金融机构。两种最重要的金融市场是债券市场和股票市场。

债券市场 当巨型电脑芯片生产商英特尔公司想借款来建造一个新工厂时,它可以直接向公众借款。它通过出售债券来实现这一点。**债券**(bond)是一种债务凭证,明确了借款人对债券持有人的责任。简单地说,债券购买者是债权人,而债券就是一种借据。它规定了借款偿还的时间(称为到期日),以及在借款到期之前定期支付的利率。债券的购买者将钱交给英特尔公司,换取英特尔公司关于支付债券利息和最后偿还借款金额(称为本金)的承诺。购买者可以持有债券至到期日,也可以在到期日之前把债券转卖给其他人。

在美国经济中,存在着几百万种不同的债券。当大公司、联邦政府、州政府或地方政府需要为购买新工厂、新型战斗机或建设新学校筹资时,它们通常会发行债券。如果你阅读《华尔街日报》或所订阅新闻服务的商业版块,就会发现上面列出了一些最重要债券的价格和利率。这些债券由于四个重要特征而不同。

第一个特征是债券的期限——债券到期之前的时间长度。一些债券是短期的(例如只有几个月),而另一些债券的期限则长达30年甚至更久。(英国政府甚至发行了永不到期的债券,称为永久债券。这种债券永远支付利息,但永远不用偿还本金。)债券的利率部分取决于它的期限。长期债券的风险比短期债券高,因为长期债券持有者要等更长时间才能收回本金。如果长期债券持有人在到期日之前需要用钱,就只能把债券卖给其他人(也许还要以低价出售),除此之外别无选择。为了补偿这种风险,

金融市场:
储蓄者可以直接向借款者提供资金的金融机构。

债券:
一种债务凭证。

长期债券支付的利率通常高于短期债券。

第二个重要特征是债券的信用风险——借款人未能支付部分利息或本金的可能性。这种未能支付的情况称为违约。借款人可以通过宣布破产来对其借款实施违约(有时他们确实会这样做)。当债券购买者觉察到违约的可能性很大时,他们就需要高利率来补偿这种风险。一般来说,政府被认为有较低的信用风险,所以政府债券倾向于支付较低的利率。相比之下,财务状况不稳定的公司通过发行高收益债券(通常被称为垃圾债券)来筹集资金,这种债券支付很高的利率。债券购买者可以通过咨询评定债券发行人财务状况的私人机构来判断信用风险。例如,标准普尔公司的债券评级是从 AAA(最安全级别)到 D(违约级别)。

第三个重要特征是债券的税收待遇——税法对债券所赚到的利息的处理方式。大多数债券的利息是应税收入,也就是说,债券所有者必须将一部分利息用于缴纳所得税。但当(美国)州政府和地方政府发行市政债券时,债券所有者不用为利息收入缴纳联邦所得税,在某些情况下,甚至无须缴纳州和地方税。正因如此,州政府和地方政府发行的债券通常比公司或联邦政府发行的债券支付更低的利率。

债券的第四个重要特征是能否提供通货膨胀保护。大多数债券是以名义条款发行的,也就是说,它们承诺以特定数量的美元(或者其他货币)支付利息和本金。如果物价上升,美元的购买力下降,债券持有人的实际收益就会减少。但是一些债券将利息和本金的支付根据通货膨胀衡量指标进行指数化,以便物价上升时,支付金额也同比例增加。从 1997 年起,美国政府发行了这种债券,称为通货膨胀保值债券(TIPS)。由于 TIPS 提供了通货膨胀保护,所以它们支付的利率低于没有这个功能的类似债券。

股票市场 英特尔公司为建立新工厂而筹集资金的另一种方法是出售公司的股票。**股票**(stock)代表对企业的部分所有权,也代表对企业所获利润的部分索取权。例如,如果英特尔公司出售的股票总计为 100 万股,那么每股股票就代表该公司百万分之一的所有权。

股票:
对企业的部分所有权和利润索取权。

通过出售股票来筹集资金称为权益融资,而通过出售债券筹集资金称为债务融资。虽然公司筹资时既可以用权益融资,也可以用债务融资,但股票与债券之间的差别还是很大的。英特尔公司股票的所有者是英特尔公司的部分所有者,而英特尔公司债券的所有者是英特尔公司的债权人。如果英特尔公司的利润极为丰厚,那么股票持有者就享有这种利润的收益,而债券持有者只得到其债券规定的利息。但是,如果英特尔公司陷入财务困境,在股票持有者得到补偿之前,公司要先支付债券持有者应得的部分。与债券相比,股票既使持有者承受了更高的风险,又为其提供了潜在的更高收益。

在公司通过向公众出售股份而发行了股票之后,股票持有者可以在有组织的股票市场上交易这些股票。在这些交易中,当股票易手时,公司本身并没有得到一分钱。美国经济中最重要的证券交易所是纽约证券交易所和纳斯达克(全美证券交易商协会自动报价系统)。世界上大多数国家都有自己的证券交易所,本国公司的股票在这些交易所进行交易。全球最重要的交易所是东京、上海、香港和伦敦的股票交易所。

股票市场上股票的交易价格是由这些公司股票的供求状况决定的。由于股票代表对公司的所有权,所以股票的需求(及其价格)部分以人们对公司未来盈利状况的预期为基础。当人们对一个公司的未来持乐观预期时,他们就会增加对其股票的需求,从而推升股价;相反,当人们预期一个公司的盈利下降,甚至会亏损时,其股票价格就会下降。

各种股票指数可以用于监测整体的股票价格水平。**股票指数**是计算出来的一组股票价格的平均数。最著名的股票指数是道·琼斯工业平均指数,它从 1896 年开始定期计算,现在是根据美国最主要的 30 家公司(如迪士尼、微软、可口可乐、波音、苹果及沃尔玛等)的股票价格来计算的。另一个著名的股票指数是标准普尔 500 指数,它是根据 500 家主要公司的股票价格来计算的。由于股票价格反映了预期的公司盈利状况,因此这些股票指数作为未来经济状况的晴雨表而备受关注。

27.1.2 金融中介机构

金融中介机构(financial intermediaries)是储蓄者可以间接地向借款者提供资金的金融机构。"中介"这个词反映了这些机构在储蓄者与借款者之间所起的作用。银行和共同基金是两种最重要的金融中介机构。

银行 以 Kim 一家为例,他们拥有一家小杂货店。如果 Kim 想为扩大经营筹资,他也许会采取与英特尔公司完全不同的策略。与大公司不同,家庭所有的企业会发现在债券和股票市场上筹资是很困难的。大多数股票和债券购买者喜欢购买大的、较熟悉的公司发行的股票和债券。Kim 最有可能通过向本地银行贷款来为自己扩大经营筹资。

银行是人们最熟悉的金融中介机构。银行的主要工作是从想储蓄的人那里吸收存款,并用这些存款向想借款的人发放贷款。银行向存款人支付存款利息,并向借款人收取略高一点的贷款利息。这两种利率的差额弥补了银行的成本,并给银行所有者带来一定利润。

除了作为金融中介机构,银行在经济中还起着另外一个重要作用:使

金融中介机构: 储蓄者可以间接地向借款者提供资金的金融机构。

物品与服务的交易变得便利。人们可以通过签发支票、电子支付或使用借记卡来使用银行存款。换句话说,银行创造出一种称为交换媒介的特殊资产,人们可以用它进行交易。银行提供的交换媒介的作用使它不同于其他金融机构。股票和债券也与银行存款一样,是人们通过储蓄积累的财富的一种价值储藏手段,但它们并不像开支票、点击"立即支付"键或使用借记卡那样便捷、廉价和即时。现在我们暂时不考虑银行的第二种作用,但在本书后面讨论货币制度时我们将会回到这个话题。

共同基金 美国经济中日益重要的一类金融中介机构是共同基金。**共同基金**(mutual fund)是向公众出售股份,并用收入来购买各种股票、债券,或者同时包含特定股票与债券的组合(即资产组合)的机构。共同基金的持有人接受与这种资产组合相关的所有风险和收益。如果这种资产组合的价值上升,持有人就获益;如果这种资产组合的价值下降,持有人就受损。

共同基金(以及它们的"近亲"——交易所交易基金)的首要优点是,它们使拥有小额资金的人可以进行多元化投资。由于任何一种股票或债券的价值都与一个公司的前景紧密相关,因此持有单一股票或债券的风险是极大的。相比之下,那些持有多元化资产组合的人面临的风险要小一些,因为它们与每个公司都只有一点利害关系。共同基金使这种多元化投资更容易实现。一个只有几百美元的人可以购买共同基金的股份,从而间接成为数百家主要公司的部分所有者或债权人。由于这种服务,经营共同基金的公司向基金持有者收取年费,通常为资产价值的0.1%~1.5%。

共同基金公司所宣称的第二个优点是,共同基金能使普通人获得专业基金经理的技能。大多数共同基金的经理都密切关注他们所购买股票的公司的发展与前景。这些基金经理购买他们认为有盈利前景的公司的股票,并出售前景不被看好的公司的股票。共同基金公司宣称,这种专业化管理会提高共同基金存款者从其储蓄中得到的收益。

但是,金融经济学家往往对这一说法持怀疑态度。在成千上万资金管理者密切关注每家公司的前景时,一家公司股票的价格通常很好地反映了该公司的真实价值。因此,通过购买"好"股票并出售"坏"股票来"跑赢市场"是很困难的。实际上,有一种被称为指数基金的共同基金,它按一个既定的股票指数购买所有的股票,它的业绩平均而言比通过专业基金经理进行积极交易的共同基金还要好一些。对指数基金业绩更好的解释是,它们通过极少买卖以及不必向专业资金管理者支付薪水而保持了低成本。

共同基金:
向公众出售股份,并用收入来购买股票与债券资产组合的机构。

图片来源：Arlo and Janis. Reprinted by Permission of United Feature Syndicate, Inc.

27.1.3 总结

美国经济包括大量不同种类的金融机构。除了债券市场、股票市场、银行和共同基金，还有养老基金、信用社、保险公司，甚至当地高利贷者。这些机构在许多方面有所不同。但是，在分析金融体系的宏观经济作用时，重要的是记住，尽管存在差异，但这些金融机构都服务于同一个目标——把储蓄者的资源导向借款者手中。

即测即评27-1
（扫码答题）

27.2 国民收入账户中的储蓄与投资

金融体系中发生的事件对整个经济发展至关重要。正如我们刚刚说明的，组成这个体系的机构——债券市场、股票市场、银行和共同基金——协调着经济中的储蓄与投资。正如前一章中讨论的，储蓄与投资是长期 GDP 增长和生活水平提高的重要决定因素。因此，宏观经济学家需要知道金融市场如何运行以及各种事件和政策如何影响金融市场。

作为分析金融市场的起点，本节考察衡量这些市场上的经济活动的关键宏观经济变量。我们的分析重点不是经济趋势而是核算。核算是指如何定义并加总各种数字。个人会计师会帮助一个家庭加总收入与支出；国民收入会计师则加总整个经济的总收入和总支出。具体来说，国民收入账户包括 GDP 以及许多相关的统计数据。

国民收入核算的规则包括几个重要的恒等式。我们还记得，恒等式是因公式中变量的定义方式而必然成立的公式。这些恒等式阐明了不同变量之间的关系。下面我们介绍一些说明金融市场的宏观经济作用的会计恒等式。

27.2.1 一些重要的恒等式

我们还记得，GDP 既是一个经济的总收入，又是用于经济中物品与服务的总支出。GDP（用 Y 表示）分为四部分支出：消费（C）、投资（I）、政府购买（G）和净出口（NX）：

$$Y = C + I + G + NX$$

这个等式之所以是恒等式，是因为左边列示的每一美元支出也必然出现在右边四个组成部分中的其中一个里。由于这些变量的定义与衡量方式，这个等式必定总能成立。

为了简化问题，本章假设所考察的经济是封闭的。**封闭经济**是不与其他经济相互交易的经济。具体来说，一个封闭经济既不进行物品与服务的国际贸易，也不进行国际借贷。现实经济是**开放经济**，也就是说，与世界上其他经济相互交易。但是，封闭经济假设是一种有用的简化方式，我们可以从中了解一些适用于所有经济的结论。此外，这个假设也完全适用于世界经济（毕竟星际贸易尚未普及）。

由于一个封闭经济不进行国际贸易，没有进口与出口，这使净出口（NX）也为零。我们可以将之前的恒等式简化为：

$$Y = C + I + G$$

这个等式表明，GDP 是消费、投资和政府购买的总和。一个封闭经济中出售的每一单位产出都被消费、投资或由政府购买。

为了说明这个恒等式对于金融市场的意义，我们从这个等式两边减去 C 和 G，得出：

$$Y - C - G = I$$

等式的左边（$Y - C - G$）是一个经济的总收入在用于消费和政府购买后剩下的部分，这部分被称为**国民储蓄**（national saving），或简称为**储蓄**（saving），用 S 来表示。用 S 代替 $Y - C - G$，我们可以把上式写为：

$$S = I$$

这个等式说明，储蓄等于投资。

为了理解国民储蓄的含义，多研究一下这个定义是有帮助的。假设 T 表示政府从家庭收取的税收减去以转移支付形式（例如社会保障和福利）返还给家庭的金额。这样，我们可以用两种方式写出国民储蓄：

$$S = Y - C - G$$

或者

$$S = (Y - T - C) + (T - G)$$

这两个等式是相同的，因为第二个等式中的两个 T 可以相互抵消，但两个等式表明了对国民储蓄的不同思考方式。具体来说，第二个等式把国民储蓄分为两部分：私人储蓄（$Y - T - C$）和公共储蓄（$T - G$）。

国民储蓄：
一个经济的总收入在用于消费和政府购买后剩下的部分。

让我们分别来看下这两部分。**私人储蓄**(private saving)是家庭在支付税收和消费之后剩下的收入。具体来说,由于家庭得到收入 Y,支付税收 T,消费支出为 C,所以私人储蓄是 $Y-T-C$。**公共储蓄**(public saving)是政府在支付其支出后剩下的税收收入。政府得到税收收入 T,并支出 G 用于购买物品与服务。如果 T 大于 G,政府得到的资金大于其支出。在这种情况下,公共储蓄($T-G$)是正的,可以说政府有**预算盈余**(budget surplus)。如果 G 大于 T,政府支出大于筹集的税收收入。在这种情况下,可以说政府有**预算赤字**(budget deficit)。

现在来考虑这些会计恒等式如何与金融市场相关。等式 $S=I$ 说明了一个重要事实:对整个经济而言,储蓄必定等于投资。但这个事实提出了一些重要的问题:这种恒等式背后的机制是什么?是什么在那些决定储蓄多少的人与决定投资多少的人之间起协调作用?答案是金融体系。介于储蓄和投资之间的是债券市场、股票市场、银行、共同基金,以及其他金融市场和金融中介机构。它们吸收国民储蓄,并将之用于一国的投资。

私人储蓄:
家庭在支付税收和消费之后剩下的收入。

公共储蓄:
政府在支付其支出后剩下的税收收入。

预算盈余:
税收收入大于政府支出的余额。

预算赤字:
政府支出引起的税收收入短缺。

27.2.2 储蓄与投资的含义

储蓄和投资这两个术语有时是很容易混淆的。大多数人随意使用,而且有时还互换使用。相比之下,构建国民收入账户的宏观经济学家则会谨慎且明确地使用这两个术语。

考虑一个例子。假设 Larry 的收入大于他的支出,并且他把未支出的收入存入银行,或者用于购买一个公司的某种股票或债券。由于 Larry 的收入大于消费,所以他增加了国民储蓄。Larry 可能认为他把自己的钱"投资"了,但宏观经济学家称 Larry 的行为是储蓄,而不是投资。

用宏观经济学的语言来说,投资指的是设备或建筑物这类新资本的购买。当 Moe 从银行借钱建造自己的新房子时,她就增加了一国的投资。(记住,购买新住房是家庭支出中唯一属于投资而非消费的一种形式。)同样,当 Curly 的公司卖出一些股票,并用获得的收入来建造一座新工厂时,他也增加了一国的投资。

虽然会计恒等式 $S=I$ 表示对整个经济来说储蓄与投资是相等的,但这并不意味着对每个家庭和企业而言,储蓄和投资是相等的。Larry 的储蓄可能大于他的投资,他可以把超出的部分存入银行。Moe 的储蓄可能小于他的投资,他可以从银行借到不足的部分。银行和其他金融机构通过允许用一个人的储蓄为另一个人的投资提供资金,使储蓄与投资之间的个体差异成为可能。

即测即评27-2
(扫码答题)

27.3 可贷资金市场

在讨论了我们经济中的一些重要金融机构及其宏观经济作用之后,现在我们准备建立一个金融市场模型,以解释金融市场如何协调经济的储蓄与投资。该模型还将为我们提供一个工具,用于分析影响储蓄与投资的各种政府政策。

可贷资金市场:
想储蓄的人借以提供资金、想借钱投资的人借以借贷资金的市场。

为了简化,我们假设经济中只有一个金融市场,称为**可贷资金市场**(market for loanable funds)。所有储蓄者都到这个市场上存款,而所有借款者都到这个市场上贷款。因此,可贷资金这个术语是指人们选择储蓄并贷出而不是用于自己消费的所有收入,以及投资者为投资新项目而选择借入的金额。可贷资金市场上只存在一种利率,这个利率既是储蓄的收益,又是借款的成本。

当然,单一金融市场的假设并不符合现实,经济中有许多类型的金融机构。但是,回想一下第 2 章,建立经济模型的艺术在于简化现实世界,从而解释现实世界。就我们的目的而言,我们可以忽略金融市场的多样性,并假设经济中只存在一个金融市场。

27.3.1 可贷资金的供给与需求

和其他市场一样,经济中的可贷资金市场也是由供给与需求支配的。

可贷资金的供给来自那些有额外收入并想储蓄和贷出的人。借贷可以直接进行,例如,一个家庭购买一家企业的债券;也可以间接进行,例如,一个家庭在银行存款,银行再用这些资金来发放贷款。在这两种情况下,储蓄是可贷资金供给的来源。

可贷资金的需求来自希望借款进行投资的家庭与企业。这种需求包括家庭用抵押贷款购置住房,也包括企业用借款购买新设备或建造新工厂。在这两种情况下,投资是可贷资金需求的来源。

利率可被视为贷款的价格。它代表借款者要为贷款支付的货币量以及贷款者从其储蓄中得到的货币量。由于高利率使借款更为昂贵,因此,随着利率的上升,可贷资金的需求量减少。同样,高利率使储蓄更有吸引力,因此,随着利率的上升,可贷资金的供给量增加。换句话说,可贷资金的需求曲线向右下方倾斜,而可贷资金的供给曲线向右上方倾斜。

图 27-1 说明了使可贷资金供求平衡的利率。在供求平衡时,利率为 5%,可贷资金的需求量与供给量为 1.2 万亿美元。

出于常见的原因,利率的调整使可贷资金的供给与需求达到均衡水平。如果利率低于均衡水平,则可贷资金的供给量小于需求量,所引起的可贷资金短缺将鼓励贷款者提高他们所收取的利率。高利率将鼓励储蓄

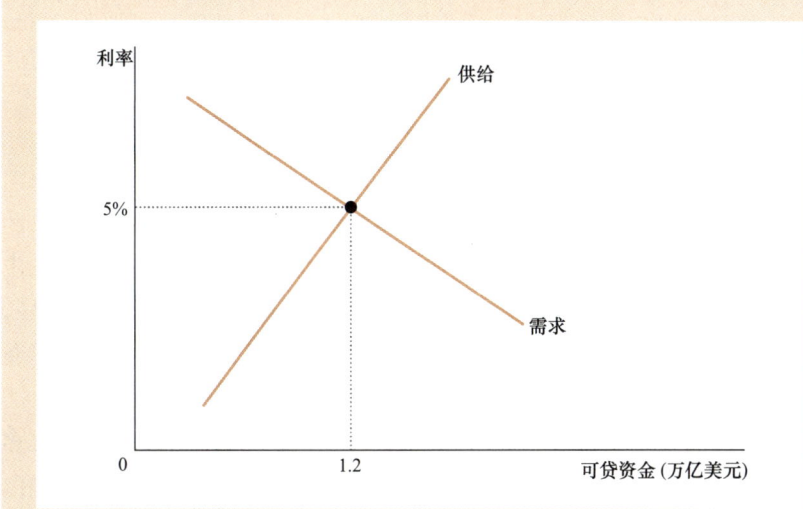

图27-1

可贷资金市场

经济中的利率调整使可贷资金的供求达到平衡。可贷资金的供给来自国民储蓄,包括私人储蓄和公共储蓄。可贷资金的需求来自想为投资而借款的企业与家庭。图中的均衡利率为5%,而可贷资金的供给量与需求量为1.2万亿美元。

(从而增加可贷资金的供给量),并抑制为投资而借款(从而减少可贷资金的需求量)。相反,如果利率高于均衡水平,则可贷资金的供给量就大于需求量。由于贷款者争夺稀缺的借款者,因此利率被迫下降。由此,利率趋向于使可贷资金的供给量与需求量刚好相等的均衡水平。

回忆一下,经济学家区分真实利率与名义利率。通常所公布的利率是名义利率——储蓄的货币收益与借款的货币成本。真实利率是根据通货膨胀调整后的名义利率,它等于名义利率减去通货膨胀率。因为通货膨胀一直在侵蚀货币的价值,所以真实利率更准确地反映了储蓄的真实收益和借款的真实成本。因此,可贷资金的供求取决于真实利率(而不是名义利率),图 27-1 中的均衡利率应该解释为经济中的真实利率。在本章的其他部分,当你看到利率这个词时,请记住我们指的是真实利率。

可贷资金供求模型说明,金融市场的运行方式和经济中的其他市场一样。例如,在牛奶市场上,牛奶价格的调整使牛奶的供给量与需求量达到平衡。"看不见的手"以这种方式协调奶牛场农民的行为与牛奶消费者的行为。一旦我们认识到储蓄代表可贷资金的供给,投资代表可贷资金的需求,我们就可以明白"看不见的手"是如何协调储蓄与投资的。当利率的调整使可贷资金市场供求达到平衡时,它就协调了想储蓄的人(可贷资金供给者)的行为和想投资的人(可贷资金需求者)的行为。

现在我们可以用这个可贷资金市场模型来考察影响经济中储蓄与投资的各种政府政策。由于这个模型描述的只是特定市场上的供给与需求,因此我们可以用第 4 章中讨论的三个步骤:第一,判断政策是使供给曲线移动,还是使需求曲线移动;第二,判断曲线移动的方向;第三,用供求图观察均衡如何变动。

27.3.2 政策1:储蓄激励

许多经济学家和政策制定者提倡增加人们的储蓄。他们的理由很简单。第1章中的经济学十大原理之一是,一国的生活水平取决于它生产物品与服务的能力。而且,正如我们在上一章中所讨论的,储蓄是一国生产率的一个重要的长期决定因素。如果一国的储蓄率可以稍微提高一些,那么就可以有更多资源用于资本积累,GDP就会增长得更快,而且随着时间的推移,该国的民众可以享有更高的生活水平。

经济学十大原理中的另一个原理是,人们会对激励做出反应。许多经济学家依据这个原理提出,美国的低储蓄率至少可部分归因于抑制储蓄的税法。美国联邦政府以及许多州政府对包括利息和红利在内的收入征税。为了说明这种政策的影响,考虑一个25岁的人,他节省下来1 000美元,并用其购买了利率为9%的30年期债券。在没有税收的情况下,当他55岁时,1 000美元就增加到13 268美元。但如果对利息按33%的税率征税,那么税后利率只有6%。在这种情况下,1 000美元在30年后只增加到5 743美元。可见,对利息收入征税大大减少了现期储蓄的未来回报,从而减少了对人们储蓄的激励。

针对这个问题,一些经济学家和法律制定者建议改变税法以鼓励储蓄。例如,一个建议是扩大特殊账户(比如个人养老金账户)的范围,允许人们的某些储蓄免税。我们来考虑这种储蓄激励对可贷资金市场的影响,如图27-2所示。

第一,这种政策影响哪一条曲线?由于在既定的利率之下,税收变动将改变家庭储蓄的激励,因此该政策将影响每种利率下的可贷资金供给量。因此,可贷资金的供给曲线将会移动。由于税收变动并不直接影响借款者在利率既定时想借款的数量,因此可贷资金的需求曲线保持不变。

第二,供给曲线向哪个方向移动?因为对储蓄征收的税额比现行税法下的税额大大减少了,所以家庭将通过减少消费来增加储蓄。家庭用这部分储蓄增加其在银行的存款或购买更多债券。可贷资金的供给量增加,供给曲线将从S_1向右移动到S_2,如图27-2所示。

第三,我们来比较新旧均衡。在图27-2中,可贷资金供给的增加使利率从5%下降为4%。利率的下降使可贷资金需求量从1.2万亿美元增加到1.6万亿美元。也就是说,供给曲线的移动使市场均衡沿着需求曲线变动。在借款的成本下降时,家庭和企业有激励通过更多地借款来扩大投资。简言之,如果税法改革鼓励更多地储蓄,则结果将是利率下降

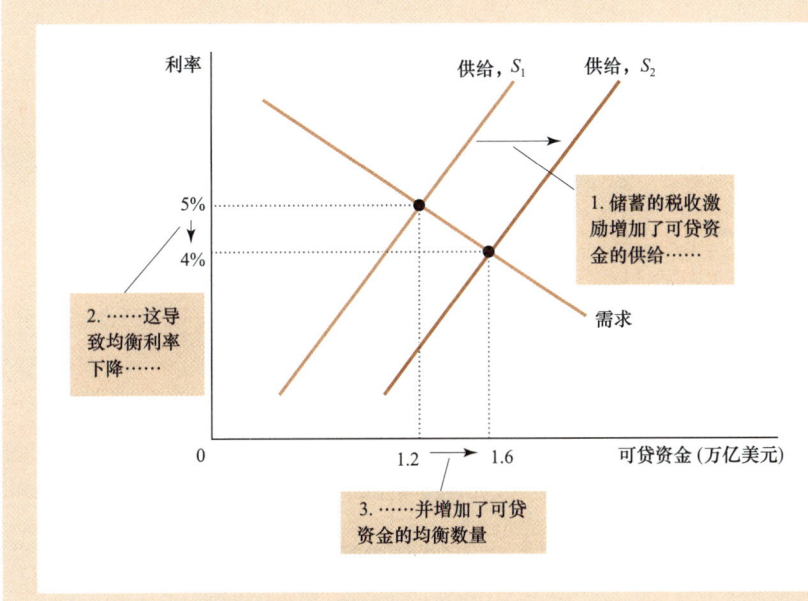

图27-2

储蓄激励增加了可贷资金供给

鼓励人们更多进行储蓄的税收变动将使可贷资金的供给曲线从 S_1 向右移动到 S_2。因此,均衡利率会下降,而利率下降刺激了投资。在图中,均衡利率从5%下降到4%,储蓄和投资的可贷资金均衡数量从1.2万亿美元增加到1.6万亿美元。

且投资增加。

虽然这种关于储蓄增加的影响的分析为经济学家广泛接受,但对于应该实行哪种税收改革则共识较少。许多经济学家支持旨在增加储蓄以刺激投资和经济增长的税收改革。而另一些经济学家则怀疑这种税收改革会对国民储蓄产生多大的影响,并质疑所提议改革的公平性。他们认为,在许多情况下,税收改革的主要受益者将是那些最不需要减税的富人阶层。

27.3.3 政策2:投资激励

假设国会通过了一项旨在使投资更有吸引力的税收改革法案,例如,实施投资税收抵免(美国国会曾多次实施此类政策)。投资税收抵免对建造新工厂或购买新设备的企业给予税收优惠。我们来看这种税收改革对可贷资金市场的影响,如图27-3所示。

第一,投资税收抵免影响供给还是需求? 由于投资税收抵免将使借款并投资于新资本的企业受益,因此它将改变任何既定利率水平下的投资,从而改变可贷资金的需求。但是,因为投资税收抵免并不影响既定利率水平下家庭的储蓄量,所以它不影响可贷资金的供给。

第二,需求曲线会向哪个方向移动? 因为企业在任何一种利率水平下都有增加投资的动机,所以在任何既定利率下对可贷资金的需求量都会提高。这样,图中的可贷资金需求曲线从 D_1 向右移动到 D_2。

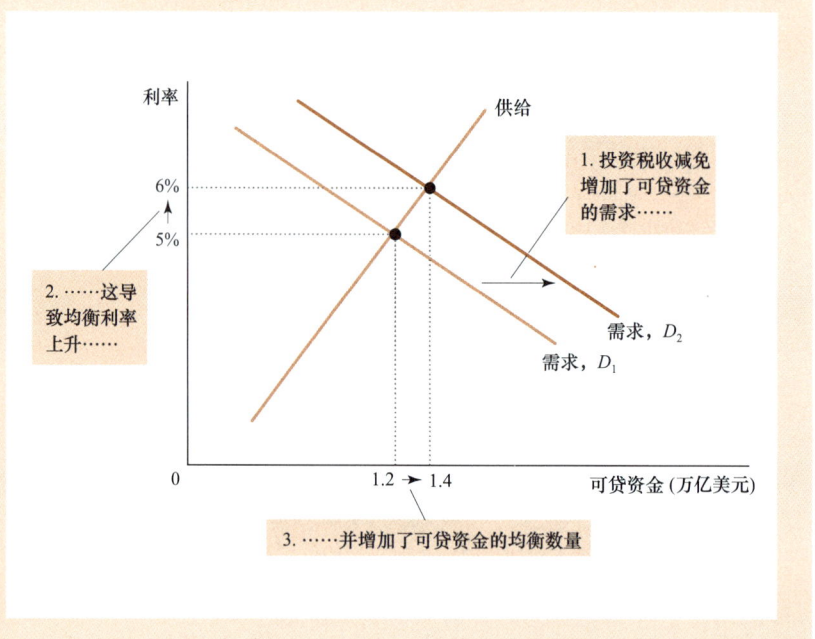

图27-3

投资激励增加了可贷资金需求

如果投资税收抵免政策能够鼓励企业更多地投资,那么可贷资金的需求就会增加。因此,均衡利率将上升,而利率的上升又会刺激储蓄的增加。图中,当需求曲线从 D_1 移动到 D_2 时,均衡利率从 5% 上升到 6%,储蓄和投资的可贷资金均衡数量从 1.2 万亿美元增加到 1.4 万亿美元。

第三,考虑均衡如何变动。在图 27-3 中,增加的可贷资金需求使利率从 5% 上升到 6%,而利率的上升又使可贷资金供给量从 1.2 万亿美元增加到 1.4 万亿美元,因为家庭对利率上升的反应是增加储蓄量。家庭行为的这种变动在图中用沿着供给曲线的变动来表示。因此,如果税法改革鼓励更多地投资,则结果将是利率上升且储蓄增加。

案例研究　从1984年到2020年美国真实利率的下降

在过去几十年的美国经济发展中,一个特别值得注意的突出事实是,真实利率大幅且相当稳定地下降。图 27-4 说明了这个现象。在 20 世纪 80 年代末和 90 年代,真实利率一般在 4% 和 5% 之间;在 21 世纪 10 年代则普遍低于 1%;2020 年甚至跌至负值。在这一时期,其他许多国家也呈现出相似的趋势。

那么,是什么引起了这种下降?它的含义又是什么?我们先从储蓄可能增加的三个原因开始,它们会使可贷资金供给曲线向右移动:

· 随着过去几十年来收入不平等加剧,资源从贫困家庭流向富裕家庭。如果富人有更高的储蓄倾向,更多的资源就会流向资本市场。

· 近年来中国经济迅速增长,而且中国有较高的储蓄率。这个新的、巨大的储蓄池中的资金流入全世界的资本市场。

· 2008 年金融危机和 2020 年新冠疫情等事件生动地提醒了人们生活有多么不确定。对

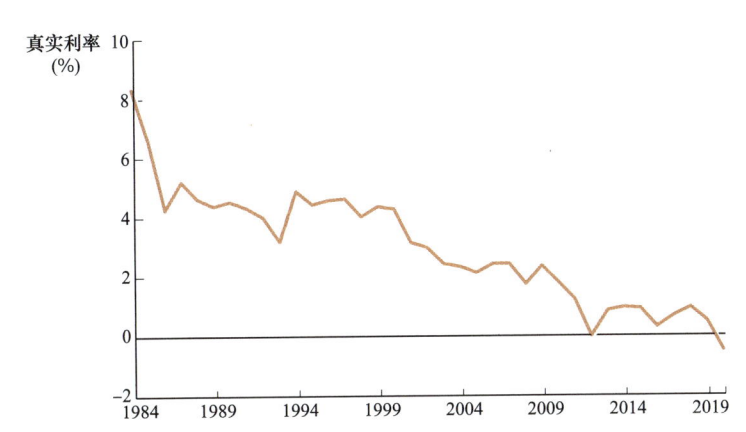

图27-4

美国真实利率的下降

从1984年到2020年，美国的真实利率大幅下降。尽管经济学家对此已提出了各种假设，其原因仍然是令人困惑的。

资料来源：The Federal Reserve, the Department of Commerce; 作者的计算。
注：图中的真实利率是用10年期国库券收益率减去核心通货膨胀率（基于除食品和能源外的个人消费支出平减指数，用于衡量预期通货膨胀）。

此，人们可能的反应是增加预防性储蓄以应对这些突发事件。

此外，我们考虑投资可能下降的三个原因，它们使可贷资金需求曲线向左移动：

- 过去几十年间，由于生产率增长和人口增长同时放缓，平均经济增长放缓了。经济增长的放缓减少了新资本投资的需求。
- 修建铁路和制造汽车等传统技术需要大量的资本投资，而硅谷开发的新技术可能不是资本密集型的。
- 一些经济学家认为，美国经济的竞争力已不如从前。有更大市场势力的企业不仅提高了市场价格，还减少了投资。

以上假设中的哪一项是正确的？非常可能的是这些力量在共同起作用。当可贷资金的供给曲线向右移动而需求曲线向左移动时，对均衡储蓄和均衡投资的影响是不确定的，但对均衡利率的影响是清楚的：它会下降。

低利率的一些影响是显而易见的。例如，过去一个世纪，由一半股票和一半债券组成的投资组合平均每年的收益率（经通货膨胀调整后）约为5%。而2021年及以后，更合理的预期收益率是3%左右。

如果这种预期被证实，像大学这样依靠捐赠基金收益的机构就会发现，它们需要勒紧腰带过日子了。这也意味着，个人需要重新规划退休储蓄。无论在三十年退休生涯中想要维持什么样的生活水平，在收益率由5%变为3%时，个人退休时的储蓄规模都需要增加27%。由于同样的原因，公共和私人养老计划的资金缺口可能比现在估算的更大。

但利率的下降也有积极的一面。例如，希望购房的年轻家庭将从更低的抵押贷款融资成本中受益。

归根结底，利率只是一种价格。低价格有利于市场的需求方（申请抵押贷款的年轻家庭），而不利于市场的供给方（为退休储蓄的老人）。如果利率重新开始上升，则受益者和受损者将发生逆转。

27.3.4 政策3：政府预算赤字与盈余

政治争论的一个永恒主题是政府预算状况。回想一下，**预算赤字**是政府支出超过税收收入的部分。政府通过在债券市场上借款为预算赤字筹资，过去政府借款的积累被称为**政府债务**。**预算盈余**，即政府税收收入超过政府支出的部分，可以用于偿还一些政府债务。如果政府支出正好等于税收收入，可以说政府**预算平衡**。

设想政府开始是预算平衡的，然后由于政府支出的增加，开始出现预算赤字。我们可以分三步来分析预算赤字对可贷资金市场的影响（如图27-5所示）。

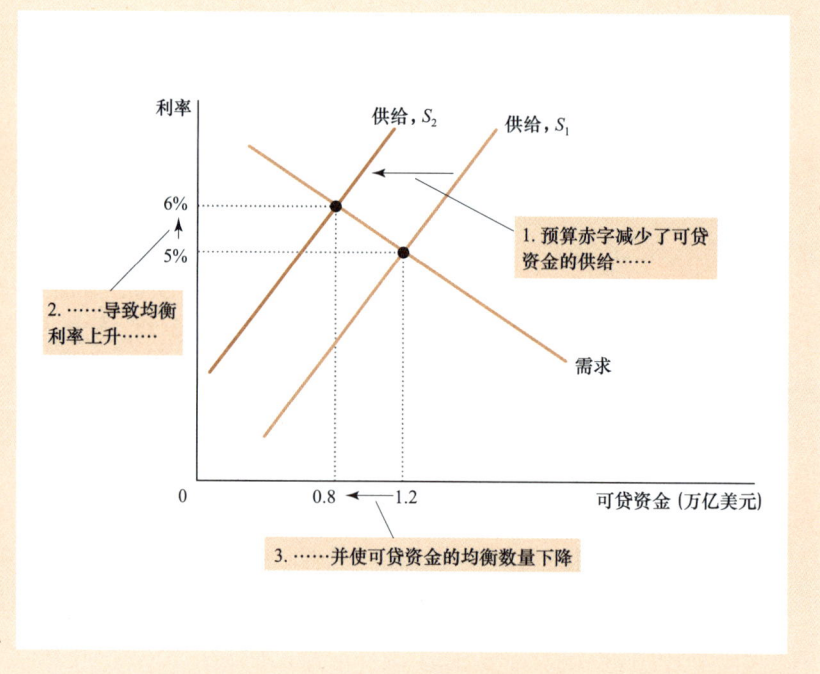

图27-5

政府预算赤字的影响

当政府支出大于税收收入时，所导致的预算赤字减少了国民储蓄。可贷资金的供给下降，均衡利率上升。因此，当政府通过借款为其预算赤字筹资时，有些原本要借款用于投资的家庭和企业就被挤出。在图中，当供给曲线从 S_1 移至 S_2 时，均衡利率从5%上升至6%，储蓄和投资的可贷资金均衡数量从1.2万亿美元降至8 000亿美元。

第一，当政府出现预算赤字时，哪一条曲线会移动？我们还记得，国民储蓄——可贷资金供给的来源——由私人储蓄和公共储蓄组成。政府预算余额的变动代表公共储蓄的变动，从而代表可贷资金供给的变动。由于预算赤字并不影响家庭和企业在既定利率水平下想要为投资借入资金的数量，因此并没有改变可贷资金的需求。

第二，供给曲线会向哪个方向移动？当政府出现预算赤字时，公共储蓄是负的，从而减少了国民储蓄。换句话说，当政府借款为其预算赤字筹资时，它就减少了可用于投资的可贷资金的供给。因此，预算赤字使可贷资金供给曲线从 S_1 向左移动到 S_2，如图27-5所示。

第三,比较新旧均衡。在图 27-5 中,当预算赤字减少了可贷资金的供给时,利率从 5% 上升到 6%。较高的利率使许多可贷资金的需求者望而却步,可贷资金的需求量随后从 1.2 万亿美元下降到 8 000 亿美元。购买新住房的家庭减少,选择开设新工厂的企业也减少。政府借款所引起的投资减少被称为挤出(crowding out),用沿着需求曲线的变动来表示。也就是说,当政府通过借款为其预算赤字筹资时,它挤出了那些想为投资筹资的私人借款者。

挤出:
政府借款所引起的投资减少。

在这个标准模型中,从预算赤字对可贷资金供求影响中可以直接得出有关预算赤字的一个最基本的结论:当政府通过预算赤字减少了国民储蓄时,利率就会上升且投资就会减少。由于投资对长期经济增长很重要,因此政府预算赤字降低了经济增长率。

你可能会问,为什么预算赤字影响可贷资金的供给,而不影响可贷资金的需求呢?首先,政府要通过出售债券(即向私人部门借款)来为预算赤字筹资。为什么政府的借款增加改变了供给曲线,而私人投资者的借款增加却改变了需求曲线?为了回答这个问题,在我们需要更准确地考察"可贷资金"的含义。在这里提出的模型中,"可贷资金"是指为私人投资筹资的资源流量,因此,政府预算赤字会减少可贷资金的供给。相反,如果我们把"可贷资金"定义为从私人储蓄中得到的资源流量,那么政府预算赤字就会增加需求,而不是减少供给。虽然改变这个词的解释会引起我们描述模型时的语义变化,但分析的结果是相同的:在这两种情况下,预算赤字都提高了利率,从而挤出了依靠金融市场为私人投资项目融资的私人借款者。

到目前为止,我们已经考察了政府支出增加引起的预算赤字,而减税引起的预算赤字也有相似的效果。减税减少了税收收入(T)和公共储蓄($T-G$)。私人储蓄($Y-T-C$)可能由于税收的减少而增加,但只要家庭对减税的反应是增加消费,C 就会增加,所以私人储蓄的增加额小于公共储蓄的减少额。因此,国民储蓄($S=Y-C-G$)即公共储蓄与私人储蓄的总和下降。同样,预算赤字减少了可贷资金的供给,推升了利率,并挤出了那些想要为资本投资融资的借款者。

既然知道了预算赤字的影响,我们就可以改变分析的方向,看看预算盈余的影响。当政府得到的税收收入大于其支出时,它会在偿还一些政府债务后把余额存起来。这种

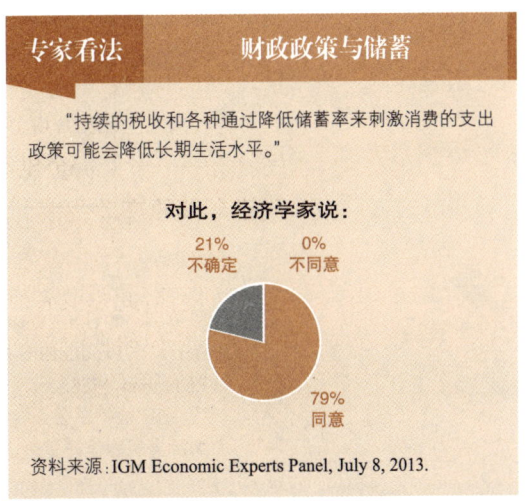

专家看法　　财政政策与储蓄

"持续的税收和各种通过降低储蓄率来刺激消费的支出政策可能会降低长期生活水平。"

对此,经济学家说:

21% 不确定
0% 不同意
79% 同意

资料来源:IGM Economic Experts Panel, July 8, 2013.

即测即评27-3
（扫码答题）

预算盈余（或公共储蓄）对国民储蓄做出了贡献。因此，预算盈余增加了可贷资金的供给，降低了利率，并刺激了投资。反过来，更高的投资又意味着更多的资本积累和更快的经济增长。

 案例研究　　　　美国政府债务史

美国政府的债务情况是怎样的？这个问题的答案随着时间的推移而迥然不同。图27-6说明了美国联邦政府债务占美国GDP的百分比。该图表明，美国联邦政府债务占GDP的百分比在1836年的0和1946年的106%之间波动。

债务－GDP比率是衡量政府财政状况的一个指标。由于GDP是政府税基的粗略衡量指标，因此，债务－GDP比率的下降表明，相对于政府筹集税收收入的能力，其债务在减少。这就表明，从某种意义上说，政府是在其财力之内运转。与此相反，债务－GDP比率上升意味着，相对于政府筹集税收收入的能力，其债务在增加。这往往被解释为财政政策——政府支出和税收收入——不能以现在的水平一直维持下去。

图27-6

美国联邦政府债务

在图中，用占GDP的百分比表示的美国联邦政府债务在历史上一直在变动。战争和严重的经济衰退通常都伴随着政府债务的大幅增长。

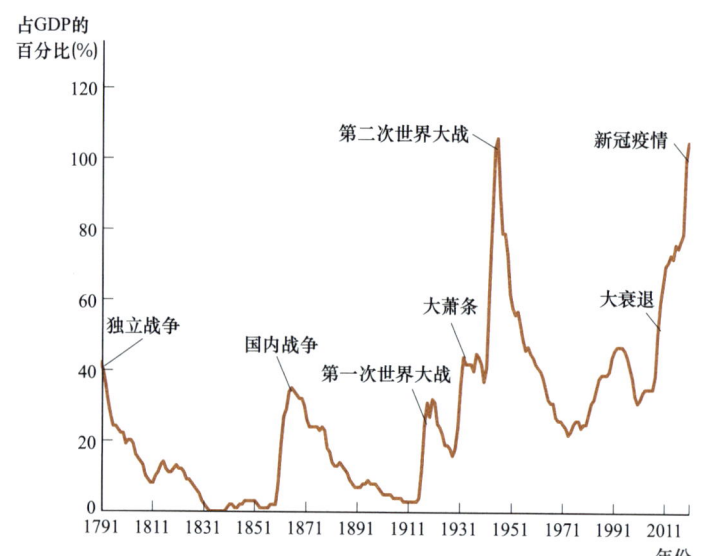

资料来源：U.S. Department of Treasury；U.S. Department of Commerce；T.S. Berry，"Production and Population since 1789"，Bostwick Paper No.6，Richmond，1988.

注：图中数据是公众持有的政府债务，不包括政府账户中持有的政府债务，例如社会保障信托基金。

纵观历史,政府债务波动的主要原因是战争。当战争爆发时,政府的国防支出大幅增加,用以支付士兵的薪酬和军事装备费用。税收有时也会增加,但增幅通常远小于支出的增加。结果是预算赤字和政府债务同时增加。当战争结束时,政府支出减少,债务-GDP比率也开始下降。

有两个理由使人们相信,战时的债务筹资是一种合理的政策。第一,它可以使政府一直保持税率平稳。如果没有债务筹资,税率在战争期间就会急剧上升,造成经济效率大幅下降。第二,为战争而进行的债务筹资将部分战争费用转移给后代,他们将不得不偿还这部分政府债务。如果战争能为后代带来持久的利益,那么将部分税收负担转移给后代具有一定合理性。

政府债务增加的另一个重要原因是严重的经济下行,例如20世纪30年代的大萧条、2008—2009年金融危机引发的大衰退,以及2020年新冠疫情引发的衰退。在经济下行期间,随着所得税和工薪税的减少,政府的收入自动减少;失业保险等政府项目支出则自动增加。此外,政策制定者通常会采取减轻经济衰退和缓解经济困难的政策,这进一步增加了预算赤字。

展望未来,许多预算分析师对债务-GDP比率的进一步增加表示担忧。随着大量"婴儿潮"一代达到退休年龄,他们开始领取社会保险和医疗保险,这就带来了政府支出上升的压力。如果没有税收收入的大幅增加或政府支出的削减,美国联邦政府的债务水平在未来几十年中会大幅增加。根据美国国会预算办公室2021年的预测,美国的债务-GDP比率在2040年会达到140%,这将超过历史上的任何水平。

 参考资料   **2008—2009年的金融危机**

在2008—2009年,美国和世界其他许多主要国家都经历了一场金融危机,这场金融危机导致了经济的严重衰退。在本书的后面,我们将详细考察这次事件。现在我们先来看看典型金融危机的关键要素。

金融危机的第一个要素是一些资产价格大幅下跌。在2008—2009年,这些价格下跌的资产是不动产。在经历了21世纪头十年的繁荣之后,住房价格在短短几年间下跌了约30%,创下了20世纪30年代以来美国不动产价格的最大跌幅。

金融危机的第二个要素是金融机构广泛的资不抵债(当一个公司的债务超过其资产的价值时,即构成资不抵债)。在2008—2009年,许多银行和其他金融机构通过持有以不动产为抵押的贷款,实际上把赌注押在不动产价格上。当房价下跌时,大量业主无法偿还贷款,这些违约行为将多家大型金融机构推向了破产的边缘。

金融危机的第三个要素是对金融机构信心的下降。尽管部分银行存款由政府的政策担保,但并非所有的存款都如此。随着2008—2009年资不抵债的情况不断增加,每一家金融机构都可能成为下一个破产者。在这些金融机构中有未担保存款的个人和企业就会纷纷提现。为了筹措现金以偿还储户,银行开始出售资产(有时是以低价"抛售"),同时缩减新增贷款。

金融危机的第四个要素是信贷紧缩。由于许多金融机构面临困境,因此借款者即使有优质投资项目,也很难得到贷款。实际上,金融体系已经很难履行把储蓄者的资源转移到有最好投资机会的借款者手中的正常职能。

金融危机的第五个要素是经济下行。由于人们无法为新投资项目筹资,因此对物品与服务的总需求也就减少了。因此,国民收入减少,同时失业增加,具体原因我们将在本书后面进行更充分的讨论。

金融危机的第六个也是最后一个要素是出现恶性循环。经济下行削弱了许多公司的盈利能力,降低了许多资产的价值。这使经济又回到第一步,金融体系和实体经济的问题相互强化。

像 2008—2009 年这样的金融危机可能会造成严重的后果。幸运的是,这场危机终于结束了。也许是在政府政策的帮助下,金融体系最终重新站稳了脚跟,并且恢复了其作为金融中介的正常职能。

27.4 结论

在莎士比亚的戏剧《哈姆雷特》中,波洛涅斯(Polonius)建议他的儿子"既不要当债务人,也不要当债权人"。但如果每个人都遵循这个建议,那么本章也就没有必要了。

事实上很少有人这么做。在我们的经济中,人们的借贷行为非常普遍,而且通常都有充分的理由。你可能在某一天借钱开办自己的企业或购房。而人们借钱给你,是希望你支付的利息能使他们享受更好的退休生活。金融体系的职责就是协调所有这些借贷活动。

在许多方面,金融市场和经济中的其他市场类似。可贷资金的价格——利率——由供求的力量决定,正如经济中的其他价格一样。我们可以像分析其他市场一样分析金融市场上供给或需求的变动。第 1 章中介绍的经济学十大原理之一是,市场通常是组织经济活动的一种好方法。这个原理也适用于金融市场。当金融市场使可贷资金的供求达到平衡时,它们就有助于使经济中的稀缺资源得到最有效的配置。

但是,金融市场在一个方面是特殊的。与大多数其他市场不同,金融市场起着联系现在与未来的重要作用。那些提供可贷资金的人——储蓄者——之所以这样做,是因为他们想把一些现期收入转化为未来的购买力。那些需要可贷资金的人——借款者——之所以这样做,是因为他们希望现在投资,以便使用这些资本在未来生产物品与服务。运行良好的金融市场不仅对当代人很重要,对将要继承相应利益的子孙后代同样重要。

内容概要

◎ 美国金融体系由各种金融机构组成,例如债券市场、股票市场、银行和共同基金。所有这些机构的作用都是将那些想把部分收入储蓄起来的家庭的资源引导至那些想借款的家庭和企业手中。

◎ 国民收入账户恒等式说明了宏观经济变量之间的一些重要关系。特别是,对于一个封闭经济来说,国民储蓄一定等于投资。金融机构是使一个人的储蓄与另一个人的投资相匹配的机制。

◎ 利率由可贷资金的供求决定。可贷资金的供给来自想把自己的部分收入储蓄起来并借出去的家庭。可贷资金的需求来自想借款投资的家庭和企业。为了分析任何一种政策或事件如何影响利率,我们应该考虑它如何影响可贷资金的供给与需求。

◎ 国民储蓄等于私人储蓄加公共储蓄。政府预算赤字代表负的公共储蓄,从而减少了国民储蓄和可用于为投资筹资的可贷资金的供给。当政府预算赤字挤出了投资时,它就降低了生产率和GDP的增长率。

关键概念

金融体系 共同基金 预算盈余
金融市场 国民储蓄 预算赤字
债券   私人储蓄 可贷资金市场
股票   公共储蓄 挤出
金融中介机构

复习题

1. 金融体系的作用是什么?请列举并描述美国金融体系中的两种市场,以及两种金融中介机构。
2. 为什么股票和债券的持有者要使自己持有的资产多样化?哪种金融机构进行多样化更容易?
3. 什么是国民储蓄?什么是私人储蓄?什么是公共储蓄?这三个变量如何相关?
4. 什么是投资?在一个封闭经济中,它与国民储蓄如何相关?
5. 描述可以增加私人储蓄的一种税收政策变动。如果实施了这种政策,它会如何影响可贷资金市场?
6. 什么是政府预算赤字?它如何影响利率、投资及经济增长?

问题与应用

1. 在下列每一对选项中,你预期哪一种债券会支付高利率?解释原因。

   a. 美国政府债券,还是东欧国家政府债券?
   b. 在2030年偿还本金的债券,还是在2050年偿还本金的债券?

c. 可口可乐公司的债券,还是你在你家车库经营的一家软件公司的债券?

d. 联邦政府发行的债券,还是纽约州政府发行的债券?

2. 许多工人持有他们所在公司发行的大量股票。你认为公司为什么鼓励这种行为?一个人为什么可能不愿意持有其所在公司的股票?

3. 解释宏观经济学家定义的储蓄和投资之间的差别。下列哪一种情况代表投资?哪一种情况代表储蓄?解释原因。

a. 你的家庭申请抵押贷款并购买了新房子。

b. 你用 200 美元工资购买美国电话电报公司（AT&T）的股票。

c. 你的室友赚了 100 美元并把它存入银行账户。

d. 你从银行借了 1 000 美元并购买了一辆用于配送比萨饼外卖的汽车。

4. 假设 GDP 是 8 万亿美元,税收是 1.5 万亿美元,私人储蓄是 0.5 万亿美元,而公共储蓄是 0.2 万亿美元。假设这个经济是封闭的,计算消费、政府购买、国民储蓄和投资。

5. 在一个封闭经济 Funlandia 国中,当地经济学家收集到某一年的以下经济信息:

$$Y = 10\ 000$$
$$C = 6\ 000$$
$$T = 1\ 500$$
$$G = 1\ 700$$

经济学家还估算出投资函数为:

$$I = 3\ 300 - 100r$$

其中,r 为该国的真实利率(用百分比表示)。计算私人储蓄、公共储蓄、国民储蓄、投资和均衡真实利率。

6. 假设英特尔公司正考虑新建一个芯片工厂。

a. 假设英特尔公司需要在债券市场上筹资,为什么利率上升会影响英特尔公司是否建造这个工厂的决策?

b. 如果英特尔公司有足够的自有资金用于新工厂建设而不用借钱,利率的上升还会影响英特尔公司是否建造这个工厂的决策吗?解释原因。

7. 三名学生各有储蓄 1 000 美元。每个人都有一个可最多投资 2 000 美元的投资机会。下面是三名学生投资项目的收益率:

哈利　　5%
罗恩　　8%
赫敏　　20%

a. 如果借款和贷款都被禁止,每个学生只能用自己的储蓄为其投资项目筹资,那么一年后当项目支付收益时,每名学生各有多少钱?

b. 现在假设他们学校开设了一个可贷资金市场,学生之间可以以利率 r 借贷资金。决定学生成为借款者还是贷款者的因素是什么?

c. 利率为 7% 时,在这三名学生中,可贷资金的供给量和需求量各是多少? 若利率为 10% 呢?

d. 在什么样的均衡利率时,包含三名学生的可贷资金市场可以达到均衡? 在这种利率水平下,哪名学生会把钱借出去? 哪名学生会贷款?

e. 在均衡利率水平下,一年后投资项目支付了收益并偿还了贷款后,每个学生各有多少钱? 把答案与问题 a 的答案进行比较。谁从可贷资金市场中获益——借款者还是贷款者? 有没有人境况变差?

8. 假设政府明年的借款比今年多 200 亿美元。

a. 用供求图分析这一政策。利率会上升还是下降?

b. 投资会发生什么变动? 私人储蓄、公共储蓄和国民储蓄分别会发生什么变动? 将这些变动的大小与政府借款增加的 200 亿美元进行比较。

c. 可贷资金的供给弹性如何影响这些变动的大小?

d. 可贷资金的需求弹性如何影响这些变动的大小?

e. 假设家庭相信,政府现在增加借款意味着未来需要增税以偿还政府债务。这种信念对现在的私人储蓄和可贷资金供给有什么影响? 这种信念是强化还是减弱了你在问题 a 与 b 中所讨论的影响?

9. 本章解释了可以通过对私人储蓄减税来增加投资,也可以通过减少政府预算赤字来增加投资。

a. 为什么同时实施这两种政策是困难的?

b. 为了判断这两种政策中哪一种是增加投资更有效的方法,你需要了解关于私人储蓄的哪些信息?

第 28 章　理解金融的基本工具

在某个时刻,金融体系必然会在你的生活中发挥重要作用。你要把你的储蓄存入银行账户,或者要用贷款去度假或买房子。在你找到一份工作以后,你的雇主可能为你开设一个养老账户,而且你也能决定是否将该账户中的资金投资于股票、债券或其他金融工具。如果你自己投资,你可以选择把你的钱投资于可口可乐这样的成熟公司或爱彼迎这样的新兴公司,或者通过指数基金投资于整个股票市场。在媒体上,你会听到关于股市涨跌的报道,以及对市场表现的解释(尽管这些解释常常显得无力)。

在一生中你将做出的几乎所有金融决策中,你会看到两个相关的要素:时间和风险。正如我们在前面两章中说明的,金融体系协调经济的储蓄与投资,而这两者是经济增长的关键决定因素。更为根本的是,金融体系关乎我们在当下做出,却会影响我们未知的未来生活的决策和行动。当个人决定如何配置自己的储蓄或企业选择投资项目时,他们依据的是对可能结果的猜测,但是实际结果可能与所预期的大相径庭。

金融学:
研究人们如何做出关于跨期配置资源和应对风险的决策的学科。

本章将介绍一些用于理解人们做出的金融决策的基本工具。**金融学**(finance)详细介绍了这些工具,后续你可能会选修集中讨论这个主题的课程。但由于金融体系对经济非常重要,因此金融学的许多洞见对于理解经济如何运行也是至关重要的。金融学的研究工具还有助于你思考一生中将要做出的一些决策。

本章包括三个主题:如何比较不同时点的货币量;如何管理风险;以及如何确定一项资产(比如一只股票)的价值。

28.1　现值:衡量货币的时间价值

设想有人向你提出两个选项:今天给你 100 美元,或者 10 年后给你 100 美元。你将选择哪一个? 这是一个很简单的问题。今天得到 100 美元更划算,因为你可以把这笔钱存入银行,在 10 年后你仍然拥有这 100 美元,顺便还赚到了利息。结论是:今天的钱比未来同样金额的钱更值钱。

现在考虑一个更复杂的问题,设想某人今天给你 100 美元或 10 年后给你 200 美元,你将选择哪一个呢？为了回答这个问题,你需要用某种方法来比较不同时点上的货币量。为此,经济学家引入了现值的概念。任何一笔未来货币量的**现值**(present value)是在现行利率下产生这一未来货币量所需要的当前货币量。

为了了解如何运用现值的概念,我们通过两个简单的例子来说明：

问题：如果你今天把 100 美元存入银行账户,在 N 年后这 100 美元将值多少？也就是说,这 100 美元的**终值**(future value)是多少？

解答：我们用 r 代表以小数形式表示的利率(如 5% 的利率意味着 $r=0.05$)。假设每年支付利息,而且所支付的利息仍然在银行账户上继续生息——这一过程称为**复利**(compounding),那么 100 美元将变为：

1 年后：$(1+r) \times 100$ 美元

2 年后：$(1+r) \times (1+r) \times 100$ 美元 $= (1+r)^2 \times 100$ 美元

3 年后：$(1+r) \times (1+r) \times (1+r) \times 100$ 美元 $= (1+r)^3 \times 100$ 美元

……

N 年后：$(1+r)^N \times 100$ 美元

例如,如果我们按 5% 的利率投资 10 年,那么 100 美元的终值将是 $1.05^{10} \times 100$ 美元,即 163 美元左右。

问题：现在假设你在 N 年后将得到 200 美元。这笔未来收入的现值是多少呢？也就是说,为了在 N 年后得到 200 美元,你现在必须在银行中存入多少钱？

解答：为了回答这个问题,我们要回到前一个问题的答案。在上一个问题中,我们用现值乘以 $(1+r)^N$ 来计算终值。为了由终值计算现值,我们用终值除以 $(1+r)^N$。因此,N 年后的 200 美元的现值是 200 美元 $/(1+r)^N$。如果这个货币量是今天存入银行的,那么在 N 年后它将变成 $(1+r)^N \times [$ 200 美元 $/(1+r)^N]$,即 200 美元。例如,如果利率是 5%,10 年后的 200 美元的现值就是 200 美元 $/(1.05)^{10}$,即 123 美元左右。这就意味着今天在利率为 5% 的银行账户中存入 123 美元,10 年后就将得到约 200 美元。

由此得出如下具有普遍性的公式：

· 如果利率是 r,那么在 N 年后将得到的货币量 X 的现值是 $X/(1+r)^N$。

由于赚到利息的可能性会使未来货币量的现值降到 X 之下,所以上

现值：
在现行利率下,产生一定未来货币量所需要的当前货币量。

终值：
在现行利率下,一定的当前货币量将带来的未来货币量。

复利：
货币量(比如银行账户上货币量)的累积,其赚得的利息仍留在账户上以赚取未来更多的利息。

述计算一定未来货币量的现值的过程被称为贴现。这个公式准确地表示出,未来一定的货币量应该贴现为多少。

现在我们回到上面的问题:你应该选择今天的100美元,还是10年后的200美元?通过以5%的利率计算现值,你应该选择10年后的200美元(因为这200美元的现值是123美元,大于100美元)。因此,等待未来的收入,你的状况会更好。

要注意的是,这一问题的答案取决于利率。如果利率是8%,那么10年后200美元的现值是$200/(1.08)^{10}$美元,即只有93美元左右。在这种情况下,你应该选择今天的100美元。为什么利率对你的选择至关重要呢?因为利率越高,你把钱存入银行能赚到的钱就越多,因此,选择今天得到100美元也就越有吸引力。

这时,好奇的读者可能会问:在这些计算中应该用哪一种利率——真实利率还是名义利率?当物价水平变动时,它们是不同的。答案是要取决于具体情况。如果需贴现的未来金额是用名义条件表示的(即特定的货币金额),就应该用名义利率。但如果未来金额是用真实条件表示的(即以当前价格衡量、经通货膨胀调整后的货币金额),就应该用真实利率。在这两种情况下,贴现和现值的概念都适用,但计算必须保持一致。

现值的概念在许多地方能够用到,包括评估投资项目时公司所面临的决策。例如,设想通用汽车公司正在考虑新建一个工厂。假设现在建厂将耗资1亿美元,并将在10年后给公司带来2亿美元的收益。通用汽车公司应该实施这个项目吗?这个决策和我们前面研究过的决策完全一样。为了做出决策,公司应比较2亿美元收益的现值和1亿美元的成本。

因此,公司的决策将取决于利率。如果利率是5%,那么工厂2亿美元收益的现值是1.23亿美元,公司应选择支付1亿美元的成本。但如果利率是8%,那么2亿美元收益的现值仅为0.93亿美元,公司就应该放弃这个项目。因此,现值的概念有助于解释为什么当利率上升时,投资(以及可贷资金的需求量)减少。

下面是现值的另一种应用:假设你中了100万美元的彩票,并且可以选择在未来50年中每年获得2万美元(总计100万美元),或者立即获得50万美元。你应该选择哪一个方案呢?你需要计算这一系列付款金额的现值。我们假设利率是5%,在完成了与以上过程类似的50次计算(每支付一次计算一次)并把结果加总之后,你就会知道,在利率为5%时,这笔100万美元奖金的现值仅为38.3万美元左右。因此,立即获得50万美元是更好的选择。100万美元看起来是很多钱,不过未来的现金流一旦贴现为现值,就远不那么值钱了。

 **参考资料** 复利计算的魔力与"70法则"

假设一个国家的年均增长率为1%,而另一个国家的年均增长率为3%。乍一看,这一差距并不算大。2个百分点会产生多大差别呢?

答案是:会产生很大差别。以百分比形式呈现的很小的增长率,在经过多年的复利计算之后会产生很大差异。

考虑一个例子。假设两个大学毕业生——威廉和莎拉——都在22岁时找到了第一份工作,年收入都为5万美元。威廉生活在一个收入以每年1%增长的经济中,而莎拉生活在一个收入以每年3%增长的经济中。简单明了的计算可以表明所发生的情况。40年后,当两人都62岁时,威廉的年收入为7.4万美元,而莎拉的年收入为16.3万美元。增长率2个百分点的差别,使得在老年时莎拉的收入是威廉的两倍多。

一个被称为"70法则"的经验法则阐明了复利的影响。根据"70法则",如果某个变量每年按$x\%$增长,那么该变量大约在$70/x$年以后翻一番。在威廉所处的经济中,收入以每年1%增长,因此,收入翻一番需要大约70年。在莎拉所处的经济中,收入以每年3%增长,因此,收入翻一番需要大约70/3年,即约23年。

"70法则"不仅适用于增长的经济,也适用于增长的储蓄账户。下面是一个例子:1791年,本杰明·富兰克林去世,留下为期200年的5 000美元投资,用于资助医学院学生和科学研究。如果这笔钱每年赚取7%的收益(实际上,这是非常可能的),那么这笔投资的价值每10年就能翻一番。在200年后,它会翻20番。在200年后复利计算结束时,这笔投资将价值$2^{20} \times 5\,000$美元,约为50亿美元。(实际上,富兰克林的5 000美元在200年后只增长到200万美元,因为一部分钱在此期间花掉了。)

富兰克林理解复利过程,他是这样描述复利的:"钱生钱,而且钱生的钱又生钱。"如果这个过程持续许多年,它就会带来惊人的结果。

28.2 风险管理

生活充满了赌博。当你去滑雪时,会有摔断腿的风险。当你开车去某个地方时,会有发生车祸的风险。当你把部分储蓄投入股市时,要面临因股价下跌而损失钱的风险。对风险的理性反应不是不计成本地回避它,而是在做决策时将其考虑在内。现在我们看看当你做出金融决策时能对风险做些什么。

28.2.1 风险厌恶

大多数人是**风险厌恶**(risk aversion)的。这不仅仅意味着人们不喜欢坏事发生在自己身上,也意味着人们对坏事的厌恶程度超过对可比的

风险厌恶
不喜欢不确定性。

好事的喜爱程度。

例如,假设你的朋友 Felicity 向你提出以下交易。她投掷硬币,如果正面朝上,她支付给你 1 000 美元。但如果背面朝上,你必须给她 1 000 美元。你会接受这个交易吗？如果你是一个风险厌恶者,你就不会接受。对一个风险厌恶者来说,失去 1 000 美元的痛苦大于赢得 1 000 美元的快乐。因为这两种结果出现的可能性是相等的,所以平均而言,会使你的状况变坏。

经济学家用效用的概念建立了风险厌恶模型。效用是一个人对所获福利或满足程度的主观衡量。如图 28-1 中的效用函数所示,每种财富水平都会提供一定的效用量。但这个函数表现出边际效用递减的性质,即一个人拥有的财富越多,他从增加的 1 美元中得到的效用越少。正因如此,因失去 1 000 美元而损失的效用大于因得到 1 000 美元而增加的效用。换句话说,边际效用递减是大多数人都厌恶风险的原因。

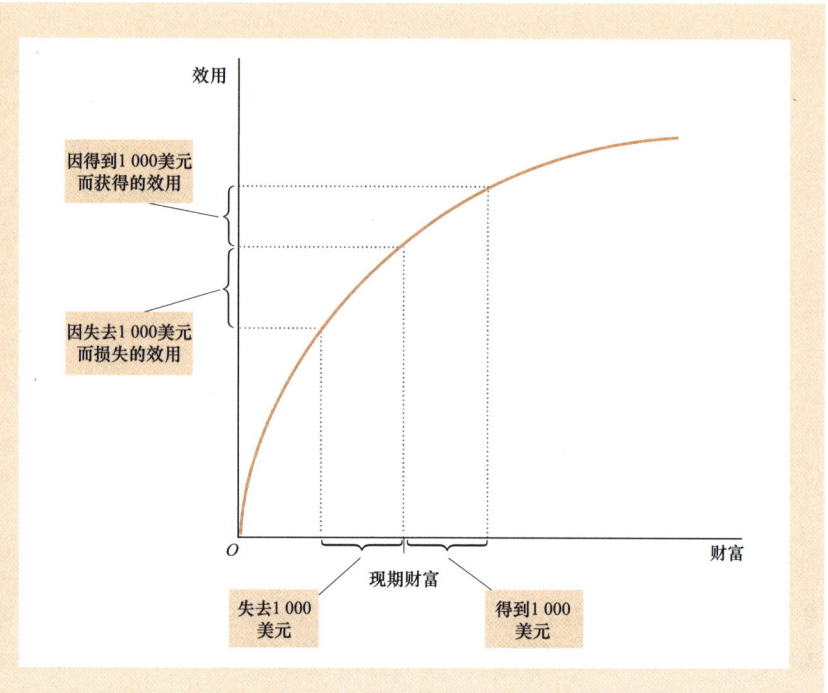

图28-1

效用函数

效用(对福利或满足程度的主观衡量)取决于财富。随着财富的增加,效用函数变得越来越平坦,反映了边际效用递减的性质。由于边际效用递减,因失去 1 000 美元而损失的效用大于因得到 1 000 美元而增加的效用。

风险厌恶有助于解释经济中的许多现象。现在我们来考虑其中的三个:保险、多元化,以及风险与收益之间的权衡取舍。

28.2.2 保险市场

购买保险是应对风险的一种方法。通过保险合同,面临风险的人向保险公司支付一笔保险费,保险公司同意承担全部或部分风险。保险有多种类型：汽车保险补偿遭遇车祸的风险，火灾保险补偿房子遭受火灾的风险，医疗保险补偿可能需要昂贵医疗的风险，而人寿保险补偿被保险人早逝并使家庭陷入经济困境的风险。还有应对年迈时资源耗尽情况的保险：你今天交纳一笔保险费，保险公司将向你支付年金——在你的余生中，每年定期支付一笔收入。

从某种意义上说，每一份保险合同都是一场赌博。很可能你没有遭遇车祸，你的房子也没着火，你也不需要昂贵的医疗。在大多数年份，你将向保险公司交纳保险费，而除安心外你什么也没得到。保险公司正是指望大多数人并不会提出索赔；否则，它就无法向少数不幸的人支付大额赔偿金，同时还能维持运营。

从整个经济的角度看，保险的作用并不是消除生活中固有的风险，而是更有效地分摊风险。以火灾保险为例。购买了火灾保险的投保人并不会因此降低房屋失火的风险。但是，如果不幸发生了火灾，保险公司就会赔偿你。风险不再由你独自承担，而是由成千上万个保险公司的投保人共同承担。

保险市场分摊风险的能力被两类问题制约：一是逆向选择，即高风险的人比低风险的人更可能购买保险，因为高风险的人从保险的保障中获益更大。二是道德风险，即人们在购买保险之后，他们谨慎行事以规避风险的激励就会降低，因为保险公司将会补偿大部分损失。保险公司意识到了这些问题，但它们无法充分避免这些问题。保险公司无法很好地区分高风险客户与低风险客户，也无法监测其客户的所有风险行为。保单的价格反映了保险公司在售出保险后将面对的预期风险。高额保费是一些人（特别是自认为风险低的人）决定不购买保险，而是自己承受生活中的某些不确定性的原因。

28.2.3 企业特有风险的多元化

2001年，安然公司——一家曾备受尊敬的大公司——因欺诈和会计违规指控而破产。该公司的几位高层管理人员被起诉，最终被判入狱。这个事件中最悲惨的是受牵连的数千名底层雇员。他们不仅失去了工作，许多人还失去了毕生储蓄。这些雇员将大约三分之二的退休金投资于安然股票，而这些股票最终一文不值。

如果让金融学向风险厌恶者提供一条实用的建议，那就是"不要把所有的鸡蛋放在一个篮子里"。你以前可能听说过这句话，但是金融学把这个传统智慧变成了科学，并称之为**多元化**（diversification）。

保险市场是多元化的一个例子。设想一个城镇有一万名房主，每名房主都面临房子遭受火灾的风险。如果某人开办了一家保险公司，而且

多元化：
通过用大量不相关的小风险代替单一风险来降低风险。

镇上的每个人都既是该公司的股东又是该公司的保险客户,那么他们就通过多元化降低了风险。现在每个人面对的是一万次可能火灾的万分之一的风险,而不是自家房屋发生一次火灾的全部风险。除非整个城镇同时发生火灾,否则每个人面临的风险就大大降低了。

当人们用储蓄购买金融资产时,他们也可以通过多元化来降低风险。购买一家公司股票的投资者是把赌注押在该公司未来的盈利能力上。这种孤注一掷的风险往往很大,因为公司的未来是难以预期的。微软公司从一群极客少年创办的初创公司发展为世界上最有价值的公司仅仅用了几年;而安然从世界上最受尊敬的公司之一到几乎一文不值仅仅用了几个月。幸运的是,股东们并不一定要把自己的未来与任何一家公司的命运绑定在一起。人们可以通过打大量的小赌,而不是少量的大赌来降低风险。

图 28-2 说明了投资组合的风险如何取决于投资组合中的股票数量。这里的风险用统计学中的标准差来衡量,你可能在数学或统计学课上听过这个词。标准差衡量变量的波动性,即变量的波动程度可能有多大。投资组合收益的标准差越大,组合收益可能越易波动,从而该组合持有者不能得到其预期收益的风险越高。

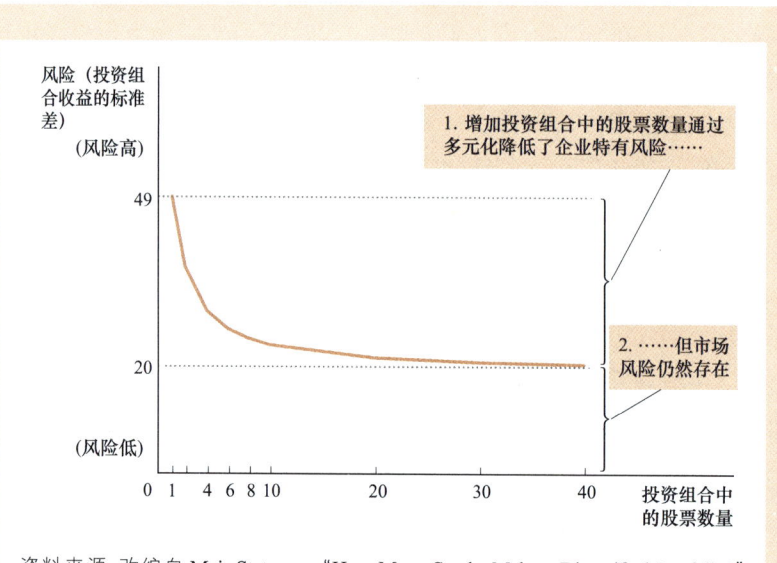

图28-2

通过多元化降低风险

该图显示了用标准差来衡量的投资组合的风险如何取决于投资组合中的股票数量。假设投资者在每只股票上投入相等的资金。增加股票数量降低了投资组合的风险,但并不能消除风险。

资料来源:改编自 Meir Statman, "How Many Stocks Make a Diversified Portfolio?" *Journal of Financial and Quantitative Analysis* 22(September, 1987): 353-364。

该图表明,投资组合的风险随着股票数量的增加而显著降低。对于只有单只股票的投资组合来说,标准差是 49%;从单只股票增加到 10 只股票,风险降低了约 50%;从 10 只股票增加到 20 只股票,风险又降低了约10%。随着股票数量的继续增加,风险还会继续下降,尽管超过20只或30只股票后风险的下降幅度较小。

要注意的是,通过增加投资组合中的股票数量来消除所有风险是不可能的。多元化可以消除**企业特有风险**(firm-specific risk),即与某家企业相关的不确定性,但是不能消除**市场风险**(market risk),即与整个股票市场相关的不确定性。例如,当经济陷入衰退时,大多数企业都要面临销售额减少、利润下降以及股票收益率降低的风险。多元化降低了持有股票的风险,但并不能消除它。

企业特有风险:
只影响一家企业的风险。

市场风险:
影响股市上所有企业的风险。

28.2.4 风险与收益之间的权衡取舍

第1章的经济学十大原理之一是人们面临权衡取舍。与理解金融决策最相关的是风险与收益之间的权衡取舍。

正如我们已经说明的,即使在多元化投资组合中,持有股票也存在固有风险。但是,风险厌恶者愿意接受这种不确定性,因为他们会因此获得补偿。从历史上看,股票的收益率远远高于其他可供选择的金融资产,比如债券和银行储蓄账户。在过去的两个世纪中,股票的平均实际收益率为每年8%左右,而短期政府债券的平均实际收益率每年只有3%左右。

在决定如何配置自己的储蓄时,人们必须决定愿意为了赚取高收益而承担多大的风险。例如,考虑一个人在两种资产类型之间配置资产组合时如何做出选择:

· 第一种资产类型是多元化的高风险股票组合,平均年收益率为8%,标准差为20%。你可以回忆一下在数学或统计学课程上学过的,正态随机变量约有95%的时间出现在其均值的两个标准差范围之内。这里两个标准差意味着在 ±40% 的范围内波动。尽管年收益率集中在8%左右,但在95%的时间内,年收益率会在48%和 −32%之间波动(而在另外5%的时间内,收益和亏损会更大)。

· 第二种资产类型是某种安全的替代品,年收益率为3%,标准差为零。也就是说,这种资产总是正好支付3%的收益率。这种安全的替代品可以是银行储蓄账户,也可以是政府债券。

图28-3显示了风险与收益之间的权衡取舍。图中的每一点都代表了一种由有风险的股票与安全资产构成的有价证券组合。该图表明,投资于股票的比例越高,风险和收益就越大。

了解风险与收益权衡取舍本身并没有告诉我们应该怎么做。对风险和收益某种特定组合的选择取决于一个人的风险厌恶程度,这反映了其偏好。但股票持有者必须认识到,更高的预期收益是以更高的风险为代价的。

即测即评28-2
(扫码答题)

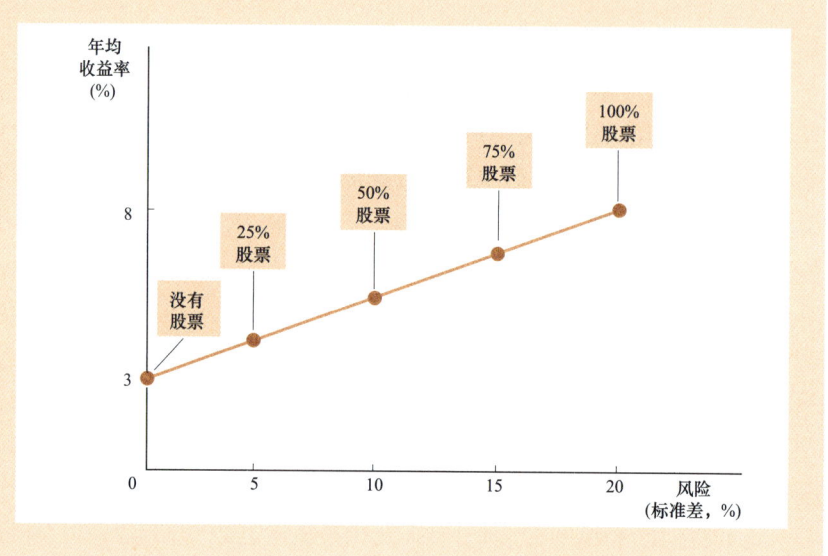

图28-3

风险与收益之间的权衡取舍

当人们将储蓄中的更大比例投资于股票时,他们预期可以赚到的年均收益率提高了,但面临的风险也提高了。

28.3 资产评估

既然我们已经对金融学的两大基石——时间和风险——有了基本了解,那么就让我们来运用这些知识吧!本节探讨一个简单的问题:什么决定了股票的价格?正如大多数价格一样,答案是供给与需求。但是,这不是全部的答案。为了了解股票价格,我们需要更深入地思考是什么决定了投资者对每股股票的支付意愿。

28.3.1 基本面分析

我们设想,你已经决定把60%的储蓄投资于股票,并且为了实现多元化,你还决定购买20只不同的股票。如果你查看股票列表,你会发现有数千种股票可供选择,那么你应该如何挑选这20只股票来构建你的投资组合呢?

当你购买股票时,你实际上是在购买公司的股权。当决定想拥有哪一家公司的股权时,你自然要考虑两件事:该公司股票的价值和股票出售时的价格。如果价格高于价值,则股票被高估了;如果价格与价值相等,则股票被公允估值;而如果价格低于价值,则股票被低估了。购买被低估的股票是划算的,因为你支付的价格低于其价值。在为你的投资组合挑选20只股票时,你应该寻找那些被低估的股票。

说起来容易做起来难。了解股票价格是很容易的,你只要查询一下就可以了,困难的是确定公司的价值。**基本面分析**(fundamental analysis)

基本面分析:
为确定一家公司的价值而对其会计报表和未来前景进行的研究。

指为确定一家公司的价值而对其进行的详细研究。许多华尔街企业都雇用股票分析师来进行基本面分析,并向其提供哪些股票值得购买的建议。

对股东来说,股票的价值是他能从持有股票中得到的东西,包括股息支付的现值和股票最后出售价格的现值。回想一下,股息是公司向其股东支付的现金。一个公司支付股息的能力以及股东出售其股权时股票的价值,取决于该公司的盈利能力。而公司的盈利能力又取决于许多因素——对其产品的需求、所拥有的资本数量和类型、所面临的竞争程度、员工的工会化程度、顾客的忠诚度、所面对的政府管制和税收,等等。基本面分析的目的就是综合考虑这些因素,以确定公司每股股票的价值。

如果你想依靠基本面分析来挑选股票并构建投资组合,有三种方法:第一种是你自己完成所有必要的研究,例如,阅读公司的年度报表;第二种是听从华尔街分析师的建议;第三种是购买共同基金,由基金经理进行基本面分析并替你做出决策。

参考资料 股票投资者需要关注的关键数据

在关注一家公司的股票时,你应该留意三类关键数据。这些数据在一些报纸和许多在线服务中都很常见:

• **股价**。关于股票的最重要信息是每股价格。新闻服务(news services)通常会提供多个价格数据。"最新价"是指股票最近一次交易的价格。"前一交易日收盘价"是指上一个交易日结束时的最后一次交易的价格。新闻服务还可能提供过去一天的"最高价"和"最低价",有时也会提供过去一周、一个月或一年的价格区间。此外,它还可能报告与前一交易日收盘价相比的价格变化。

• **股息**。公司会将其部分利润支付给股东,这笔金额称为股息。(未支付的利润被称为留存收益,公司可以将这些收益用于资本投资、增加现金储备或回购自己的股票。)新闻服务通常会报告每股股票在过去一年中支付的股息金额。它们有时还会报告股息收益率,即股息占股票价格的百分比。

• **市盈率**。公司的收益(或称会计利润),是指其产品销售收入减去会计师核算的生产成本。每股收益则是公司总收益除以流通股的数量。市盈率(通常缩写为 P/E)是公司每股股价除以公司上一年度的每股收益。从历史上看,市盈率平均值约为 16,尽管它们经常大幅偏离这一基准。较高的市盈率表明公司的股票相对于其近期收益较为昂贵,这意味着人们可能预期未来收益会上升,或者股票当前被高估。相反,较低的市盈率表明公司的股票相对于其近期收益较为便宜,这意味着人们可能预期未来收益会下降,或者股票当前被低估。

为什么金融服务(financial services)会报告所有这些数据呢?许多股票投资者在决定要购买和出售哪些股票时会密切关注这些数据。相比之下,其他股东则遵循"买入并持有"的策略:他们购买经营良好的公司的股票并长期持有,而不对每日的波动做出反应。

28.3.2 有效市场假说

为你的投资组合选择 20 只股票还有一种方法：随机挑选。例如，把股票页贴在你的公告板上，并向其投掷飞镖，扎到哪个就买哪个。这听起来有点疯狂，但我们有理由相信，这并不会使你偏离目标太远。这个理由被称为**有效市场假说**（efficient markets hypothesis）。

为了理解这一理论，我们首先要认识到，在主要股票交易所上市的每家公司都处于众多资金管理者的关注之下，例如，共同基金、养老基金和大学捐赠基金的经理，以及积极寻求收益最大化的人。这些资金管理者每天都关注新闻报道并进行基本面分析，以试图确定股票的价值。他们的工作就是在股票价格下降到低于其基本面价值时买进，并在股票价格上升到高于其基本面价值时抛出。

有效市场假说的第二个要点是：供求均衡决定了市场价格。这就意味着，在市场价格这一点，要出售的股票数量正好等于人们想要购买的股票数量。换句话说，在市场价格下，认为股票被高估的人数与认为股票被低估的人数正好平衡。根据市场上普通人的判断，所有股票总是处于公允估值状态。

根据这一理论，股票市场表现出的是**信息有效**（informational efficiency）：资产价格以理性方式反映了有关资产价值的所有可获得的信息。当信息改变时，股票价格就会变动。当有关公司前景的利好新闻公开时，股票价值和价格都会上升；当公司前景恶化时，股票价值和价格都会下跌。但是，在任何一个时点，市场价格都是基于可获得信息对公司价值的最好估计。

有效市场假说的一个含义是，股票价格应该是**随机游走**（random walk）的，这意味着，除非你掌握内部信息，股票价格的变动不可能预期。如果根据公开可获得的信息，一个人能够预测股票价格明天将上涨 10%，那么就说明今天的股票市场未能充分反映这条信息。根据这一理论，唯一能改变公司股价的因素，就是那些改变市场对公司价值评估的新闻。但是，新闻本质上应该是不可预测的——否则，它就不是新闻了。因

有效市场假说：
认为资产价格反映了关于一种资产价值的所有公开的、可获得的信息的理论。

信息有效：
资产价格以理性方式反映了所有可获得的信息。

随机游走：
变量变动的路径不可预期。

图片来源：1997 Scott Adams/Dist. by Andrews Mcmeel Syndication.

此，股票价格的变动同样是不可预测的。

如果有效市场假说是正确的，那么为了决定将哪20只股票加入你的投资组合而花许多时间研究企业资料就没有什么意义了。如果股票价格已经反映了所有可获得的信息，那么就没有一种股票是比其他任何股票更好的购买选择。你能做的最好选择就是购买一个多元化的投资组合。

案例研究　　随机游走与指数基金

有效市场假说是一种关于金融市场如何运行的理论。这一理论也许并不完全正确：正如下一节要讨论的，我们有理由怀疑股票投资者是否总是理性的，以及股票价格是否在每个时点都是信息有效的。但是，有效市场假说作为一种对现实世界的描述，可能比你认为的要准确得多。

有许多证据表明，即使股票价格不完全是随机游走的，也非常接近于随机游走。例如，你可能打算购买近期价格上涨的股票并避开近期价格下跌的股票（或者正好相反）。但是，统计研究表明，跟随这种趋势（或逆向操作）并不能使你系统性地超越市场表现。某只股票一年中的表现与其在下一年表现的相关性几乎为零。

支持有效市场假说的最有力证据来自指数基金的业绩。指数基金是一种购买股票指数中所有股票的共同基金。我们可以将这些基金的业绩与积极管理型基金的业绩相比较，后者由专业基金经理根据广泛研究和所谓的专家意见来挑选股票。在本质上，指数基金购买所有的股票，并为投资者提供市场平均收益，而积极管理型基金则试图只购买表现最好的股票，并使收益超越市场平均水平。

但在实践中，积极管理型基金通常无法跑赢指数基金。例如，在截至2021年12月31日的15年中，86%的股票型共同基金没有跑赢覆盖美国证券交易所所有股票的指数基金。在这段时期内，股票型基金的年均收益率比指数基金低1.07个百分点。大多数积极管理型基金的经理没有跑赢市场，原因在于他们频繁地交易，导致了更多的交易费用，以及收取更高的费用作为专家报酬。

那么，另外14%的积极管理型基金的经理是如何跑赢市场的呢？也许是因为他们比一般人更聪明，也许只是因为他们更幸运。如果让5 000个人每人掷10次硬币，平均而言大约会有5个人连续10次都掷出正面。这5个人可以声

专家看法　　多元化投资

"一般来说，在缺乏任何内部信息的情况下，股票投资者通过选择充分多元化的、费用低的指数基金比只挑选几种股票可以做得更好。"

对此，经济学家说：

0% 不同意　　0% 不确定

100% 同意

资料来源：IGM Economic Experts Panel, January 28, 2019.

称自己有不寻常的掷硬币技巧,但他们很难复制这一壮举。同样,研究表明,历史业绩优异的共同基金经理通常没能在此后保持这种业绩。

有效市场假说认为,在长期中跑赢市场是不可能的。关于金融市场的大量研究证实,跑赢市场是极为困难的。即使有效市场假说不是对世界的准确描述,它也提供了一个有用的视角。

 **新闻摘录** Y染色体携带者投资的风险

投资时过度自信是很糟糕的,而这个问题在男性群体中尤为普遍。

女性可能是更好的投资者,让我以男性自信来解释原因
Ron Lieber

Merrill 和 Lynch 是男性,Goldman 和 Sachs 是男性,Schwab 和 Hutton 也是男性。Gordon Gekko 是一位"阿尔法型男性投资者",更不用说"华尔街之狼"Jordan Belfort 了。①

无论是英雄还是反派,赢者还是输家,真实的还是虚构的,这些偶像级投资者都是非常非常纯粹的男性。但这其实是个误区——因为事实证明女性往往更善于投资。

富达(Fidelity)公司这个月提供的最新证据显示:在过去 10 年间,公司的女性客户比男性客户平均每年多赚 0.4%。这看起来并不多,但是几十年加总下来可是数万美元,甚至更多。

"你从中学习到的是要像女性那样去投资。"富达公司女性投资者和消费者部门的负责人 Lorna Kapusta 说道。

这并不是研究人员第一次发现女性的投资表现更佳,但令人惊奇的地方在于,无论是女性还是男性都没有意识到这一点——结果是双方都错过了那些可能帮助他们更好地进行投资的经验。

富达公司的分析覆盖了从 2011 年到 2020 年的 520 万个客户账户(部分客户拥有不止一个账户)。分析对象是由个人(非金融顾问)管理的个人退休账户、529 计划② 和基本交易账户,而不是 401(K)那类公司户。所有投资策略均被纳入分析范围:那些交易个股的人与那些坚持投资共同基金的人均被追踪记录。

女性投资者取得更高回报的原因在于她们的交易方式,或者更准确地说,在于她们的"不交易"。富达公司的女性客户的买卖频次是男性客户的一半。先锋(Vanguard)公司在分析其管理的退休金账户时,在同期也发现了类似的横向规律。在 2011—2020 年的 10 年间,每年进行交易的男性比女性要多至少 50%。

---

① 这里提到的人分别是美林证券(Merrill Lynch)创始人查尔斯·E. 梅里尔(Charles E. Merrill)和埃德蒙·C. 林奇(Edmund C. Lynch),高盛(Goldman Sachs)创始人马库斯·戈德曼(Marcus Goldman)及塞缪尔·萨克斯(Samuel Sachs),嘉信理财(Charles Schwab Corporation)创始人查尔斯·R. 施瓦布(Charles R. Schwab),投资大亨 E. F. 赫顿(E. F. Hutton),以及电影《华尔街》中的戈登·盖柯(Gordon Gekko)与电影《华尔街之狼》中的乔丹·贝尔福特(Jordan Belfort)。——译者注
② 根据美国《国内税收法》第529条设立的教育储蓄计划。——译者注

这种高频交易是非常糟糕的。2000年的《金融学杂志》发表了一篇题为《交易对你的财富有害》的经典文章，Brad M. Barber 和 Terrance Odean 两位教授证实：从1991年到1996年，股票市场上交易最频繁的个人投资者所获得的投资回报率比市场平均水平低6.5个百分点。

次年，这两位教授在另一篇题为《男孩毕竟是男孩》的文章中专门研究了交易和性别的关系。诚然，女性也进行了偏多的交易，从1991年到1997年，她们的交易使其每年的回报率减少了1.72个百分点。但是，交易更频繁的男士损失的是2.65个百分点——两者之间的差距比富达公司多年后发现的两性投资回报率差距高出两倍有余。

为什么男性的交易如此频繁？Barber 教授和 Odean 教授将其归因于过度自信。这种过度自信从何而来？多年前就将注意力转向投资领域的神经学家 William J. Bernstein 认为是男性荷尔蒙。

这种激素给投资者带来三个问题：降低恐惧感，增加贪婪，并且极大地助长了过度自信。"它对于肌肉量和反应速度是好东西，但是对于判断力来说就不是么回事了。"Bernstein 先生说。

恐惧不足可能使你在市场下跌的时候损失惨重，因为你可能在错误的投资上投入太多金钱。同理，过度贪婪也可能使你承担过多的风险。

Bernstein 先生写过很多书，其中一本是《投资者宣言》。对于过度自信，他的建议是做一道自测题：我对我自己正在做的事有多大把握？他警告道："在金融领域，如果你对任何事情都有十足把握，那你就是疯了。"

讨论题

1. 就你的个人经验来说，你是否认为男性比女性更容易过度自信？
2. 投资者如何使自己免受过度自信的影响？

资料来源：*New York Times*, October 29, 2021.

28.3.3 市场非理性

有效市场假说假设，买卖股票的人会理性地处理所掌握的关于股票基本价值的信息。但是，股票市场的参与者真的是理性的吗？或者，股票价格是否有时会背离其真实价值的理性预期？

长期以来，传统观点认为，股票价格波动部分是由心理原因造成的。20世纪30年代，经济学家约翰·梅纳德·凯恩斯（John Maynard Keynes）提出，资产市场受投资者的"动物精神"（非理性的乐观和悲观情绪）驱动。20世纪90年代，当股票市场攀至新高时，美联储主席艾伦·格林斯潘（Alan Greenspan）怀疑这种高涨反映了"非理性的繁荣"。虽然股票价格后来确实下跌了，但是基于当时可获得的信息，对于20世纪90年代的繁荣是否为非理性的至今仍存争论。只要一种资产的价格上升到高于其基本面价值，就可以说市场出现了投机泡沫。

股票市场出现投机泡沫的可能性，部分是因为股票对于股东的价值不仅取决于股息，还取决于股票最终的出售价格。因此，如果人们预期其他人明天会支付更高的价格，他们就可能愿意支付超出股票今天价值的价格。从这个角度来说，在评估一只股票时，你更关注的可能不是企业的真实价值，而是其他人认为企业未来值多少钱。

经济学家对股价背离理性估值的频率与重要性存在许多争论。相信市场非理性的人(正确地)指出，股市波动常常难以用可能改变理性估值的新闻消息来解释。相信有效市场假说的人(同样正确地)指出，要知道对一家公司的正确、理性估值是很难的，因此，不应该轻易得出任何一种特定估值是非理性的结论。此外，如果市场是非理性的，理性人就应该能利用这个事实跑赢市场，但正如我们在前一个案例研究中所讨论的，长期跑赢市场几乎是不可能的。

即测即评28-3
（扫码答题）

28.4 结论

本章介绍了一些人们在做出金融决策时应该(而且经常)使用的基本工具。现值的概念提醒我们，未来的1美元不如现在的1美元值钱，并提供了一种比较不同时点货币量的方法。风险管理理论提醒我们，未来是不确定的，风险厌恶者可以采取预防措施来应对这种不确定性。资产估值研究告诉我们，任何一家公司的股票价格都应该反映该公司预期的未来盈利状况。

虽然大多数金融工具已经很成熟，但是关于有效市场假说的正确性以及实践中股票价格是不是公司真实价值的理性估算仍然存在争论。无论理性与否，股票价格的大幅波动都具有重要的宏观经济影响。股票市场的波动往往与更广泛的经济波动相伴而来。我们在本书后续章节研究经济波动时，将再次谈及股市。

内容概要

◎ 由于储蓄可以赚到利息，所以今天的一笔钱比未来相同金额的钱更有价值。人们可以用现值的概念比较不同时点的货币量。未来任何一笔钱的现值是指在现行利率下产生这一金额所需要的当前金额。

◎ 由于边际效用递减，大多数人是风险厌恶者。风险厌恶者可以通过购买保险、持有资产的多元化，以及选择低风险和低收益的投资组合来降低风险。

◎ 一种资产的价值等于其所有者将得到的现金流的现值。对一股股票而言，该现金流包括股息以及最终出售价格。根据有效市场假说，金融市场理性地处理所有可获得的信息,因此股票价格总是等于对企业价值的最好估算。但是,一些经济学家质疑有效市场假说,认为非理性的心理因素会影响资产价格。

关键概念

金融学　　　　　风险厌恶　　　　　基本面分析
现值　　　　　　多元化　　　　　　有效市场假说
终值　　　　　　企业特有风险　　　信息有效
复利　　　　　　市场风险　　　　　随机游走

复习题

1. 利率为7%。用现值的概念比较10年后得到的200美元与20年后得到的300美元。
2. 人们从保险市场中得到了什么好处?阻碍保险公司完美运作的两个问题是什么?
3. 什么是多元化?股票持有者从持有1只股票增加到持有10种股票,或从持有100种股票增加到持有120种股票,哪种情况下多元化带来的收益更大?
4. 比较股票和政府债券,哪一种风险更大?哪一种能够带来更高的平均收益?
5. 股票分析师在确定一只股票的价值时应考虑哪些因素?
6. 描述有效市场假说,并给出一个支持该假说的证据。
7. 解释那些质疑有效市场假说的经济学家的观点。

问题与应用

1. 根据一个古老的传说,大约400年前,美洲原住民以24美元的价格出售了曼哈顿岛。如果他们按每年7%的利率把这笔钱进行投资,他们今天有多少钱?
2. 某公司有一个当前需要花费1 000万美元、4年后收益1 500万美元的投资项目。
   a. 如果利率是11%,该公司应该实施这个项目吗?如果利率是10%、9%或8%,情况又如何?
   b. 你能算出使该公司在实施该项目与放弃该项目之间无差异的准确利率吗?(这一利率被称为项目的内部收益率。)
3. 债券A在20年后支付8 000美元。债券B在40年后支付8 000美元。(为了使问题简化,假设这两种债券是零息债券,这意味着8 000美元是债券持有者得到的唯一收益。)
   a. 如果利率是3.5%,两只债券今天的价值分别是多少?哪一种债券更值钱?为什么?(提示:你可以使用计算器,但运用"70法则"将使计算更简便。)
   b. 如果利率上升到7%,两只债券的价值分别是多少?哪一种债券价值变动的百分比更大?
   c. 根据上面的例子填空:当利率上升时,债券的价值____(上升/下降),期限更长的债券对利率变动____(更敏感/更不敏感)。

4. 你的银行账户支付 8% 的利率。你正考虑花 110 美元购买 XYZ 公司的股票。在第 1 年、第 2 年和第 3 年,该公司会付给你 5 美元的股息。你预期在 3 年后以 120 美元的价格卖掉股票。XYZ 公司的股票是一项好的投资吗?用计算支持你的答案。

5. 对以下每一类保险,分别举出一个道德风险行为的例子和逆向选择行为的例子。

   a. 健康保险

   b. 汽车保险

   c. 人寿保险

6. 你预期哪类股票会带来较高的平均收益:对经济状况极为敏感的行业(例如汽车制造业)的股票,还是对经济状况相对不敏感的行业(例如自来水公司)的股票?为什么?

7. 一个公司面临两种风险:一种是企业特有风险,即竞争者可能会进入其市场并夺走它的一些客户;另一种是市场风险,即经济可能会进入衰退期,使公司的销售收入减少。这两种风险中哪一种更可能使公司股东要求高收益?为什么?

8. 当公司高层管理人员根据凭借其地位得到的私人信息买卖股票时,他们就是在进行内幕交易。

   a. 举出一个可能对买卖股票有用的内部信息的例子。

   b. 那些根据内部信息交易股票的人通常可获得极高的收益率。这个事实违背了有效市场假说吗?

   c. 内幕交易是非法的。你认为它为什么非法?

9. Jamal 的效用函数是 $U = W^{1/2}$,其中,W 表示他的财富(以百万美元计),而 U 表示他得到的效用。在一项游戏节目的最后阶段,庄家向 Jamal 提供了两种选择:A. 确保获得 400 万美元;B. 进行一个赌博(有 0.6 的概率获得 100 万美元,有 0.4 的概率获得 900 万美元)。

   a. 画出 Jamal 的效用函数图。他是风险厌恶者吗?解释原因。

   b. 选项 A 还是选项 B 能给 Jamal 带来更高的预期奖金?用适当的计算解释你的推理。(提示:一个随机变量的预期值是所有可能结果的加权平均数,本题中的概率就是权重。)

   c. 选项 A 还是选项 B 能给 Jamal 带来更高的预期效用?同样,请列出计算过程。

   d. Jamal 应该选 A 还是 B?为什么?

第29章 失业

在人的一生中,失去工作可能是最悲惨的经济事件。大多数人依靠他们的劳动收入来维持生活水平,而且许多人也从工作中获得了个人成就感。失去工作意味着直接的财务困难、对未来的焦虑以及自尊心受到损害。因此,毫不奇怪,政治家在竞选时往往宣称他们提出的政策将如何有助于创造工作岗位。

失业不仅是个人的悲剧,也可能是宏观经济的悲剧。前几章讨论了影响一国生活水平及其增长的因素,例如储蓄和投资、法治、政治稳定性、教育水平、贸易开放及技术进步。一国生活水平的另一个决定因素是它经历的失业程度。那些想工作但找不到工作的人不生产物品与服务。因此,失业制约了经济繁荣。

经济学家把失业问题分为两种——一种是在长期中持续的,一种是短期中发生的。自然失业率指经济中正常情况下存在的失业率。周期性失业指失业率围绕自然失业率逐年波动,它与经济活动的短期波动密切相关。我们在本书后面研究短期经济波动时,会再对周期性失业加以考察。本章聚焦于一个经济中自然失业率的决定因素。正如我们将要说明的,自然这个词既不意味着这种失业率是合意的,也不意味着它在不同时间和不同地点是一直不变的,或是不受经济政策的影响。它仅仅是指,这种失业不会自行消失,即使在长期中也不会。

本章我们从关于失业数据的三个问题开始:政府如何衡量经济中的失业率?在解读这些失业数据时会出现哪些问题?一般情况下失业者失业的状态会持续多久?

然后,本章将讨论经济中总是存在一定程度失业的原因,以及政策制定者可以帮助失业者的方式。我们考虑了对经济中自然失业率的四种解释:工作搜寻、最低工资法、工会和效率工资。长期失业并非由单一原因引起,而是反映了多种相关因素。因此,对政策制定者来说,并没有一种轻而易举的方法能够既降低经济中的自然失业率,又减轻失业者所遭受的痛苦。但对失业的研究使政策制定者面临的可行选择和权衡取舍更加清晰。

29.1 失业的认定

我们从更准确地考察失业这个术语的含义开始。

29.1.1 如何衡量失业

在美国,衡量失业是美国劳工部下属的劳工统计局(BLS)的工作。劳工统计局每个月提供有关失业和劳动市场其他方面的数据,包括失业类型、平均每周工作时长以及失业持续时间等。这些数据来自对大约6万户家庭的定期调查,这种调查被称为当前人口调查。

根据对所调查问题的回答,劳工统计局把所有受调查家庭中的成年人(16岁及以上)分别划入三个类别:

- **就业者**:这类人包括为领取报酬而工作的人、在自己的企业里工作的人,或者在家庭成员的企业中无偿工作的人。无论全职工作还是兼职工作的工人都计算在内。由于度假、生病、天气恶劣或类似原因暂时不在工作岗位上的人也划入这一类别。
- **失业者**:这类人包括有工作能力且在之前四周内努力找工作但没有找到工作的人,还包括被暂时解雇后正在等待重新被召回工作岗位的人。
- **非劳动力**:这类人包括不属于前两个类别的人,如全日制学生、家务劳动者和退休人员。

图29-1显示了2021年12月美国成年人口在这三类中的划分。

一旦劳工统计局把所有受调查者归入这些类别,它就可以计算出概括劳动市场状况的各种统计数字。劳工统计局把**劳动力**(labor force)定义为就业者与失业者之和:

$$劳动力 = 就业者人数 + 失业者人数$$

失业率(unemployment rate)是失业者人数占劳动力的百分比:

$$失业率 = \frac{失业者人数}{劳动力} \times 100\%$$

劳工统计局会计算总成年人口的失业率,以及更细分群体(如黑人、白人、男性、女性等)的失业率。

劳工统计局使用相同的调查来获得有关劳动力参工率的数据。**劳动力参工率**(labor-force participation rate)衡量的是成年人口中劳动力所占的百分比:

$$劳动力参工率 = \frac{劳动力}{成年人口} \times 100\%$$

劳动力:
包括就业者和失业者在内的工人总数。

失业率:
劳动力中失业者人数所占的百分比。

劳动力参工率:
劳动力占成年人口的百分比。

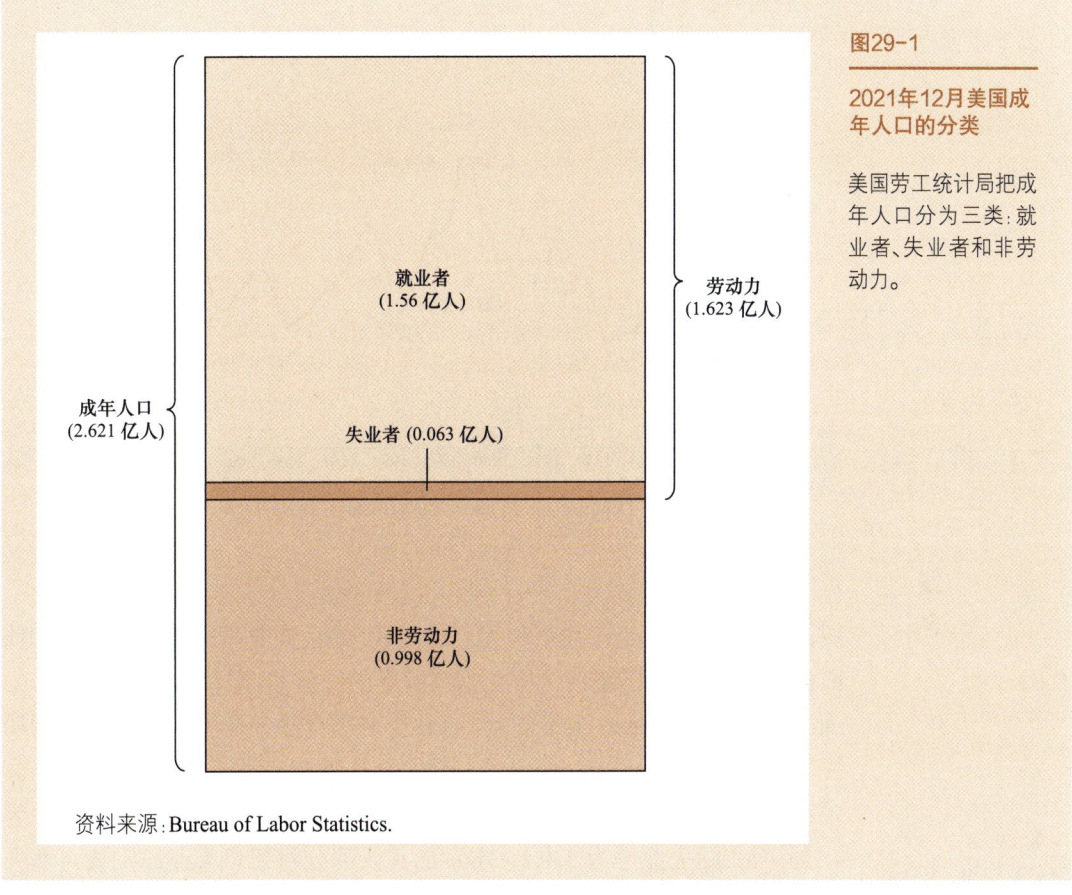

图29-1

2021年12月美国成年人口的分类

美国劳工统计局把成年人口分为三类：就业者、失业者和非劳动力。

资料来源：Bureau of Labor Statistics.

这个统计数字告诉我们参与劳动市场的人口的比率。与失业率一样，既可以计算总成年人口的劳动力参工率，也可以计算更细分群体的劳动力参工率。

为了说明如何计算这些数据，我们来看一下2021年12月的数字。在那一年，美国有1.56亿人就业，有0.063亿人失业。劳动力和失业率的计算如下：

$$劳动力 = 1.56 + 0.063 = 1.623（亿人）$$
$$失业率 = (0.063/1.623) \times 100\% \approx 3.9\%$$

由于成年人口是2.621亿人，故

$$劳动力参工率 = (1.623/2.621) \times 100\% \approx 61.9\%$$

因此，2021年12月约有61.9%的美国成年人参与了劳动市场，这些劳动市场参与者中约有3.9%的人没有工作。

劳工统计局关于劳动市场的数据使经济学家和政策制定者可以监测一定时期内经济的变动。图29-2显示了美国1960年以来的失业率。该

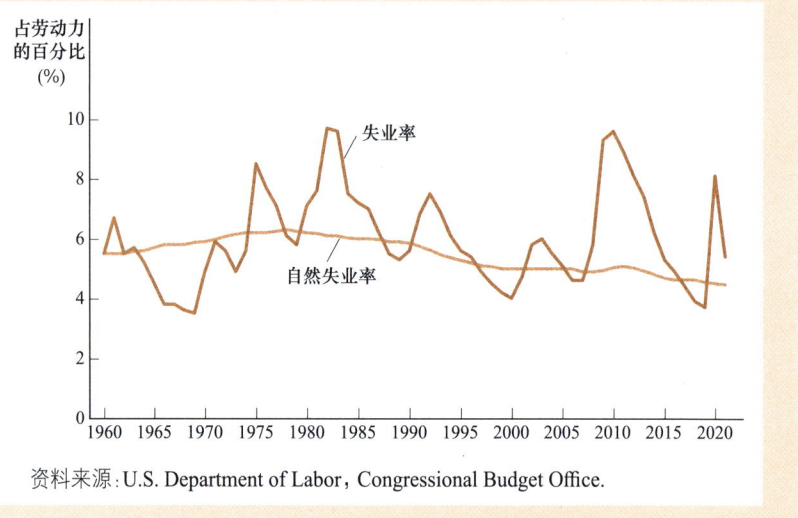

图29-2

美国1960年以来的失业率

该图用美国失业率的年度数据来说明没有工作的劳动力的百分比。自然失业率是正常的失业水平,失业率围绕它上下波动。

资料来源:U.S. Department of Labor, Congressional Budget Office.

图说明,经济中总是存在某种程度的失业,并且失业率逐年变动。正如前面提到的,失业率围绕经济中正常情况下的失业率,即**自然失业率**(natural rate of unemployment)上下波动,而失业率对自然失业率的背离称为**周期性失业**(cyclical unemployment)。图中显示的自然失业率是由美国国会预算办公室的经济学家估算的。对于2021年,他们估算的自然失业率为4.5%,而实际失业率为5.4%。本章的其余部分将忽略失业率围绕自然失业率的短期波动,探讨为什么经济中总是存在一定水平的失业。

自然失业率:
正常情况下的失业率,失业率围绕它上下波动。

周期性失业:
失业率对自然失业率的背离。

案例研究　　美国经济中男性与女性的劳动力参工率

过去一个世纪以来,美国社会中女性的角色发生了巨大的变化。这种变化有许多原因:部分归因于新技术的广泛采用,如洗衣机、烘干机、电冰箱、冷藏柜和洗碗机,这些新技术减少了完成日常家务所需的时间;部分归因于有效的生育控制,减少了普通家庭生育子女的数量;还部分归因于政治与社会观念的变化,而技术进步与生育控制又促进了这种变化。这些因素共同对社会发展,特别是经济发展产生了深远的影响。

这种影响在劳动力参工率数据上体现得最为明显。图29-3显示了美国1950年以来男性与女性的劳动力参工率。第二次世界大战结束后不久,男性与女性在社会中的角色差别很大,只有33%的女性参加工作或在找工作,而男性的这一比率为87%。从那时起,随着越来越多的女性进入劳动力队伍和一些男性离开劳动力队伍,男性与女性之间劳动力参工率的差别逐渐缩小。2021年的数据显示,女性的劳动力参工率为56%,而男性的这一比率为68%。按照劳动力参工率来衡量,如今男性和女性在经济中扮演的角色更为平等。

女性劳动力参工率的提高很容易理解,但男性劳动力参工率的下降似乎有些令人困惑。这种下降有以下几个原因:第一,年轻男性在学校接受教育的时间比他们的父辈和祖辈更长。第二,老年男性现在享受着更长的退休生活。第三,随着更多的女性进入劳动力队伍,现在更多的父亲留在家里照料自己的子女。全日制学生、退休人员和"全职奶爸"都不计入劳动力的范围。

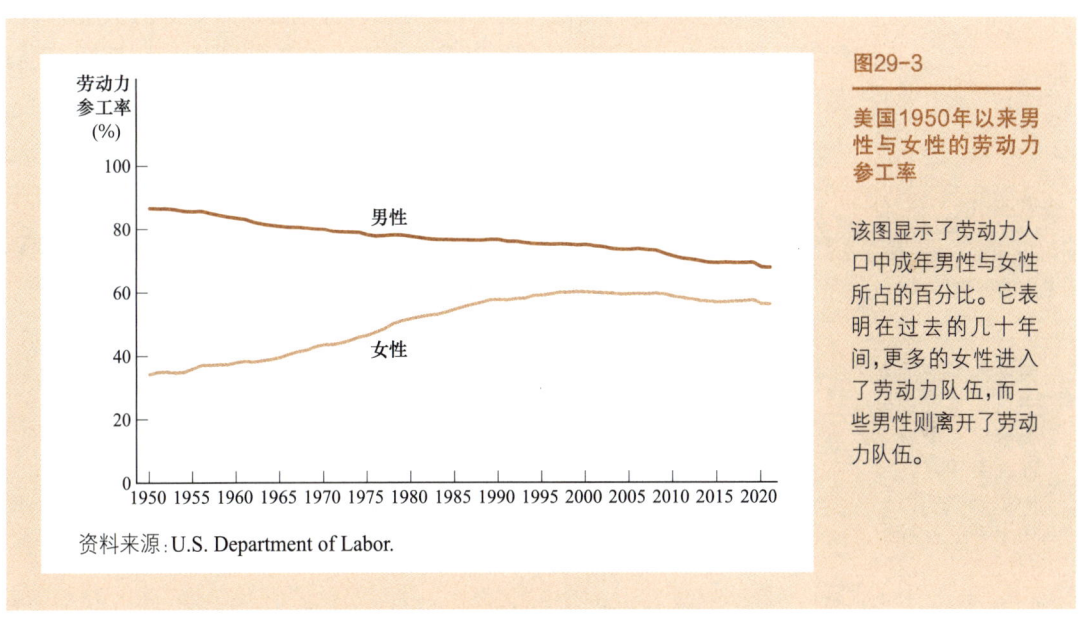

图29-3

美国1950年以来男性与女性的劳动力参工率

该图显示了劳动力人口中成年男性与女性所占的百分比。它表明在过去的几十年间,更多的女性进入了劳动力队伍,而一些男性则离开了劳动力队伍。

资料来源:U.S. Department of Labor.

29.1.2　失业率衡量了我们想要衡量的内容吗

衡量经济中的失业程度并非易事。区别全职工作的人与完全不工作的人很容易,但在不工作的人中,我们很难判断谁是失业者,谁又不算作劳动力。

进入与退出劳动力队伍是常见的。三分之一以上的失业者是最近进入劳动力队伍的。这些进入者包括第一次找工作的年轻人,也包括相当多曾离开劳动力队伍、现在又回来找工作的年长一些的人。此外,并不是所有失业都以求职者找到工作而结束,几乎有一半的失业最后是以失业者退出劳动力队伍而结束的。

由于人们如此频繁地进入和退出劳动力队伍,因此很难对失业统计数字进行准确解读。一方面,一些声称失业的人事实上并没有努力去找工作。他们自称为失业者,可能是为了符合政府失业补助计划的资格要求,或者因为他们的工作所获得的报酬是隐性的,以此来逃避缴税。(这种情况在 2020 年和 2021 年特别明显,当时疫情期间的政府援助计划促使了部分人自称为失业者。）把这些人视为非劳动力，或者在某种情况下视为就业者，可能更为准确。另一方面，一些报告自己是非劳动力的人实际上有工作意愿。这些人可能已经努力地找工作，但在求职失败之后就放弃了努力。他们被称为**丧失信心的工人**（discouraged worker），尽管他们实际上是失业者，但在失业统计数据中并没有显示出来。

丧失信心的工人：
想工作但已放弃寻找工作的人。

由于这些问题和其他一些原因，劳工统计局除了计算官方失业率，还计算几种劳动力利用不足程度的衡量指标，如表29-1所示。最后，我们最好把官方失业率看作一个有用的但不完美的失业衡量指标。

表29-1

劳动力利用不足程度的衡量指标

该表展示了美国经济中失业情况的一些衡量指标，数据采自2021年12月。

	衡量指标与说明	比率(%)
U-1	失业15周或更长时间的人占国内劳动力的百分比（只包括超长期失业者）	1.7
U-2	失业者和完成临时工作的人占国内劳动力的百分比（不包括主动离职者）	1.9
U-3	失业者总数占国内劳动力的百分比（官方失业率）	3.9
U-4	（失业者总数 + 丧失信心的工人）占（国内劳动力 + 丧失信心的工人）的百分比	4.3
U-5	（失业者总数 + 边际状态的工人）占（国内劳动力 + 边际状态的工人）的百分比	4.9
U-6	（失业者总数 + 边际状态的工人 + 由于经济原因非全职就业者）占（国内劳动力 + 边际状态的工人）的百分比	7.3

美国劳工统计局对相关术语定义如下：
- **边际状态的工人**是那些现在既无工作又不找工作，但他们有工作意愿且可以胜任工作，并且最近曾寻找过工作的人。
- **丧失信心的工人**是指那些属于边际状态且现在不找工作的原因与劳动市场状况相关的人。
- **由于经济原因非全职就业者**是那些有工作意愿且可以胜任全职工作，但被迫接受兼职工作安排的人。

资料来源：U.S. Department of Labor.

29.1.3 失业者没有工作的时间有多长

在判断失业问题的严重性时,要考虑的一个问题是,失业主要是一种短期状态还是一种长期状态。如果失业是短期的,人们可能会认为这不是一个大问题。人们在换工作时可能需要几周时间,以找到一个最符合自己的喜好与技能的新岗位。但如果失业是长期的,人们可能就会认为这是一个严重的问题。失业数月的工人更有可能要承受经济和心理上的双重压力。

经济学家将很多精力用于研究有关失业时间长短的数据。从这项工作中,他们得出了一个重要、微妙而又似乎矛盾的结论:大多数失业是短期的,而在任何特定时点所观察到的大多数失业却是长期的。

为了说明这种表述为何成立,我们来考虑一个例子。假设你连续一年每周都去一次政府失业问题管理机构调查失业者的状况。每周你都会发现 4 名失业者,其中 3 人在整个一年中都是相同的,而第 4 个人每周都更换。这种情形下,你认为失业是短期现象还是长期现象?

一些简单的计算有助于回答这个问题。在这个例子中,你在一年中共见到了 55 名失业者,其中 52 人失业 1 周,3 人失业 1 年。这意味着,约 95%(52/55)的失业在 1 周内结束;但是,你每次去失业机构,你见到的 4 个工人中都有 3 个是全年失业者。因此,尽管 95% 的失业在 1 周内结束,但任一时刻我们所观察到的失业中,75% 都是由全年失业者引起的。这个例子中所描述的情形与现实世界一样:大多数失业是短期的,但在任何特定时点所观察到的大多数失业却是长期的。

这个微妙的结论意味着,在解释失业数据以及在设计旨在帮助失业者的政策时,经济学家和政策制定者一定要谨慎。大多数失业者将很快找到工作,但经济中的大部分失业问题是由长期没有工作的少数工人所造成的。

29.1.4 为什么总有些人失业

我们已经讨论了失业的衡量、解读失业统计数据时出现的问题,以及失业的持续时间。但我们还没有解释最根本的问题:为什么经济中会出现失业?

让我们回到供给与需求。在第 4 章介绍的标准的竞争市场模型中,所销售的产品是同质的,而且价格会自发调整,使供给量和需求量达到平衡。在某些情况下,这个模型适用于劳动市场:劳动力是产品,而价格是工资。但与其他所有模型一样,这个模型也有局限性:它不能充分描述劳动市场,因为在模型的均衡状态下不存在失业。

（扫码答题）

即测即评29-1

摩擦性失业：
因工人寻找最适合自己喜好和技能的工作需要时间而引起的失业。

结构性失业：
因某些劳动市场上可提供的工作岗位数量不足以满足所有想工作的人的需求而引起的失业。

而在现实世界中，即使在经济运行良好时，也总有一些没有工作的人。失业率永远不会降为零，而是会围绕自然失业率上下波动。为了解释失业现象，本章其他部分将探讨为什么实际劳动市场会背离标准的供求模型。

预先告知结论，对失业有四种解释。第一种强调了工人与工作岗位是多样化的，因此，工人需要时间找到最适合自己的工作，企业也需要时间找到最符合其要求的工人。由这种搜寻过程导致的失业被称为**摩擦性失业**（frictional unemployment），通常被认为可以解释相对短期的失业现象。

接下来的三种解释有一个共同主题：当某些劳动市场上的工作岗位数量小于找工作的工人数量时，就会出现失业。在一个理想的劳动市场上，这种情况绝不会出现，因为工资会使供求达到均衡。但有时工资停滞在均衡水平之上，导致劳动力的供给量大于需求量。这种类型的失业被称为**结构性失业**（structural unemployment），通常被认为可以解释相对长期的失业现象。

我们将讨论导致工资高于均衡水平的三个原因：最低工资法、工会和效率工资。在第一种情况下，工资由政府设定在均衡水平之上；在第二种情况下，工资由工人设定；在第三种情况下，工资由企业设定。

 **参考资料**   就业岗位数

每月月初，美国劳工统计局在公布失业率时，也会公布上个月经济中增加或减少的就业岗位数。作为短期经济趋势的指标之一，就业岗位数和失业率一样引人关注。

就业岗位数是从哪里得来的？你可能会猜想它与计算失业率的数据来源相同，即那项针对6万户家庭的调查。事实上，家庭调查确实提供了整体就业的数据。但是大家最关心的就业岗位数来自另一项独立的调查，这项调查覆盖了拥有超过4 000万名员工工资单的16万家企业。企业调查的结果和家庭调查的结果是同时公布的。

这两项调查都能够得到整体就业水平的信息，但是结果并不总是一致的。一个原因是企业调查的样本量更大，所以结论应该更可信。另一个原因是这两项调查衡量的并不是完全相同的东西。例如，一个人在两家不同企业做两份兼职工作，家庭调查将其算作一名就业者，但企业调查则将其算作两个工作岗位。再如，个体经营者在家庭调查中是就业者，但是在企业调查中就不会被计入，因为企业调查只统计企业工资单上的雇员。

企业调查因其提供的工作岗位数据而备受关注，但它无法反映失业情况。要想知道失业数据，我们必须知道没有工作的人中有多少人正努力找工作，家庭调查是这类信息的唯一来源。

29.2 工作搜寻

经济中总存在失业的一个原因是**工作搜寻**(job search),即工人寻找合适工作的过程。如果所有工人和所有工作岗位都是同样的,那么匹配起来就会迅速而容易。但是,工人的喜好与技能不同,工作的性质不同,而且关于求职者和空缺职位的信息在众多企业和家庭之间传播得很慢。由于这个过程,一些人就会在一段时间内处于失业状态。

工作搜寻:
在工人的喜好与技能既定时工人寻找合适工作的过程。

29.2.1 为什么摩擦性失业是不可避免的

劳动市场始终处于动态变化之中。随着企业经历兴衰起伏,它们对劳动力的需求也在变化,从而引起摩擦性失业。例如,当消费者对特斯拉汽车的偏好大于福特汽车时,特斯拉就会增加雇员,而福特则会裁员。被福特裁减的工人现在必须寻找新工作,而特斯拉则需要决定雇用哪些新工人来填补其空缺岗位。这种转换就会导致部分工人在一段时间内处于失业状态。

同样,一个地区的就业可能增加,而另一个地区的就业可能减少。考虑世界石油价格下跌时发生的情况。得克萨斯州和北达科他州的石油生产企业对价格下跌的反应是减少生产和雇用人数。同时,汽油价格的下降刺激了汽车销售,因此,密歇根州和俄亥俄州的汽车生产企业会扩大生产及雇员规模。当世界石油价格上升时,则会出现相反的情况。各行业或各地区之间需求结构的变动被称为部门转移。由于工人在新部门找到工作需要时间,因此部门转移会引起失业。

国际贸易模式的变动也会引起摩擦性失业。第3章解释了一国出口其具有比较优势的产品,并进口其他国家具有比较优势的产品,但比较优势并非一成不变。随着世界经济的发展,一些国家会发现自己进口和出口的产品与过去不同。工人需要在不同行业间流动,在此过程中,他们可能会暂时失业。

摩擦性失业是不可避免的,因为经济总是处于变动之中。例如,从2010年到2020年,美国报纸和图书出版业的就业人数减少了23.5万,酒店业的就业人数减少了23.8万,州和地方政府的就业人数减少了53.4万。在同一时期,制造业的就业人数增加了65万,建筑业的就业人数增加了180万,而医疗保健行业的就业人数增加了300万。劳动力的这种流动在一个运行良好、充满活力的经济中是常态。由于工人倾向于流向能够体现他们最大价值的行业,从长期来看,整体经济的生产率和生活水平会得到提高。但在这一过程中,衰退行业的工人会失业并需要寻找新工作,其结果就是摩擦性失业。

29.2.2 公共政策和工作搜寻

尽管摩擦性失业是不可避免的,但并没有准确的数量。有关工作机会与工人胜任能力的信息传播得越快,经济就越能迅速地将工人与企业匹配起来。例如,互联网就为工作搜寻提供了便利,从而减少摩擦性失业。此外,公共政策或许可以减少失业工人找到新工作所需的时间,从而降低经济的自然失业率。

政府以各种方式为工作搜寻提供便利。一种方法是通过政府管理的就业机构,这类机构发布有关职位空缺的信息。另一种方法是通过公共培训计划,其目的是帮助衰退性产业中的工人转移到成长型产业,并帮助弱势群体摆脱贫困。这些政府计划的支持者认为,这些计划可以通过使劳动力更充分地就业,使经济更有效地运行,并且减少不断变化的市场经济中所固有的不平等现象。

这些计划的批评者则质疑政府是否应该干预工人寻找工作的过程。他们认为,让市场来匹配工人和工作岗位会更好。政府在向合适的工人传播正确信息,以及决定什么样的培训最有价值方面,不仅没有市场做得好,而且很可能更糟。实际上,美国经济中的大部分工作搜寻活动都是在没有政府干预的情况下进行的。报纸广告、招聘网站、大学生就业辅导办公室、猎头公司和口口相传等方式,都有助于传播有关职位空缺与求职者的信息。同样,大部分工人的教育也是通过学校或在职培训私下完成的。

29.2.3 失业保险

失业保险：
当工人失业时为他们提供部分收入保障的政府计划。

一个无意中增加了摩擦性失业的政府计划是**失业保险**（unemployment insurance）。这个计划是给失去工作的工人提供部分收入保障。那些主动辞职、因过失而被解雇,或刚刚加入劳动力队伍的失业者不具备领取失业保险的资格。失业保险仅仅向那些因以前的雇主不再需要其技能而被解雇的失业者提供补助。在美国,虽然失业保险计划的条款在不同时期和不同州有所不同,但享有失业保险的一个普通工人可以在 26 周内得到相当于其以前工资 50% 的补助。失业保险支出通常在一国经济下行时增加,这在 2020—2021 年的新冠疫情期间体现得尤为明显。

尽管失业保险减轻了失业的痛苦,但也增加了失业人数。对这一现明的解释可依据第 1 章的经济学十大原理之一：人们会对激励做出反应。由于失业补助会在工人找到新工作后停止发放,所以失业者可能不会尽全力地找工作,并且更可能拒绝缺乏吸引力的工作机会。此外,由于失业保险使失业变得不那么难以应付,所以当工人在与雇主协商雇佣条款时,可能不太会寻求工作保障。

许多劳动经济学家的研究考察了失业保险的激励效应。其中一项研究考察了 1985 年在伊利诺伊州进行的一项实验。当失业工人申请领取失业保险补助时,州政府随机地选出一些人,承诺如果他们能在 11 周内找到新工作,每人将获得 500 美元的奖金。然后把这组工人与一个没有这种激励的对照组进行比较。结果发现,获得奖金承诺的工人组的平均失业时间比对照组短了 7%。这个实验说明,失业保险制度的设计会影响失业者寻找工作的努力程度。

还有几项研究通过长期追踪同一组工人来考察他们寻找工作的努力程度。失业保险补助并不是无限期地发放,通常会在半年或一年以后结束发放。这些研究发现,当失业者失去领取补助的资格时,他们找到新工作的概率会显著提高。这表明领取失业保险补助确实降低了失业者寻找工作的努力程度。

尽管失业保险降低了寻找工作的努力程度并增加了失业,但我们不应因此断定这项政策不好。失业保险计划实现了其主要目标——减少工人面临的收入不确定性。此外,当工人拒绝缺乏引力的工作机会时,他们就有机会寻找更适合他们喜好和技能的工作。一些经济学家认为,失业保险提高了一个经济使每个工人与其最合适岗位相匹配的能力。

即测即评29-2
(扫码答题)

29.3 最低工资法

摩擦性失业产生于工作搜寻的过程,而结构性失业则产生于工作岗位数量小于工人数量时。

为了说明结构性失业,我们从考察最低工资法如何引起失业开始。虽然最低工资并不是美国经济中失业的主要原因,但对它的分析是一个良好的起点,因为这种分析有助于理解结构性失业的其他原因。

图 29-4 说明了最低工资如何影响竞争性劳动市场上的结果。当最低工资法具有约束力时,它迫使工资高于供求平衡的水平。与均衡水平相比,劳动的供给量更高,而劳动的需求量更低,因而存在劳动过剩。由于愿意工作的工人数量多于工作岗位的数量,所以一些工人成为失业者。

在美国经济中,最低工资法只影响一小部分劳动力。大多数工人的工资远远高于法定最低工资,因此,最低工资法并不会限制他们的工资根据供求情况进行调整。最低工资法对劳动力中技能和经验较低的人群(如青少年)是最重要的。由于他们的均衡工资更有可能低于法定最低工资,所以最低工资法有助于解释这些工人中出现的失业。

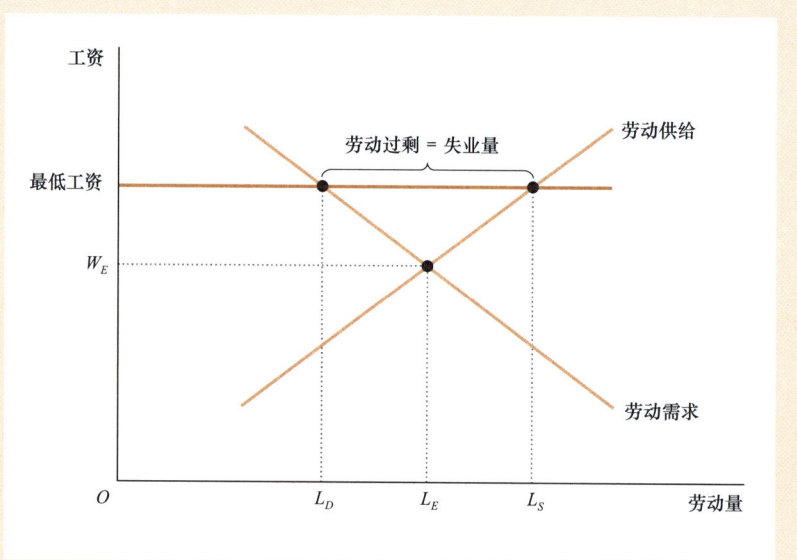

图29-4

工资高于均衡水平引起的失业

在这个劳动市场上，使供给与需求平衡的工资是 W_E。在这一均衡工资水平下，劳动供给量与需求量都等于 L_E。但是，如果最低工资法使工资被迫高于均衡水平，劳动供给量将增加到 L_S，而劳动需求量将下降到 L_D，就会引起劳动过剩（L_S-L_D），它代表失业量。

但图29-4说明了一个更具有一般性的结论：无论出于何种原因，只要工资维持在均衡水平之上，就会导致失业。在本章余下的两个小节中，我们将考察工资高于均衡水平的另外两个原因：工会和效率工资。在这两种情况下，基本的经济学分析与图29-4说明的相似，但它们可用于解释经济中更多的工人失业现象。

但是，在转向对另外两种原因的讨论前，应该注意结构性失业与摩擦性失业之间的关键差别。结构性失业源于高于均衡水平的工资，而摩擦性失业源于工作搜寻过程。求职的必要性并非由于工资未能平衡劳动力供给和需求，而是源于工人和工作岗位的高度多样性。当失业是摩擦性的，工人正在寻找最适于自己爱好和技能的工作岗位。相比之下，当失业是结构性的，劳动力的供给量超过了需求量，工人正在等待工作岗位的出现。

即测即评29-3（扫码答题）

案例研究 谁在领取联邦最低工资

2021年，美国劳工部公布了一项关于哪些工人的报告工资处于或低于2020年最低工资水平（每小时7.25美元）的研究。（报告工资低于最低工资是可能的，原因是一些工人不在最低工资法所约束的范围之内，执法不完善，以及部分工人在调查中会低报工资。）下面是该项研究结果的摘要：

- 2020年，领取小时工资的工人（与领取固定工资的工人或自雇者相对）有7 300万名，约占劳动力总数的55%。在领取小时工资的工人中,约有1.5%的工人的报告工资处于或低于现行的联邦最低工资水平。因此,总体而言,最低工资直接影响约0.8%的美国工人。

- 领取最低工资的工人往往是年轻人。在青少年(16—19岁)的就业者中,约有5%的人领取最低工资或略少一点,而在25岁及以上的按小时计酬的工人中,这一比例仅为1%。

- 领取最低工资的工人往往受教育程度较低。在16岁及以上的按小时计酬的工人中,约有2%的未获得学士学位者的工资处于或低于最低工资水平,而拥有学士学位者中这一比例约为1%。

- 领取最低工资的工人更可能从事兼职工作。在兼职工作者(通常每周工作少于35小时)中,4%的人的工资处于或低于最低工资水平,而全职工作者中这一比例仅为1%。

- 在报告的小时工资处于或低于最低工资水平的工人中,比例最高的行业是休闲和酒店业(约8%)。工资处于或低于最低工资水平的工人中,约有五分之三受雇于该行业,主要从事餐饮服务。对其中的大多数人来说,小费可以作为小时工资的补充。

- 小时工资处于或低于联邦最低工资水平的工人比例在不同时期变化很大:从1979年首次开始定期收集数据的13.4%下降到2020年的1.5%。这种变化的一个原因是联邦最低工资标准未能跟上通货膨胀的步伐。如果与通货膨胀同步调整,则2020年最低工资应在每小时10美元左右,而不是每小时7.25美元。在一个更高水平时,最低工资将对更多工人的工资构成约束性的价格下限。

最后,要注意的是,美国约有一半的州设定的最低工资标准高于联邦最低工资标准,有时高出许多。对这些州的工人来说,州最低工资标准更具实际意义。

29.4 工会和集体谈判

工会(union)是一个与雇主就工资、津贴和工作条件进行谈判的工人组织。在20世纪40年代和50年代,美国工会会员比例达到顶峰时,美国工人中大约有33%加入了工会。今天的美国只有不到11%的工人属于工会。但是,在许多欧洲国家,工会仍然发挥着相当大的作用。例如,在比利时、挪威和瑞典,有一半以上的工人加入了工会。在法国、意大利和德国,大部分工人的工资是按照法律规定通过集体谈判确定的,尽管这些工人中只有一部分是工会成员。在这些情况下,工资并不是由竞争的劳动市场上的供求均衡决定的。

工会:
与雇主就工资、津贴和工作条件进行谈判的工人组织。

29.4.1 工会经济学

"卡特尔"这个词通常适用于联合起来限制竞争的企业组合,但在许多方面这个词也适用于工会。与任何卡特尔一样,工会是由共同行动以希望共同发挥其市场势力的卖者组成的一个群体。在美国经济中,

集体谈判：
工会和企业就就业条件达成一致的过程。

罢工：
工会有组织地从企业撤出劳动力。

大部分工人单独与雇主讨论工资、津贴和工作条件。相比之下，工会中的工人是以集体的方式与雇主进行交涉，因此他们对结果有更大的影响力。工会与企业就就业条件达成一致的过程被称为**集体谈判**（collective bargaining）。

当工会与企业谈判时，它提出的工资、津贴和工作条件会比没有工会时高。如果工会和企业未能达成协议，工会可以有组织地从企业撤出劳动力，这被称为**罢工**（strike）。由于罢工会减少生产、销售和利润，因此面临罢工威胁的企业可能同意支付比没有工会时更高的工资。研究工会影响的经济学家通常发现，参加工会的工人的工资会比没有参加工会的类似工人高出10%至20%。

当工会把工资提高到均衡水平之上时，它就增加了劳动供给量，减少了劳动需求量，从而引起了失业。那些以较高工资就业的工人的境况改善，而那些本可以就业但由于工资提高而失业的工人的境况恶化。由于这个原因，工会通常被认为是引起不同工人群体——从工会高工资中获益的"局内人"与没有得到工会工作岗位的"局外人"——之间冲突的原因。

"局外人"对其处境一般做出两种反应。他们中的一些人保持失业状态，并等待时机成为"局内人"，以赚取工会成员的高工资。另一些人选择去没有工会组织的企业中工作。因此，当工会提高了经济中某个部门的工资时，经济中其他部门的劳动供给就增加了。这种劳动供给的增加反过来又降低了那些没有工会组织的行业的工资。换句话说，参加工会的工人从集体谈判中获益，而没有参加工会的工人则承担了部分损失。

经济中工会的作用部分取决于规范工会组织和集体谈判的法律。通常，卡特尔成员之间的公开协议是非法的。当出售相似产品的企业达成设定某个高价格的协议时，这种协议就被认为是"限制交易的共谋"，政府会因违反反垄断法起诉这些企业。但工会不受这些法律的限制。那些制定反垄断法和劳动法的政策制定者认为，工人在与雇主谈判时需要更大的市场势力。实际上，政府所制定的各种法律都鼓励建立工会。美国《国家劳动关系法案》（1935年通过并在随后进行了修订）禁止雇主以某些方式对工人组织工会进行干预，并要求在有工会的公司中，雇主和工会在协商雇佣条款时要秉持真诚和善意。

影响工会市场势力的立法一直是政治争论的主题。例如各州的立法者有时会争论工作权利法，该法禁止工会和雇主要求工人为工会提供财务支持。在没有这类法律时，工会在集体谈判时会将所有雇员都支付

"先生们，目前双方在达成最终协议方面没有任何障碍，除了管理者想要利润最大化，而工会想要更多的钞票。"
图片来源：© Alan Dune/The New Yorker Collection/www.cartoonbank.com.

工会会费(对会员)或代理费(对非会员)作为雇佣条件之一。到2021年，美国约有一半州出台了工作权利法，一些国会议员还提出了全国性的工作权利法提案。华盛顿的立法决策者也考虑过一些法律，这些法律要么使罢工更容易发生，要么在某些情况下禁止罢工。例如，一项提案禁止企业在罢工时雇用永久替代工人(与临时替代工人相对)。如果这项提案通过，参与罢工的工人就不用再面对被永久替代工人取代工作的威胁，使罢工更可行，从而增加了工会的市场势力。另一项提案则要求工会和雇主在集体谈判结束后通过仲裁方式解决遗留的分歧，以此阻止民航和铁路行业的罢工。这些政策争论的结果将决定工会运动的未来。

29.4.2 工会对经济是好还是坏

经济学家关于工会对整个经济是好还是坏的看法并不一致。我们来看看争论双方的观点。

工会的批评者认为，工会带来了任何一个卡特尔都有的负面影响。当工会把工资提高到竞争市场应有的水平之上时，工会就减少了劳动需求量，导致一些工人失业，并降低了其他经济部门的工资。批评者认为，由此引起的劳动配置既无效率又不公平。无效率是因为工会坚持的高工资使有工会的企业的就业降至有效率的竞争水平之下；不公平是因为一些工人的获益是以另一些工人的损失为代价的。

工会的支持者则争辩说，工会是与用工企业的市场势力抗衡所必需的。这种市场势力的极端情况是"公司城"——在某个地理区域，一家企业雇用了该地区的绝大部分工人。在"公司城"中，如果工人不接受企业提供的工资和工作条件，他们除了搬走或不工作几乎别无选择。因此，在没有工会的情况下，与企业必须同其他企业竞争才能雇用到同样工人的情况相比，企业可以凭借其市场势力支付更低的工资，并提供更恶劣的工作条件。在这种情况下，工会可以制衡企业的市场势力，并保护工人免受企业所有者的摆布。

工会的支持者还声称，工会有助于企业高效地回应工人的关切。工人在接受一份工作时，必须与企业就工资之外的许多工作特性达成一致，如工作时间、加班、休假、病假、医疗津贴、晋升、工作安全性，等等。通过代表工人在这些问题上的观点，工会帮助企业提供了这些工作特性的适当组合。尽管工会在使工资高于均衡水平和引起失业方面有负面影响，但是它们有助于企业保有一支满意而富有生产率的劳动力队伍。

总之，经济学家对于工会对经济是好还是坏并没有达成共识。与许多制度一样，工会的影响也许在某些情况下是有利的，而在另一些情况下则是不利的。

即测即评29-4
(扫码答题)

> **参考资料**　　**不匹配是结构性失业的来源之一**
>
> 人们有时认为,失业来源于寻找工作的工人类型与企业要雇用的工人类型之间的不匹配。如果现有工人学习过卡车驾驶,但企业需要的是计算机技术人员,这就是一种不匹配。如果现有工人没有完成高中教育,而企业需要拥有大学学位的工人,这也是一种不匹配。如果现有的工人住在得克萨斯州,而企业在佛罗里达州招聘,这还是一种不匹配。
>
> 在一个由供求决定的理想的劳动市场上,工资会针对这些不匹配进行调整。卡车司机、持高中文凭者和得克萨斯州工人的工资下降,而计算机技术人员、大学毕业生和佛罗里达州工人的工资上升。充分的工资调整将恢复均衡,而不会出现失业。
>
> 在现实世界中,工资并不能总是迅速并充分地根据供求关系进行调整。因此,当不匹配产生时,某些市场上的劳动力供给量就会大于需求量。在我们的例子中,卡车司机、持高中文凭者和得克萨斯州的工人过剩了。这就是一种结构性失业。它发生在供求关系发生变化时,由于各种原因,某些工资被卡在了均衡水平之上。

29.5　效率工资理论

效率工资:
企业为了提高工人的生产率而支付的高于均衡水平的工资。

除了工作搜寻、最低工资法和工会,**效率工资**(efficiency wages)理论提出了经济中总是存在失业的第四个原因。根据这种理论,如果工资高于均衡水平,企业的经营就会更有效率。因此,即使存在过剩的劳动供给,企业保持高工资也可能是有利可图的。

在某些方面,效率工资引起的失业与最低工资法和工会所引起的失业是相似的。在这三种情况下,失业都是工资高于供求平衡水平的结果。但也有一个重要的差别:最低工资法和工会可以阻止企业在劳动供给过剩时降低工资。而效率工资理论则认为,在许多情况下,这种对企业的限制是不必要的,因为企业可能本身就希望将工资保持在均衡水平之上。

为什么企业可能愿意保持高工资?在正常情况下,我们预期追求利润最大化的企业要使成本——包括工资——尽可能低。效率工资理论的新观点是,更高的工资可以通过提高工人的效率来使企业更具盈利能力。

效率工资理论有几种类型,每种理论都提出了工资影响效率的不同机制。

29.5.1 工人健康状况

第一种也是最简单的效率工资理论强调工资和工人健康状况之间的联系。工资更高的人可以享用营养更丰富的饮食,所以更健康、生产率更高。企业会发现,支付高工资以确保工人更加健康、生产率更高是有利可图的。

这种效率工资理论可用于解释欠发达国家高于均衡水平的工资和失业。在这些国家,工人可能存在营养不良问题,企业可能担心削减工资会对其工人的健康和生产率产生不利影响。对工人健康状况的担心并不适用于美国等发达国家的企业,在这些国家,大多数工人的均衡工资都远远高于保证其充足饮食所需的水平。

29.5.2 工人流动率

第二种效率工资理论强调工资与工人流动率之间的联系。工人会因许多原因而离职:接受其他企业的工作、移居到国内的其他地方、退出劳动力队伍等。工人离职的频率取决于他们面临的一整套激励,包括离职的利益和留任的利益。企业向工人支付的工资越高,工人离职的频率通常就越低。企业可以通过支付高工资来降低其工人的流动率。

企业关心工人流动率是因为雇用并培训新工人成本高昂。而且,即使在经过培训之后,新雇用的工人的生产率也不如有经验的工人高。因此,工人流动率高的企业往往生产成本也高。企业可能会发现,为了降低工人流动率而向其支付高于均衡水平的工资是有利可图的。

29.5.3 工人素质

第三种效率工资理论强调工资和工人素质之间的联系。所有企业都想要雇用有才能的工人。但是由于企业无法准确测定求职者的素质,因此雇用过程存在一定的随机性。当一个企业支付高工资时,它就会吸引更优秀的求职者来应聘,从而提高了其劳动力的素质。如果企业对劳动过剩的反应是降低工资,那么大多数能力强的求职者(比缺乏能力的求职者有更好的工作选择机会)就会选择不应聘。如果工资对工人素质的这种影响足够大,那么对企业来说,支付高于供求均衡水平的工资就是有利可图的。

29.5.4 工人努力程度

第四种效率工资理论强调工资和工人努力程度之间的联系。在许多工作岗位中,工人可以自行决定工作努力程度,有些人可能会选择尽可能少地工作。由于工作场所的监督成本高昂且不完善,企业无法立即发现所有怠工行为。

克服怠工行为的一种方法是支付高于均衡水平的工资。高工资使工人更珍视现有的工作,从而激励他们全力以赴。如果工资处于供求平衡的水平,工人努力工作的动机就会减弱,因为即使被解雇,他们也能很快找到一份支付同样工资的工作。因此,企业可以通过把工资提高到均衡水平以上,来激励工人恪尽职守。

29.5.5 工人的士气

第五种也是最后一种效率工资理论认为,高工资可以提升工人的士气,而心满意足的工人的生产率更高。这个观点背离了经济学家关于理性的标准概念,它是基于社会规范和人们对公平的感知。工人可能会认为,一家盈利的企业与其员工共享成果是公平的,即使这意味着支付高于均衡水平的工资。企业可能也认同这种公平观念。或者,它可能只是认识到,如果工人觉得自己遭受不公待遇,他们的生产率就会下降。如果是这样,那么支付高工资可能符合企业的最佳利益。

图片来源:© Scott Adams/Dist. by Andrews Mcmeel Syndication.

(扫码答题)

案例研究　亨利·福特与令人惊叹的"5美元日薪"

亨利·福特(Henry Ford)是一位复杂的人物。历史学家告诉我们,他是一位种族主义者,但他也是一位工业先驱者。作为福特汽车公司的创始人,他引入了现代生产技术——摒弃依赖少数熟练工匠的生产方式,而是用流水线来生产,让不熟练的工人经培训后重复简单工序。这种流水线生产的产品是T型福特车,通常被认为是第一款大众买得起的汽车,它使汽车旅行对中产家庭来说变得触手可及。

1914年,亨利·福特在公司进行了另一项革新:"5美元日薪"制度。这在今天看似微不足道,但在当时,5美元是市场普遍工资的2倍左右,也远高于供求均衡的工资水平。"5美元日薪"制度一经宣布,福特公司工厂外的求职者就排起了长队。愿意在这种工资水平下工作的工人数量远远超出了福特公司的需求。

福特公司的高工资政策产生了效率工资理论所预期的许多有利影响。工人的流动性下降了，缺勤率下降了，而生产率提高了。工人效率的大幅提高使得福特公司在支付更高工资的同时，生产成本反而下降。因此，支付高于均衡水平的工资对福特公司来说是有利可图的。一位研究早期福特汽车公司的历史学家写道："亨利·福特及其下属在许多场合公开宣称，高工资政策最终被证明是一笔'好生意'。他们这样说的意思是，它加强了工人的纪律性，增强了工人的忠诚度，并提高了工人的个人效率。"亨利·福特本人称"5美元日薪"是"我们实施过的最成功的降低成本的措施之一"。

为什么亨利·福特要引进这种效率工资呢？为什么其他公司没有早采用这种看似有利的经营策略呢？根据某些分析家的看法，亨利·福特的决策与其率先采用流水线生产密切相关。流水线上的工人相互之间高度依赖。如果一个工人缺勤或工作缓慢，其他工人就不能完成自己的任务。流水线在使生产更有效率的同时，也提高了工人的低流动率、高度努力和高素质的重要性。与当时的其他公司相比，支付效率工资对福特公司来说是一种更好的策略。

但高于均衡水平的工资也并非福特公司独有的。根据2018年《加州太阳报》上的一篇报道，快餐连锁店In-N-Out Burger支付给店里经理的年薪超过16万美元，约为行业平均水平的3倍。运营副总裁丹尼·沃尼克（Denny Warnick）说，这项政策可以追溯到公司创始人"以优质服务为核心"的理念。他说："支付给员工好的薪酬只是保持这一理念的方式之一，而这一理念至今仍是我们坚守的准则。"与亨利·福特一样，In-N-Out Burger看上去也是通过支付高工资来提高工人的效率。

新闻摘录　　　　　效率工资的实践应用

加薪如何增加利润？
Ray Fisman，Michael Luca

在2020年新冠疫情引发的经济衰退期间，很多公司削减或者冻结了员工的工资。但研究显示，提高工资有时反而可以增加公司的净利润。

减薪和工资冻结已经成为新冠疫情经济衰退的不幸标志。自3月以来，已有超过700万名员工遭遇降薪，还有更多人面临工资被冻结。但是也有些公司逆势而行，在经济衰退期间仍然提高了工资。11月，酸奶制造商Chobani宣布将其工人的最低时薪从13美元提高到15美元，在纽约这样的高生活费用地区，最低时薪更是提高到18美元。上周，线上家具零售商Wayfair紧随其后，把最低时薪上调到了15美元。

这些公司以及其他类似公司把这种加薪举措视为一种"开明的资本主义"——一种在困难时期帮助员工的方式，同时也能赢得员工的忠诚和好感，从而转化为更高的生产率和更低的员工离职率。关于更高薪酬能否提高公司的生产率和利润率的争论已经进行了一个世纪之久。经济学家把这种可能性称为效率工资理论:支付高于市场平均水平的薪酬可以提高工人的积极性和岗位黏性,从而有效地弥补这部分成本。有越来越多的证据表明效率工资理论的支持者们可能是对的:更高的薪酬有时确实能够增加企业的净利润,特别是现在这样的时刻,减薪可能会引起员工的反感甚至破坏行为。

亨利·福特在1914年用他的"5美元日薪"(是隔壁工厂的2倍还多)以及每天8小时工作制(当时的标准是9小时)直观地为我们展示了效率工资的简单经济学原理。福特希望高工资能使员工更投入、更努力地工作。如果工人无法达到他的标准,那么在密歇根高地公园工厂外面可是有排着长队的求职者等着取代他们呢!

现代的效率工资理论则更为精妙。比如诺贝尔奖得主乔治·阿克洛夫(第78任美国财政部长珍妮特·耶伦的丈夫,耶伦本人也是效率工资的研究者)提出了"礼物交换"的概念:如果雇主表现得比应该的还要"更好"(如支付高于市场水平的工资),员工也会以更高的生产率作为回报,而不仅仅是勉强应付以保住饭碗。

最近发表的一篇由哈佛大学博士生 Natalia Emannel 和 Emma Harrington 共同撰写的工作论文,通过研究某家《财富》世界500强线上零售商(研究中保持匿名)的工资水平和生产率,提供了关于加薪效应的最有力证据。这两位博士生研究了2019年一次加薪的影响(与 Chobani 和 Wayfair 相类似,将时薪从16美元提高到18美元)。在加薪之前,员工平均每小时搬运4.92个箱子。时薪每上涨1美元,这个数字就增加0.33。同时加薪也降低了员工离职率:时薪每上涨1美元,离职率就降低19%。

考虑到不必再去招聘和培训新员工所节省的成本,再加上生产率的提高,这次加薪不仅赚回了成本,而且提高了公司利润率,还提高了员工的生活水平。这个结果不仅适用于仓库工人,该研究发现,公司客服代表也因加薪而出现类似的生产率和离职率改善。

这种双赢效果说明,在2019年加薪之前,该公司的工资被定得过于廉价低效了。一家《财富》世界500强公司尚且会犯如此错误,其他公司或许也应该仔细想想,它们是不是也能从同样的加薪政策中获益。

还有些研究发现,加薪的影响还部分取决于如何与员工沟通。2016年我们在《管理科学》上发表的一篇文章(与 Duncan Gilchrist 和 Deepak Malhotra 合著)就是关于理解为什么加薪有可能会提高生产效率。我们在自由职业平台 oDesk(现在叫 Upwork)上进行了一项实验,结果发现:时薪4美元的工人并不比时薪3美元的工人工作更努力(当时,oDesk 上的大多数自由职业者来自印度,实验中的这两个时薪都比平台上同类工作岗位的时薪要高),但是,如果公司雇用了员工之后再意外地将时薪从每小时3美元涨到4美元,就会激发他们更为努力地工作。

对于那些想利用劳动力市场惨淡的机会把工资降到最低水平的企业管理者来说,还是应该认真考虑一下降薪的效应。在《管理科学》上即将发表的一篇由 Jason Sandvik、Richard Saouma、Nathan Seegert 和 Christopher Stanton 合著的文章中,作者研究了一家公司重新调整薪酬的决策,这一决策最终导致一个部门中的部分员工遭遇降薪。其他部门在同一时间没有重新调整薪酬,因此在研究中充当了"对照组"。

研究人员拿到了该公司2033名销售代表(同样匿名)的人力资源资料。与哈佛大学关于仓库工人的研究结果一致,作者发现,被降薪的员工更有可能离开公司。对公司利润来说更令人担忧的是，离职的员工恰恰是之前生产率最高的销售人员。因此，正如加薪的效应可以弥补其成本，降薪的负面影响可能会抵消所节约的大部分甚至全部成本。

Decio Coviello、Erika Deserranno 和 Nicola Persico 最近的一篇工作论文也证明了降薪可能会导致员工蓄意降低生产率。他们发现，美国一家大型零售商的电话销售代表在2014年遭遇降薪后，开始向顾客推销他们并不真正需要的商品。研究人员怎么知道的呢？因为降薪伴随着退货率的增长——这些商品最终被退货退款。不管是因为粗心大意还是消极怠工，公司收入都受到了影响。

当然，并不是所有公司都有能力在2021年加薪，对于那些在生存线上挣扎的公司来说，比如许多被疫情引发的经济衰退重创的路边夫妻店，降薪可能是难以避免的唯一选择。还有些公司可能会选择通过广泛的监督或者复杂的绩效合同激励员工，而不是加薪。

但是时世越是艰难，就越要仔细考虑加薪的利弊。关于加薪的道义一面讨论颇多，但是从商业本身加以考量也是非常重要的，因为加薪有可能提高生产率，从而提高利润。在疫情之后回归经济新常态的转型时期，做正确的事可能也是最赚钱的事。

Ray Fisman，波士顿大学经济学教授；Michael Luca，哈佛商学院管理学教授。

资料来源：*The Wall Street Journal*, January 23, 2021.

29.6 结论

在本章中，我们讨论了失业的衡量，以及经济中总是存在某种程度的失业的原因。我们说明了工作搜寻、最低工资法、工会和效率工资如何有助于解释为什么一些工人没有工作。在这四种有关自然失业率的解释中，哪一种对美国经济和世界其他经济体最重要呢？很难简单判断。经济学家们对此各执己见。

本章的分析得出了一个重要结论：尽管经济中总是存在某种失业，但是自然失业率会随时间推移而变化。许多事件和政策都会改变经济正常运行时的失业数量。随着信息革命改变工作搜寻的方式，随着政府调整最低工资，随着工人组建或退出工会，以及随着企业改变对效率工资的依赖程度，自然失业率也在不断变动。失业并不是一个用简单方法就能解决的问题，但我们所选择的社会组织方式会对失业问题的普遍性产生深远的影响。

内容概要

- 失业率是那些想要工作但又没有工作的人所占劳动力的百分比。美国劳工统计局每月根据对成千上万户家庭的调查计算这一统计数字。

- 失业率是衡量失业程度的一个不完美指标。一些自称失业的人实际上可能并不想工作;而一些想工作的人在寻找工作失败后离开了劳动力队伍,从而未被计入失业者。

- 在美国经济中,大多数失业者通常在短期内找到了工作。然而,在任何特定时点观察到的大多数失业归因于少数长期失业者。

- 失业的一个原因是工人寻找最适合他们喜好与技能的工作需要时间。失业保险是一种旨在保障失业工人收入的政府政策,但它却通过减少失业者的求职努力而增加了摩擦性失业。

- 经济中总是存在某种失业的第二个原因是最低工资法。最低工资法通过把不熟练与无经验工人的工资提高到均衡水平以上而增加了劳动供给量,并减少了劳动需求量。它所引起的过剩劳动供给代表失业。

- 失业的第三个原因是工会的市场势力。当工会将有工会组织的行业的工资推高到均衡水平之上时,就会造成劳动供给过剩。

- 效率工资理论给出了失业的第四个原因。根据这种理论,企业发现支付高于均衡水平的工资是有利可图的。高工资可以改善工人的健康状况,降低工人流动率,提高工人素质,以及提高工人努力程度。

关键概念

劳动力	丧失信心的工人	工会
失业率	摩擦性失业	集体谈判
劳动力参工率	结构性失业	罢工
自然失业率	工作搜寻	效率工资
周期性失业	失业保险	

复习题

1. 美国劳工统计局把所有成年人口划分为哪三个类别?它如何计算劳动力、失业率及劳动力参工率?
2. 失业通常是短期的还是长期的?解释原因。
3. 为什么摩擦性失业是不可避免的?政府如何降低摩擦性失业的数量?
4. 最低工资法能更好地解释青少年的结构性失业还是大学毕业生的结构性失业?为什么?
5. 工会如何影响自然失业率?
6. 工会的支持者提出了哪些观点来证明工会对经济有利?
7. 解释企业通过提高工资来增加利润的五种方式。

问题与应用

1. 2020年4月，在新冠疫情引发的经济衰退的低谷期，美国劳工统计局宣布所有美国成年人中，有1.3332亿人是就业者，0.23038亿人是失业者，1.03538亿人不属于劳动力，用这些信息计算：
   a. 成年人口数
   b. 劳动力总数
   c. 劳动力参工率
   d. 失业率

2. 解释以下事件对失业率和劳动力参工率的影响，是增加、减少还是没有影响。
   a. 在长期寻找以后，Jon找到了工作。
   b. Tyrion是一个全日制大学应届毕业生，毕业后立即找到了工作。
   c. 在求职未果之后，Arya放弃找工作并选择退休。
   d. Daenerys辞职并成为一名家庭主妇。
   e. Sansa刚刚成为一个成年人，但没有兴趣工作。
   f. Jaime刚刚成为一个成年人，并开始找工作。
   g. Cersei在退休期间去世了。
   h. Jorah在办公室加班时去世了。

3. 登录美国劳工统计局的网站（http://www.bls.gov）。现在美国全国的失业率是多少？找到最符合你描述的人口统计群体（例如，根据年龄、性别和种族划分）的失业率。这一失业率是高于还是低于全国平均水平？你认为为什么会这样？

4. 2012年1月至2019年1月，美国总就业人数增加了1730万，但失业人数仅减少了630万。这些数字相互一致吗？为什么人们预期失业人数的减少会小于就业人数的增加？

5. 经济学家用关于劳动市场的统计数字来评价一个经济体对其最宝贵的资源——人力资源——的利用效率。两个备受关注的统计数字是失业率和就业-人口比率（就业成年人口占总成年人口的百分比）。请说明以下情境中这两个统计指标的变化情况。在你看来，哪一个统计指标更能反映经济运行状况？
   a. 一家汽车公司破产，并解雇了工人，这些工人立即开始寻找新工作。
   b. 一些被解雇的工人在找工作失败之后放弃了找新工作。
   c. 许多大学生毕业后找不到工作。
   d. 许多大学生毕业后立即开始了新工作。
   e. 股市繁荣使许多60岁的员工成为新富，并提前退休。
   f. 医疗进步延长了许多退休人员的寿命。

6. 以下工人更可能经历短期失业还是长期失业？解释原因。
   a. 因恶劣天气而被解雇的建筑工人。
   b. 在一个偏僻地区的工厂失业的制造业工人。
   c. 因来自铁路的竞争而被解雇的驿站马车业工人。
   d. 因一家新餐馆在马路对面开业而失业的快餐厨师。
   e. 因公司引入自动焊接设备而失业的、几乎未受正规教育的熟练焊接工。

7. 用图示说明，在劳动市场上，最低工资提高对工资、劳动供给量、劳动需求量和失业量的影响。

8. 考虑一个有两个劳动市场的经济，一个是制造业工人市场，另一个是服务业工人市场。假设这两个市场最初都没有工会组织。
   a. 如果制造业工人组建了工会。你预期这会对制造业的工资和就业产生什么影响？
   b. 制造业劳动市场的这些变化会对服务业劳动市场的供给产生什么影响？该劳动市场

上的均衡工资与就业会发生什么变化?

9. 结构性失业有时被认为源自雇主要求的工作技能与工人拥有的工作技能不匹配。为了解释这种想法,考虑一个有两个行业——汽车制造业和飞机制造业——的经济。

   a. 如果这两个行业的工人需要接受程度相似的培训,而且他们在开始职业生涯时可以选择参加哪一个行业的培训,你认为这两个行业的工资会如何变化?这个过程将持续多久?解释原因。

   b. 假设有一天,该经济开放了国际贸易,开始进口汽车并出口飞机。这两个行业的劳动需求会发生什么变化?

   c. 假设一个行业的工人不能通过重新培训迅速地转移到另一个行业去。这种需求变动会如何影响短期和长期的均衡工资?

   d. 如果出于某些原因,工资不能调整到新的均衡水平,会出现什么情况?

10. 假设国会通过了一项法律,要求雇主为员工提供某种福利(如医疗保险),该法律使雇用一名员工的成本增加了 4 美元/小时。

    a. 这种对雇主的强制要求会对劳动需求有什么影响?(在回答这一问题和以下问题时,尽可能使你的分析量化。)

    b. 如果员工对这项福利的估值正好等于其成本,那么这一对雇主的强制要求会对劳动供给有什么影响?

    c. 如果工资能够自由调整以使供求平衡,那么这一法律会对工资和就业水平有什么影响?雇主的境况是变好了还是变坏了?员工的境况是变好了还是变坏了?

    d. 假定在通过这项法律之前,市场上的工资比最低工资高 3 美元。在这种情况下,对雇主的这一强制要求会如何影响工资、就业水平和失业水平?

    e. 现在假设工人根本不在乎这项强制提供的福利。这一假设如何改变你对问题 b 和 c 的答案?

第10篇
长期中的货币与物价

| 第30章 |
货币制度

| 第31章 |
货币增长与通货膨胀

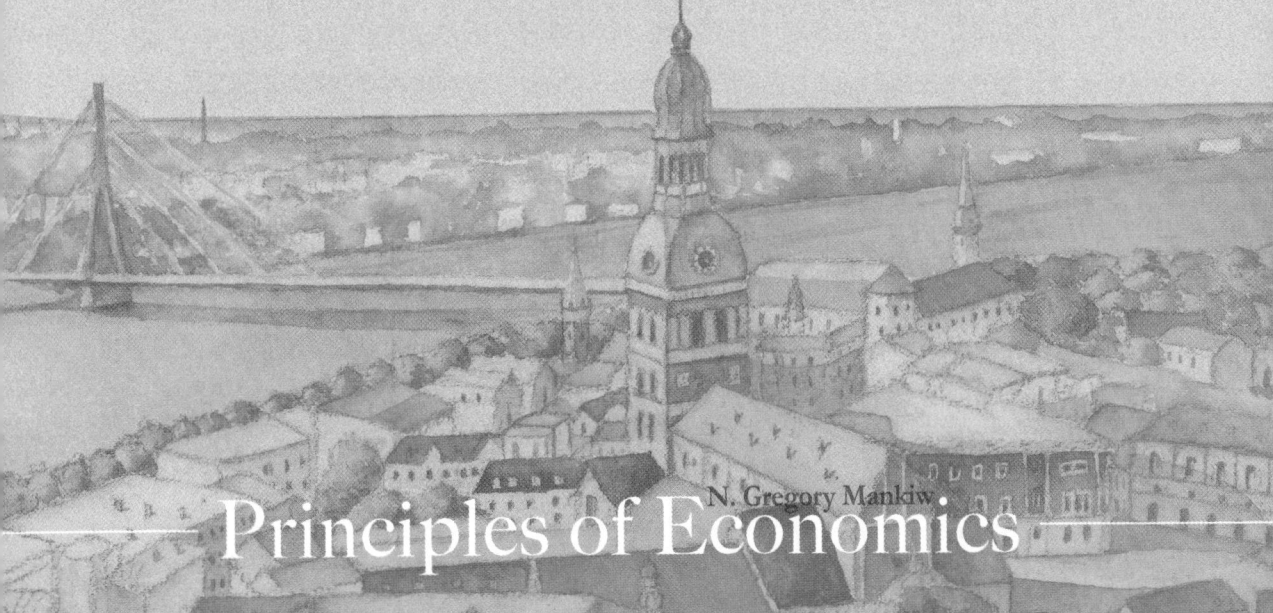

第 30 章 货币制度

你在 Rosie 的餐厅买了一份饭,得到了某种有价值的东西——饱餐一顿。为了对这种服务付费,你可能会递给 Rosie 几张破旧的,上面印有奇怪符号、政府大楼和已故美国名人肖像的淡绿色纸片。你也可能会递给她一张印有银行名称和你的签名的纸片。你还可能会用一张塑料卡片或某个手机 App(应用程序)付账。无论你是用现金、支票、借记卡还是手机支付,餐厅老板都乐于为满足你的食欲而辛勤工作,以换取这些本身并没有什么价值的价值符号。

任何一个生活在现代经济中的人对此都习以为常。尽管纸币和数字借记卡没有内在价值,但 Rosie 相信未来会有第三个人接受它,由此可以换取她认为有价值的东西。而且,这第三个人也相信会有第四个人接受它,后者知道还会有第五个人接受它,以此类推。对 Rosie 或其他人来说,你的现金、支票、借记卡支付或者电子支付代表了对未来物品与服务的索取权。

使用货币进行交易的社会习惯是极其有用的。暂时设想经济中没有任何在交换物品与服务时被广泛接受的媒介。人们将不得不依靠物物交换——用一种物品或服务交换另一种物品或服务——来得到他们需要的东西。例如,为了在 Rosie 的餐厅吃一顿饭,你就必须向其提供对她有直接价值的东西。你可以帮她洗盘子、修剪草坪,或者把你家的烤肉饼秘方给她。一个依靠物物交换的经济很难有效地配置其稀缺资源。在这种经济中,交易要求需求的双向一致性——一种不大可能发生的偶然巧合,即两个人各自拥有对方想要的物品或服务。

货币的存在使交易变得更加容易。Rosie 并不关心你是否能生产对她有价值的物品或服务。她乐于接受你的货币,因为她知道其他人也会接受她的货币。这种惯例使交易可以用一种迂回的方式实现。Rosie 接受你的货币,并把它支付给她的厨师 Tony;厨师又用他的工资送女儿 Ava 上幼儿园;幼儿园用 Ava 的学费支付教师 Mira 的工资;Mira 则雇你给她修剪草坪。随着货币从一个人手中转移到另一个人手中,它便利了生产和交易,使每个人都能专门从事自己最擅长的事情,并提高了每个人的生活水平。

本章开始考察货币在经济中的作用。我们将讨论什么是货币、货币的形式、银行体系如何有助于创造货币,以及政府如何控制流通中的货币量。在本书的其余部分,我们将花费大量精力来了解货币量的变动如何影响各种经济变量,包括通货膨胀、利率、生产和就业。与前四章对长期影响的关注保持一致,下一章将考察货币量变动的长期影响。货币量变动的短期影响是一个更为复杂的话题,我们将在本书的后面讨论。本章为这些进一步的分析提供了一些背景知识。

30.1 货币的含义

什么是货币?这个问题听起来似乎有点奇怪。当你得知杰夫·贝索斯(Jeff Bezos)有许多货币(或很多钱)时,你知道这是指:他非常富有,几乎可以买到他想要的任何东西。在这个意义上,货币一词用来指代财富。

货币:
经济中人们经常用于向其他人购买物品与服务的一组资产。

但是,经济学家在更为具体的意义上使用这个词:**货币**(money)是经济中人们经常用于相互购买物品与服务的一组资产。你钱包里的现金是货币,因为你可以用它在餐馆买一顿饭或在服装店买一件衬衫。相比之下,作为杰夫·贝索斯财富的很大组成部分的亚马逊公司的股份并不能被视为一种货币。贝索斯先生如果不首先得到一些现金,他就无法用这笔财富买饭或买衬衫。根据经济学家的定义,货币只包括在物品与服务交换中卖者通常接受的少数几种财富类型。

30.1.1 货币的职能

货币有三种职能:交换媒介、计价单位和价值储藏。这三种职能把货币与经济中的其他资产(如股票、债券、不动产、艺术品,甚至棒球卡)区分开来。现在我们来逐一考察这些职能。

交换媒介:
买者在购买物品与服务时给予卖者的东西。

交换媒介(medium of exchange)是买者在购买物品与服务时给予卖者的东西。当你在服装店购买一件衬衫时,服装店给你衬衫,你给服装店货币。货币从买者向卖者的转移使交易得以进行。当你去商店购物时,你确信商店会为它出售的商品而接受你的货币,因为货币是被普遍接受的交换媒介。

计价单位:
人们用来表示价格和记录债务的标准。

计价单位(unit of account)是人们用来表示价格和记录债务的标准。当去购物时,你可能会发现,一件衬衫的价格为 60 美元,而一个汉堡包的价格为 6 美元。我们可以准确地说,一件衬衫的价格是 10 个汉堡包的价格,或者一个汉堡包的价格是 1/10 件衬衫的价格,但价格很少用这种方式表示。同样，如果从银行得到一笔贷款，你将来偿还贷款的数额将以货币来衡量，而不是以一定数量的物品与服务来衡量。当大多数人想衡量并记录经济价值时，我们把货币作为计价单位。

价值储藏（store of value）是人们可以用来把现在的购买力转变为未来的购买力的东西。当卖者今天在物品与服务的交换中得到货币时，他可以持有货币，并在另一个时候成为买者。货币并不是经济中唯一的价值储藏手段：人们也可以通过持有股票和债券等非货币资产来把现在的购买力转变为未来的购买力。财富一词指的是所有价值储藏手段的总量，包括货币和非货币资产。

经济学家用**流动性**（liquidity）来说明一种资产转换为经济中的交换媒介的容易程度。由于货币是经济中的交换媒介，因此它是最具流动性的资产。其他资产在流动性方面差别很大。大多数股票和债券能以较小的代价变现，因此，它们是流动性较强的资产。相比之下，出售一所房屋、一幅伦勃朗的油画或者一张美国棒球明星乔·迪马吉奥 1948 年的棒球卡就要付出更多时间和努力，所以这些资产的流动性较弱。

当人们决定以某种形式持有自己的财富时，他们必须权衡每种可能资产的流动性与该资产作为价值储藏手段的有用性。货币是最具流动性的资产，但它作为价值储藏手段远不够完美。当物价上升时，货币的价值就降低了。换句话说，当物品和服务变得更为昂贵时，1 美元能购买到的东西就变少了。物价水平与货币价值之间的这种联系是理解货币如何影响经济的关键，我们将在下一章中探讨这个话题。

价值储藏：
人们可以用来把现在的购买力转变为未来的购买力的东西。

流动性：
一种资产转换为经济中的交换媒介的容易程度。

30.1.2 货币的种类

当货币以有内在价值的商品形式存在时，它被称为**商品货币**（commodity money）。内在价值意味着，即使不作为货币，物品本身也有价值。商品货币的一个例子是黄金。黄金之所以有内在价值，是因为它可以用于工业和制造首饰。虽然今天我们不再把黄金作为货币，但它在历史上是一种常见的货币形式，因为它较容易携带、衡量和确定成色。当一个经济用黄金（或者可以随时兑换为特定数量黄金的纸币）作为货币时，可以说这个经济是在金本位制下运行。

商品货币的另一个例子是香烟。在第二次世界大战的战俘营中，战俘们用香烟作为价值储藏、计价单位和交换媒介来进行交易。同样，20 世纪 80 年代末苏联濒临解体时，在莫斯科，香烟有时取代卢布成为首选通货。在这两种情况下，即使不吸烟的人也会在交换中接受香烟，因为他知道可以用香烟去购买其他物品与服务。

没有内在价值、由政府法令确定作为通货使用的货币被称为**法定货**

商品货币：
以有内在价值的商品形式存在的货币。

法定货币：
没有内在价值、由政府法令确定作为通货使用的货币。

币（fiat money）。法定就是一种命令或法令，法定货币是由政府法令所确定的货币。例如，比较你钱包里的纸币美元（由美国政府印制）和《地产大亨》游戏中的纸币美元（由 Hasbro 游戏公司印制）。为什么你能用前者支付餐馆的账单，而不能用后者支付？答案是美国政府的法令规定美元为有效货币。你钱包里的每一张纸币美元上都写着："此纸币是所有公共和私人债务的合法偿付。"

虽然政府在建立并管理法定货币制度（例如，对造伪钞者予以惩罚）中起着核心作用，但这种货币制度的成功还取决于其他因素。在很大程度上，一种资产被接受为货币，既取决于政府法令，也取决于预期和社会习惯。20 世纪 80 年代，苏联政府并没有废除作为官方通货的卢布，但莫斯科的人们在物品与服务交换中更愿意接受美元或香烟，因为他们确信这些替代货币是更可靠的价值储藏手段，并且作为交换媒介会被继续接受。

参考资料　　加密货币：时尚还是未来

近年来，世界见证了一种新型货币的激增，其被称为加密货币（cryptocurrencies）。这种货币依赖密码学——把信息设为密码的科学——来创造一种仅以电子形式存在的交易媒介。它们使用一项被称为区块链（blockchain）的技术来维护一个记录交易的公共账本。

第一种加密货币是 2009 年推出的，被称为比特币（bitcoin）。它由一个化名中本聪（Satoshi Nakamoto）的个人或团体发明。中本聪撰写并发布了一份白皮书，确立了比特币协议，但中本聪的真实身份至今不为人所知。根据该协议，人们通过使用计算机求解复杂的数学问题来创建比特币。通过这种"挖矿"方式获得的比特币数量被限制在 2 100 万单位以内。比特币一旦创建，就可以用于交易。它们还可以在比特币交易所用美元买卖，其价格由供求关系决定。人们可以将比特币作为价值储藏手段持有，并可以用比特币从愿意接受它们的卖者那里购买东西。从本质上来说，中本聪从无到有地创建了一种虚拟资产，并向该资产的持有者保证，其供应量将永远是有限的。

比特币既不是商品货币，也不是法定货币。与商品货币不同，它们没有内在价值。除了交易，你不能用比特币做任何事情。与法定货币不同，它们不是通过政府法令创造的。比特币的支持者们欢迎这种新形式的货币，因为它们脱离政府而存在。也有一些比特币用户利用比特币交易的匿名性从事非法交易（如毒品交易）。

在比特币的短暂历史中，其美元价值一直在剧烈波动。2010 年，1 比特币的价格在 5 美分到 39 美分之间，2011 年上升到 1 美元以上，2013 年超过了 1 000 美元，随后在 2014 年跌至 500 美元以下。在接下来的几年里，比特币的美元价值飙升，尽管在这一过程中有起伏波动。2021 年 4 月，1 比特币的价格达到了 6 万美元，2021 年 7 月回落至 3.1 万美元，2021 年 11 月上涨至 6.7 万美元，2022 年 7 月又跌至 2

万美元。与此同时,其他加密货币开始出现,如以太坊(Ethereum)、莱特币(Litecoin)、瑞波币(Ripple)和大零币(Zcash),并成为比特币的竞争者。这些加密货币在协议细节上与比特币有所不同,但与比特币一样,它们的价格都出现了大幅波动。一些更新的加密货币被称为稳定币(stablecoin),它们的价格与美元挂钩。然而,有时这种挂钩难以维持。

加密货币在长期中能否取得成功,取决于它们能否成功履行货币的职能:价值储藏、计价单位和交换媒介。许多经济学家对此持怀疑态度。大多数加密货币价格的剧烈波动性,使其成为一种风险较高的财富持有方式,而且作为计价单位也不是很方便。至少到目前为止,很少有零售商在交易中接受它们。因此,加密货币一直被排除在货币数量的标准衡量指标之外。

加密货币可能成为未来的货币,也可能只是昙花一现。或者,它们可能成为一种新的小众资产类别。

30.1.3 美国经济中的货币

正如我们将要说明的,经济中流通的货币量称为货币存量,它对许多经济变量有重要的影响。但是,我们首先需要问一个基本问题:什么是货币量?假设给你一个衡量美国经济中有多少货币的任务,你会把哪些资产纳入衡量范围?

要纳入的最明显的资产是**通货**(currency)——公众手中持有的纸币和铸币。通货仍是我们经济中最为广泛接受的交换媒介。毫无疑问,它是货币存量的一部分。

然而通货并不是你可以用来购买物品与服务的唯一资产。许多商店还接受个人支票。你支票账户中拥有的财富几乎可以和你钱包中的财富一样方便地购买物品。因此,为了衡量货币存量,你可能希望包括**活期存款**(demand deposits)——储户可以通过签发支票或刷借记卡而随时支取的银行账户余额。

一旦把支票账户上的余额作为货币存量的一部分,你就会考虑人们在银行和其他金融机构所拥有的其他账户。银行储户通常并不能对储蓄账户的余额签发支票,但他们可以很容易地把资金从储蓄账户转到支票账户。此外,货币市场基金的储户通常可以对他们的账户余额签发支票,尽管这些支票的金额可能受到限制。因此,这些其他账户应被视为美国货币存量的一部分。

在一个复杂的经济中,很难明确区分能够称为"货币"的资产和不能称为"货币"的资产。你钱包中的硬币显然是货币存量的一部分,而帝国大厦显然不是,但在这两个极端之间存在许多资产,要做出区分并不那么容易。由于对如何区分货币资产与非货币资产,不同的分析者并没有一

通货:
公众手中持有的纸币和铸币。

活期存款:
储户可以通过签发支票或刷借记卡而随时支取的银行账户余额。

致的意见,因此就有各种不同的货币存量衡量标准。

对美国经济来说,两种最广为使用的货币存量的衡量指标是 M1 和 M2。M1 包括通货、银行的活期存款以及其他的一些流动性存款,如储蓄账户中的余额。M2 包括 M1 中的所有内容,再加上小额定期存款和货币市场基金(不包括那些受限制的退休账户中的基金)。就本书的目的而言,各种货币存量衡量指标之间的差别并不重要。重要的是,经济中的货币存量不仅包括通货,而且还包括银行和其他金融机构的存款,这些存款可以随时提取并用于购买物品与服务。

参考资料　　　　为什么信用卡不是货币

把信用卡作为经济中货币存量的一部分似乎是很自然的。毕竟人们经常用信用卡购买许多东西。因此,信用卡难道不是一种交换媒介吗?

乍一看,这种说法似乎有些道理,但信用卡并不是货币存量的一种衡量指标。理由是,信用卡实际上并不是一种**支付方式**,而是一种**延期支付方式**。当你用信用卡买一份饭时,发行信用卡的银行向餐馆支付了应该支付的钱。过一段时间,你必须偿还银行的钱(也许还有利息)。等到支付信用卡账单时,你可能会通过签发支票或从支票账户中提取资金来进行支付。这种支票账户上的余额是经济中货币存量的一部分。

要注意的是,尽管形态上相似,但信用卡完全不同于借记卡。借记卡自动地从银行账户提取资金为所买的东西付款。借记卡不允许使用者为购买而延期支付,只允许使用者立即从银行账户中提取存款。从这个意义上说,借记卡更类似于支票而不是信用卡。借记卡上的账户余额包括在货币存量的衡量指标中。

尽管信用卡不被视为货币的一种形式,但它对分析货币制度是很重要的。信用卡的持有人可以在月底一次付清所有账单,而不是在购买时随时支付。因此,信用卡的持有人所持有的货币量平均而言可能少于没有信用卡的人。这样,信用卡——以及与之相关的电子支付系统——的广泛普及可以减少人们选择持有的货币量。

案例研究　　　　所有通货都去了哪里

关于美国经济中货币存量的一个谜与通货的数量有关。2021 年 11 月,美国流通在外的通货为 2.1 万亿美元。为了仔细研究这个数字,我们可以用它除以美国成年人口(16 岁及以上人口)的数量,即 2.62 亿。计算结果表明,平均每个成年人持有 8 000 美元以上的通货。大多数人都会对这一数字感到惊讶,因为他们的钱包里远远没有这么多钱。

谁持有所有这些通货？没有人确切地知道，但有两种看起来合理的解释。

第一种解释是，许多通货由外国人持有。在没有稳定货币制度的某些国家，美元通常比本国资产更受欢迎。估算说明，有一半以上美元在美国以外流通。

第二种解释是，许多通货或现金由毒品商、逃税者和其他犯罪分子持有。对于美国经济中的大多数人来说，现金并不是持有财富的一种特别好的方式。现金不仅可能丢失或被偷走，而且也赚不到利息，而银行存款则有利息。因此，大多数人只有少量现金。但犯罪分子发现现金更受欢迎。例如，他们可以避免把他们的钱存入银行，因为银行存款会留下记录，警察可以由此追踪他们的非法活动。对于犯罪分子来说，现金可能是最好的价值储藏手段。

30.2 联邦储备系统

只要是使用法定货币制度的经济（像美国经济一样），就必须有某个机构负责管理这个制度。在美国，这个机构是**联邦储备系统**（Federal Reserve），通常被简称为美联储。如果观察一张美元钞票的顶部，你会看到"联邦储备券"的字样。美联储是**中央银行**（central bank）的一个例子，中央银行是为了监管银行体系和调节经济中的货币量而设计的机构。世界上其他主要的中央银行包括英格兰银行、日本银行和欧洲中央银行。

联邦储备系统：
美国的中央银行。

中央银行：
为了监管银行体系和调节经济中的货币量而设计的机构。

30.2.1 美联储的组织结构

在经历了 1907 年的一系列银行倒闭事件以后，国会相信美国需要一个中央银行来确保全国银行体系的正常运行，于是在 1913 年创建了美联储。现在，美联储由其理事会管理，理事会最多由 7 名理事组成，他们由总统任命并经参议院确认。理事的任期为 14 年。正如联邦法官的终身任职使他们不受政治因素影响一样，美联储理事的长期任职使他们在制定货币政策时能够免受短期政治压力的影响。

在理事会的 7 名成员中，最重要的是理事会主席。理事会主席负责领导美联储的工作人员，主持理事会会议，并定期出席国会听证会，为美联储的政策发表证词。理事会主席由总统任命，任期为 4 年。在本书英文版即将付印时，美联储主席是杰罗姆·鲍威尔（Jerome Powell），他在 2017 年被特朗普总统提名担任该职务，并在 2021 年得到拜登总统再次任命。

联邦储备体系由设在华盛顿特区的联邦储备理事会和分布在全国主要城市的 12 家地区联邦储备银行组成。地区银行的行长由每家银行的理事会选出，理事会成员一般来自当地银行和企业界。

尽管美联储具有很强的独立性，但创建美联储的立法明确规定了它应该实现的目标。国会赋予美联储双重使命：稳定价格和实现最大可持续就业。美联储通过两种相关的方式致力于这一目标的实现。

第一种方式是监管银行并确保银行体系的正常运行。具体来说，美联储监管每家银行的财务状况，推进银行的支票结算交易。它也是银行的银行。也就是说，美联储在银行想要借款时贷款给它们。美联储充当最后贷款者，即贷款给在其他任何地方都借不到款的银行，以便维持整个银行体系的稳定。

美联储促进经济繁荣的第二种方式是控制经济中可得到的货币量，称为**货币供给**（money supply），它在短期中与利率水平密切相关。中央银行关于货币供给和利率的决策或安排构成**货币政策**（monetary policy）。在美联储，货币政策是由联邦公开市场委员会（FOMC）制定的。联邦公开市场委员会每6周在华盛顿特区召开一次会议，讨论经济状况并考虑货币政策的变动。

货币供给：
经济中可得到的货币量。

货币政策：
中央银行关于货币供给和利率的决策或安排。

30.2.2　联邦公开市场委员会

联邦公开市场委员会由美联储的理事和12家地区银行行长中的5位组成。12家地区银行的行长都参加联邦公开市场委员会的每次会议，但只有5位行长有投票权。投票权由12家地区银行行长轮流享有。但纽约联邦储备银行行长始终拥有投票权，因为纽约是美国经济的传统金融中心，并且美联储的所有政府债券的买卖都在纽约联邦储备银行的交易柜台进行。

通过联邦公开市场委员会的决策，美联储有权增加或减少经济中美元的数量。用一个简单的比喻：你可以想象美联储印制美元钞票，然后用直升机撒到全国各地，以增加货币供给量；你也可以想象美联储用一台巨大的吸尘器把人们钱包中的美元钞票吸走，以减少货币供给量。虽然实际上美联储改变货币供给的方法比这要复杂和微妙，但直升机和吸尘器的比喻是理解货币政策含义的一个很好的开始。

在本章后面我们将讨论美联储即使不用直升机和吸尘器也可以影响货币供给的许多方法，但要注意的是，美联储在历史上使用的最主要的工具是公开市场操作——买卖美国政府债券。回想一下，美国政府债券是联邦政府的债务凭证。美联储可以创造美元并用它们在全国债券市场上从公众手中购买政府债券。购买之后，这些美元就到了公众手中。通过这种方式，美联储对债券的公开市场购买增加了货币供给量。相反，为了减少货币供给，美联储可以在全国债券市场上把其资产组合中的政府债券卖给公众，并从公众手中得到美元。因此，美联储对债券的公开市场出售减少了货币供给量。近年来,美联储的公开市场操作有所减少,而更多地依靠我们将说明的其他货币政策工具。

中央银行是重要的机构,因为货币供给的变动会极大地影响经济。第1章中的经济学十大原理之一是,当政府发行了过多货币时,物价上升。经济学十大原理中的另一个原理是,社会面临通货膨胀与失业之间的短期权衡取舍。美联储的影响力正是基于这些原理。出于以下几章将更充分地讨论的原因,美联储的决策在长期中对经济的通货膨胀率以及在短期中对经济的就业与生产都有重要影响,美联储主席被称为美国第二有影响力的人物。

即测即评30-2

(扫码答题)

30.3 银行与货币供给

到目前为止,我们已经介绍了货币的概念,并讨论了美联储如何控制货币供给。虽然这样解释是合理的,但并不全面,因为它忽略了银行在货币体系中所起的关键作用。

回忆一下,你持有的货币量包括现金(你钱包里的纸币和你口袋中的硬币)和活期存款(你支票账户上的余额)。由于活期存款放在银行,因此银行的行为也会影响经济中的活期存款量,从而影响货币供给。这一节我们将解释银行如何影响货币供给,并详细阐述美联储如何控制货币供给。

"我对货币的了解不算少了,现在我想实践一下。"
图片来源:© Mick Stevens.

30.3.1 百分之百准备金银行制的简单情形

为了说明银行如何影响货币供给,首先让我们假想一个完全没有银行的世界。在这个简单的世界中,通货是唯一的货币形式。为了具体化,我们假设通货总量是100美元。因此,货币供给是100美元。

现在假设某人开办了一家银行,我们称之为第一国民银行。第一国民银行只是存款机构,也就是说,该银行接受存款,但不发放贷款。该银行的目的是向储户提供一个保存货币的安全场所。只要有人存入一笔钱,银行就把这笔钱放到它的金库中,直至储户来提取,或者根据其余额开支票或刷借记卡。银行得到但没有贷出去的存款称为**准备金**(reserves)。在这个假想的经济中,所有存款都作为准备金持有,因此,这种制度被称为百分之百准备金银行制。

准备金:
银行得到但没有贷出去的存款。

我们可以用一个T型账户表示第一国民银行的财务状况,T型账户是表明银行资产与负债变动的一个简化的会计报表。如果该经济的全部100美元都存在银行里,则第一国民银行的T型账户如下:

第一国民银行			
资产		负债	
准备金	100.00 美元	存款	100.00 美元

T 型账户的左边是银行的资产 100 美元(银行金库中持有的准备金),右边是银行的负债 100 美元(银行欠储户的货币量)。由于资产与负债完全相等,因此这个会计报表被称为资产负债表。

现在考虑这个经济中的货币供给。在第一国民银行开办之前,货币供给是人们持有的 100 美元通货。在银行开办且人们把通货全部存入银行之后,货币供给是 100 美元活期存款(不再有任何流通在外的通货,因为它们全部在银行金库中)。银行的每一笔存款都减少了通货并增加了等量的活期存款,从而使货币供给保持不变。因此,如果银行以准备金形式持有所有存款,银行就不会影响货币供给。

30.3.2 部分准备金银行制下的货币创造

最终,第一国民银行的经营者开始重新考虑其百分之百准备金银行制的政策。把所有货币都闲置在金库中似乎没有必要。为什么不把一些货币用于发放贷款,并且通过对贷款收取利息来获利呢?买房子的家庭、建立新工厂的企业和需要支付学费的大学生都乐于为借用一些钱一段时间而支付利息。第一国民银行必须持有一些准备金,以备储户提取存款之需。但是,如果新存款流入量与提款流出量大体相同,第一国民银行就只需要把它的一部分存款作为准备金。因此,第一国民银行采用了被称为**部分准备金银行制**(fractional-reserve banking)的制度。

部分准备金银行制:
只把部分存款作为准备金的银行制度。

准备金率:
银行在总存款中作为准备金持有的存款比率。

银行在总存款中作为准备金持有的存款比率被称为**准备金率**(reserve ratio)。这个比率由政府监管法规和银行政策共同决定。正如本章后面要详细讨论的,美联储规定了银行必须持有的准备金量的最低水平,称为法定准备金。此外,银行可以持有高于法定最低量的准备金,称为超额准备金。这样,银行可以更有把握不会出现现金短缺。就本章的分析目的而言,我们把准备金率作为既定的,以考察部分准备金银行制如何影响货币供给。

我们现在假设第一国民银行的准备金率为 10%。这就意味着该银行把存款的 10% 作为准备金,而把其余存款贷出去。现在我们再来看看该银行的 T 型账户:

第一国民银行			
资产		负债	
准备金	10.00 美元	存款	100.00 美元
贷款	90.00 美元		

第一国民银行的负债仍是 100 美元,因为发放贷款并没有改变银行对其储户的义务。但现在银行有两种资产:其金库中的 10 美元准备金和 90 美元贷款(这些贷款是借款人的负债,但它们是发放贷款的银行的资产,因为债务人以后要偿还贷款)。总之,第一国民银行的资产仍然等于其负债。

再来考虑经济中的货币供给。在第一国民银行发放贷款之前,货币供给是银行中的 100 美元存款。但在第一国民银行发放贷款之后,货币供给就增加了。储户的活期存款仍是 100 美元,但现在债务人持有 90 美元通货。货币供给(等于通货加活期存款)等于 190 美元。因此,当银行只把部分存款作为准备金时,银行创造了货币。

乍一看,这种部分准备金银行制下的货币创造似乎好得令人难以置信:银行似乎是凭空创造出了货币。为了使这种货币创造看起来不那么神秘,要注意,当第一国民银行把它的部分准备金贷出去并创造了货币时,它并没有创造出任何财富。第一国民银行向借款人发放的贷款使其获得了一些通货,并增强了其购买物品与服务的能力,但借款人也承担了一些债务,因此贷款并没有使他们变得更富有。换句话说,当一家银行创造了货币资产时,它也相应地创造了借款人的负债。在这个货币创造过程结束时,从交换媒介增多的意义上说,经济更具流动性,但是经济并没有比以前更富裕。

30.3.3 货币乘数

货币创造并没有在第一国民银行停止。假设第一国民银行的借款人用 90 美元购买了某人的东西,这个人又把钱存入第二国民银行。下面是第二国民银行的 T 型账户:

第二国民银行			
资产		负债	
准备金	9.00 美元	存款	90.00 美元
贷款	81.00 美元		

在存款以后,第二国民银行的负债为 90 美元。如果第二国民银行的准备金率也是 10%,则它把 9 美元资产作为准备金,并发放 81 美元贷款。第二国民银行用这种方法创造了额外的 81 美元货币。如果这 81 美元货币最终存入了第三国民银行,该银行的准备金率也是 10%,它将留下 8.10 美元作为准备金,并发放 72.90 美元贷款。下面是第三国民银行的 T 型账户:

第三国民银行			
资产		负债	
准备金	8.10 美元	存款	81.00 美元
贷款	72.90 美元		

这个过程会继续下去。存款和贷款每进行一次,就有更多的货币被创造出来。

在所有货币创造结束之后,该经济最终创造出了多少货币呢?我们来加总一下:

```
初始存款            = 100.00 美元
第一国民银行贷款    = 90.00 美元 (0.9×100.00 美元)
第二国民银行贷款    = 81.00 美元 (0.9×90.00 美元)
第三国民银行贷款    = 72.90 美元 (0.9×81.00 美元)
    ⋮                   ⋮
─────────────────────────────────
货币供给总量        = 1 000.00 美元
```

我们发现,尽管货币创造过程可以无限继续下去,但是它并没有创造出无穷多的货币。如果你耐心地把上例中无限的一系列数字相加,你会发现 100 美元准备金产生了 1 000 美元货币。银行体系用 1 美元准备金所产生的货币量被称为**货币乘数**(money multiplier)。在该经济中,100 美元准备金产生了 1 000 美元货币,货币乘数是 10。

货币乘数:
银行体系用 1 美元准备金所产生的货币量。

货币乘数的大小是由什么因素决定的呢?答案很简单:货币乘数是准备金率的倒数。如果用 R 表示经济中所有银行的准备金率,那么每 1 美元准备金能产生 $1/R$ 美元货币。在我们的例子中,$R=1/10$,因此,货币乘数是 10。

考虑为什么货币乘数的这个倒数公式是有意义的。如果一家银行持有 1 000 美元存款,那么准备金率为 1/10(10%)就意味着该银行必须持有 100 美元准备金。货币乘数只是其逆向思维:如果银行体系持有总计为 100 美元的准备金,那么它就只能有 1 000 美元存款。换句话说,如果 R 是每家银行准备金与存款之比(即准备金率),那么银行体系中的存款与准备金之比(即货币乘数)必定是 $1/R$。

这个公式表明,银行创造多少货币量取决于准备金率。如果准备金率仅为 1/20(5%),那么银行体系的存款将是准备金的 20 倍,这意味着货币乘数为 20。每 1 美元准备金将产生 20 美元货币。同样,如果准备金率是 1/4(25%),那么存款将是准备金的 4 倍,货币乘数将是 4,每 1 美元准备金将产生 4 美元货币。因此,准备金率越高,每家存款银行贷出的资金越少,货币乘数越小。在百分之百准备金银行制的特殊情形下,准备金率是 1,货币乘数是 1,银行不发放贷款也不创造货币。

30.3.4 银行资本、杠杆以及 2008—2009 年的金融危机

在前几节中,我们给出了银行如何运行的一个简化的解释。现代银行的现实情况比这复杂得多,而且这种复杂性在 2008—2009 年的金融危机中扮演了重要角色。为了理解这些危机,我们需要再多了解一些关于银行如何实际运行的背景知识。

在到现在为止你所看到的银行资产负债表中,银行都是接受存款并把这些存款用于发放贷款或作为准备金持有。但更现实的情况是,一家银行不仅通过吸收存款得到金融资源,而且还可以像其他公司那样,通过发行股票和债券得到金融资源。银行通过向其所有者发行股票得到的资源被称为**银行资本**(bank capital)。银行以各种方式使用这些金融资源来为其所有者创造利润。除了发放贷款和持有准备金,银行还购买股票和债券这类金融有价证券。

银行资本:
银行的所有者投入机构的资源。

下面是一个更现实的银行资产负债表的例子:

更现实的国民银行			
资产		负债和所有者权益	
准备金	200 美元	存款	800 美元
贷款	700 美元	债务	150 美元
有价证券	100 美元	资本(所有者权益)	50 美元

这个资产负债表的右边是银行的负债和资本(也称为所有者权益)。这家银行从其所有者那里得到 50 美元,它还吸收了 800 美元存款并发行了 150 美元债务。它将总计 1 000 美元的负债和资本用于三方面,如资产负债表左边(表示银行资产)所列出的,这家银行持有 200 美元准备金,发放了 700 美元银行贷款,并用 100 美元购买政府和公司债券这类金融

有价证券。银行根据各种资产的风险与收益以及相关的监管法规(如法定准备金)来决定如何在不同类型的资产之间配置资源。

根据会计准则,资产负债表左边的准备金、贷款和有价证券在总量上总是等于资产负债表右边的存款、债务和资本(所有者权益)。这个等式中并没有魔法。它之所以成立是因为,根据定义,所有者权益的价值等于银行资产(准备金、贷款和有价证券)的价值减负债(存款和债务)的价值。因此,资产负债表的左边和右边的加总量总是相等。

许多经营活动都依靠**杠杆**(leverage),即将借到的货币追加到用于投资的现有资金上。只要企业用债务为投资项目筹资,它就是在运用杠杆。杠杆对银行来说尤其重要,因为存款业务和贷款业务是它们的核心业务。为了更好地了解银行的运行,让我们看看杠杆是如何发挥作用的。

杠杆率(leverage ratio)是银行总资产与银行资本的比率。在上面这个例子中,杠杆率为 1 000 美元/50 美元,即 20。杠杆率为 20 意味着银行所有者所拿出的每 1 美元资本可以使银行拥有 20 美元资产。在这 20 美元资产中,19 美元是用借来的货币筹措的——通过吸收存款或发行债务。

你在科学课上可能已经学过,杠杆可以放大力的作用:你只用手臂无法移动的一块大石头,如果用杠杆就可以更容易地做到。银行杠杆也有类似的放大效应。为了说明这是如何发生的,我们继续用数字举例。假定银行的资产价值上升了 5%,比如说是由于银行持有的有价证券价格上升了,那么,1 000 美元的资产现在就值 1 050 美元了。由于储户和债权人仍然拥有 950 美元,因此银行资本就从 50 美元上升到 100 美元(1 050 美元 - 950 美元)。所以,当杠杆率为 20 时,资产价值 5% 的增加就会使所有者权益增加 100%。

当银行的资产价值下降时,同样的原理也会发生作用,但是会带来令人担忧的结果。假设一些从银行借钱的人违约,导致银行的资产价值下降了 5%,到 950 美元。由于储户和债权人仍然拥有 950 美元,因此所有者权益的价值下降为零(950 美元 - 950 美元)。这样,当杠杆率为 20 时,银行资产价值下降 5% 就会使银行资本减少 100%。如果资产价值下降超过 5%,银行的资产就会减少到低于负债。在这种情况下,银行就会资不抵债,无法完全偿还债权人和储户的钱。

银行监管机构要求银行持有一定量的资本。这种**资本要求**(capital requirement)的目的是确保银行能偿还其储户的存款(而不必依赖政府提供的存款保险基金)。所要求的资本量取决于银行持有的资产类型。在其他条件相同的情况下,持有高风险资产(如向信用质量存疑的借款人发放的贷款)的银行需要比持有安全资产(如政府债券)的银行持有更多的资本。

杠杆:
将借到的货币追加到用于投资的现有资金上。

杠杆率:
银行总资产与银行资本的比率。

资本要求:
政府监管法规规定的银行最低资本量。

当银行发现自己的资本不足以满足资本要求时,就可能会出现经济动荡。这种现象的一个例子出现在 2007 年和 2008 年,当时许多银行在其部分资产上遭受了重大损失——特别是抵押贷款和由抵押贷款支持的有价证券。资本短缺引起银行减少贷款,这种现象有时被称为信贷紧缩(credit crunch),这反过来又引起经济活动的大幅减少。(我们在第 34 章中还将对这一现象进行更充分的讨论。)为了解决这个问题,美国财政部和美联储共同向银行系统注入了几百亿美元的公共资金以增加银行的资本量。这暂时使美国纳税人成为许多银行的部分所有者。这一不寻常政策的目的是对银行系统进行再资本化,以便银行的贷款可以恢复到更加正常的水平,实际上,到 2009 年年底,情况确实有所改善。

30.4 美联储控制货币的工具

美联储负责控制经济中的货币供给,它用微妙且不断演变的方式完成这项任务。由于银行在部分准备金银行制下会创造货币,因此美联储对货币供给的控制是间接的。当美联储决定改变货币供给时,它必须考虑其行动将如何通过银行体系而起作用。

美联储的货币工具箱中有各种工具,而且随着时间的推移,它对这些工具的使用方式会发生变化。我们可以把这些工具分为两类:一类是影响准备金量的工具,另一类是影响准备金率从而影响货币乘数的工具。

30.4.1 美联储如何影响准备金量

美联储改变货币供给的第一种方法是通过改变准备金量。美联储通过公开市场操作或向银行发放贷款来实现这一点。

公开市场操作(open-market operations) 正如我们以前提到的,美联储在买卖政府债券时进行公开市场操作。为了增加货币供给,美联储会指示它在纽约联邦储备银行的债券交易商在全国债券市场上向公众购买债券。通过用新创造的美元支付这些债券,美联储增加了经济中的美元数量。这些新增的美元中,一部分被作为通货持有,另一部分被存入银行。被作为通货持有的每 1 美元都正好增加了 1 美元货币供给。而被存入银行的每 1 美元增加的货币供给都大于 1 美元,因为它增加了银行的准备金,从而增加了银行体系可以创造的货币量。

为了减少货币供给,美联储则进行相反的操作:它在全国债券市场上向公众出售政府债券。公众用其持有的通货和银行存款来购买这些债券,这就直接减少了流通中的货币量。此外,当人们从银行提款用于购买美联储的这些债券时,银行会发现自己的准备金也减少了。作为一种应对

公开市场操作:
中央银行在金融市场上买卖政府债券。

措施，银行就会减少贷款量，货币创造的过程开始反向起作用。

公开市场操作是容易进行的。实际上，美联储在全国债券市场上买卖政府债券的行为类似于人们为自己的资产组合所进行的交易。但是，两者之间又存在重要的差别。当两个人相互交易时，货币只是易手，但流通中的货币仍然相同。与此相反，当美联储是交易的一方时，货币供给改变了。公开市场操作是美联储最常用的货币政策工具。

美联储向银行发放贷款　美联储还可以通过向银行发放贷款来增加准备金量。当银行没有充足的准备金以满足银行监管要求、应对储户提款、发放新贷款或其他业务需求时，它们会向美联储借款。

银行向美联储借款可以有多种方式。传统上，银行从美联储的贴现窗口借款，并对贷款支付被称为**贴现率**（discount rate）的利率。当美联储向银行发放此类贷款时，银行体系就有了更多准备金，这些增加的准备金使银行体系可以创造更多货币。

贴现率：
美联储向银行发放贷款的利率。

美联储可以通过改变贴现率来改变货币供给。贴现率的提高会阻止银行向美联储借款，减少银行体系的准备金量，从而减少货币供给。相反，贴现率的下降会鼓励银行向美联储借款，从而增加准备金量和货币供给。

有时，美联储会建立银行向其借款的其他机制。比如，从 2007 年到 2010 年，美联储通过定期拍卖工具确定它想借给银行的资金量，符合资格条件的银行通过竞标获得借款。贷款会发放给出价最高的合乎资格者，即那些有可接受的抵押品而且愿意支付最高利率的银行。与贴现窗口（由美联储确定贷款价格而银行确定借款数量）不同，定期拍卖工具是由美联储确定借款数量，由银行之间的竞标决定价格。美联储提供的资金越多，准备金的数量就越大，货币供给量也就越大。

美联储向银行提供贷款不仅是为了控制货币量，也是为了在金融机构陷入困境时提供帮助。例如，当 1987 年 10 月 19 日股票市场崩盘（下跌 22%）时，许多华尔街证券公司发现它们需要短期资金来为大量的股票交易筹资。第二天早晨，在股市开盘之前，时任美联储主席艾伦·格林斯潘宣布，美联储"随时可以成为支持经济与金融体系的流动性资金来源"。许多经济学家认为，格林斯潘的应对是这次股市崩盘几乎没有留下什么后遗症的重要原因。

同样，在 2008 年和 2009 年，席卷美国的房价下跌使出现抵押贷款违约的房主数量急剧增加，并使许多持有这些抵押贷款的金融机构陷入困境。为了防止这些事件的影响波及整个经济，美联储向陷入困境的金融机构提供了数十亿美元的贷款。

2020 年当股票和债券市场因新冠疫情的影响而暴跌时，美联储作为最后贷款人再次采取了行动,并启动了新的计划,以补充经济中的流动性。美联储主席杰罗姆·鲍威尔承诺会支持银行和经济,直至"我们确信经济已经稳固地走上了复苏之路"。

30.4.2 美联储如何影响准备金率

除了影响准备金量,美联储还可以通过影响准备金率和货币乘数来改变货币供给。美联储可以通过规定银行必须持有的准备金量来影响准备金率,也可以通过支付给银行的准备金利率来影响准备金率。

法定准备金 美联储影响准备金率的一种方式是改变**法定准备金**(reserve requirements),即关于银行必须根据其存款持有的最低准备金量的规定。法定准备金的增加意味着银行必须持有更多的准备金,可以贷出去的资金就减少了,从而减少了银行体系可以创造的货币量。换句话说,法定准备金的增加会提高准备金率,降低货币乘数,并减少货币供给。相反,法定准备金的减少会降低准备金率,提高货币乘数,并增加货币供给。

> **法定准备金:**
> 关于银行必须根据其存款持有的最低准备金量的规定。

2008年以后这种货币工具在美国很少被使用了,因为银行开始持有大大高于法定水平的准备金。2020年3月,美联储将法定准备金设为零,实际上取消了法定准备金。尽管如此,了解法定准备金仍是必要的。它们在历史上一直是重要的,未来也可能再次变得重要。

准备金利息 在传统上,银行持有的准备金不赚取任何利息。但是,2008年10月,这一情况发生了变化,美联储开始支付准备金利息。也就是说,当银行将准备金存入美联储时,美联储会像银行支付储蓄账户利息一样,向银行支付利息。这种政策变化解释了准备金要求为什么不再是必要的:一旦准备金成为生息资产,银行即使没有被要求这样做,也更愿意持有它们。结果,美联储就有了另一种用以影响经济的工具。准备金利率的提高往往会提高准备金比率,提高货币乘数,并增加货币供给。

自2008年引进准备金利息以来,它已成为美联储最重要的货币政策工具之一。正如我们将说明的,近年来美联储的政策强调了联邦基金利率(一种银行之间隔夜贷款的利率)的短期目标。美联储向银行支付的准备金利率是实现联邦基金利率目标的一种特别有用的工具。

30.4.3 控制货币供给中的问题

美联储的各种工具——公开市场操作、银行贷款、法定准备金和准备金利率——对货币供给有着重要的影响。但美联储对货币供给的控制并不精确。美联储必须克服两个问题,其中的每一个问题都源于大部分货币供给是通过部分准备金银行制创造的。

第一个问题是，美联储无法控制家庭选择以银行存款方式持有的货币量。家庭持有的存款越多，银行的准备金就越多，银行体系所能创造的货币就越多；而家庭持有的存款越少，银行的准备金就越少，银行体系所能创造的货币就越少。为了说明这为什么是一个问题，假设某一天，人们对银行体系失去信心，因而决定提取存款并持有更多现金。当这种情况出现时，银行体系的准备金减少，创造的货币也减少了。即使美联储没有采取任何行动，货币供给也会减少。

第二个问题是，美联储无法控制银行选择发放的贷款量。当货币存入银行时，银行只有把它贷出去，才能创造更多的货币。由于银行可以选择持有超额准备金，因此美联储无法确定银行体系将创造多少货币。例如，假设有一天，银行家们对经济状况变得更加谨慎，并决定少发放贷款以持有更多准备金。在这种情况下，银行体系创造的货币量就会减少。由于银行家们的决策，货币供给减少了。

这就是为什么在部分准备金银行制下，经济中的货币量部分取决于储户和银行家的行为。由于美联储无法控制或准确地预测这种行为，它就无法精确控制货币供给。但是，如果美联储谨慎行事，那么这些问题就不会太严重。美联储通过每周收集银行存款与准备金的数据，可以很快地掌握储户或银行家行为的变化，并作出反应。

此外，正如我们稍后将讨论的，最近美联储通过设定利率目标而不是货币供给目标来执行货币政策。这种方法会自动地调整准备金量，以应对银行家和储户态度的变化。

 案例研究　　银行挤兑和货币供给

尽管你也许从未目睹过现实生活中的银行挤兑，但你可能在《欢乐满人间》或《生活真奇妙》这类电影中看到过这种场面。银行挤兑是一种集体恐慌，当储户怀疑银行可能要破产，从而"挤"到银行柜台前去提取存款时，银行挤兑就发生了。自20世纪30年代的大萧条以来，美国还没有发生过严重的银行挤兑，但在英国，北岩银行（Northern Rock）在2007年经历了挤兑，并最终由政府接管。

银行挤兑是部分准备金银行制产生的一个

并不那么美妙的银行挤兑

图片来源：Moviestore Collection/Alamy Stock Photo.

问题。由于银行只以准备金形式持有部分存款,因此它不可能满足所有储户同时提款的要求。即使银行实际上有偿付能力(即资产大于负债),它手头也没有足够的现金使所有储户可以立即提取出所有的钱。当挤兑发生时,银行被迫关闭,直至一些银行贷款得到偿还,或最后贷款人(如美联储)向它提供能够满足储户提款需求的现金。

银行挤兑使货币供给的控制复杂化了。考虑一下 20 世纪 30 年代初期发生的情况。在一波银行挤兑和银行关闭潮之后,家庭和银行家变得更谨慎了。家庭从银行提取存款,宁愿以现金的形式持有货币。当银行家们对准备金减少的反应是减少银行贷款时,这一决策就使货币创造过程在反向起作用。与此同时,银行家们提高了银行的准备金比率,以便在未来发生银行挤兑时有足够的现金满足储户的需求。更高的准备金比率降低了货币乘数,从而进一步减少了货币供给。从 1929 年到 1933 年,尽管美联储没有采取有意的紧缩政策,货币供给还是减少了 28%。许多经济学家用这种货币供给的大幅减少来解释这一时期存在的高失业与物价下降。(在后面的章节中,我们将考察货币供给变动影响失业和物价的机制。)

如今,银行挤兑已经不再是美国银行体系的主要问题,这部分是因为 20 世纪 30 年代危机后实施的改革。联邦政府现在主要通过联邦存款保险公司(FDIC)来保证大多数银行存款的安全。储户不会到银行挤兑,因为他们确信即使银行破产了,FDIC 也将保证其存款完好无损。

但恐慌的投资者有时也会逃离缺乏政府存款保险的其他金融机构,引起类似于银行挤兑的事件。例如,在 2008 年和 2020 年,人们开始怀疑货币市场基金的稳定性,这些机构并不是银行,但具有一些类似于银行的特点。美联储担心从这些基金大量提款会扰乱其贷款,搅乱金融市场,并抑制经济活动。在这两种情形下,美联储都会介入以增加流动性并恢复市场的稳定。

政府存款保险政策对于维持公众对银行体系的信心是成功的,但它也有副作用。那些存款得到保证的银行家在放贷时可能没有足够的激励去规避信贷风险。他们可能会想,"最好的结果是银行赚钱,最差的结果是纳税人受损"。这就是为什么监管机构要密切关注银行资产的风险性。

至于银行挤兑,大多数人只在电影中见到过。

新闻摘录

哲基尔岛之行

这个故事讲的是美联储是怎么诞生的。

美联储诞生的奇幻故事
Roger Lowenstein

民意调查显示,在美国,除了国家税务局(IRS),没有一家机构的评价比美联储还低。这也是激进自由主义者鼓吹的"阴谋论"的来源——他们坚持认为,美联储使货币堕落并最终将使国家破产。

如果说美联储没有在 2008 年金融危机期间出手挽救金融体系,那么它不受欢迎还有情可原,但事实是美联储拯救了经济……

尽管如此,国会中这种不满情绪依然高涨,多项议案要求剥夺美联储的独立性,让敏感的货币政策制定接受民选政治家的监督。有些议案甚至主张恢复金本位制。

对中央银行的观察者来说，这种情况——有效的政策换来的却是民粹主义者的蔑视——并不是什么新鲜事儿。在美国历来如此。

1791年在亚历山大·汉密尔顿(Alexander Hamilton)的呼吁下，国会首次批准成立了美国第一银行——美联储的前身。但是，托马斯·杰斐逊(Thomas Jefferson)对此表示反对——他向来不信任银行(认为农业更为重要)并担心中央政府过于强大。20年以后，杰斐逊赢了，国会终止了美国第一银行的特许经营权。

这项决定带来了灾难性的后果：毁灭性的通货膨胀。因此，1817年起国会批准成立了美国第二银行，它为迅速发展的美国提供了更稳定、更统一的货币并改善了公共财政。但这种成功并没有拯救银行自己。安德鲁·杰克逊(Andrew Jackson)总统将美国第二银行视为东海岸精英阶层的工具，随后这家银行也被取缔了。

在19世纪的大部分时间里，美国与大多数欧洲国家不同，它没有最后贷款人。结果是经常性的金融恐慌和信贷短缺。但是那些本应该从中央银行获益最大的群体(比如急需信贷的农民)却更愿意维持现状。与以前的杰斐逊和杰克逊一样，他们也担心政府的银行会与华尔街合谋，向人民施以暴政。

1907年的一次金融恐慌几乎摧毁了银行体系，之后改革派开始再次筹建中央银行。但公众对中央银行的不信任程度如此之深，以至于改革派不敢公开这一计划。

故事就从这里(105年之前)开始，看起来就像被未来的某个好莱坞编剧篡改了剧本。

1910年11月的一个晚上，强势的参议员、罗德岛的共和党人Nelson W. Aldrich在纽约附近登上了一辆私人列车的车厢。此时天上正飘着雪花，使同行者的低声密语更显安静，而这正是Aldrich所希望的。

同行者中包含改革派银行家Paul Warburg，他手持一把打猎用的来复枪，但他其实对打猎毫无兴趣。一行人中还包括摩根银行的一位成员、美国财政部长助理，以及美国最大的银行——国民城市银行的行长Frank Vanderlip。

"我们这趟出来是要干什么呀？" Vanderlip问道。

"可能是打猎，也可能是你我从未做过的一件大事。" Warburg回答。

他们装扮成野鸭猎人，在佐治亚州的不伦瑞克下了火车，并乘汽艇来到哲基尔岛，岛上有一个被松树和棕榈树环绕的会员俱乐部。在一周的时间里，Aldrich和他的银行家伙伴们起草了一份草案(该草案后来成为《联邦储备法》)，这份草案永远地改变了美国经济。

国会并不知道Aldrich的法案是由华尔街的大佬们起草的。Aldrich的法案虽未获通过，但它为后来的一项成功法案，即1913年伍德罗·威尔逊(Woodrow Wilson)总统签署的《联邦储备法》奠定了基础。多年后，哲

参议员 Nelson W. Aldrich

图片来源：Library of Congress, Prints and Photographs Division.

基尔岛之行被公开,极端主义者抓住这个比小说还离奇的故事,声称美联储是银行家针对美国人民的阴谋。在阴谋论者看来,银行家在哲基尔岛上的秘密会议成为美联储的隐喻。具有明显讽刺意味的是,正是由于担心美国人对中央银行的非理性怀疑,Aldrich 和他的银行家伙伴们才用了密谋的方式,而最终这种方式又加深了人们的偏执。

尽管用了秘密的策略,但金融家们的动机实际上是爱国的。Aldrich 曾赴欧洲考察它们的中央银行体系,并希望借助专家力量为美国起草相同的法案。在摆满野火鸡和新鲜牡蛎的餐桌旁,这些富有的银行家们激烈地争论着至今仍困扰我们的问题:经济权力应如何在联邦和地方之间分配?中央银行应如何设定利率和货币供给?

今天的美联储仍然不是完美的,但它比以前更透明,这要感谢前任美联储主席本·伯南克(Ben Bernanke)推动的改革,这场改革的必要性并不比 1791 年时的中央银行小。美国人的偏执被证明是不正确的,正如长久以来那样。

讨论题

1. 你认为参议员 Aldrich 为什么要对哲基尔岛的会议保密?按你的观点,这种保密行为是否合理?

2. 大多数人并不了解美联储是做什么的。你认为这种不了解会如何影响中央银行官员的工作?

Roger Lowenstein,《美国的银行:创建美联储的史诗般斗争》一书的作者。

资料来源:*Los Angeles Times*, November 2, 2015.

30.4.4 联邦基金利率

你如果在新闻中看到有关美国货币政策的信息,你会发现许多关于联邦基金利率的讨论。这引出了几个问题:

问:什么是联邦基金利率?

答:**联邦基金利率**(federal funds rate)是银行之间相互贷款时收取的短期利率。如果一家银行发现其准备金不足,它就可以选择从另一家银行贷款。这种贷款是暂时的,通常是隔夜贷款。这种贷款的价格就是联邦基金利率。

联邦基金利率:
一家银行向另一家银行进行隔夜贷款时的利率。

问:联邦基金利率与为准备金支付的利率有什么不同?

答:准备金利率是美联储向在美联储持有准备金的银行支付的利率。对银行来说,在联邦基金市场上向其他银行借出准备金是在美联储持有准备金的一种替代方式,而且通常谁的利率更高,银行就借给谁。因此,这两种利率通常是接近的。

问：联邦基金利率只对银行至关重要吗？

答：完全不是。只有银行才能直接在联邦基金市场上借钱，但是这一市场的经济影响要广泛得多。由于金融体系的各个部分之间高度相关，不同类型贷款的利率之间也密切相关，因此，当联邦基金利率上升或下降时，其他利率往往朝同一方向变动。

问：美联储要对联邦基金利率做些什么呢？

答：近年来，美联储会为联邦基金利率设定一个目标。联邦公开市场委员会每六周召开一次会议，决定是提高还是降低该利率目标。

问：美联储如何能使联邦基金利率达到它确定的目标？

答：尽管实际的联邦基金利率是由银行间贷款市场上的供求决定的，但美联储可以通过公开市场操作来影响这个市场。最直接的方式是，如果美联储提高它为准备金支付的利率，银行在联邦基金市场上向其他银行收取的利率也会提高。如果美联储降低它为准备金支付的利率，银行就会更愿意在联邦基金市场上放贷，从而压低联邦基金利率。

问：这些公开市场操作难道不会影响货币供给吗？

（扫码答题）
即测即评30-4

答：当然会影响。当美联储宣布联邦基金利率目标时，它承诺用工具来实现这一目标，这些政策措施会影响货币供给。联邦基金利率目标的变化和货币供给的变动是同一枚硬币的两面。在其他条件相同时，联邦基金利率目标的下降意味着货币供给的扩张，而联邦基金利率目标的上升意味着货币供给的紧缩。

30.5 结论

几年前，一本名为《圣殿的秘密：美联储如何治理国家》的书登上了畅销书排行榜。尽管这个题目无疑有些夸张，但是它凸显了货币制度在我们日常生活中的重要作用。无论我们是买东西还是卖东西，都要依赖"货币"这种极为有用的社会习惯。现在我们知道了什么是货币以及什么因素决定货币供给，接下来我们就可以讨论货币量的变动如何影响经济了。下一章将开始探讨这一主题。

内容概要

- 货币这个词指的是人们通常用来购买物品与服务的资产。
- 货币有三种职能：作为交换媒介，提供用于交易的物品；作为计价单位，提供记录价格和其他经济价值的方式；作为价值储藏，提供把购买力从现在转移到未来的方式。
- 商品货币（如黄金）是有其内在价值的货币：即使它不作为货币也有价值。法定货币（如纸币）是没有内在价值的货币：如果它不作为货币就没有价值。
- 在美国经济中，货币以通货和其他各类银行存款（例如支票账户）的形式存在。
- 美联储（即美国的中央银行）负责监管美国的货币体系。美联储主席由总统任命并由国会确认，是联邦公开市场委员会的领导者。联邦公开市场委员会负责货币政策的制定。
- 当人们把钱存入银行而银行将这些存款的一部分贷给公众时，经济中的货币量增加。由于银行体系以这种方式影响货币供给，美联储并不能完全控制货币供给。
- 银行所有者提供开办银行所需的资源，即银行资本。由于杠杆（用借来的资金投资）的作用，银行资产价值的微小变动会引起其资本价值的很大变动。为了保护储户的利益，监管机构要求银行持有某种最低量的资本。
- 美联储可以用几种工具来影响货币供给。它可以通过在公开市场操作中购买债券，降低贴现率，增加对银行的贷款，降低法定准备金要求，或者降低准备金利率来扩大货币供给。它可以通过在公开市场操作中出售债券，提高贴现率，减少对银行的贷款，提高法定准备金要求，或者提高准备金利率来紧缩货币供给。历史上，公开市场操作是美联储的主要政策工具，但是自2008年以来，美联储更多地依赖准备金利率。
- 美联储近年来确定了以联邦基金利率为目标的货币政策，联邦基金利率是银行向其他银行贷款的短期利率。当美联储致力于实现这一目标时，它也调整了货币供给。

关键概念

货币	通货	准备金	杠杆率
交换媒介	活期存款	部分准备金银行制	资本要求
计价单位	联邦储备系统（美联储）	准备金率	公开市场操作
价值储藏	中央银行	货币乘数	贴现率
流动性	货币供给	银行资本	准备金利率
商品货币	货币政策	杠杆	联邦基金利率
法定货币			

复习题

1. 货币与经济中的其他资产有哪些区别？
2. 什么是商品货币？什么是法定货币？我们用的是哪一种货币？
3. 什么是活期存款？为什么活期存款应该包括

在货币存量中？

4. 哪些人负责制定美国的货币政策？这个群体是如何被选出来的？

5. 如果美联储想通过公开市场操作增加货币供给，它应该怎么做？

6. 为什么银行不持有100%的准备金？银行持有的准备金量与银行体系创造的货币量之间有什么关系？

7. 银行A的杠杆率是10，而银行B的杠杆率是20。两家银行相似的贷款亏损使它们的资产价值下降了7%。哪家银行资本的变动更大？这两家银行仍然有偿付能力吗？解释原因。

8. 什么是贴现率？当美联储提高贴现率时，货币供给会发生怎样的变动？

9. 什么是法定准备金？当美联储提高法定准备金要求时，货币供给会发生怎样的变动？

10. 为什么美联储不能完全控制货币供给？

问题与应用

1. 下列哪一种是美国经济中的货币？哪一种不是？通过讨论货币三种职能中的每一种来解释你的答案。
   a. 1美分
   b. 1墨西哥比索
   c. 一幅毕加索的油画
   d. 一张塑料信用卡

2. 解释以下事件分别增加还是减少了货币供给。
   a. 美联储通过公开市场操作购买债券。
   b. 美联储降低法定准备金率。
   c. 美联储提高它向银行支付的准备金利率。
   d. 花旗银行偿还了它以前在美联储获得的贷款。
   e. 在经历许多次扒窃之后，人们决定减少持有的现金。
   f. 因为担心出现挤兑，银行家决定持有更多准备金。
   g. 联邦公开市场委员会提高了联邦基金利率目标。

3. 你的叔叔通过开出他在第十国民银行（TNB）支票账户上的一张100美元支票偿还了该银行的100美元贷款。用T型账户说明这种交易对你叔叔和银行的影响。你叔叔的财富变动了吗？解释原因。

4. Beleaguered州立银行（Beleaguered State Bank，BSB）拥有2.5亿美元存款，并保持10%的准备金率。
   a. 列出BSB的T型账户。
   b. 现在假设BSB最大的储户从其账户上提取了1 000万美元现金。如果BSB决定通过减少贷款余额来恢复其准备金率水平，那么列出它的新T型账户。
   c. 解释BSB的行动对其他银行的影响。
   d. 为什么BSB采取问题b中所描述的行动是困难的？讨论BSB恢复其原来准备金率水平的另一种方式。

5. 你拿出放在床垫下的100美元并将其存入你的银行账户。如果这100美元作为准备金留在银行体系中，并且银行持有的准备金等于存款的10%，那么银行体系的存款总量会增加多少？货币供给会增加多少？

6. Happy银行最初有200美元的银行资本，然后它吸收了800美元存款。它将存款的12.5%（1/8）作为准备金，并将其余资产用于发放贷款。
   a. 列出Happy银行的资产负债表。
   b. Happy银行的杠杆率是多少？
   c. 假定Happy银行的一些借款者出现违约，从而使这些银行贷款的价值降低了10%。列出该银行新的资产负债表。

d. 银行的总资产减少了百分之几？银行的资本减少了百分之几？哪个变化更大？为什么？

7. 美联储进行1 000万美元政府债券的公开市场购买。如果法定准备金率是10%，那么引起的货币供给的最大可能增加量是多少？最小可能增加量又是多少？解释原因。

8. 假设法定准备金率是5%，在所有其他条件不变的情况下，如果美联储购买价值2 000美元的债券或者某人把她藏在曲奇罐中的2 000美元存入银行，则货币供给会扩大多少？如果其中一种方式能比另一种方式创造出更多的货币，可以多创造多少？证明你的观点。

9. 假设支票账户的法定准备金率是10%，并且银行不持有超额准备金。

   a. 如果美联储出售100万美元政府债券，则对经济中的准备金和货币供给会有什么影响？

   b. 现在假设美联储把法定准备金率降至5%，但银行决定选择再把5%的存款作为超额准备金。银行为什么会这样做？由于这些行为，货币乘数和货币供给会发生怎样的变动？

10. 假设银行体系的总准备金为1 000亿美元。再假设支票存款的法定准备金率是10%，并且银行不持有超额准备金，家庭也不持有现金。

    a. 货币乘数是多少？货币供给是多少？

    b. 如果现在美联储把法定准备金率提高到20%，则准备金将发生怎样的变动？货币供给将发生怎样的变动？

11. 假设法定准备金率是20%。再假设银行不持有超额准备金，家庭也不持有现金。美联储决定使货币供给增加4 000万美元。

    a. 如果美联储进行公开市场操作，那么它将购买还是出售债券？

    b. 为了达成这一目标，美联储需要购买或出售多少债券？解释你的推理过程。

12. 假设Elmendyn经济中有2 000张1美元的纸币。

    a. 如果人们把所有货币作为通货持有，那么货币量是多少？

    b. 如果人们把所有货币作为活期存款持有，并且银行持有100%的准备金，那么货币量是多少？

    c. 如果人们持有等量的通货和活期存款，并且银行持有100%的准备金，那么货币量是多少？

    d. 如果人们把所有货币作为活期存款持有，并且银行持有10%的准备金，那么货币量是多少？

    e. 如果人们持有等量的通货和活期存款，并且银行持有10%的准备金，那么货币量是多少？

第31章　货币增长与通货膨胀

今天，如果你想买一个冰淇淋甜筒，你至少需要 2 美元。但情况也并不总是这样。20 世纪 30 年代，我的祖母在新泽西州的特伦顿经营一家糖果店，她出售两种规格的冰淇淋甜筒。一小勺量的冰淇淋甜筒卖 3 美分，一大勺量的冰淇淋甜筒卖 5 美分。

冰淇淋和 20 世纪 30 年代销售的大多数物品的价格上升在现代经济中是常见的，这些价格往往随着时间的推移而上升。这种物价总水平的上升被称为通货膨胀。前一章中讨论了经济学家如何用 CPI、GDP 平减指数或其他物价总水平指数的变动百分比来衡量通货膨胀率。CPI 表明 1935—2021 年美国的物价水平平均每年上升 3.5%，累计使美国的物价水平上升了将近 20 倍。

对那些近几十年来一直生活在美国的人来说，通货膨胀似乎是自然的，但实际上它并不是不可避免的。在 19 世纪的较长时期中，大多数物品的价格都在下降——这种现象被称为通货紧缩。1896 年美国经济的平均物价水平比 1880 年低 23%，而且通货紧缩成为 1896 年美国总统大选时的一个主要议题。当谷物价格下降减少了农民的收入，从而降低了他们偿还债务的能力时，累积了大量债务的农民苦不堪言，因而他们支持政府采取政策扭转通货紧缩。

虽然通货膨胀在近代历史上是正常现象，但物价上升的比率还是有很大的变动。从 1970 年到 1980 年，美国物价平均每年上升 7.8%，这意味着在这 10 年间物价水平翻了一番还多。与此相比，从 2010 年到 2020 年，美国的通货膨胀率平均每年只有 1.7%。但在 2022 年年初，当美国努力从新冠疫情中恢复时，通货膨胀率上升了大约 7 个百分点，达到 40 年来的最高水平，并且人们想知道这种上升是短暂的，还是较为持久的。

国际数据表明，通货膨胀变动的范围还要大得多。2020 年，美国的通货膨胀率为 1.2% 时，日本的通货膨胀率为 0，墨西哥为 3.4%，尼日利亚为 11%，土耳其为 12%。甚至尼日利亚和土耳其的通货膨胀率按某些标准来看也是适度的。2018 年，委内瑞拉的通货膨胀率达到每年

1 000 000%，相当于物价每天上升 2.5%。这种极高的通货膨胀率被称为恶性通货膨胀。

什么因素决定了一个经济中是否存在通货膨胀？如果存在通货膨胀，它会有多高呢？正如下一章所讨论的，许多因素可以影响短期内的物价水平。但为了解释严重的或持久的通货膨胀，经济学家往往转向货币数量论，这是本章的主要论题。第 1 章把这个理论概括为经济学十大原理之一：当政府发行了过多货币时，物价上升。货币数量论既可以解释温和的通货膨胀，如美国所经历的通货膨胀，也可以解释恶性通货膨胀。

本章还强调了一个相关的问题：通货膨胀为什么会成为一个问题？乍一看，对这个问题的回答似乎是显而易见的：因为人们不喜欢它。20 世纪 70 年代，当美国经历较高的通货膨胀时，民意调查显示通货膨胀被认为是国家面临的最重要的问题。1974 年，福特总统顺应了这种民意，并把通货膨胀列为"头号公敌"，还在自己的上衣领子上别了一个带有"WIN"的徽章，意思是"立刻铲除通货膨胀"（Whip Inflation Now）。2021 年，即新冠疫情后期，当美国通货膨胀飙升时，拜登总统说它是美国人民最迫切关注的问题之一。

但是，准确地说，通货膨胀给社会带来的成本是什么呢？答案可能会让你感到吃惊。确定通货膨胀的各种成本并不像乍看起来那么简单。虽然所有经济学家都谴责恶性通货膨胀，但一些经济学家认为，温和通货膨胀的成本并不像公众认为的那么大。

31.1 古典通货膨胀理论

由于货币数量论是由几位最早期的经济思想家提出的，因此它被称为古典的。根据某些历史学家的说法，这种理论源于 16 世纪文艺复兴时期博学的尼古拉·哥白尼，他因提出太阳系的日心模型而闻名。货币数量论的支持者包括许多伟大的经济学家：18 世纪的大卫·休谟、19 世纪的约翰·斯图亚特·穆勒，以及 20 世纪的欧文·费雪和米尔顿·弗里德曼。今天，大多数经济学家都会用这种理论来说明物价水平和通货膨胀率的长期决定因素。

31.1.1 物价水平与货币价值

假设在某一时期内冰淇淋甜筒的价格从 5 美分涨到 1 美元。从人们愿意为得到一个冰淇淋甜筒而放弃这么多货币这一事实中我们应该得出什么结论呢？可能人们变得更喜欢吃冰淇淋了（或许是因为有人研制出了一种奇特的新口味），但更可能的情况是，人们对冰淇淋的喜好大体没

"我们该怎么办？是要和去年同样大小的，还是要与去年同样价钱的？"
图片来源：© Frank Modell/The New Yorker Collection/www.cartoonbank.com.

有什么变化，只是随着时间的推移，用来购买冰淇淋的货币的价值下降了。大多数情况下，通货膨胀更多地与货币价值有关，而不是与物品价值有关。

这种观点有助于推导出一种通货膨胀理论。当CPI和其他物价水平衡量指标上升时，人们通常更加关注组成这些物价指数的许多单个价格的变化。新闻通常会这样报道："上个月CPI上升了3%，是由于新鲜水果和蔬菜价格上升了20%，燃油价格上升了30%。"这种方法包含某些关于经济中所发生情况的有用信息，但它忽略了关键的一点：通货膨胀是一种广泛的经济现象，它涉及的首要因素是经济中交换媒介的价值。

可以从两个方面来看待经济中的物价总水平。一方面，到目前为止，我们一直把物价水平看作一篮子物品与服务的价格。当物价水平上升时，人们必须为他们购买的物品与服务支付更多的钱。另一方面，我们还可以把物价水平看作货币价值的一种衡量指标。物价水平上升意味着货币价值下降，因为你钱包中的每1美元所能购买的物品与服务量变少了。

用数学方法来表述上述思想或许有助于理解。假设 P 是用CPI或GDP平减指数所衡量的物价水平，那么 P 也就衡量了购买一篮子物品与服务所需要的美元数量。现在反过来考虑，即用1美元所能购买的物品与服务量等于 $1/P$。换句话说，如果 P 是用货币衡量的物品与服务的价格，那么 $1/P$ 就是用物品与服务衡量的货币价值。

这种数学方法对理解只生产一种物品（比如冰淇淋甜筒）的经济是最简单的。在这种情况下，P 是一个冰淇淋甜筒的价格。当一个冰淇淋甜筒的价格（P）是2美元时，1美元的价值（$1/P$）就是一个冰淇淋甜筒价格的一半。当价格（P）上升到3美元时，1美元的价值（$1/P$）就下降到一个冰淇淋甜筒价格的1/3。现实经济生产成千上万种物品与服务，因此我们使用的是物价指数而不是一种物品的价格。但逻辑是相同的：当物价总水平上升时，货币的价值下降。

31.1.2 货币供给、货币需求与货币均衡

货币的价值是由什么因素决定的？答案也和经济学中其他许多问题的答案一样，是供给与需求。正如香蕉的供给与需求决定了香蕉的价格一样，货币的供给与需求也决定了货币的价值。但又是什么因素影响货币供给和货币需求呢？

首先考虑货币供给。在上一章中,我们讨论了美联储(中央银行)以及银行体系如何共同影响货币的供给。为了这样做,中央银行可以运用各种工具。它可以通过在公开市场操作中购买政府债券或者降低它支付给银行的准备金利率来增加货币供给。它也可以通过出售债券或提高准备金利率来减少货币供给。这些政策措施通过部分准备金银行制的运作来影响货币供给。但就本章的目的而言,我们可以不考虑银行体系和货币创造的细节,而仅仅把货币供给量当作由中央银行控制的政策变量。

现在考虑货币需求。最基本的是,货币需求反映了人们想以流动性形式持有的财富量。许多因素影响货币需求量。例如,人们钱包中的现金数量取决于他们对信用卡的依赖程度,以及是否很容易就能找到一台自动提款机。此外,正如我们将在本书第35章中强调的,货币需求量还取决于利率——它决定了人们购买生息债券(而不是把钱放在钱包里或低息支票账户中)所赚取的收益。

虽然许多变量都影响货币需求,但有一个变量最为重要:经济中的平均物价水平。人们持有货币是因为它是交换媒介。与债券或股票这类资产不同,人们可以用货币购买他们购物单上的物品与服务。他们选择持有多少货币取决于这些物品与服务的价格。价格越高,正常交易所需要的货币就越多,人们选择在其钱包和支票账户中持有的货币也就越多。也就是说,物价水平上升(货币价值下降)会增加货币需求量。

是什么因素确保中央银行供给的货币量与人们需求的货币量平衡呢?答案取决于所考虑的时间长短。在本书后面的章节中,我们将考察短期内这一问题的答案,并说明利率起着关键作用。但是,在长期中,答案要简单得多。在长期中,物价总水平会调整到使货币需求等于货币供给的水平。如果物价水平高于均衡水平,人们想要持有的货币量就大于中央银行所创造的货币量,所以物价水平必然下降以使供求平衡。如果物价水平低于均衡水平,人们想要持有的货币量就小于中央银行所创造的货币量,此时物价水平必然上升以使供求平衡。在均衡的物价水平下,人们想要持有的货币量与中央银行所供给的货币量恰好相等。

图31-1对以上观点加以图示。该图的横轴表示货币量。左边的纵轴表示货币价值($1/P$),而右边的纵轴表示物价水平(P)。需要注意的是,物价水平轴正好上下颠倒:较低的物价水平接近于纵轴的顶端,而较高的物价水平则接近于纵轴的底部。这种颠倒的轴表明,当货币价值高时(用左边纵轴的顶端来表示),物价水平低(用右边纵轴的顶端来表示)。

图中的两条曲线是货币的供给曲线与需求曲线。货币供给曲线是垂直的,因为中央银行固定了货币供给量。货币需求曲线向右下方倾斜,表

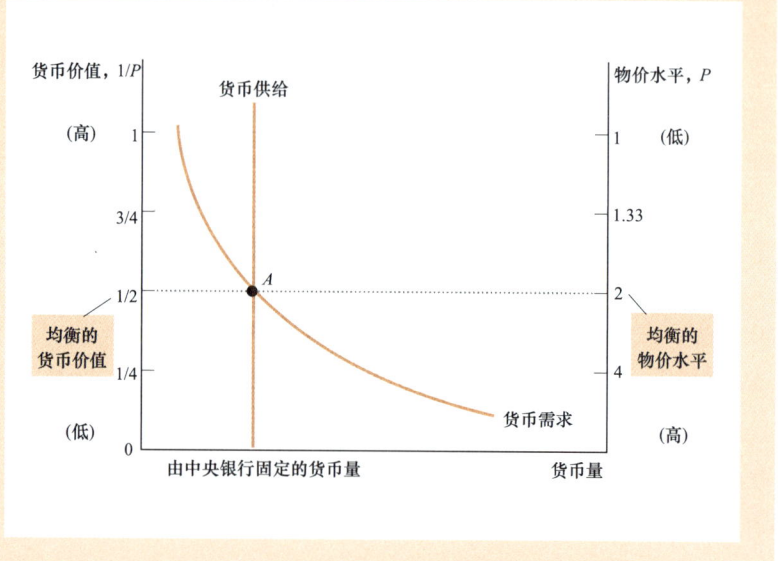

图 31-1

货币供给与货币需求如何决定均衡的物价水平

横轴表示货币量;左边的纵轴表示货币价值,右边的纵轴表示物价水平。货币供给曲线是垂直的,因为中央银行将货币供给量固定了。货币需求曲线向右下方倾斜,因为当每 1 美元买到的东西减少时,人们想持有的货币量就更多。在均衡(即 A 点)时,货币价值和物价水平已调整到使货币供给量与货币需求量平衡的水平。

示当货币价值低(物价水平高)时,人们需要更多的货币来购买物品与服务。在均衡时(如图中 A 点所示),货币需求量与货币供给量相等。货币供给与货币需求的均衡决定了货币价值和物价水平。

31.1.3 货币注入的影响

考虑货币政策变动的影响。为了这样做,设想经济最初是均衡的,然后中央银行突然通过印刷一些美元钞票并用直升机把它们撒到全国各地从而使货币供给翻了一番。(更为现实的情况是,美联储通过在公开市场操作中向公众购买政府债券而向经济中注入货币。)在货币注入之后,经济会发生怎样的变动呢?与旧均衡相比,新均衡会有哪些变动呢?

图 31-2 说明了发生的变动。货币注入使供给曲线从 MS_1 向右移动到 MS_2,而且均衡点从 A 点变动到 B 点。结果,货币价值(用左边的纵轴表示)从 1/2 下降到 1/4,而均衡物价水平(用右边的纵轴表示)从 2 上升到 4。换句话说,当货币供给增加使美元更多时,物价水平上升,这使每 1 美元变得更不值钱。

这种关于物价水平如何决定以及它为什么随着时间的推移而变化的解释被称为**货币数量论**(quantity theory of money)。根据货币数量论,经济中可得到的货币量决定了货币的价值,而货币量的增加是通货膨胀的主因。正如经济学家米尔顿·弗里德曼曾指出的:"通货膨胀无论何时何地都是一种货币现象。"

货币数量论:
一种认为可得到的货币量决定物价水平,而货币量的增长率决定通货膨胀率的理论。

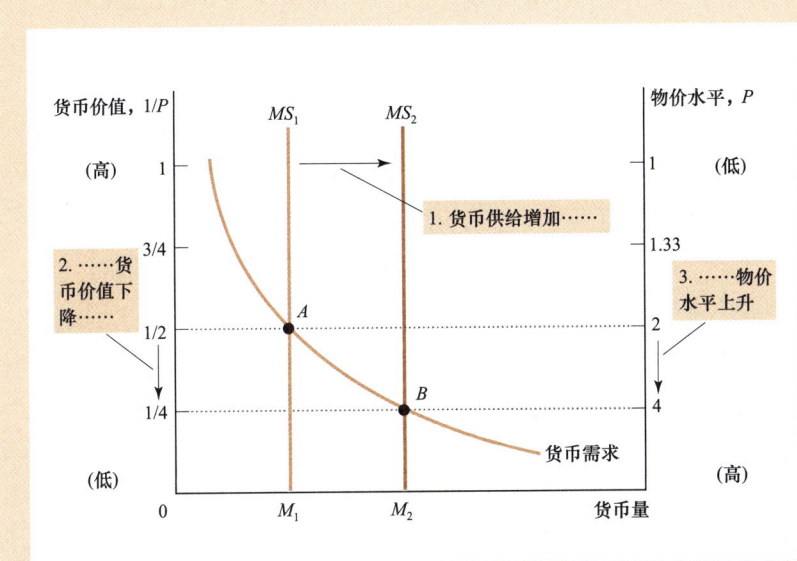

图31-2

货币供给增加

当美联储增加货币供给时,货币供给曲线从 MS_1 移动到 MS_2。货币价值(用左边的纵轴表示)和物价水平(用右边的纵轴表示)的调整使货币供求回到均衡状态。均衡点从 A 点变动到 B 点。因此,当货币供给增加使美元增多时,物价水平上升,这使每1美元更不值钱。

31.1.4 调整过程简述

到目前为止,我们已经比较了旧均衡与注入货币后的新均衡。经济如何从一种均衡达到另一种均衡呢?对这个问题的完整回答要求我们了解经济中的短期波动,我们将在本书的后面考察这一问题。在这里,我们简单地考察在货币供给变动之后所发生的调整过程。

货币注入的直接影响是创造了超额货币供给。在货币注入之前,经济是均衡的(如图 31-2 中的 A 点所示)。在当前的物价水平下,人们拥有的货币量正好是他们所需要的。但在直升机撒下新货币并且人们在街上捡到这些货币后,人们钱包里的美元就比他们想要的多了。在当前的物价水平下,货币供给量现在超过了货币需求量。

人们试图以各种方式花掉所供给的这些超额货币。他们可能用所持有的超额货币购买物品与服务,也可能通过购买债券或把货币存入银行储蓄账户的方式向其他人发放贷款。这些贷款又使其他人可以购买物品与服务。在这两种情况下,货币的注入都增加了人们对物品与服务的需求。

然而,经济中生产物品与服务的能力并没有改变,正如我们在"生产与增长"一章中所说明的,经济中物品与服务的产量由可获得的劳动、物质资本、人力资本、自然资源和技术知识所决定。货币注入并没有改变这些因素中的任何一项。

因此,这种对物品与服务需求的增加就会引起价格上升。而物价水平上升又增加了货币需求量,因为人们要为每次交易支付更多的美元。

最后，经济在货币需求量重新等于货币供给量时实现了新均衡（如图31-2中的 B 点所示）。物价总水平通过这种方式自发调整，使货币供给与货币需求重新达到平衡。

31.1.5　古典二分法和货币中性

我们已经说明了货币供给变动如何引起物价平均水平的变动。那么这些货币变动又如何影响其他经济变量，如生产、就业、工资和利率呢？这个问题长期以来引起经济学家们的极大兴趣。

经济变量可以分为两类：第一类由**名义变量**（nominal variables）——用货币单位衡量的变量——组成。第二类由**真实变量**（real variables）——用实物单位衡量的变量——组成。例如，种玉米的农民的收入是名义变量，因为它是用美元衡量的；而他们生产的玉米量是真实变量，因为它是用体积或重量衡量的。名义 GDP 衡量经济中物品与服务产出的美元价值；真实 GDP 衡量的是生产的物品与服务总量，并且不受这些物品与服务现期价格的影响。这种对名义变量和真实变量的区分被称为**古典二分法**（classical dichotomy）。二分法指分为两类，古典指最早提出这种划分方法的早期的经济思想家。

名义变量：
用货币单位衡量的变量。

真实变量：
用实物单位衡量的变量。

古典二分法：
对名义变量和真实变量的理论区分。

把古典二分法运用于价格就有点复杂了。经济中的大多数价格是用货币来表示的，因此它们是名义变量。当我们说玉米的价格是每蒲式耳 2 美元或小麦的价格是每蒲式耳 1 美元时，这两种价格都是名义变量。但相对价格——一种东西与另一种东西相比的价格——是什么呢？在上面的例子中，我们可以说 1 蒲式耳玉米的价格是 2 蒲式耳小麦。这种相对价格不再用货币衡量。当比较任意两种物品的价格时，美元符号被抹去了，所得出的数字是用实物单位衡量的。因此，美元价格是名义变量，而相对价格是真实变量。

这个结论可以应用于很多方面。例如，真实工资（根据通货膨胀调整后的美元工资）是真实变量，因为它衡量经济中用物品与服务交换一单位劳动的比率。同样，真实利率（根据通货膨胀调整后的名义利率）也是真实变量，因为它衡量用今天的物品与服务交换未来的物品与服务的比率。当然，一个有用的提示就是这个词——"真实"。当它出现在一个变量之前时，说明这个变量已经根据通货膨胀进行了调整，因此是用实物单位衡量的。

为什么要把变量分为这两类呢？古典二分法是有用的，因为影响真实变量与名义变量的因素不同。根据古典二分法的分析，名义变量受经济中货币制度的影响，而真实变量与货币制度基本上是无关的。

这种思想隐含在我们关于长期中真实经济的讨论中。在前几章中，我们在没有引入货币的情况下讨论了生产、储蓄、投资、真实利率和失业是如何决定的。在那种分析中,经济中物品与服务的生产取决于生产率和要素供给;真实利率的调整使可贷资金的供求平衡;真实工资的调整使劳动的供求平衡;当真实工资出于某种原因高于其均衡水平时,就引起了失业。这些重要结论均与货币供给量无关。

根据古典二分法理论,货币供给变动影响名义变量而不影响真实变量。当中央银行使货币供给翻一番时,物价水平翻了一番,工资翻了一番,所有其他用美元衡量的价值都翻了一番。而真实变量,例如生产、就业、真实工资和真实利率等都没有变动。这种货币供给变动与真实变量的无关性被称为**货币中性**(monetary neutrality)。

货币中性:
认为货币供给变动并不影响真实变量的观点。

一个类比有助于解释货币中性。作为计价单位,货币是我们用来衡量经济交易的尺度。当中央银行使货币供给翻一番时,所有物价都翻了一番,而且计价单位的价值下降了一半。如果政府要把1码(约91.44厘米)的长度从36英寸(约91.44厘米)减少为18英寸(约45.72厘米),将会发生类似的变动:由于使用了新的衡量单位,所有可衡量的距离(名义变量)都翻了一番,但实际距离(真实变量)仍然相同。美元也和"码"一样,仅仅是一种衡量单位,因此,其价值的变动对真实变量并没有实际影响。

货币中性符合现实吗?不完全符合。1码的长度从36英寸变为18英寸在长期中并没有关系,但在短期内肯定会引起混乱和各种错误。同样,大多数经济学家现在相信,在短期内——在一两年的时期内,货币变动对真实变量有影响。就连古典经济学家们(最著名的是大卫·休谟)自己也怀疑货币中性在短期内的适用性。在本书后面我们将研究短期货币非中性,这个主题将有助于解释美联储为什么一直在变动货币供给。

然而古典分析对长期经济而言是正确的。在十年左右的时间跨度内,货币变动对名义变量(例如物价水平)有重要影响,但对真实变量(例如真实GDP)的影响却是微不足道的。在研究经济的长期变动时,货币中性对世界如何运行提供了一个很好的描述。

31.1.6 货币流通速度与货币数量方程式

我们可以通过考虑下面这个问题从另一个角度说明货币数量论:普通的1美元钞票每年有多少次要用于支付新生产的物品与服务?一个被称为**货币流通速度**(velocity of money)的变量对这个问题做出了回答。在物理学中,速度这个词指物体运动的快慢。在经济学中,货币流通速度指在经济中普通的1美元在不同人手中流动的快慢。

货币流通速度:
货币易手的速度。

为了计算货币流通速度,我们用产出的名义值(名义GDP)除以货币量。如果P表示物价水平(GDP平减指数),Y表示产量(真实GDP),M表示货币量,那么,货币流通速度为:

$$V = (P \times Y)/M$$

为了说明这个公式,设想一个只生产比萨饼的简单经济。假设该经济在一年内生产了 100 个比萨饼,一个比萨饼的售价为 10 美元,而该经济中的货币量为 50 美元。那么,货币流通速度为:

$$V = (10 \text{ 美元} \times 100)/50 \text{ 美元} = 20$$

在这个经济中,人们每年用于比萨饼的总支出为 1 000 美元。由于只用 50 美元货币进行这 1 000 美元的支出,因此每 1 美元钞票必须每年平均易手 20 次。

对上式略加整理,可以将其改写为:

$$M \times V = P \times Y$$

这个方程式说明,货币量(M)乘以货币流通速度(V)等于产品的价格(P)乘以产量(Y)。这个公式被称为**数量方程式**(quantity equation),因为它把货币量(M)与产出的名义价值($P \times Y$)联系了起来。数量方程式说明,经济中货币量的增加必然反映在其他三个变量中的一个上:物价水平必然上升,或产量必然上升,或货币流通速度必然下降。

在许多情况下,货币流通速度是较为稳定的。例如,图 31-3 说明了 1959 年以来美国经济的名义 GDP、货币量(用 M2 衡量)以及货币流通速度。在这一时期,货币量与名义 GDP 都增加了 40 倍左右。相比之下,虽然货币流通速度并不是完全不变的,但是它的变动并不大。因此,就某些目的而言,货币流通速度不变的假设可能是相当接近现实的。

数量方程式:
方程式 $M \times V = P \times Y$,它把货币量、货币流通速度和经济中物品与服务产出的美元价值联系在一起。

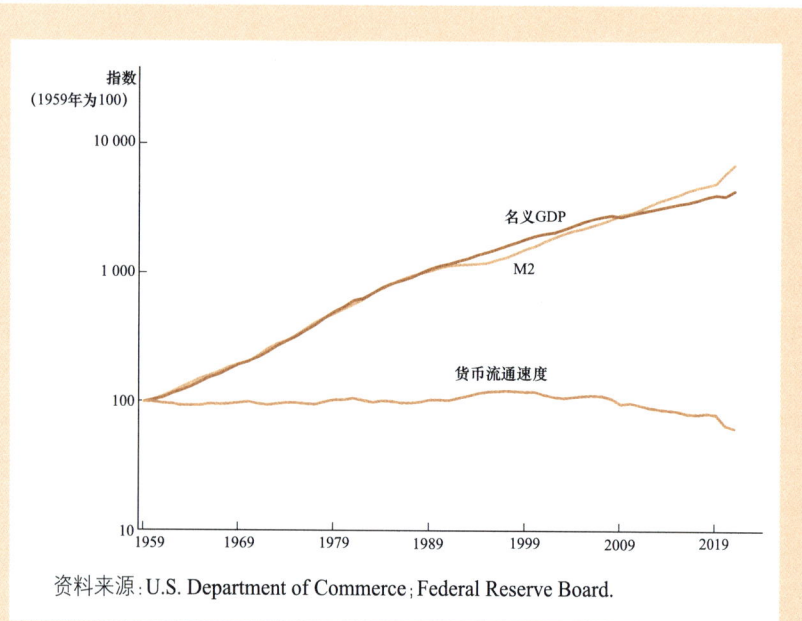

图31-3

名义GDP、货币量与货币流通速度

该图显示了用名义 GDP 衡量的名义产出价值、用 M2 衡量的货币量,以及用这两者之比衡量的货币流通速度。为了便于比较,这三个指数均以 1959 年为 100。如图所示,在这一时期,名义 GDP 与货币量的增长幅度相当大,而货币流通速度则相对稳定。

资料来源:U.S. Department of Commerce;Federal Reserve Board.

现在我们有了解释均衡物价水平和通货膨胀率所需的所有因素。这些因素是:

(1) 货币流通速度一直是较为稳定的。

(2) 由于货币流通速度稳定,因此当中央银行改变货币量(M)时,它就引起了名义产出价值($P \times Y$)的同比例变动。

(3) 一个经济的物品与服务产量(Y)主要是由要素供给(劳动、物质资本、人力资本和自然资源)及生产技术决定的。特别需要指出的是,由于货币是中性的,因此它并不影响产量。

(4) 在产量(Y)由要素供给和技术决定的情况下,当中央银行改变货币供给(M)并引起名义产出价值($P \times Y$)发生同比例变动时,这些变动将反映在物价水平(P)的变动上。

(5) 因此,当中央银行迅速增加货币供给时,结果就是高通货膨胀率。

这五个步骤是货币数量论的本质。简言之,该理论说明了通货膨胀是由于"过多的货币追逐过少的物品与服务"引起的。

案例研究　四次恶性通货膨胀期间的货币与物价

地震对一个社会而言可能是一场大浩劫,但其为地震学家提供了大量有用的数据。这些数据有助于地震学家发现可能正确的理论,从而有助于社会预测并应对未来的地震威胁。同样,恶性通货膨胀对于经历的人来说是灾难,但它们也为货币经济学家提供了一个用于研究货币对经济影响的自然实验。

恶性通货膨胀之所以令人感兴趣,原因很简单:货币供给和物价水平的变动巨大。恶性通货膨胀一般被定义为每月通货膨胀率在50%以上,这意味着物价水平在一年之内会上升100倍以上。回到我们之前提到的冰淇淋的例子。这种通货膨胀率就意味着,如果你在2023年夏天买一个冰淇淋甜筒要花2美元,那么在2024年夏天买一个冰淇淋甜筒就要花260美元。

四次典型的恶性通货膨胀发生在20世纪20年代即第一次世界大战结束后的奥地利、匈牙利、德国和波兰。例如,在奥地利,从1922年7月到1992年8月,物价水平大约翻了一番,一个月后又翻了一番。一位到维也纳的游客说:"人们甚至没有办法讨论物价,因为你的话音未落,物价又上升了。"

这些恶性通货膨胀的数据显示了货币量和物价水平之间清晰的联系。图31-4显示了发生恶性通货膨胀的经济中的货币量和物价水平指数。货币供给曲线的斜率代表货币量增长的比率,而物价水平曲线的斜率则代表通货膨胀率。这两条曲线的倾斜度越大,表示货币增长率或通货膨胀率越高。

需要注意的是,在每幅图中,货币量与物价水平几乎都是平行的。在这四种情况下,货币量的增长起初都是温和的,通货膨胀也是温和的。但随着时间的推移,货币量增长得越来越快。几乎在同时,通货膨胀也加剧了。最后,当货币量稳定时,物价水平也稳定了。这些事件充分说明了经济学十大原理之一:当政府发行了过多货币时,物价上升。

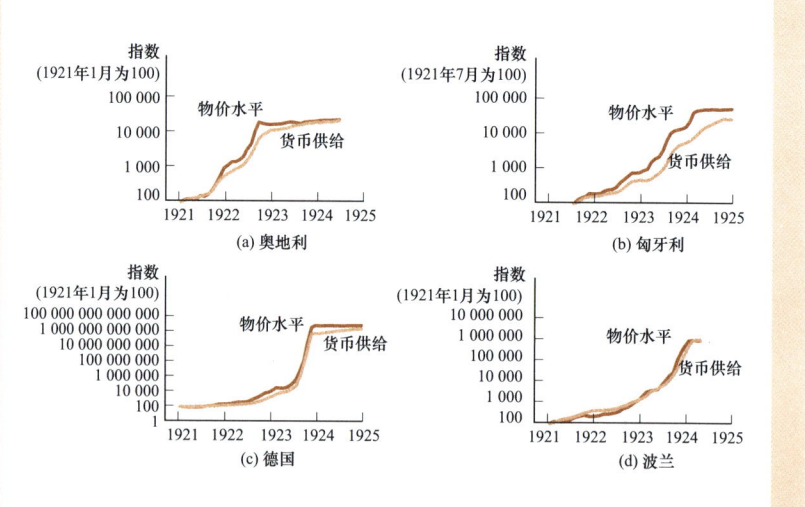

图31-4

四次恶性通货膨胀期间的货币与物价

该图显示了四次恶性通货膨胀期间的货币量与物价水平。(需要注意的是,这些变量在图中是以对数形式表示的,这意味着图中纵轴上相等的距离代表变量相同的变动百分比。)在每种情况下,货币量与物价水平几乎都是同步变动的。两者的高度相关与货币数量论的观点(货币供给的增长是通货膨胀的主要原因)是一致的。

资料来源:改编自 Thomas J. Sargent, "The End of Four Big Inflations", in Robert Hall, ed., *Inflation* (Chicago:University of Chicago Press, 1983), pp. 41-93。
注:各数据序列的初始观测值均标准化为100。

31.1.7 通货膨胀税

如果通货膨胀如此容易解释,那么一些国家为什么还会发生恶性通货膨胀呢? 也就是说,这些国家的中央银行为什么选择发行这么多货币,以致其货币必然会迅速贬值呢?

答案是,这些国家的政府把货币创造当作为其支出筹资的一种方法。当政府想要修公路或者学校、向政府雇用的军人支付薪水,或者对劣势群体或政治上强有力的人进行转移支付时,它首先必须筹集到必要的资金。通常情况下,政府既可以通过征收所得税和销售税来筹资,也可以通过出售政府债券向公众借债来筹资。然而,在实行法定货币制度的国家,政府还可以简单地通过印发它需要的货币来为其支出筹资。

通货膨胀税:
政府通过创造货币而筹集的收入。

当政府通过印发货币筹集收入时,可以说是在征收一种**通货膨胀税**(inflation tax)。但是,通货膨胀税和其他税并不完全一样,因为没有一个人从政府那里收到这种税的税单。相反,通货膨胀税是较为隐蔽的。当政府印发货币时,物价水平就会上升,你钱包里的货币就不值钱了。因此,通货膨胀税就像是一种向每个持有货币的人征收的税。

通货膨胀税的重要性在不同国家和不同时期并不相同。近年来,通货膨胀税一直不是美国的主要收入来源,由此取得的收入估计不到政府收入的3%。但在18世纪70年代,对于刚成立不久的美国来说,美国国会主要依靠通货膨胀税来为其军事支出筹资。因为新政府通过正常税收或借款筹资的能力有限,所以印发美元就成为其向军人支付工资的一种简单易行的方法。正如货币数量论所预言的,该做法的结果是导致了高通货膨胀率:在短短几年间,以美元衡量的物价上涨了一百多倍。

几乎所有恶性通货膨胀都遵循了与美国独立战争时期恶性通货膨胀相同的模式。政府面临高额支出,税收不足,而且借款能力有限,结果就只能通过印发钞票来为其支出筹资。最终,货币量的大幅增加引起了高通货膨胀率。当政府采取消除通货膨胀税所需的财政改革措施(例如,削减政府支出)时,恶性通货膨胀就结束了。

31.1.8 费雪效应

根据货币中性原理,货币增长率的上升会导致通货膨胀率的上升,但并不影响任何真实变量。这个原理的一个重要应用涉及货币对利率的影响。利率是宏观经济学家要了解的重要变量,因为利率通过对储蓄和投资的影响而把现在的经济与未来的经济联系在一起。

为了理解货币、通货膨胀和利率之间的关系,我们首先回忆一下名义利率和真实利率之间的区别。名义利率是你在银行得知的利率。例如,如果你有一个储蓄账户,则名义利率会告诉你,你账户上的美元数量在一定时期内将以多快的速度增加。真实利率是根据通货膨胀的影响校正后的名义利率,它告诉你,你账户上美元的购买力在一定时期内会以多快的速度提升。真实利率等于名义利率减通货膨胀率:

$$真实利率 = 名义利率 - 通货膨胀率$$

例如,如果银行公布名义利率是每年7%,通货膨胀率是每年3%,那么存款的真实价值每年上升4%。

我们可以改写上述等式,以便说明名义利率是真实利率与通货膨胀率之和:

$$名义利率 = 真实利率 + 通货膨胀率$$

这种观察名义利率的方法是有用的,因为决定这个公式右边每一项的经济力量是不同的。正如我们在本书前面所讨论的,可贷资金的供求状况决定真实利率,而且根据货币数量论,货币供给的增长决定通货膨胀率。

货币供给的增加如何影响利率?货币在长期中是中性的,货币增长率的变动并不会影响真实利率。毕竟,真实利率是一个真实变量。由于真实利率不受影响,因此名义利率必然根据通货膨胀率的变动进行一对一的调整。所以,当美联储提高货币增长率时,长期的结果是更高的通货膨胀率和更高的名义利率。这种名义利率根据通货膨胀率所做的调整被称为**费雪效应**(Fisher effect)——以第一个研究这个问题的经济学家欧文·费雪(Irving Fisher,1867—1947)的名字命名。

费雪效应:
名义利率对通货膨胀率所进行的一对一的调整。

记住,费雪效应的相关分析在长期中是正确的。但费雪效应在短期内是不成立的,因为通货膨胀是不可预期的。名义利率是对一笔贷款所支付的利率,它通常是在最初进行贷款时确定的。如果通货膨胀的变动超出债务人和债权人的预期,则他们事先达成协议的名义利率就没有反映较高的通货膨胀。但是,如果通货膨胀保持在高位,人们最终就会预期到这一较高的通货膨胀,而且贷款协议也将反映这种预期。确切地说,费雪效应表明名义利率是根据预期的通货膨胀进行调整的。长期中预期的通货膨胀随实际的通货膨胀而变动,短期内则不一定如此。

即测即评31-1
(扫码答题)

费雪效应对于理解名义利率在长期中的变动是至关重要的。图31-5显示了美国1960年以来的名义利率和通货膨胀率。这两个变量之间的密切联系是显而易见的。从20世纪60年代初到70年代,名义利率上升了,因为在这一时期通货膨胀率也上升了。同样,从20世纪80年代初到90年代,名义利率下降了,因为美联储控制住了通货膨胀。2010—2020年,以历史标准衡量,名义利率和通货膨胀率都较低。

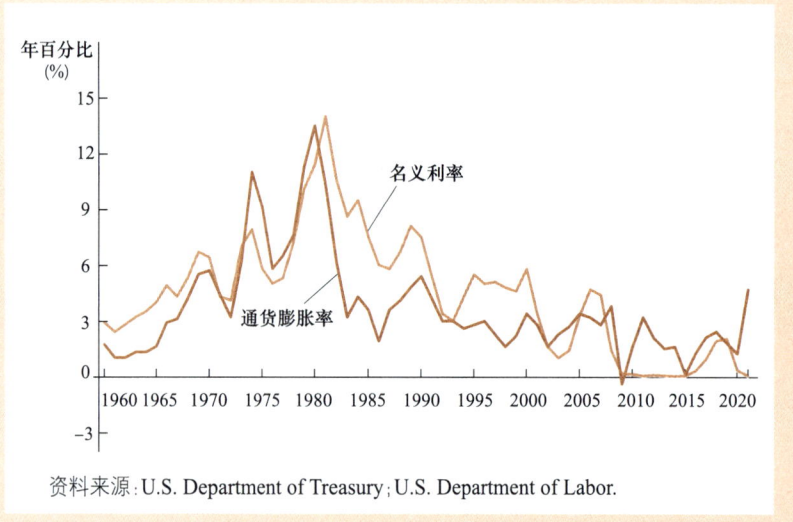

图31-5

名义利率和通货膨胀率

该图显示了美国1960年以来的3个月期国库券的名义利率和用CPI衡量的通货膨胀率。这两个变量之间的密切联系验证了费雪效应:当通货膨胀率上升时,名义利率也上升。

资料来源:U.S. Department of Treasury;U.S. Department of Labor.

31.2 通货膨胀的成本

20世纪70年代后期,美国的通货膨胀率达到每年10%左右,通货膨胀成为经济政策争论的焦点。尽管在最近二十多年中美国的通货膨胀率一直很低,但通货膨胀率仍然是受到密切关注的宏观经济变量。一项研究发现,通货膨胀是美国报纸最经常提到的一个经济术语(远远领先于处于第二位的失业和第三位的生产率)。

通货膨胀受到密切关注和广泛讨论,是因为它被认为是一个严重的经济问题。但这种认识正确吗?如果正确的话,又是为什么呢?

31.2.1 购买力下降了?通货膨胀谬误

如果你问一个普通人为什么通货膨胀是坏事,他会告诉你,答案是显而易见的:通货膨胀剥夺了他辛苦赚来的美元的购买力。当物价上升时,每1美元收入所能购买的物品与服务量都减少了。因此,通货膨胀似乎直接降低了人们的生活水平。

但进一步思考你就会发现,这个答案存在一个谬误。当物价上升时,尽管物品与服务的购买者为他们所买的东西支付的多了,但同时,物品与服务的卖者从他们所卖的东西中得到的也多了。由于大多数人通过出售他们的物品与服务而赚取收入,因此收入的上涨与物价的上涨是同步的。所以,通货膨胀本身并没有降低人们的实际购买力。

人们相信这个通货膨胀谬误是因为他们并没有认识到货币中性的原理。每年收入增加10%的工人倾向于认为这是对其才能与努力的奖励。当6%的通货膨胀率把这种收入增长率降为4%时,工人们会感到他们应该得到的收入被剥夺了。实际上,正如我们在"生产与增长"一章中所讨论的,真实收入是由真实变量决定的,如物质资本、人力资本、自然资源和生产技术。名义收入是由这些因素和物价总水平决定的。如果美联储把通货膨胀率从6%降到0,工人们每年的收入增长率也将从10%降到4%。此时,虽然他们可能感觉自己没有再被通货膨胀剥夺,但他的真实收入也没有更快地增加。

既然在长期中名义收入的上升往往与物价上升保持一致,为什么通货膨胀还是一个问题呢?对此并没有单一的答案。相反,经济学家确定了几种通货膨胀的成本。其中每一种成本都说明了持续的货币供给增长实际上以某种方式对真实变量产生了一些不利的影响。

31.2.2 皮鞋成本

正如我们所讨论的,通货膨胀像是对货币持有者征收的一种税。税收本身对社会并不是一种成本：它仅仅是把资源从家庭转移到政府。但是，大多数税收激励人们通过改变自己的行为来避免纳税，而这种激励的扭曲给整个社会造成了无谓损失。对通货膨胀税来说也是如此。它使人们把稀缺资源浪费在试图避免支付通货膨胀税上，从而造成了无谓损失。

一个人如何才能避免支付通货膨胀税呢？由于通货膨胀侵蚀了你钱包中货币的真实价值，因此你可以通过少持有货币来避免支付通货膨胀税。一种方法是你可以更经常地去银行。例如，你可以每周去银行提取 50 美元，而不是每四周提取 200 美元。通过更频繁地去银行，你可以把更多的财富放在支付利息的储蓄账户中，而把更少的货币放在其价值会被通货膨胀侵蚀的钱包中。

皮鞋成本：
当通货膨胀鼓励人们减少货币持有量时所浪费的资源。

减少货币持有量的成本被称为通货膨胀的**皮鞋成本**（shoeleather cost），因为更经常地去银行会使你的鞋磨损得更快。当然，不能从字面意义上理解这个词，减少货币持有量的实际成本不是鞋的磨损，而是你为了使手头保留的钱少于没有通货膨胀时的数量而必须牺牲的时间与便利。

在近年来只有温和通货膨胀的情况下，美国的皮鞋成本的确很低。但是在经历恶性通货膨胀的国家中，这种成本就很重要了。下面是对某个人在玻利维亚恶性通货膨胀时期经历的描述（刊登在 1985 年 8 月 13 日的《华尔街日报》上）：

> 当 Edgar Miranda 得到他每月作为教师的工资 2 500 万比索时，他一刻也没有耽误。比索的价值每小时都在下跌。因此，当他的妻子冲到市场上购买能够食用一个月的大米和面条时，他也赶紧把剩下的比索换为黑市美元。
>
> Miranda 正是在失控的通货膨胀世界中实践第一生存原则。玻利维亚是飞速的通货膨胀如何破坏社会的一个案例。物价上升幅度如此之大，以至于这些数字几乎让人难以置信。例如，在 6 个月的时间里，价格以每年 38 000% 的速度上涨。但是，按官方的统计，去年的通货膨胀率达到 2 000%，而今年预期达到 8 000%——尽管其他的估算比这还要高许多倍。无论如何，玻利维亚的通货膨胀率使以色列 370% 和阿根廷 1 100% 的通货膨胀率——已经是严重的通货膨胀——"相形见绌"。
>
> 很容易看出，如果 38 岁的 Miranda 不很快把比索兑换为美元，他的工资会发生怎样的变动。他得到 2 500 万比索工资的那一天，1 美元值 50 万比索，因此他相当于可以得到 50 美元。仅仅几天之后，就变成 90 万比索才能兑换 1 美元，那时他相当于只能得到约 27 美元。

正如这个故事所说明的,通货膨胀的皮鞋成本可能相当高。在通货膨胀率高时,Miranda 没有奢侈地把本国货币作为价值储藏手段持有,相反,他被迫很快地把比索换为物品或美元,因为后者作为价值储藏手段更稳定。Miranda 为减少其货币持有量而付出的时间和精力是一种资源浪费。如果货币当局采取低通货膨胀政策,Miranda 就会乐于持有比索,他也可以把他的时间和精力投入更具生产性的活动中。实际上,在这篇文章发表后不久,由于货币当局采取了更具限制性的货币政策,玻利维亚的通货膨胀率大大降低了。

31.2.3 菜单成本

大多数企业并不是每天都改变它们产品的价格;相反,企业公布价格后,往往在几周、几个月甚至几年内保持不变。一项研究发现,美国企业通常一年左右改变一次产品的价格。

企业不经常改变价格是因为改变价格是有成本的。改变价格的成本被称为**菜单成本**(menu costs),这个词源自餐馆印制新菜单的成本。菜单成本包括确定新价格的成本、印制新价格表和目录的成本、把这些新价格表和目录送达中间商和顾客的成本、为新价格做广告的成本,甚至还包括应对顾客对价格变动的不满的成本。

菜单成本: 改变价格的成本。

通货膨胀增加了企业必须承担的菜单成本。在当前的美国经济中,由于通货膨胀率低,对于许多企业来说,一年调整一次价格是合适的经营策略。但是,当高通货膨胀使企业成本迅速提高时,一年调整一次价格就是不现实的。例如,在恶性通货膨胀期间,企业必须每天甚至更频繁地变动价格,以便与经济中其他物品和服务的价格变动保持一致。

31.2.4 相对价格变动与资源配置不当

假设 Eatabit 小吃店在每年的 1 月份印制一份新菜单,并使其价格在一年中的其他时间保持不变。如果没有通货膨胀,Eatabit 的相对价格——其饭菜相对于经济中其他餐馆饭菜的价格——将会在一年中固定不变。但如果年通货膨胀率为 12%,Eatabit 的相对价格每月就会自动下降 1%。在刚刚印制了新菜单后的一年中最初的几个月内,餐馆的相对价格最高,在最后几个月内的相对价格则最低。而且,通货膨胀率越高,相对价格的变动就越大。因此,由于价格每隔一段时间才变动一次,通货膨胀会使相对价格的变动比没有通货膨胀时更大。

这一点为什么如此重要呢?原因是市场经济依靠相对价格来配置稀缺资源。消费者通过比较各种物品与服务的质量和价格决定购买什么。通过这些决策,他们决定稀缺的生产要素如何在个人与企业中配置。当通货膨胀扭曲了相对价格时,消费者的决策也被扭曲了,市场也就无法把资源配置到其最佳用途。

31.2.5　通货膨胀引起的税收扭曲

大多数税收都扭曲了激励,引起人们改变自己的行为,并导致经济中资源配置的无效率。当存在通货膨胀时,许多税收会带来更多的问题。这是因为法律制定者在制定税法时往往没有考虑到通货膨胀因素。那些研究税法的经济学家得出的结论是,通货膨胀往往增加了储蓄的税收负担。

通货膨胀抑制储蓄的一个例子是税收对资本收益——以高于购买价格出售一种资产所得到的利润——的处理。假设 1975 年你用一些储蓄以每股 10 美元的价格买进了 IBM 公司的股票,并在 2020 年以每股 110 美元的价格售出。根据税法的规定,当计算应纳税收入时,你必须把赚到的 100 美元资本收益包括在你的收入中。但是,由于从 1975 年到 2020 年物价总水平上升了 5 倍,因此,1975 年你投资的 10 美元就相当于(按购买力计算)2020 年的 50 美元。当你以 110 美元出售股票时,你的真实收益(购买力的提高)仅为 60 美元(110 美元 -50 美元)。但是,税法并不考虑通货膨胀,而是对你 100 美元的收益征税,因此,通货膨胀夸大了资本收益,并在无形中增加了这种收入的税收负担。

另一个例子是对利息收入的税收处理。尽管名义利率的一部分仅仅是为了补偿通货膨胀,但所得税把名义储蓄利息作为收入处理。为了说明这种政策的影响,考虑表 31-1 中的例子。该表比较了两个经济,这两个经济都对利息收入按 25% 的税率征税。在经济 A 中,通货膨胀率为 0,名义利率和真实利率都为 4%。在这种情况下,对利息收入征收 25% 的

表31-1

通货膨胀如何增加了储蓄的税收负担

在没有通货膨胀时,对利息收入征收 25% 的税使真实利率从 4% 下降为 3%。在存在 8% 的通货膨胀时,同样的税收使真实利率从 4% 下降为 1%。

(单位:%)

	经济 A (物价稳定)	经济 B (通货膨胀)
真实利率	4	4
通货膨胀率	0	8
名义利率(真实利率 + 通货膨胀率)	4	12
25% 的税收引起的利率下降(0.25 × 名义利率)	1	3
税后名义利率(0.75 × 名义利率)	3	9
税后真实利率(税后名义利率 - 通货膨胀率)	3	1

税使真实利率从 4% 下降为 3%。在经济 B 中，真实利率仍然是 4%，但通货膨胀率是 8%。由于费雪效应，名义利率是 12%。因为所得税把整个 12% 的利息作为收入，政府对它征收 25% 的税，所以税后名义利率为 9%，根据 8% 的通货膨胀率调整后，税后真实利率仅为 1%。在这种情况下，对利息收入征收 25% 的税使真实利率从 4% 下降为 1%。因为税后真实利率提供了对储蓄的激励，所以在存在通货膨胀的经济（经济 B）中，储蓄的吸引力就比在价格稳定的经济（经济 A）中要小得多。

对名义资本收益和名义利息收入的税收处理是税法与通货膨胀如何相互影响的两个例子。经济中还有许多其他例子。由于通货膨胀引起的税收变化，高通货膨胀倾向于抑制人们的储蓄。回忆一下，经济中的储蓄为投资提供了资源，而投资又是长期经济增长的关键因素。因此，当通货膨胀增加了储蓄的税收负担时，它就倾向于抑制经济的长期增长率。但是，经济学家们对这种影响大小的看法并不一致。

除了消除通货膨胀，解决这个问题的另一种方法是税制指数化。也就是说，可以对税法进行修改，以将通货膨胀的影响考虑在内。例如，对于资本收益，可以用物价指数调整购买价格，并只对真实收益征税。对于利息收入，政府可以扣除补偿通货膨胀的那部分利息收入，而只对真实利息收入征税。在某种程度上，税法已经朝着指数化的方向变动。例如，所得税税率变动所依据的收入水平每年会根据 CPI 的变动来自动调整。但税法的其他很多方面——例如对资本收益和利息收入的税收处理——还没有实现指数化。

在理想的情况下，税法的制定应该使通货膨胀不改变任何一个人的真实税收负担。但在现实世界中，税法远非完善。更为完善的指数化税制也许是合意的，但它将使已经让许多人认为繁苛的税制变得更为复杂。

31.2.6 混乱与不方便

设想我们进行一项民意调查，在调查中向人们提出这样一个问题："今年 1 码是 36 英寸。你认为明年 1 码应该是多长？"假设人们严肃地回答这一问题，那么他们将告诉我们，1 码应该仍是 36 英寸。任何一种使生活复杂化的事情都是不必要的。

这种发现与通货膨胀有什么关系呢？回忆一下，作为经济的计价单位，货币是我们用来表示价格和记录债务的东西。换句话说，货币是我们用以衡量经济交易的尺度。美联储的工作有点儿像标准局的工作——确保常用衡量单位的可靠性。当美联储增加货币供给并引起通货膨胀时，它就侵蚀了计价单位的真实价值。

要判断通货膨胀引起的混乱和不方便的成本是困难的。前面我们讨论了当存在通货膨胀时,税法如何错误地衡量了真实收入。同样,当价格一直在上升时,会计师也会错误地衡量企业的收入。因为通货膨胀使不同时期的美元有不同的真实价值,所以在存在通货膨胀的经济中,计算企业利润——其收益与成本的差额——要更为复杂。因此,在某种程度上,通货膨胀使投资者无法区分成功与不成功的企业,而这又阻碍了金融市场把经济中的资本配置到最佳用途。

31.2.7 未预期到的通货膨胀的特殊成本:任意的财富再分配

到目前为止,我们所讨论过的通货膨胀的成本即使在通货膨胀稳定和可预期时也会发生。然而,当通货膨胀的发生出乎意料时,还会产生额外的成本。未预期到的通货膨胀会以一种既与价值无关又与需求无关的方式在人们之间重新分配财富。这种财富再分配的发生是因为经济中的许多贷款的贷款条件是按计价单位——货币——来规定的。

来看一个例子。假设学生 Sophie 以 7% 的利率从 Bigbank 贷款 5 万美元用于上大学,10 年后贷款将到期。这笔债务按 7% 的复利计算,10 年后 Sophie 将欠 Bigbank 10 万美元。这笔债务的真实价值将取决于这 10 年间的通货膨胀情况。如果 Sophie 的运气好,这 10 年间经济中发生了恶性通货膨胀,工资和物价上升得如此之高,以至于 Sophie 只用一点儿零钱就可以偿还这 10 万美元的债务(但恶性通货膨胀会在其他方面损害 Sophie 的利益)。与此相反,如果经济中发生了严重的通货紧缩,工资和物价下降,Sophie 将发现这 10 万美元的债务负担比她预期的要大得多。

这个例子说明,未预期到的物价变动会在债务人和债权人之间进行财富再分配。高通货膨胀以损害 Bigbank 的利益为代价使 Sophie 变得更富有,因为通货膨胀降低了债务的真实价值——Sophie 可以用比她预期的价值更低的美元来偿还贷款。通货紧缩以损害 Sophie 的利益为代价使 Bigbank 变得更富有,因为债务的真实价值提高了——在这种情况下,Sophie 必须用比她预期的更值钱的美元来偿还债务。如果通货膨胀可以预期,那么 Bigbank 和 Sophie 在确定名义利率时就可以考虑到通货膨胀因素(回想一下费雪效应)。但是,如果通货膨胀难以预期,那么它就把风险加在了都想规避它的 Sophie 和 Bigbank 身上。

当与另一个趋势一起考虑时,未预期到的通货膨胀的成本是很重要的:当平均通货膨胀率很高时,通货膨胀就特别多变而且不确定。通过考察不同国家的经历就可以很容易地说明这一点。平均通货膨胀率低的国家,例如 20 世纪后期的德国,通货膨胀往往较为稳定。平均通货膨胀率高的国家,例如拉丁美洲的许多国家,通货膨胀往往不稳定。目前还未发现在哪一个经济中存在高且稳定的通货膨胀。通货膨胀水平与波动性之间的这种关系表明了通货膨胀的另一种成本。如果一个国家实行高通货膨胀的货币政策,那么它不仅要承受预期中的高通货膨胀的成本,而且还要承受与未预期到的通货膨胀相关的任意财富再分配的成本。

31.2.8 通货膨胀是糟糕的,但通货紧缩可能更糟

在美国近代历史上,通货膨胀已成为常态。但是也有物价水平下降的时期,例如19世纪末与20世纪30年代初。从1998年到2012年,日本经历了物价总水平约4%的下跌。前面我们总结了有关通货膨胀成本的讨论,现在我们也应该简单考虑一下通货紧缩的成本。

一些经济学家认为,小幅且可预期的通货紧缩可能是合意的。米尔顿·弗里德曼指出,通货紧缩会降低名义利率(回想一下费雪效应),而名义利率下降又会引起持有货币的成本下降。他认为,持有货币的皮鞋成本会因名义利率接近于零而达到最低,这反过来又要求与真实利率相当的通货紧缩。这种适度通货紧缩的做法被称为弗里德曼规则。

但是,通货紧缩还会带来其他成本。其中一些成本与通货膨胀成本相对应。例如,正如物价水平上升会引起菜单成本和相对价格变动,物价水平下降也同样如此。而且,实际上,通货紧缩很少像弗里德曼所说的那样稳定和可预期。更经常的情况是,它会突然而至,并引起财富从债务人向债权人的再分配。由于债务人通常更穷,因此这种财富再分配会给其带来更大的痛苦。

也许更重要的是,通货紧缩的出现通常是源自更广泛的宏观经济困境。正如我们在后面的几章将看到的,当出现货币紧缩时,物价就会下降,并使经济中对物品与服务的总需求减少。总需求减少又会引起收入减少和失业增加。换言之,通货紧缩往往是更深层经济问题的症状之一。

(扫码答题)

 **案例研究**　　《奥兹国历险记》与银币自由铸造的争论

在孩提时代,你也许看过电影《奥兹国历险记》(*The Wizard of Oz*,又译为《绿野仙踪》),这部电影以1900年出版的一本儿童读物为蓝本,在数十年中一直是电视和视频流媒体的主要内容。该电影和书讲述了一个名叫多萝西的小女孩流落异乡的奇幻经历。但也许你并不知道,一些学者认为,这个故事是对19世纪后期,即美国严重通货紧缩时期货币政策的一种影射。

从1880年到1896年,美国物价水平下降了23%。由于这个事件是未预期到的,因此它引起了重大的财富再分配。美国西部地区的大部分农民成了债务人。他们的债权人是东部的

银行家。当物价水平下降时,这些债务的真实价值上升,这就以损害农民的利益为代价而使银行获益。

根据当时人民党政治家的看法,解决农民问题的方法是银币的自由铸造。在这段时期,美国是在金本位制下运行的。黄金的数量决定了货币供给,从而决定了物价水平。银币自由铸造的倡导者想把银如金一样作为货币。如果这个建议被采纳,货币供给就会增加,物价就会上升,从而农民的真实债务负担就会减轻。

围绕银币的争论达到白热化,并且成为19世纪90年代政治的中心议题。人民党的竞选口号是"我们负债累累,只剩下了手中的选票"。银币自由铸造的一位著名倡导者是民主党1896年的总统候选人William Jennings Bryan。他之所以被人们记住,部分是因为他在民主党提名大会上的一次演讲,在那次演讲中他说:"你们不应该把这顶满是荆棘的皇冠硬扣在劳动者头上,你们不应该用金十字架来残害自己的同胞。"自那时以来,很少再有政治家能用诗一样的语言来包装自己对货币政策的不同观点。但Bryan在竞选中败给了共和党人William McKinley,从而美国也延续了金本位制。

《奥兹国历险记》的作者L. Frank Baum是美国中西部的一名记者。当他给孩子们写这个故事时,他创造了几个代表当时重大政治斗争中的人物的角色。下面是经济史学家Hugh Rockoff 1990年在《政治经济学杂志》上发表的一篇文章中对这个故事的解释:

多萝西:传统的美国价值观
小狗托托:禁酒党,又称戒酒主义者
稻草人:农民
铁皮人:产业工人

关于货币政策的早期争论

图片来源:AF Archive/Alamy Stock Photo.

胆小的狮子:William Jennings Bryan
小矮人:东部居民
东方坏女巫:Grover Cleveland
西方坏女巫:William McKinley
魔法师:共和党主席Marcus Alonzo Hanna
奥兹国:一盎司黄金的简写
黄砖路:金本位

在故事的结尾,多萝西找到了回家的路,但并不是沿着黄砖路。在经历了漫长而危险的旅程之后,她懂得了魔法师无法帮助她或她的朋友们。最终多萝西发现了她的银拖鞋的魔力。(当《奥兹国历险记》这本书在1939年被拍成电影时,多萝西的拖鞋从银的换成了红宝石的。显然,好莱坞的电影制片商更感兴趣于炫耀彩色电影这一新技术,而不是讲述有关19世纪的货币政策的故事。)

虽然人民党没能实现银币自由铸造,但他们最终实现了他们想要的货币扩张和通货膨胀。1898年,探矿者在加拿大育空地区的克朗代克河附近发现了金矿,从南非金矿运来的黄金也增加了。因此,美国和其他采用金本位制国家的货币供给和物价水平开始上升。在15年内,美国的物价回升到19世纪80年代的水平,农民也能更好地应对他们的债务了。

新闻摘录：恶性通货膨胀时期的生活

通货膨胀的成本在通货膨胀变得极端的时候最为明显。

52 000%的通货膨胀率对一个国家有什么影响？

Brook Larmer

我背着背包走进一间空空荡荡的餐馆，背包里全是纸币——厚厚的一沓沓用橡皮圈捆着的尼加拉瓜货币科多巴。不出所料，侍者让我把整捆的钱都递给他。这看起来就像在进行什么非法交易。但这是在1990年的尼加拉瓜，当时政府军与美国训练的叛军的交战即将结束，而我只不过是想在我的钱变得一文不值之前吃顿饭。长达10年的游击战和赤字财政使国家深陷恶性通货膨胀和短缺的漩涡。菜单上只有两样食物，而且几周以来价钱已经翻了一番。由于年通货膨胀率高达13 000%，餐馆现在都要求先付钱——以保证有足够的时间数钱。在我吃着米饭和豆子的时候，两位侍者在旁边的桌子上一张张地数钞票。我已经吃完了，他们还在数，尽管这顿饭——以及那些数以百万计的科多巴——加起来还不到10美元。

恶性通货膨胀是一种反复无常的现象，当一国政府持续不断地花（或者印）它本身并没有的钱，而公众在这一过程中丧失了信心时，就会产生这种令人绝望的情形。其引发的种种扭曲——就像我背包里那堆马上就要一文不值的现钞——看起来可能古怪甚至可笑。但是恶性通货膨胀给国家和人民生活带来的损害一点儿也不可笑。"如果你无法相信政府发行的货币，那你就无法相信任何东西了。"约翰·霍布金斯大学应用经济学教授Steve Hanke如此说道。他也是一位顶尖的恶性通货膨胀研究专家。他对恶性通货膨胀的定义是月通货膨胀率达到50%以上，持续至少30天。Hanke教授已经研究了有记录可查的58个恶性通货膨胀案例，从德国魏玛共和国时期到我刚刚经历的尼加拉瓜时期，每起恶性通货膨胀事件都像一场地震，让人们对生活所依赖的最根本的东西——货币的价值——丧失了信心。

这份不光彩名单的最新加入者也引起了美国政府的警惕，那就是委内瑞拉危机。尽管有着世界上最丰饶的油田，委内瑞拉还是把自己引入了经济灾难的歧途。恶性通货膨胀以及与之相伴而来的食品和药物长期短缺使委内瑞拉的3 100万人口几乎全部陷入了贫困。根据最近的一项调查，平均每10个人里就有9个人挣不到足够的钱购买食物。大体上每个委内瑞拉人平均减重24磅。疟疾肆虐，犯罪横行。能逃走的人都逃走了：230万以上的委内瑞拉人离开了他们的祖国，其中包括该国一半以上的医生。

情势依然在失控之中。从2013年到2017年，委内瑞拉的经济规模缩减了35%，经济学家们预计2018年还要下降18%。由于缺少维护和投资，石油产量在7月份降到了70年来的最低点。根据Hanke教授所掌握的数据，过去12个月委内瑞拉的通货膨胀率是52 000%。这种混乱给整个地区都带来了风险。"委内瑞拉引发了美洲多年以来最严重的经济、人道主义和政治危机。"巴西经济学家Monica de Bolle说道。她是约翰·霍布金斯大学高级国际研究院拉丁美洲研究中心主任。"尽管这一地区从来不缺危机,但从未遇到过如此严重的危机。"

《纽约时报》曾经引用列宁大约一个世纪以前的观点——恶性通货膨胀是根除资本主义核心精神的最简单的方法。他认为,如果一个国家充斥着不与任何实际价值挂钩的大额纸币,一旦人们发现钱不能买来任何东西,他们很快就会停止贪求和贮藏货币,而资本主义国家赖以生存的、关于货币价值和力量的巨大幻觉,也将会被击毁。

在第一次世界大战紧张不安的余波里,列宁的上述思考几乎成为预言。魏玛德国曾孤注一掷地通过举债为其军事行动融资,最终成为一场失败的赌博。1921年,为了向胜利的同盟国支付战争赔款,德国深陷债务危机,被迫印刷大量纸钞,引起了最臭名昭著的一次恶性通货膨胀。到1923年年底,物价差不多每3.5天就要翻一番,1美元一度值6.7万亿德国马克。第二次世界大战结束之后的一个更为严重的恶性通货膨胀案例来自匈牙利,政府为了战后复苏,印发了面额更大的纸币。这场前所未有的最快恶性通货膨胀的结果是:在1946年7月的通胀巅峰期,物价每15个小时就翻一番!

战争总是和恶性通货膨胀如影随形,但是引起恶性通货膨胀的不只是战争。20世纪90年代早期,东欧国家(南斯拉夫、波黑、亚美尼亚)爆发了恶性通货膨胀,它们面临的是战争和苏联解体。十年后的津巴布韦,罗伯特·穆加贝政权不顾长期的农产品生产衰退,为养活臃肿的官僚和"肥水不流外人田",疯狂印钞。到2007年穆加贝宣布通货膨胀违法时,人们早已对货币失去了信任。一年之内津巴布韦的通货膨胀率飙升到百分之796亿;这么高的通货膨胀率使得政府刚印出来的100万亿面值的钞票马上就变成了无用的纪念品。

恶性通货膨胀并不像有些人可能认为的那样,仅仅是糟糕的通货膨胀。恶性通货膨胀是一头由经济、政治和心理共同驱动的野兽。一国政府决定以远远超出收入的金额持续花钱(或者印钞)是一种政治行为,无论它是为了战争、赢得选举还是安抚民心。这样无节制、不受抑制的货币政策导致食品短缺、价格攀升和货币贬值的螺旋式上升。受伤害最深的不是富人(他们的财富分布在房地产、股票和商品中),而是中产阶级,他们赖以生存的以本国货币计价的工资、储蓄和养老金的价值都被恶性通货膨胀剥夺了。

委内瑞拉的这种混乱不堪的局面与战争和自然灾害无关,而是因为他们的领袖自行其是。委内瑞拉已被证实的原油储备有3 000亿桶——比沙特阿拉伯还多——它应该很富裕。但是委内瑞拉早期的石油繁荣主要是由外国公司带来的,只有星星点点的小发展。1998年雨果·查韦斯赢得了总统大选,他立下誓言要把权力和财富赋予人民。拜油价持续上涨所赐,查韦斯开始对公司实行国有化,并将石油收入用于福利项目和食品进口。贫困率和失业率都降低了一半。当2008年油价暴跌时,查韦斯还如天下依然太平一样,继续如此花钱。2013年查韦斯去世后,其继任者尼古拉斯·马杜罗变本加厉地执行查韦斯的政策,同时靠暴力镇压反对者……

看来只要马杜罗执政,新时代就不可能开始。他似乎无意于采取可能恢复经济平衡的措施(比如削减开支),把玻利瓦尔(委内瑞拉货币——译者注)与某种稳定的外国货币挂钩。目前有一些关于政变的传言。但是马杜罗政权现在所面对的最大威胁可能是美国法院起诉Citgo公司的一系列民事案件。这家委内瑞拉国有公司是该国最大的硬通货提供者,是债权人唯一可以追索的资产。如果这些案件胜诉,即法院判定查韦斯政权的国有化令债权人的利益受损,就相当于切断了马杜罗政权的主要生命线。"如果钱消失了,"de Bolle 说,"对他的支持也会消失,其政权就会崩塌。"看来只有到那时,委内瑞拉人才能逃脱无法相信手中货币的噩梦。

讨论题

1. 文中说到委内瑞拉的恶性通货膨胀与经济紧缩并行。生产衰退对于恶性通货膨胀的影响是什么?恶性通货膨胀对生产衰退的影响又是什么?
2. 你认为政客们为什么会实施导致恶性通货膨胀的政策?

资料来源:*New York Times*,November 4,2018.

31.3 结论

本章讨论了通货膨胀的成因与成本。严重的或持续的通货膨胀的主要原因是货币量的增加。当中央银行创造了大量货币时,货币的价值迅速下降。为了维持物价稳定,中央银行必须限制货币供给的增长。

通货膨胀的成本是较为隐蔽的。这种成本包括皮鞋成本、菜单成本、相对价格变动的加剧、意想不到的税收负担变动、混乱与不方便以及任意的财富再分配。这些成本在总量上是大还是小呢?所有经济学家一致认为,在恶性通货膨胀时期这些成本是巨大的,但在温和通货膨胀时期——每年物价上升小于 10% 时——这些成本的大小尚无定论。

虽然本章提出了许多有关通货膨胀的最重要的结论,但这些分析并不全面。正如货币数量论所提出的,当中央银行降低货币增长率时,物价上升速度会变慢。但当经济转向这种低通货膨胀率的情形时,货币政策的变动也会对生产和就业产生不利影响。也就是说,尽管在长期中货币政策是中性的,但在短期内它对真实变量具有重要影响。在本书的后面,我们将讨论短期内货币非中性的原因,以加深我们对通货膨胀成因与影响的理解。

内容概要

- 经济中物价总水平的自发调整使货币供给与货币需求达到平衡。当中央银行增加货币供给时，就会引起物价水平上升。货币供给量的持续增长会引起持续的通货膨胀。
- 货币中性原理断言，货币量变动只影响名义变量而不影响真实变量。大多数经济学家认为，货币中性近似地描述了长期中的经济行为。
- 政府可以简单地通过印发货币来为自己的一些支出筹资。当国家过度依赖通货膨胀税筹资时，就会导致恶性通货膨胀。
- 货币中性原理的一个应用是费雪效应。根据费雪效应，当通货膨胀率上升时，名义利率等幅上升，因此，真实利率仍然不变。
- 许多人认为，通货膨胀使他们变穷了，因为通货膨胀提高了他们所购买东西的成本。这种观点是错误的，因为通货膨胀也提高了名义收入。
- 经济学家确定了通货膨胀的六种成本：与货币持有量减少相关的皮鞋成本，与频繁地调整价格相关的菜单成本，相对价格变动的加剧，因税制未实现指数化而引起的意料之外的税收负担变动，因计价单位变动而引起的混乱和不方便，以及债务人与债权人之间任意的财富再分配。在恶性通货膨胀时期，这些成本都是巨大的，但在温和通货膨胀时期，这些成本的大小尚无定论。

关键概念

货币数量论　　　　货币中性　　　　　费雪效应
名义变量　　　　　货币流通速度　　　皮鞋成本
真实变量　　　　　数量方程式　　　　菜单成本
古典二分法　　　　通货膨胀税

复习题

1. 解释物价水平上升如何影响货币的真实价值。
2. 根据货币数量论，货币量增加的影响是什么？
3. 解释名义变量与真实变量之间的差别，并各举出两个例子。根据货币中性原理，哪些变量会受货币量变动的影响？
4. 从什么意义上说，通货膨胀像一种税？把通货膨胀作为一种税如何有助于解释恶性通货膨胀？
5. 根据费雪效应，通货膨胀率的上升如何影响真实利率与名义利率？
6. 通货膨胀的成本有哪几种？你认为这些成本中的哪一种对美国经济最重要？
7. 如果通货膨胀比预期的低，谁会受益——债务人还是债权人？解释原因。

问题与应用

1. 假设美国今年的货币供给是5 000亿美元，名义GDP是10万亿美元，而真实GDP是5万亿美元。

    a. 物价水平是多少？货币流通速度是多少？
    b. 假设货币流通速度不变，每年经济中物品与服务的产出增加 5%。如果美联储想保持货币供给不变,则明年的名义 GDP 和物价水平分别是多少?

c. 如果美联储想保持物价水平不变,则它应该把明年的货币供给设定为多少?

d. 如果美联储想把通货膨胀率控制在 10%,则它应该把货币供给设定为多少?

2. 假设银行监管法规的变动使人们申请信用卡更为容易,因此人们需要持有的现金少了。

a. 这个事件如何影响货币需求?

b. 如果美联储没有对这个事件做出反应,则物价水平将发生怎样的变动?

c. 如果美联储想保持物价水平稳定,则它应该做些什么?

3. 有时有人建议,美联储应努力把美国的通货膨胀率降为零。如果我们假设货币流通速度不变,则零通货膨胀目标是否要求货币增长率也等于零?如果是的话,解释原因。如果不是的话,说明货币增长率应该等于多少。

4. 假设一个国家的通货膨胀率急剧上升。对货币持有者征收的通货膨胀税会发生怎样的变动?为什么储蓄账户中的财富不受通货膨胀税变动的影响?你认为会有哪些方式使储蓄账户持有者因通货膨胀率上升而受损?

5. 考虑在一个只由两个人组成的经济中通货膨胀的影响:Bob 是种黄豆的农民,Rita 是种大米的农民。他们总是消费等量的大米和黄豆。2022 年,黄豆的价格是 1 美元,大米的价格是 3 美元。

a. 假设 2023 年黄豆的价格是 2 美元,而大米的价格是 6 美元。通货膨胀率是多少? Bob 的状况是变好了、变坏了还是不受价格变动的影响? Rita 呢?

b. 现在假设 2023 年黄豆的价格是 2 美元,大米的价格是 4 美元。通货膨胀率是多少? Bob 的状况是变好了、变坏了还是不受价格变动的影响? Rita 呢?

c. 最后,假设 2023 年黄豆的价格是 2 美元,大米的价格是 1.5 美元。通货膨胀率是多少? Bob 的状况是变好了、变坏了还是不受价格变动的影响? Rita 呢?

d. 对 Bob 和 Rita 来说什么更重要?是总的通货膨胀率,还是黄豆与大米的相对价格?

6. 假定税率是 40%,计算下述每种情况下的税前真实利率和税后真实利率。

a. 名义利率是 10%,通货膨胀率是 5%。

b. 名义利率是 6%,通货膨胀率是 2%。

c. 名义利率是 4%,通货膨胀率是 1%。

7. 回忆一下货币在经济中的三种职能。这三种职能分别是什么?通货膨胀如何影响货币履行每一种职能的能力?

8. 假设人们预期通货膨胀率为 3%,但实际上物价上升了 5%。描述这种未预期到的高通货膨胀率如何使以下主体获益或受损。

a. 政府

b. 有固定利率抵押贷款的房主

c. 签订劳动合同后第二年的工会工人

d. 将其部分受捐赠资金投资于政府债券的大学

9. 说明以下陈述是正确的、错误的还是不确定的。

a. "通货膨胀使债务人受损而使债权人获益,因为债务人必须支付更高的利率。"

b. "如果价格以一种使物价总水平不变的方式变动,那么没有一个人的状况会变得更好或更坏。"

c. "通货膨胀并没有降低大多数工人的购买力。"

第11篇
开放经济的宏观经济学

| 第32章 |
开放经济的宏观经济学:基本概念

| 第33章 |
开放经济的宏观经济理论

第 32 章　开放经济的宏观经济学：基本概念

当你决定买一辆汽车时，你可能会比较福特公司和丰田公司提供的最新车型。当你有下一次假期时，你可能会考虑在佛罗里达海滩或墨西哥海滩度假。当你开始为退休后的生活储蓄时，你可能会在购买美国公司股票的共同基金和外国公司股票的共同基金之间做出选择。在所有这些情况下，你不仅参与了美国经济，而且参与了世界经济。

国际贸易的好处是显而易见的：贸易使人们能够生产自己最擅长生产的东西，并消费世界各国生产的各种各样的物品与服务。这就是为什么第 1 章中的经济学十大原理之一是贸易可以使每个人的状况都变得更好。国际贸易可以使每个国家都能够专门生产自己具有比较优势的物品与服务，从而提高所有国家的生活水平。

到目前为止，我们介绍的宏观经济学总体上忽略了一个经济与世界其他经济之间的相互交易。对宏观经济学的大部分问题而言，国际问题是次要的。例如，当我们讨论摩擦性失业率或者货币数量论时，可以忽略国际贸易的影响。实际上，为了使分析简化，宏观经济学家经常假设一个**封闭经济**（closed economy）——不与世界上其他经济相互交易的经济。

但是，当宏观经济学家研究**开放经济**（open economy）——与世界上其他经济自由交易的经济——时，他们遇到了一系列新问题。本章和下一章将介绍开放经济的宏观经济学。在本章中，我们将从讨论描述开放经济的基本宏观经济变量开始。你在阅读新闻报道或观看晚间新闻时也许已经注意到了这些变量——出口、进口、贸易余额和汇率。本章就是要解释这些数据的含义。在下一章中，我们将建立模型，来解释这些变量是如何决定的以及它们如何受各种政府政策的影响。

封闭经济：
不与世界上其他经济相互交易的经济。

开放经济：
与世界上其他经济自由交易的经济。

32.1 物品与资本的国际流动

一个开放经济以两种方式和其他经济相互交易:在世界产品市场上购买并出售物品与服务,在世界金融市场上购买并出售股票和债券等资本性资产。下面我们就讨论这两种活动以及它们之间的密切关系。

32.1.1 物品的流动:出口、进口以及净出口

出口(exports)是在国内生产而在国外销售的物品与服务。进口(imports)是在国外生产而在国内销售的物品与服务。当美国飞机制造商波音公司制造了一架飞机并把它卖给法国航空公司时,这种销售对美国而言是出口,对法国而言是进口。当意大利汽车制造商菲亚特公司生产了一辆汽车并把它卖给一个美国居民时,这种销售对美国而言是进口,对意大利而言是出口。

任何一国的净出口(net exports)都是其出口值与其进口值的差额:

$$净出口 = 出口值 - 进口值$$

在上例中,波音公司的销售增加了美国的净出口,而菲亚特公司的销售减少了美国的净出口。由于净出口告诉我们一国在总量上是世界物品与服务市场中的卖者还是买者,因此净出口又被称为贸易余额(trade balance)。如果一国的净出口是正的,即出口大于进口,则表明一国向国外出售的物品与服务多于它从其他国家购买的物品与服务。在这种情况下,可以说该国有贸易盈余(trade surplus)。如果一国的净出口是负的,即出口小于进口,则表明一国向国外出售的物品与服务少于它从其他国家购买的物品与服务。在这种情况下,可以说该国有贸易赤字(trade deficit)。如果净出口为零,即它的出口与进口完全相等,可以说该国贸易平衡(balanced trade)。

出口:
在国内生产而在国外销售的物品与服务。

进口:
在国外生产而在国内销售的物品与服务。

净出口:
一国的出口值减进口值,又称贸易余额。

贸易余额:
一国的出口值减进口值,又称净出口。

贸易盈余:
出口大于进口的部分。

贸易赤字:
进口大于出口的部分。

贸易平衡:
出口等于进口的状况。

在下一章中,我们要提出一种理论来解释一国的贸易余额,但即使在现在这个初始阶段,我们也不难想到影响一国出口、进口和净出口的诸多因素。这些因素包括:

- 消费者对国内与国外物品的偏好;
- 国内与国外物品的价格;
- 汇率,即人们可以用国内货币购买国外货币的比率;
- 国内与国外消费者的收入;
- 从一国向另一国运送物品的成本;
- 政府的国际贸易政策。

随着这些因素的变动,国际贸易量也在变动。

"我们正在讨论的可不仅仅是买一辆车的问题——我们讨论的是美国与日本的贸易赤字问题。"
图片来源:© Mort Gerberg/The New Yorker Collection/www.cartoonbank.com.

案例研究　美国经济日益提高的开放程度

过去70年间，美国经济最显著的变化也许就是国际贸易与国际金融重要性的上升。图32-1说明了这种变化，该图显示了美国进口和出口的物品与服务的总价值占GDP的百分比。尽管该比重在短期内（如2020年新冠疫情时期）有一些下降，但总体趋势是上升的。20世纪50年代，美国物品与服务的进口和出口一般占GDP的4%~5%；近年来，该比重已经是上述水平的2倍或3倍。

美国的贸易伙伴包括不同的国家。截至2021年，以进出口总额来衡量，美国最大的贸易伙伴是墨西哥、加拿大和中国（分别占美国总贸易额的14%左右），接下来是日本、德国、韩国和英国。

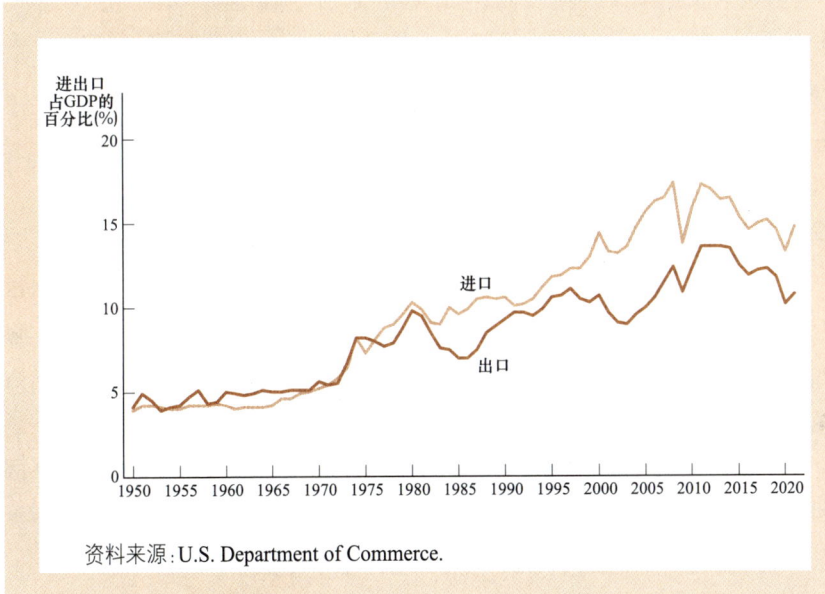

图32-1

美国经济的国际化程度

该图表明了1950年以来美国经济的出口与进口在GDP中所占的百分比。该比重的大幅上升表明了国际贸易与国际金融的重要性日益提高。

资料来源：U.S. Department of Commerce.

在过去几十年里国际贸易的这种上升趋势部分源于运输条件的改善。1950年，普通商船的运载量不足1万吨；现在，许多船的运载量超过10万吨。1958年远程喷气式飞机投入使用，1967年宽体喷气式飞机投入使用，这大大降低了空运的成本。这些进步使得过去只能在本地产销的物品得以在世界范围内交易：以色列种植的鲜切花被空运到美国出售；许多在美国只能夏天种植的新鲜水果和蔬菜在冬天也可以享用，因为可以从南半球国家运到美国。

电信技术的进步也使企业可以更容易地接触到国外客户从而促进了国际贸易的增长。例如，1956年才铺设第一条横跨大西洋的海底电缆。到1966年，通信技术仅支持在北美与欧洲之间同时进行138条线路的通话。现在，由于e-mail（电子邮件）和视频会议的使用，在世界各国之间交流几乎与在一个镇上相互交流一样容易。

技术进步还通过改变各国生产的物品种类促进了国际贸易。当体积大的原料（例如钢铁）和易腐烂的物品（例如食品）占世界产出的大部分时,这些物品往往运输成本高昂,有时甚至是不可能运输的。相比之下,用现代技术生产的物品往往既轻便又易于运输。例如,消费类电子产品每美元价值的重量较小,从而易于在一国生产而在另一国出售。一个更极端的例子是电影业。好莱坞的电影制片厂拍摄了一部电影后,几乎可以零成本地把这部电影的复制品传送到世界各地。事实上,电影也确实是美国的一种重要出口品。

在这一时期的大部分时间内,政府的贸易政策也是国际贸易增长的因素之一。正如我们在本书前面所讨论的,经济学家长期以来一直认为,各国之间的自由贸易是互利的。随着时间的推移,世界各国大多数政策制定者逐渐接受了这些结论。一些国际贸易协定逐渐降低了关税、进口配额和其他贸易壁垒。这些协定包括关税与贸易总协定(GATT)、北美自由贸易协定(NAFTA)和后来取代它的美墨加协定(USMCA),以及美国和单个国家(如澳大利亚、智利、哥伦比亚、巴拿马、新加坡和韩国等)签订的双边协定。因此,图 32-1 所显示的国际贸易增加的趋势是大多数政策制定者所支持并鼓励的。

在特朗普任职美国总统期间(2017—2021年),这种趋势受到了挑战。他称美国并没有从过去的贸易协定中获益,并动用总统权力对许多外国产品征收关税。截至本书英文版付印时,拜登政府的意图还不完全明朗,但特朗普任总统期间征收的一些关税已经在减少了。

32.1.2 金融资源的流动:资本净流出

一个开放经济的居民不仅可以参与世界物品与服务市场,而且还可以参与世界金融市场。一个有 3 万美元的美国居民可以用这些钱买一辆丰田汽车,也可以用这些钱买丰田公司的股票。第一种交易代表物品流动,第二种交易则代表资本流动。

资本净流出(net capital outflow)指本国居民购买的外国资产与外国居民购买的本国资产之间的差额:

资本净流出 = 本国居民购买的外国资产 − 外国居民购买的本国资产

当一个美国居民购买了巴西的一家能源公司 Petrobras 的股票时,这种购买增加了等式右边的第一项,从而增加了美国的资本净流出。当一个日本居民购买了美国政府发行的债券时,这种购买增加了等式右边的第二项,从而减少了美国的资本净流出。

美国和世界各国之间的资本流动有两种形式:外国直接投资和外国有价证券投资。外国直接投资的例子是,麦当劳在俄罗斯开了一家快餐店。外国有价证券投资的例子是,一个美国人购买了一家俄罗斯公司的股票。在第一种情况下,美国所有者(麦当劳公司)对投资进行积极管理;而在第二种情况下,美国所有者(股东)对投资进行消极管理。在这两种情况下,美国居民都购买了另一个国家的资产,因此,这两种购买都增加了美国的资本净流出。

资本净流出:
本国居民购买的外国资产减外国居民购买的本国资产。

资本净流出(有时被称为对外净投资)既可以是正的,也可以是负的。当一国的资本净流出为正时,本国居民购买的外国资产多于外国居民购买的本国资产,此时可以说资本流出该国。当一国的资本净流出为负时,本国居民购买的外国资产少于外国居民购买的本国资产,此时可以说资本流入该国。也就是说,当一国的资本净流出为负时,该国有资本流入。

在下一章中我们会介绍一种理论来解释资本净流出。同时,让我们简要地考虑一些影响资本净流出的变量:

- 国外资产提供的真实利率;
- 国内资产提供的真实利率;
- 可以感知到的持有国外资产的经济与政治风险;
- 影响国外持有国内资产的政府政策。

例如,考虑美国投资者决定是购买墨西哥政府债券还是美国政府债券的情形(回忆一下,债券实际上是发行者的借据)。为了做出决策,美国投资者要比较这两种债券提供的真实利率。债券的真实利率越高,就越有吸引力。但是,在进行这种比较时,美国投资者还应该考虑到两国政府对其债务违约(即在债券到期时不按时还本付息)的风险,以及墨西哥政府对在墨西哥的外国投资者所实行的或未来可能实行的限制政策。

32.1.3 净出口与资本净流出相等

我们已经说明了,一个开放经济以两种方式——世界物品与服务市场和世界金融市场——与世界其他经济相互交易。净出口和资本净流出分别衡量了在这两个市场上的不平衡。净出口衡量一国出口与进口之间的不平衡。资本净流出衡量本国居民购买的外国资产量与外国居民购买的本国资产量之间的不平衡。

一个重要但又微妙的核算事实表明,对整个经济而言,资本净流出(NCO)必然总是等于净出口(NX):

$$NCO = NX$$

这个等式之所以成立,是因为影响这个等式一侧的每笔交易也必然完全等量地影响另一侧。这个等式是一个会计恒等式——由于等式中各变量定义与衡量的方法,该等式必然成立。

为了说明这个会计恒等式为什么是正确的,我们来看一个例子。设想你是一个居住在美国的电脑程序员。有一天,你编写了一个软件并将其以1万日元卖给一个日本消费者。软件销售是美国的出口,因此它增加了美国的净出口。为了确保这个恒等式成立,还会发生什么?答案取决于你将用你得到的1万日元做什么。

首先，假设你简单地把1万日元放在你的床垫下（我们可以说，你是用日元换取了日元）。在这种情况下，你是在用一些你的收入投资于日本经济。也就是说，本国居民（你）得到了外国资产（日本通货）。美国净出口的增加与美国资本净流出的增加相当。

然而，如果你想投资于日本经济，也许不会通过持有日本通货来实现。更可能的情况是，你会用1万日元去购买一家日本公司的股票，或者购买日本政府发行的债券。但从经济核算的角度看，你决策的结果是极为相同的：本国居民最终都获得了一种外国资产。美国资本净流出（购买日本股票或债券）的增加完全等于美国净出口（软件销售）的增加。

现在假设你不是用1万日元去购买日本资产，而是用它去购买日本生产的一种物品，例如索尼电视机。由于购买这种电视机，美国的进口增加了。软件的出口和电视机的进口共同实现了贸易平衡。由于出口和进口等量增加，净出口没有变化。在这种情况下，没有美国人最终获得外国资产，也没有外国人最终获得美国资产，因此，这对美国资本净流出没有影响。

最后，还有一种可能是，你到当地一家银行把你的1万日元兑换为美元。但这并没有使情况发生改变，因为现在银行可以用这1万日元做些事。它可以将其用于购买日本的资产（美国的资本净流出），也可以购买日本的物品（美国的进口），还可以把日元卖给另一个想进行这种交易的美国人。最终，美国的净出口必定等于美国的资本净流出。

上述例子是从美国的程序员把某个软件卖到国外开始的，但当美国人购买其他国家的物品与服务时，故事几乎一样。例如，沃尔玛从中国购买了5 000万美元的衣服并将其出售给美国消费者，这5 000万美元一定会有某种用途。中国可以把这5 000万美元投资于美国。这种来自中国的资本流入可能采取中国人购买美国政府债券的形式。在这种情况下，购买衣服减少了美国的净出口，而出售债券又减少了美国的资本净流出。中国也可以用这5 000万美元购买美国飞机制造商波音公司生产的飞机。在这种情况下，美国的衣服进口与飞机出口平衡，因此净出口和资本净流出都未发生变化。在所有这些情况下，上述交易对净出口和资本净流出的影响都相同。

我们总结一下：

- 当一国有贸易盈余时（$NX > 0$），它出售给国外的物品与服务多于从国外购买的。它用从国外的物品与服务的净销售中得到的外国通货做什么呢？必定用来购买外国资产。因此，资本从该国流出（$NCO > 0$）。

- 当一国有贸易赤字时（$NX < 0$），它从国外那里购买的物品与服务多于向国外出售的。在世界市场上，它如何为这些物品与服务的净购买筹资呢？必定向国外出售资产。因此，资本流入该国（$NCO < 0$）。

国际物品与服务的流动和国际资本流动是同一枚硬币的两面。

32.1.4 储蓄、投资及其与国际资本流动的关系

一国的储蓄和投资是其长期经济增长的关键。正如我们在本书前面所说明的,在一个封闭经济中储蓄与投资是相等的,但在开放经济中,事情并不这么简单。现在我们考虑储蓄和投资如何与用净出口和资本净流出衡量的物品与服务及资本的国际流动相关。

也许你还记得本书前面在讨论 GDP 的构成时介绍过的净出口这个词。一个经济的 GDP(Y)有四个组成部分:消费(C)、投资(I)、政府购买(G)和净出口(NX)。我们把它写为:

$$Y = C + I + G + NX$$

对经济中物品与服务产出的总支出是用于消费、投资、政府购买和净出口的支出之和。因为支出的每1美元都可以归入这四个组成部分之一,所以该等式是一个会计恒等式。

我们还记得,国民储蓄是在完成了现期消费和政府购买之后剩下的国民收入。国民储蓄(S)等于 $Y - C - G$。如果我们重新整理上式来说明这个事实,就可以得出:

$$Y - C - G = I + NX$$
$$S = I + NX$$

因为净出口(NX)也等于资本净流出(NCO),所以我们也可以把这个式子写为:

$$S = I + NCO$$

储蓄 = 国内投资 + 资本净流出

上式表明,一国的储蓄必定等于其国内投资加资本净流出。换句话说,当美国公民为未来储蓄了其收入中的1美元时,这1美元既可以用于为国内资本的积累筹资,也可以用于为国外资本的购买筹资。

对这个式子你可能似曾相识。在本书前面的部分,当我们分析金融体系的作用时,我们考虑了封闭经济这一特殊情况下的这个恒等式。在一个封闭经济中,资本净流出是零($NCO = 0$),因此,储蓄等于投资($S = I$)。相比之下,在一个开放经济中,储蓄有两种用途:国内投资与资本净流出。

与以前一样,我们认定金融体系处于这个恒等式的两边,即储蓄与投资之间。例如,假设 Garcia 一家决定储蓄一部分收入以便退休后使用。这个决策对国民储蓄,即等式的左边做出了贡献。如果 Garcia 一家把储蓄存入共同基金,共同基金可能用部分存款购买美国通用汽车公司发行的股票,然后通用汽车公司可能用这些钱在俄亥俄州建一个工厂。此外,

共同基金也可能用 Garcia 一家的部分存款购买日本丰田公司发行的股票,然后丰田公司可能用这些钱在大阪市建一个工厂。这些交易会显示在等式的右边。从美国的角度看,通用汽车公司用于新工厂的支出属于国内投资,而美国居民购买丰田公司的股票是资本净流出。因此,美国经济的全部储蓄表现为在美国经济中的投资或美国的资本净流出。

我们的结论是储蓄、投资和国际资本流动错综复杂地相互关联。当一国的储蓄大于其国内投资时,它的资本净流出就是正的,表明该国用它的一些储蓄购买外国资产。当一国的国内投资大于其储蓄时,它的资本净流出就是负的,表明外国人通过购买国内资产为一部分国内投资筹资。

32.1.5 总结

表 32-1 总结了本章到目前为止介绍的许多概念。它描述了一个开放经济的三种可能结果:有贸易赤字的国家、贸易平衡的国家以及有贸易盈余的国家。

表32-1　物品与资本的国际流动:总结

该表显示了一个开放经济的三种可能结果。

	贸易赤字	贸易平衡	贸易盈余
	出口 < 进口	出口 = 进口	出口 > 进口
	净出口 < 0	净出口 = 0	净出口 > 0
	$Y < C + I + G$	$Y = C + I + G$	$Y > C + I + G$
	储蓄 < 投资	储蓄 = 投资	储蓄 > 投资
	资本净流出 < 0	资本净流出 = 0	资本净流出 > 0

先考虑有贸易盈余的国家。根据定义,贸易盈余意味着出口值大于进口值。因为净出口等于出口减进口,所以净出口(NX)大于零。因此,收入($Y = C + I + G + NX$)必定大于国内支出($C + I + G$)。但是,如果收入(Y)大于国内支出($C + I + G$),那么储蓄($S = Y - C - G$)必定大于投资(I)。因为该国储蓄大于投资,所以它必定把一些储蓄输出到国外。也就是说,资本净流出必定是正的。

同样的逻辑也适用于有贸易赤字的国家(比如近年来的美国)。根据定义,贸易赤字意味着出口值小于进口值。因为净出口等于出口减进口,所以净出口(NX)是负的。因此,收入($Y = C + I + G + NX$)必定小于国内支出($C + I + G$)。但是,如果收入(Y)小于国内支出($C + I + G$),那么储蓄($S = Y - C - G$)必定小于投资(I)。因为该国投资大于储蓄,所以它必定通过在国外出售资产来为一些国内投资筹资。这就是说，资本净流出必定是负的。

贸易平衡的国家介于上述两种情形之间。出口等于进口，因此，净出口为零。收入等于国内支出，并且储蓄等于投资。资本净流出等于零。

即测即评32-1

（扫码答题）

 案例研究　　美国的贸易赤字是国家问题吗

你可能听到过，美国被称为"世界上最大的债务国"，因为在过去40年间，美国通过在国际金融市场上大量借款来为巨额贸易赤字筹资。美国为什么要这样做？美国人应当为此而担忧吗？

为了回答这些问题，我们来看看宏观经济的会计恒等式告诉了我们关于美国经济的一些什么信息。图32-2（a）显示了1960年以来美国经济中国民储蓄和国内投资占GDP的百分比，图32-2（b）显示了资本净流出（即贸易余额）占GDP的百分比。要注意的是，正如恒等式所要求的，资本净流出总是等于国民储蓄减国内投资。该图显示，美国的国民储蓄和国内投资在GDP中所占比重随时间的波动相当大。1980年以前，国民储蓄和国内投资是同步波动的，而且资本净流出很少——介于GDP的-1%到1%之间。自1980年以来，国民储蓄降到大大低于国内投资的水平，导致巨额贸易赤字和相当大的资本流入。也就是说，近几十年来美国的资本净流出通常是一个相当大的负值。

图32-2显示的波动趋势看似令人困惑。它已成为美国政客之间很多争论的来源。为了达到深层次的理解，我们需要跳出数据本身，讨论影响国民储蓄和国内投资的政策与事件。历史表明，贸易赤字的原因绝不是单一的，它们可能产生于多种情况。以下是四个历史时期。

不平衡的财政政策　从1980年到1987年，美国的资本流入从占GDP的0.5%上升到2.9%。这2.4个百分点的变动主要是由于储蓄占GDP的比重下降了2.7个百分点。国民储蓄的这种减少经常被归因于公共储蓄的减少，也就是政府预算赤字的增加。这种预算赤字的增加是由于时任总统罗纳德·里根实施了减税以及增加国防支出的政策，而没有实现他提议的非国防支出的削减。

投资热潮　这一时期贸易赤字上升的原因截然不同。从1991年到2000年，美国的资本流入从占GDP的0.5%上升到3.7%。这3.2个百分点的变动不能归因于储蓄的减少（实际上，在这一时期，随着政府预算从赤字转变为盈余，储蓄反而增加了）。但是，随着信息技术的巨大进步以及由此带来的高科技投资热潮，投资从占GDP的15.3%上升到19.8%。

经济下行与复苏　从2000年到2019年，美国的资本流入持续保持高位。但这一变量的稳定性与储蓄和投资的剧烈波动形成鲜明对比。从2000年到2009年，储蓄和投资占GDP的比重都下降了约6个百分点，投资减少是因为经济艰难时期投资获利减少，而国民储蓄减少则是因为政府为了应对2008—2009年的衰退而实施了巨额预算赤字。从2009年到2019年，随着经济的复苏，这些力量自身发生

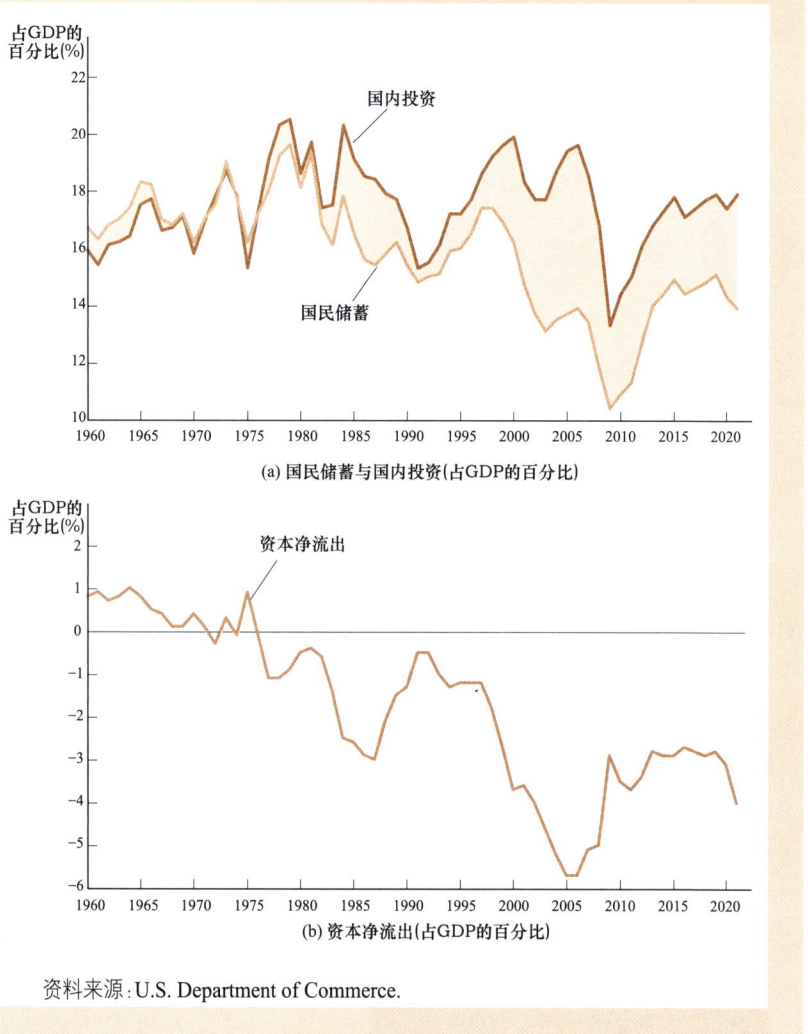

图32-2

国民储蓄、国内投资与资本净流出

(a)幅显示了国民储蓄和国内投资占GDP的百分比,(b)幅显示了资本净流出占GDP的百分比。从图中可以看出,1980年以来的国民储蓄比1980年以前的低。国民储蓄的减少主要反映在资本净流出的减少上,而不是反映在国内投资的减少上。

了逆转,储蓄和投资占GDP的比重都上升了约4个百分点。

新冠疫情支出 从2019年到2021年,美国的贸易赤字和资本流入占GDP的比重上升了1.2个百分点。这种变化完全是由于国民储蓄的下降。在这段时间内,联邦政府为应对新冠疫情大幅增加政府支出,导致了大量预算赤字并减少了国民储蓄。

贸易赤字和国际资本流动对美国经济是否构成一个问题?对此没有显而易见的答案。我们必须结合具体情境和可能的替代方案来评估。

首先考虑20世纪80年代由储蓄减少引起的贸易赤字。储蓄减少意味着国家为未来储备的收入减少。但是,一旦国民储蓄减少,就没有什么理由谴责其所引起的贸易赤字。如果国民储蓄减少又没有引起贸易赤字,则美国的投资将不得不减少。这种投资减少反过来又会对资本存量、劳动生产率和真实工资的增长产生不利影响。换言之,在美国储蓄减少已成为既定事实时,让外国人投资于美国经济总比没人投资强。

现在考虑投资热潮所引起的贸易赤字,比如20世纪90年代的贸易赤字。在这种情况下,一国从国外借钱为购买新的资本品筹资。如果这种增加的投资能以生产更多物品与服务的形式带来良好回报,那么经济就应该有能力应对所累积的债务。如果投资项目未能带来预期的回报,那么这些债务就不太合意,至少从事后来看是这样。

正如个人既可能以稳健慎重的方式举债,也可能以挥霍浪费的方式举债,国家也是如此。贸易赤字本身并不是一个问题,但它有时会成为问题的征兆。

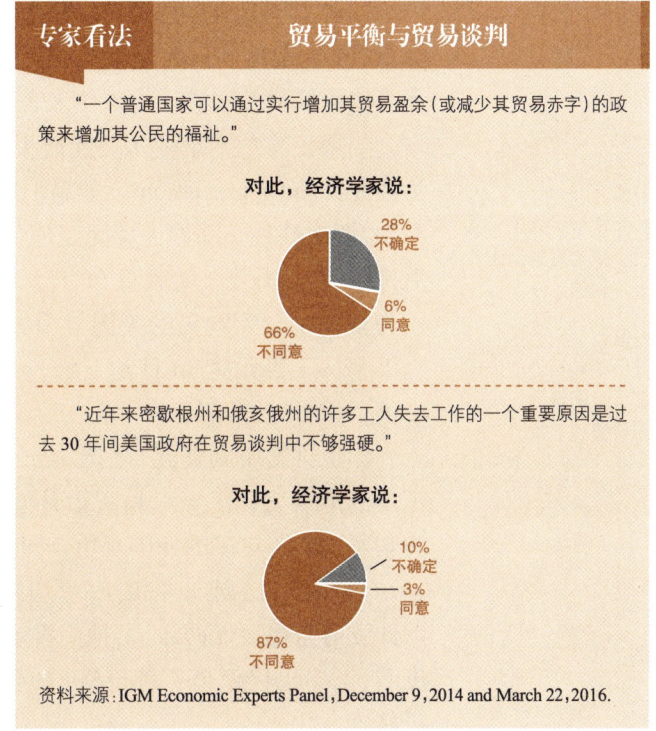

32.2 国际交易的价格:真实汇率与名义汇率

到目前为止,我们已经讨论了对各国间物品与服务流动以及资本流动的衡量。除了这些衡量数量的变量,宏观经济学家还研究了衡量这些国际交易价格的变量。正如任何一个市场上的价格在协调该市场上买者与卖者的行为所起的重要作用一样,国际价格也有助于协调消费者、生产者与投资者在国际市场上进行交易时的决策。这里我们讨论两种最重要的国际价格——名义汇率与真实汇率。

32.2.1 名义汇率

名义汇率(nominal exchange rate)告诉你如果你用一国货币交换另一国货币能得到多少。例如,如果你到银行,你可能看到标出的汇率是80日元兑1美元。如果你给银行1美元,银行就给你80日元;如果你给银行80日元,银行就给你1美元。(实际上,银行标出的买卖日元的价格会略微不同,其差额是银行提供这种服务所收取的费用。但出于分析的简便,我们可以忽略这一细节。)

名义汇率:
一个人可以用一国货币交换另一国货币的比率。

升值：
按所能购买到的外国货币量衡量的一国货币价值的上升。

贬值：
按所能购买到的外国货币量衡量的一国货币价值的下降。

一种汇率总可以用两种方法来表示。如果汇率是 1 美元兑 80 日元，那么，它也就是 1 日元兑 1/80（即 0.0125）美元。在本书中，我们用 1 美元可以兑换的外国货币的单位来表示名义汇率，比如，1 美元兑 80 日元。

如果汇率的变动使 1 美元能买到的外国货币增加，那么这种变动称为美元**升值**（appreciation）。如果汇率的变动使 1 美元能买到的外国货币减少，那么这种变动称为美元**贬值**（depreciation）。例如，当汇率从 1 美元兑 80 日元上升到 1 美元兑 90 日元时，我们就可以说美元升值了。同时，因为现在 1 日元购买的美国货币减少了，所以我们可以说日元贬值了。当汇率从 1 美元兑 80 日元下降为 1 美元兑 70 日元时，我们可以说美元贬值了，而日元升值了。

你也许常听到美元"坚挺"或"疲软"的说法。这些描述通常指名义汇率的近期变动。当一种货币升值时，我们就可以说它是"坚挺"的，因为它可以购买更多的外国货币。同样，当一种货币贬值时，我们就可以说它是"疲软"的。或许是由于"坚挺"这个词比"疲软"这个词更让人激动，因此政府官员更倾向于说，他们喜欢"坚挺"的货币。但从经济学家的角度看，汇率也仅仅是一种价格，并不能简单地说汇率高更好还是汇率低更好。

对于任何一个国家来说，都存在许多名义汇率。可以用美元来购买日元、英镑、墨西哥比索等。经济学家研究汇率的变动时，通常使用将许多汇率加以平均的指数。正如消费价格指数把经济中的大量价格转换为物价水平的单一衡量指标一样，汇率指数也把许多汇率转换为一国货币国际价值的单一衡量指标。因此，当经济学家谈论美元升值或贬值时，他们通常是指某种包含了许多汇率的汇率指数。

参考资料

欧　元

你可能听说过甚至见过法国法郎、德国马克和意大利里拉。这些以前各国的通货已不再履行货币的职能了。20 世纪 90 年代，许多欧洲国家决定放弃各国的货币，并且使用一种被称为欧元（euro）的共同货币。2002 年 1 月 1 日，欧元开始流通，12 个国家开始把它作为自己的官方货币。到 2021 年，有二十多个国家使用欧元，包括 3.4 亿人口。但其他的欧洲国家仍保留自己的货币，包括英国、挪威、瑞典、丹麦、保加利亚和捷克共和国。

欧元区的货币政策现在由欧洲中央银行（ECB）制定，该银行由来自所有参与国的代表组成。欧洲中央银行发行欧元，并调控货币供给，就像美联储调控美国经济中的美元供给一样。

为什么这些国家采用了共同的通货？一个好处是使贸易更便利。设想美国 50 个州中每个州都有不同的通货。你每跨过一个州界,就需要兑换你手中的通货,并进行本书中讨论的那种汇率计算。这很不方便,并可能阻止你在你所在的州之外购买物品与服务。欧洲国家认为,随着它们的经济变得更为一体化,避免这种不方便会更好一些。

在某种程度上,欧洲采用共同通货也是一种超出经济学范畴的政治决策。有些欧元的支持者希望削弱民族主义情绪,强化欧洲人对共同历史与命运的认同。他们认为,欧洲大陆的大多数国家使用单一通货将有助于达到这个目的。

但是,采用共同通货也有代价。这意味着各国承诺实行单一的货币政策。如果它们对于什么是最好的货币政策有分歧,那么它们就必须达成某种妥协,而不是各行其是。由于采用单一通货利弊共存,因此经济学家对欧洲采用欧元是不是一项好的决策仍有争论。

从2010年到2015年,随着一些欧洲国家要应对各种经济困难,欧元作为泛欧洲货币的问题

图片来源:Peter Stone/Alamy Stock Photo.

开始凸显。特别是希腊因累积了大量政府债务而面临违约,因此它不得不提高税收并大幅削减政府支出。一些观察家认为,如果希腊政府有额外的一种工具——一国的货币政策,解决其债务问题将会更容易一些。他们甚至讨论了希腊退出欧元区并重新引入其本国货币的可能性,但这种情况最终并没有出现。

32.2.2 真实汇率

真实汇率(real exchange rate)是一个人可以用一国的物品与服务交换另一国的物品与服务的比率。例如,假设你到商店购物,发现1磅瑞士奶酪的价格是1磅美国奶酪的2倍,则真实汇率是1磅美国奶酪兑1/2磅瑞士奶酪。要注意的是,和名义汇率一样,真实汇率也可以用一单位国内东西所能交换的外国东西的单位量来表示。但在这种情况下,东西是物品与服务,而不是通货。

真实汇率与名义汇率是紧密相关的。假设每蒲式耳美国大米卖100美元,而每蒲式耳日本大米卖16 000日元。因此,美国大米与日本大米之间的真实汇率是多少呢?为了回答这个问题,我们首先必须用名义汇率把价格转换为一种相同的货币单位。如果名义汇率是1美元兑80日元,那么每蒲式耳美国大米100美元的价格等于每蒲式耳美国大米8 000日元。因此,美国大米的价格是日本大米的一半。真实汇率是每蒲式耳美

真实汇率:
一个人可以用一国的物品与服务交换另一国的物品与服务的比率。

国大米兑 1/2 蒲式耳日本大米。

我们可以用以下公式总结真实汇率的计算：

$$真实汇率 = \frac{名义汇率 \times 国内价格}{国外价格}$$

把上例中的数字代入公式，得到：

$$真实汇率 = \frac{(80\ 日元/美元) \times (100\ 美元/蒲式耳美国大米)}{16\ 000\ 日元/蒲式耳日本大米}$$

$$= \frac{8\ 000\ 日元/蒲式耳美国大米}{16\ 000\ 日元/蒲式耳日本大米}$$

$$= \frac{1}{2} 蒲式耳日本大米/蒲式耳美国大米$$

因此，真实汇率取决于名义汇率和用本国通货衡量的两国物品的价格。

真实汇率是一国出口与进口多少的关键决定因素。例如，Ben's Orginal（玛氏旗下的大米品牌）公司在决定是买美国大米还是买日本大米之前，会比较哪一种大米更便宜。真实汇率给出了这一问题的答案。再举一个例子，假设你要决定是在佛罗里达州的迈阿密海滩还是在墨西哥的坎昆海滩度假，你一定会问旅行社迈阿密旅馆房间的价格（用美元来衡量）、坎昆旅馆房间的价格（用比索衡量）以及比索和美元之间的汇率。如果你通过比较成本来决定在哪里度假，那么你就是在基于真实汇率做出决策。

当研究整个经济时，宏观经济学家关注的是物价总水平，而不是个别物品与服务的价格。也就是说，为了衡量真实汇率，他们使用价格指数，例如衡量一篮子物品与服务价格的消费价格指数。通过使用一篮子国内物品与服务的消费价格指数（P）、一篮子国外物品与服务的消费价格指数（P^*）以及本国通货和外国通货之间的名义汇率（e），我们可以用以下公式计算一个国家和其他国家之间的总体真实汇率：

$$真实汇率 = (e \times P)/P^*$$

这个真实汇率衡量国内得到的一篮子物品与服务相对于国外得到的一篮子物品与服务的价格。

正如我们在下一章中将要更充分说明的，一国的真实汇率是其物品与服务净出口的关键决定因素。美国真实汇率的下降（美元的贬值）意味着相对于外国物品而言，美国物品变得更便宜了。这种变化鼓励国内与国外消费者更多地购买美国物品，而更少地购买外国物品。结果是美国出口增加而进口减少,这两种变化都增加了美国的净出口。相反,美国真实汇率的上升(美元的升值)意味着与外国物品相比,美国物品变得更昂贵了,因此,美国的净出口将减少。

(扫码答题)

32.3 第一种汇率决定理论:购买力平价理论

不同时期的汇率变动很大。1970年,1美元可以兑换3.65德国马克或627意大利里拉。1998年,当德国和意大利都准备以欧元作为共同通货时,1美元可以兑换1.76德国马克或1 737意大利里拉。换句话说,在这一时期内,与德国马克相比,美元的价值下降了一半以上;而与意大利里拉相比,美元的价值翻了一番还多。

什么因素可以解释这些幅度大且方向相反的变动呢?经济学家提出了许多模型来解释汇率是如何决定的,每一种模型都强调了一些因素的作用。这里我们提出一种最简单的汇率理论——**购买力平价**(purchasing-power parity)理论。这种理论被认为描述了长期中影响汇率的因素,它认为,任何一单位给定通货都应该能在所有国家买到等量的物品。现在我们来分析这种长期汇率理论的逻辑以及这种理论的含义与局限性。

购买力平价理论:
一种认为任何一单位给定通货都应该能在所有国家买到等量物品的汇率理论。

32.3.1 购买力平价理论的基本逻辑

购买力平价理论根据**一价定律**(law of one price)得出。一价定律认为,一种物品在所有地方都应该按同样的价格出售,否则就会有未被利用的获利机会。例如,假设咖啡豆在西雅图的售价低于在达拉斯的售价,那么一个人就可以在西雅图以每磅4美元的价格购买咖啡豆,然后在达拉斯以每磅5美元的价格出售,这样他就可以从这种价格差中获得每磅1美元的利润。利用不同市场上同一种物品的价格差的过程被称为套利。在上例中,当人们利用这种套利机会时,他们就增加了西雅图的咖啡豆需求和达拉斯的咖啡豆供给,从而西雅图的咖啡豆价格将上升(由于需求增加),而达拉斯的咖啡豆价格将下降(由于供给增加)。这个过程会一直持续到最终两个市场上的咖啡豆价格相同为止。

现在考虑一价定律如何应用于国际市场。如果1美元(或1单位任何其他通货)在美国可以买到的咖啡豆比日本多,国际贸易商就会通过在美国购买咖啡豆并将其在日本出售而获利。这种从美国到日本的咖啡豆出口会使美国的咖啡豆价格上升,而使日本的咖啡豆价格下降。相反,如果1美元在日本能买到的咖啡豆比在美国多,国际贸易商就会在日本购买咖啡豆并将其在美国出售。这种从日本到美国的咖啡豆进口会使美国的咖啡豆价格下降,而使日本的咖啡豆价格上升。最后,一价定律告诉我们,在所有国家,1美元都必定能买到等量的咖啡豆。

上述逻辑使我们可以得出购买力平价理论。根据这个理论,一种通货必然在所有国家都具有相同的购买力。也就是说,1美元在美国和日本能购买的物品量必然相等,1日元在日本和美国能购买的物品量也必然相等。顾名思义,平价意味着相等,而购买力是指用它能购买到的物品量衡量的货币价值。购买力平价表明,一单位通货在每个国家都必然有相同的真实价值。

32.3.2 购买力平价理论的含义

购买力平价理论对汇率的含义是什么呢?它告诉我们,两国通货之间的名义汇率取决于这两个国家的物价水平。如果1美元在美国(物价用美元来衡量)和在日本(物价用日元来衡量)能买到等量物品,那么1美元兑日元的数量必然反映了该物品在美国和日本的价格。例如,如果1磅咖啡豆在日本值500日元而在美国值5美元,那么名义汇率必然是1美元兑100日元(500日元/5美元=100日元/美元)。否则,1美元的购买力在这两个国家就不相同。

为了更充分地说明这是如何起作用的,用一些数学方法是有帮助的。假设 P 是美国一篮子物品的价格(用美元来衡量),P^* 是日本一篮子物品的价格(用日元来衡量),而 e 是名义汇率(1美元可以购买的日元数量)。现在考虑1美元可以在国内(指美国)与国外购买的物品数量。在国内,物价水平是 P,因此1美元的购买力是 $1/P$。也就是说,1美元可以购买 $1/P$ 的物品量。在国外,1美元可以交换 e 单位外国通货,其购买力相应地就为 e/P^*。由于在这两个国家1美元的购买力相同,因此应该有:

$$1/P = e/P^*$$

整理上式,该式可变为:

$$1 = eP/P^*$$

要注意的是,式子的左边是一个常数,右边是真实汇率。因此,如果1美元的购买力在国内和国外总是相同的,那么,真实汇率——国内物品和国外物品的相对价格——就不会改变。

为了说明这种分析对名义汇率的含义,我们整理上式以解出名义汇率:

$$e = P^*/P$$

也就是说,名义汇率等于外国物价水平(用外国通货单位来衡量)与国内物价水平(用国内通货单位来衡量)的比率。根据购买力平价理论,两国通货之间的名义汇率必然反映这两个国家的物价水平。

这一理论的关键含义是,当物价水平变动时,名义汇率也随之变动。

正如我们在前一章所说明的,在任何一个国家,物价水平都会自发调整,使货币供给量与货币需求量达到平衡。由于名义汇率取决于物价水平,因此它也就取决于每个国家的货币供给与货币需求。当任何一个国家的中央银行增加货币供给并引起物价水平上升时,它就会引起该国通货相对于世界其他通货贬值。换句话说,当中央银行印发了大量货币时,无论根据它能买到的物品与服务来衡量,还是根据它能买到的其他通货来衡量,这种货币的价值都下降了。

现在我们可以回答这一节开头的问题了:为什么与德国马克相比,美元的价值下降了,而与意大利里拉相比,美元的价值上升了？答案是,与美国相比,德国实行了更低通货膨胀的货币政策,而意大利实行了更高通货膨胀的货币政策。从1970年到1998年,美国的年通货膨胀率是5.3%。与此相比,德国的年通货膨胀率是3.5%,而意大利的年通货膨胀率是9.6%。由于美国的物价相对于德国而言上升了,因此美元的价值相对于德国马克就下降了。同样,由于美国的物价相对于意大利而言下降了,因此美元的价值相对于意大利里拉就上升了。

德国和意大利现在使用共同的通货——欧元。这意味着,两国共享同一种货币政策,从而两国的通货膨胀率将有密切的联系。但是,我们从里拉和马克中得到的历史经验也适用于欧元。从现在起的20年中,美元对欧元的汇率会走高还是走低,将取决于欧洲中央银行在欧洲引起的通货膨胀是高于还是低于美联储在美国引起的通货膨胀。

案例研究　　恶性通货膨胀期间的名义汇率

宏观经济学家只有在极少数情况下才能进行可控实验。他们通常是从历史上出现的自然实验中收集所能得到的资料。其中一种自然实验是恶性通货膨胀——当政府为其大量支出筹资而印发货币时出现的高通货膨胀。因为恶性通货膨胀非常极端,所以它能够清晰地说明一些基本的经济学原理。

考虑德国20世纪20年代初期的恶性通货膨胀。图32-3显示了该时期德国的货币供给、物价水平以及名义汇率(用1德国马克兑换的美分来衡量)。要注意的是,这一系列变动几乎是同时发生的。当货币供给开始迅速增长时,物价水平也迅速上升,随之而来的便是德国马克的贬值。当货币供给稳定时,物价水平和汇率也稳定了。

该图所显示的模式出现在每一次恶性通货膨胀期间。毫无疑问,货币供给、物价水平与名义汇率之间存在一种基本联系。前一章所讨论的货币数量论解释了货币供给如何影响物价水平,本章所讨论的购买力平价理论则解释了物价水平如何影响名义汇率。

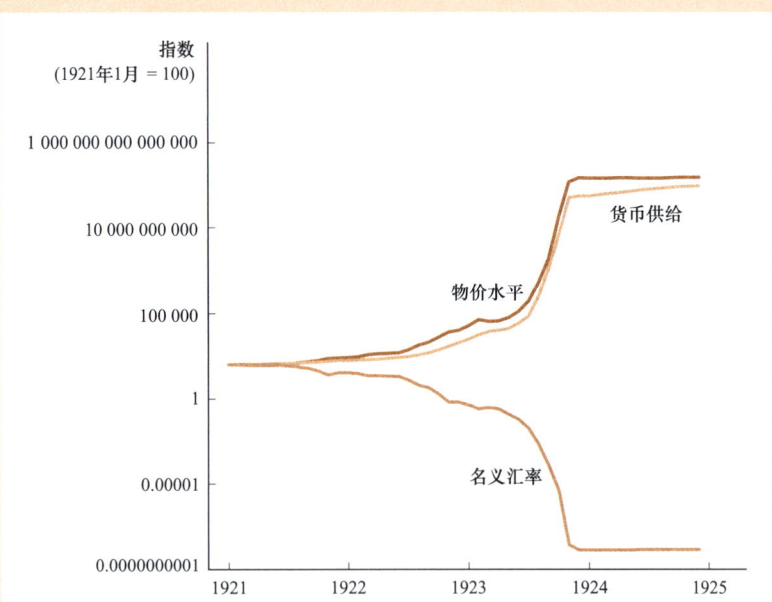

图32-3

德国恶性通货膨胀期间的货币供给、物价水平与名义汇率

该图显示了从1921年1月到1924年12月德国恶性通货膨胀期间的货币供给、物价水平以及名义汇率（用1德国马克兑换的美分来衡量）。要注意的是，这三个变量的变动趋势的相似性。当货币供给量开始迅速增长时，物价水平随之上升，马克相对于美元贬值。当德国中央银行稳定了货币供给时，物价水平和汇率也稳定了。

资料来源：改编自 Thomas J. Sargent, "The End of Four Big Inflations", in Robert Hall, ed., *Inflation*（Chicago：University of Chicago Press, 1983），pp.41-93。

32.3.3 购买力平价理论的局限性

购买力平价理论提供了一个有关汇率如何决定的简单模型。这种理论对于理解许多经济现象是很有用的。特别是，它可以解释许多长期趋势，例如美元对德国马克的贬值以及美元对意大利里拉的升值；它也可以解释恶性通货膨胀期间出现的汇率的重大变动。

然而，购买力平价理论并不是完全正确的。也就是说，汇率的变动并不总能保证美元在所有国家始终都具有同样的真实价值。购买力平价理论在实践中并不总能成立有如下两个原因：

第一个原因是，许多物品与服务是不容易进行贸易的。例如，设想在巴黎理发比在纽约贵。国际旅游者可以避免在巴黎理发，一些理发师也可以从纽约移居到巴黎。但这种套利是如此有限，以至于无法消除价格差。因此，与购买力平价的背离会持续下去，1美元（或1欧元）在巴黎可以购买的理发服务会继续少于在纽约可以购买的理发服务。

第二个原因是，即使是可贸易物品，当它们在不同国家生产时，也并不总能完全相互替代。例如，一些消费者偏爱德国汽车，而另一些消费者则偏爱美国汽车。而且随着时间的推移，消费者对汽车的偏好也在发生变化。如果德国汽车突然变得更受欢迎，需求的增加会使德国汽车的价格相对于美国汽车的价格上升。尽管两个市场上存在这种价格差，但可能并不存在有利可图的套利机会，因为消费者并不认为这两种汽车是相同的。

因此，由于一些物品是不可贸易的，以及一些可贸易物品并不能完全替代国外的相应物品，购买力平价理论并不是一种完美的汇率决定理论。出于这些原因，真实汇率事实上一直在波动。然而，购买力平价理论提供了理解汇率的有用的第一步。其基本逻辑是可信的：当真实汇率背离了购买力平价理论所预期的水平时，人们就会有在各国之间买卖物品的激励。即使购买力平价的力量不能使真实汇率完全固定，它也使我们有理由预期，真实汇率的变动通常是小而暂时的。因此，名义汇率大幅且持久的变动通常反映的是国内外物价水平的变动。

（扫码答题）

案例研究　　　　　　　汉堡包标准

当经济学家运用购买力平价理论来解释汇率时，他们需要关于不同国家的一篮子物品价格的数据。《经济学家》杂志进行了这种分析。该杂志不定期收集由"两块煎牛肉饼、特殊调味品、莴苣叶、奶酪、泡菜、洋葱和芝麻面包"组成的一篮子物品的价格数据。这一篮子物品被称为"巨无霸"汉堡，并在全世界的麦当劳店中销售。

一旦有了在两个国家用各自通货表示的"巨无霸"价格，我们就可以计算购买力平价理论所预期的汇率了。这种预期汇率是使两个国家"巨无霸"的成本相同的汇率。例如，如果在美国一个"巨无霸"的价格是5美元，而在日本是500日元，那么购买力平价理论的预期汇率是1美元兑100日元。

当把购买力平价理论应用于"巨无霸"时，这种理论如何起作用呢？以2021年7月的数据（见表32-2）为例，当时"巨无霸"在美国的价格是5.65美元。

你几乎能在所有麦当劳餐厅找到"巨无霸"。

图片来源：© Testing/Shutterstock.com.

你可以看到，预期汇率与实际汇率并不完全相同。毕竟，关于"巨无霸"的国际套利是不容易进行的。然而，两种汇率通常又是十分相近的。例如，按照预期汇率，1美元可以兑换到的卢比最多，可以兑换到的英镑最少。实际情况也是如此。虽然购买力平价理论远非一种精确的汇率理论，但它能够提供一个合理的初始近似值。

表32-2 购买力平价理论应用举例

国家/地区	巨无霸的价格	预期汇率	实际汇率
印度尼西亚	34 000 卢比	6 180 卢比/美元	14 517 卢比/美元
韩国	4 600 韩元	814 韩元/美元	1 150 韩元/美元
日本	390 日元	69 日元/美元	110 日元/美元
墨西哥	64 比索	11.3 比索/美元	20.1 比索/美元
瑞典	54 克朗	9.6 克朗/美元	8.7 克朗/美元
中国	22.4 元人民币	4 元人民币/美元	6.5 元人民币/美元
欧元区	4.27 欧元	0.76 欧元/美元	0.85 欧元/美元
英国	3.49 英镑	0.62 英镑/美元	0.73 英镑/美元

32.4 结论

本章的目的是介绍宏观经济学家用来研究开放经济的一些基本概念。现在你应该了解了一国的贸易余额如何与资本的国际流动相关,以及在开放经济中一国的国民储蓄与国内投资如何不相等;你也应该了解了当一国有贸易盈余时,它必须把资本输出到国外,而当一国有贸易赤字时,它必定有资本流入;你还应该了解了名义汇率与真实汇率的含义,以及作为汇率决定理论的购买力平价理论的含义及其局限性。

这里所定义的宏观经济变量为分析一个开放经济与世界其他经济相互之间的交易提供了一个出发点。在下一章中,我们将介绍一个可以说明是什么因素决定这些变量的模型。然后,我们就可以讨论各种事件与政策如何影响一国的贸易余额以及各国在世界市场上按什么比率进行交换。

内容概要

◎ 净出口是在国外销售的国内生产的物品与服务的价值（出口）减去在国内销售的国外物品与服务的价值（进口）。资本净流出是本国居民获得的外国资产（资本流出）减去外国居民获得的本国资产（资本流入）。由于每一次国际交易都涉及资产与物品或服务的交换，因此一个经济的资本净流出总是等于其净出口。

◎ 一个经济的储蓄既可以用于为国内投资筹资，又可以用于购买国外资产。因此，国民储蓄等于国内投资加资本净流出。

◎ 名义汇率是两国通货的相对价格，而真实汇率是两国物品与服务的相对价格。当名义汇率的变动使 1 美元能购买的外国通货增加时，我们可以说美元升值或者坚挺。当名义汇率的变动使 1 美元能购买的外国通货减少时，我们可以说美元贬值或者疲软。

◎ 根据购买力平价理论，1 美元（或者 1 单位任何其他通货）应该能在所有国家购买等量的物品与服务。这种理论意味着两国通货之间的名义汇率应该反映这两个国家的物价水平。因此，有较高通货膨胀率的国家的通货应该贬值，而有较低通货膨胀率的国家的通货应该升值。

关键概念

封闭经济	贸易余额	名义汇率
开放经济	贸易盈余	升值
出口	贸易赤字	贬值
进口	贸易平衡	真实汇率
净出口	资本净流出	购买力平价理论

复习题

1. 定义净出口与资本净流出。解释它们如何相关以及为什么相关。
2. 解释储蓄、投资和资本净流出之间的关系。
3. 如果一辆日本汽车的价格为 150 万日元，一辆类似的美国汽车的价格为 3 万美元，并且 1 美元可以兑换 100 日元，那么名义汇率与真实汇率分别为多少？
4. 描述购买力平价理论背后的经济学逻辑。
5. 如果美联储开始大量印发美元，则 1 美元所能购买的日元数量会有什么变化？为什么？

问题与应用

1. 下列这些交易如何影响美国的出口、进口以及净出口？

    a. 美国的一位艺术学教授利用暑假参观欧洲的博物馆。

    b. 巴黎的学生争相观看最新的好莱坞影片。

    c. 一个美国人购买了一辆新的菲亚特汽车。

    d. 英国牛津大学的学生书店卖出了一本曼昆《经济学原理》教科书。

e. 一个加拿大公民为了避开加拿大的销售税，在佛蒙特州北部的一家商店购物。

2. 以下各交易应该包括在净出口中还是资本净流出中？请确切地说出每项交易是代表哪种变量的增加还是减少。

   a. 一个美国人购买了一台索尼牌电视机。
   b. 一个美国人购买了一股索尼公司的股票。
   c. 索尼公司的养老基金购买了美国财政部发行的国债。
   d. 索尼公司日本工厂的一个工人购买了美国佐治亚州农民种的一些桃子。

3. 描述外国直接投资与外国有价证券投资之间的差别。谁更有可能进行外国直接投资——是企业还是个人投资者？谁更有可能进行外国有价证券投资？

4. 下列交易如何影响美国的资本净流出？此外，说明每项交易是直接投资还是有价证券投资。

   a. 美国的一家移动电话公司在捷克共和国设立办事处。
   b. 伦敦的 Harrods 公司把股票卖给通用电气公司的养老基金。
   c. 本田公司扩大了其在俄亥俄州马里维尔的工厂规模。
   d. 富达（Fidelity）共同基金把其丰田汽车公司的股票卖给了一个法国投资者。

5. 如果美元升值，以下群体是高兴还是不高兴？解释原因。

   a. 持有美国政府债券的荷兰养老基金
   b. 美国制造业
   c. 计划到美国旅游的澳大利亚游客
   d. 一家想购买国外资产的美国企业

6. 在下列每一种情况下，美国的真实汇率会发生怎样的变动？解释原因。

   a. 美国的名义汇率不变，但美国的物价上升快于国外。
   b. 美国的名义汇率不变，但国外的物价上升快于美国。
   c. 美国的名义汇率下降，但美国和国外的物价都没有变化。
   d. 美国的名义汇率下降，并且国外的物价上升快于美国。

7. 一罐软饮料在美国的价格为 1.25 美元，在墨西哥的价格为 25 比索。如果购买力平价理论成立，那么比索与美元之间的汇率（用比索/美元表示）是多少？如果货币扩张引起墨西哥的物价翻了一番，以致每罐软饮料的价格上升到 50 比索，那么比索与美元之间的汇率会发生怎样的变动？

8. 本章的案例研究用"巨无霸"的价格分析了几个国家的购买力平价。下面是其他几个国家的数据：

国家	"巨无霸"的价格	预期汇率	实际汇率
智利	2 990 比索	＿＿＿比索/美元	759 比索/美元
匈牙利	900 福林	＿＿＿福林/美元	305 福林/美元
捷克	89 克朗	＿＿＿克朗/美元	21.8 克朗/美元
巴西	22.9 雷亚尔	＿＿＿雷亚尔/美元	5.25 雷亚尔/美元
加拿大	6.77 加元	＿＿＿加元/美元	1.27 加元/美元

   a. 计算每个国家的预期汇率（用 1 美元兑换的本国货币来衡量）。（回忆一下，当时美国"巨无霸"的价格是 5.65 美元。）
   b. 根据购买力平价理论，匈牙利福林和加元之间的预期汇率是多少？实际汇率是多少？
   c. 购买力平价理论很好地解释了汇率吗？

9. 假设购买力平价在 Ectenia 国和 Wiknam 国之间成立，两国只有一种商品，即午餐肉。

a. 目前每罐午餐肉在 Ectenia 国的价格是 4 美元,在 Wiknam 国的价格是 24 比索。Ectenia 美元和 Wiknam 比索之间的汇率是多少?

b. 在以后 20 年间,Ectenia 国的预期通货膨胀率是每年 3.5%,而 Wiknam 国的预期通货膨胀率是每年 7%。20 年后,午餐肉的价格和汇率会发生怎样的变化?(提示:回忆一下第 28 章的"70 法则")。

c. 这两个国家中哪一个国家的名义汇率更高?为什么?

d. 你的朋友提出了一个快速致富的计划:从名义利率低的国家借钱,投资到名义利率高的国家,并从利率差中获利。你认为这种想法有什么潜在的问题?解释原因。

第 33 章　开放经济的宏观经济理论

在过去的几十年间，美国进口的物品与服务一直多于其出口的物品与服务。也就是说，美国的净出口一直是负数。虽然经济学家们一直在争论这些贸易赤字对于美国经济是否构成一个问题，但美国企业界对此往往反应强烈。许多企业家声称，贸易赤字反映了不平等的竞争：美国政府允许外国企业在美国市场上出售其产品，而外国政府却阻碍美国企业在国外销售美国产品。

设想你是美国总统，并且想消除这些贸易赤字，你应该怎么办呢？你是否应该通过对欧洲的钢铁实行进口配额或者对中国的智能手机征收关税来限制进口？或者，你是否应该用其他某种方式来应对本国的贸易赤字？

为了理解是什么因素决定了一国的贸易余额以及政府政策如何影响贸易余额，我们需要一种解释开放经济如何运行的宏观经济理论。在前一章中我们介绍了描述一个经济与其他经济关系的主要宏观经济变量，包括净出口、资本净流出以及真实汇率和名义汇率。本章要建立一个模型来说明是什么因素决定了这些变量以及这些变量如何彼此相关。

为了建立这个开放经济的宏观经济模型，我们从两个方面对之前的分析加以扩展。第一，该模型把一个经济的 GDP 作为既定的。我们假设，用真实 GDP 衡量的一个经济中物品与服务的产量是由生产要素的数量和把这些投入变为产出的生产技术决定的。第二，该模型把一个经济中的物价水平作为既定的。我们假设物价水平的调整使货币的供求达到平衡。换句话说，本章是把前几章中学到的有关经济中的产量与物价水平的结论作为出发点，并聚焦于决定一个经济的贸易余额和汇率的力量。

从某种意义上说，这个模型是简单的：它仅仅是把供求工具运用于开放经济。但这个模型还是比我们所论述过的其他模型更为复杂，因为它涉及两个相关市场——可贷资金市场和外汇市场——的同时均衡。在介绍这个开放经济模型之后，我们将用它考察各种事件和政策如何影响经济的贸易余额和汇率。这样，我们就能确定哪些政府政策最有可能扭转美国经济近年来所面临的贸易赤字。

33.1 可贷资金市场和外汇市场的供给与需求

为了理解在开放经济中起作用的力量,我们集中研究两个市场的供给与需求。第一个是可贷资金市场,它协调经济中的国民储蓄与国内投资,以及投资到国外的可贷资金的流动(所谓的资本净流出)。第二个是外汇市场,它协调那些想用国内通货交换其他国家通货的人。在这一节,我们将分别讨论这两个市场上的供给与需求。在下一节,我们将把这两个市场放到一起来解释开放经济的整体均衡。

33.1.1 可贷资金市场

我们的开放经济模型做了一个简化的假设,假设金融体系只包括一个市场,即可贷资金市场。所有储蓄者都到这个市场上储蓄,所有借款者都从这个市场上贷款。在这个市场上,只存在一种利率,它既是储蓄的收益,又是借款的成本。

为了理解开放经济中的可贷资金市场,我们将上一章所讨论的恒等式作为起点:

$$S = I + NCO$$

储蓄 = 国内投资 + 资本净流出

当一国储蓄了其 1 美元收入时,它就可以用这 1 美元来为购买国内资产筹资,或为购买国外资产筹资。这个恒等式的两边代表可贷资金市场的双方。可贷资金的供给来自国民储蓄(S),可贷资金的需求来自国内投资(I)和资本净流出(NCO)。

可贷资金表示国内产生的可用于资本积累的资源流量。无论是购买国内资本资产(I)还是购买国外资本资产(NCO),这种购买都增加了可贷资金的需求。资本净流出既可以是正的,也可以是负的,所以它既可以增加也可以减少由国内投资引起的可贷资金需求。当 $NCO > 0$ 时,一国有资本净流出,此时对国外资本资产的净购买增加了对国内可贷资金的需求;当 $NCO < 0$ 时,一国有资本净流入,此时来自国外的资本减少了对国内可贷资金的需求。

回想一下,可贷资金的供给量和需求量取决于真实利率。较高的真实利率意味着更高的储蓄回报,鼓励人们更多地储蓄,从而增加了可贷资金的供给量。较高的真实利率也意味着增加了为资本项目筹资而借款的成本,从而抑制了投资,并减少了可贷资金的需求量。

除了影响国民储蓄和国内投资,一国的真实利率还影响该国的资本净流出。为了说明原因,考虑两家共同基金公司——一家在美国,一家在德国,它们要决定是购买美国政府债券还是购买德国政府债券。两家共同基金公司的管理者将通过比较美国和德国的真实利率来做出这项购买决策。当美国的真实利率上升时,美国的债券变得更有吸引力了,从而抑制美国人购买外国资产,并鼓励外国人购买美国资产。出于这两个原因,美国真实利率的上升降低了其资本净流出。

我们用图33-1中我们所熟悉的供求关系图来分析可贷资金市场。与前面我们对金融体系的分析一样,供给曲线向右上方倾斜,因为较高的利率增加了可贷资金的供给量;而需求曲线向右下方倾斜,因为较高的利率减少了可贷资金的需求量。但是,与我们以前讨论的情况不同,市场的需求方现在表示的是国内投资与资本净流出。也就是说,在一个开放经济中,可贷资金需求不仅来自那些想借贷以购买国内资产的人,而且还来自那些想借贷以购买国外资产的人。

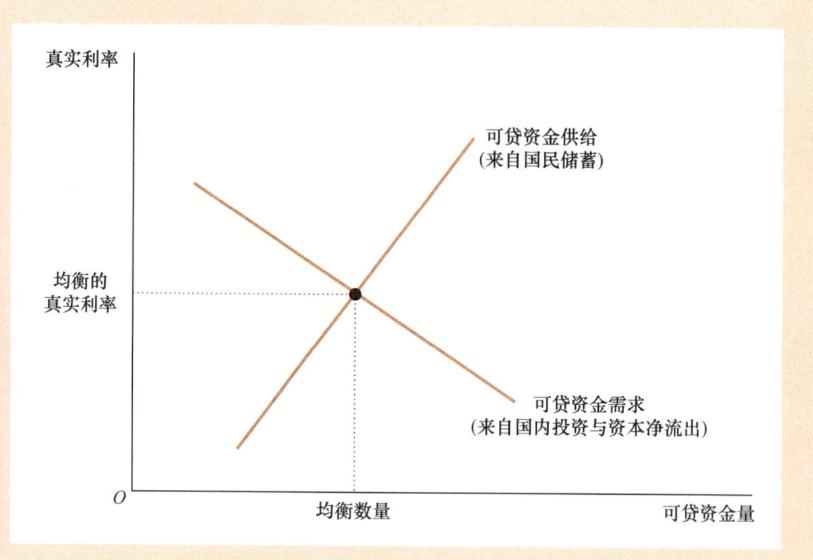

图33-1

可贷资金市场

开放经济中的利率和封闭经济中的一样,都是由可贷资金的供给与需求决定的。国民储蓄是可贷资金供给的来源。国内投资和资本净流出是可贷资金需求的来源。在均衡利率下,人们想储蓄的量正好与人们想为购买国内资产和国外资产而借贷的量平衡。

利率会自发调整,使可贷资金的供给与需求达到平衡。如果利率低于均衡水平,则可贷资金的供给量将小于需求量,所引起的可贷资金短缺将使利率上升。相反,如果利率高于均衡水平,则可贷资金的供给量将大于需求量,所引起的可贷资金过剩将使利率下降。在均衡利率下,可贷资金的供给正好与需求平衡。换句话说,在均衡利率下,人们想储蓄的量正好与合意的国内投资和资本净流出量平衡。

33.1.2 外汇市场

开放经济模型中的第二个市场是外汇市场,这个市场的参与者用美元兑换外国通货。我们的分析从上一章的另一个恒等式开始:

$$NCO = NX$$
资本净流出 = 净出口

这个恒等式表明,国外资本资产的购买与出售之间的不平衡(NCO)等于物品与服务的出口和进口之间的不平衡(NX)。例如,当美国有贸易盈余($NX > 0$)时,外国人购买的美国物品与服务多于美国人购买的外国物品与服务。美国人用他们从这种物品与服务的国外净销售中得到的外国通货做什么呢? 他们必定购买外国资产,因此,美国资本流向国外($NCO > 0$)。相反,如果美国有贸易赤字($NX < 0$),那么美国人用于购买外国物品与服务的支出就多于他们从国外销售中得到的收入。因此,部分支出必定通过出售美国人的国外资产来筹资,从而外国资本流入美国($NCO < 0$)。

这个开放经济模型用这个恒等式的两边代表外汇市场上的双方。资本净流出代表为购买国外资产而供给的美元量。例如,当一家美国共同基金公司购买日本政府债券时,它需要把美元兑换为日元,因此它在外汇市场上供给美元。净出口代表为了购买美国净出口的物品与服务而需要的美元量。例如,当一家日本航空公司购买波音公司制造的飞机时,它需要把日元兑换成美元,因此,它在外汇市场上需要美元。

使外汇市场供求平衡的价格是什么呢? 答案是真实汇率。正如我们在上一章中所讨论的,真实汇率是国内物品与服务和国外物品与服务的相对价格,从而也是净出口的关键决定因素。当美国的真实汇率上升时,美国物品与服务相对于国外物品变贵了,这使美国物品与服务对国内外消费者的吸引力变小了。结果,美国的出口减少,而进口增加。出于这两方面的原因,美国的净出口减少了。因此,真实汇率上升减少了外汇市场上对美元的需求量。

图 33-2 显示了外汇市场上对美元的供给与需求。需求曲线向右下方倾斜,原因我们刚刚讨论过,即较高的真实汇率使美国的物品与服务更加昂贵,并减少了为购买这些物品与服务而需要的美元量。供给曲线是垂直的,因为为资本净流出而供给的美元量并不取决于真实汇率。(正如前面所讨论的,资本净流出取决于真实利率。当讨论外汇市场时,我们把真实利率和资本净流出作为既定的。)

乍一看,在这个模型中,资本净流出并不取决于汇率似乎令人感到奇怪。毕竟,美元兑换价值的上升不仅使外国物品与服务对美国购买者来说更便宜了,而且也使国外资产更便宜了。较为坚挺的美元看起来会使国外资产更有吸引力。但事实并不一定如此,一个美国投资者最终想把国外资产以及从这种资产中赚到的任何利润都转换为美元。例如,美元价值的上升使美国人购买日本公司的股票更便宜了。但这些股票支付的

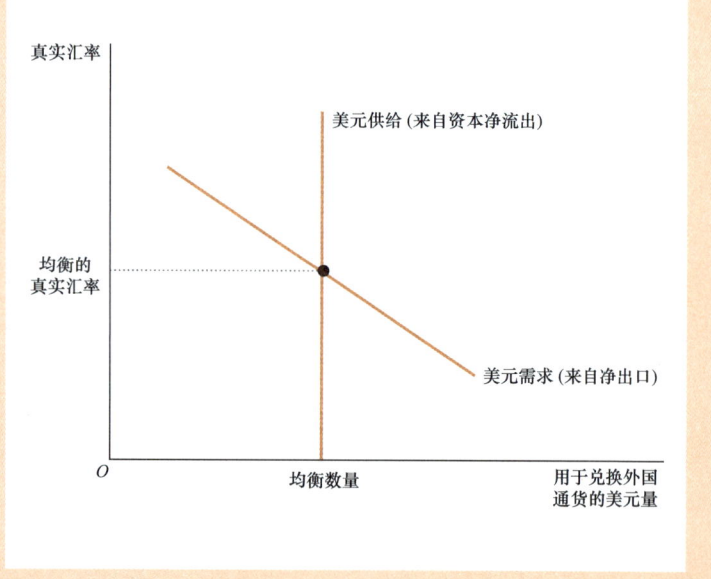

图33-2

外汇市场

真实汇率是由外汇市场上的供给与需求决定的。用于兑换外国通货的美元的供给来自资本净流出。由于资本净流出并不取决于真实汇率,所以供给曲线是垂直的。美元的需求来自净出口。由于较低的真实汇率刺激了净出口(从而增加了为这些净出口进行支付而需要的美元量),因此需求曲线向右下方倾斜。在均衡的真实汇率下,人们为购买国外资产而供给的美元数量正好与人们为购买净出口(的物品与服务)而需要的美元数量平衡。

任何股息都将以日元的形式发放。当把这些日元兑换为美元时,美元价值的上升就意味着这些红利买到的美元少了。因此,汇率变动既影响购买国外资产的成本,又影响持有这些资产的收益,而且这两种影响相互抵消。出于这个原因,我们的开放经济模型假定资本净流出并不取决于真实汇率,如图33-2中垂直的供给曲线所示。

真实汇率的变动能确保外汇市场实现均衡。真实汇率会自发调整以使美元的供求实现平衡,正如任何一种物品与服务的价格都会自发调整以使该物品与服务的供求实现平衡一样。如果真实汇率低于均衡水平,那么美元供给量将小于需求量,所引起的美元短缺将使美元的价值上升。相反,如果真实汇率高于均衡水平,那么美元供给量将大于需求量,所引起的美元过剩将使美元的价值下降。在均衡的真实汇率下,由美国物品与服务净出口所引起的外国人对美元的需求正好与由美国资本净流出所引起的来自美国人的美元供给平衡。

即测即评33-1

(扫码答题)

> **参考资料**
>
> **购买力平价是一种特例**
>
> 细心的读者可能会问:我们为什么在本章还要提出一种汇率理论?在前一章中我们不是已经介绍了一种汇率理论吗?
>
> 确实,我们在前一章介绍了一种被称为购买力平价理论的汇率理论。该理论认为,由于存在国际套利,1 美元(或 1 单位任何其他通货)在不同国家应该能买到等量的物品与服务。因此,真实汇率是固定不变的,两种通货之间名义汇率的一切变动都反映了两国物价水平的变动。
>
> 本章所提出的汇率模型与购买力平价理论是相关的。根据购买力平价理论,国际贸易对国际价格差会迅速做出反应。如果一个国家的物品比另一个国家便宜,那么这些物品就会从第一个国家出口并被进口到第二个国家,直至价格差消失为止。换句话说,购买力平价理论假定,净出口会对真实汇率的微小变动做出快速反应。事实上,如果净出口的反应如此迅速,则图 32-2 中的需求曲线就应该是水平的。
>
> 因此,购买力平价理论可以被看作本章所考察的模型的一个特例。在这个特例下,外汇的需求曲线不是向右下方倾斜,而是位于确保国内外购买力相等的真实汇率处的一条水平线。
>
> 当研究汇率时,这个特例是解释汇率的一个很好的出发点,但远远不是结束。实际上,由于运输成本以及外国和本国物品的不完全替代性,购买力平价理论有时并不能成立。因此,本章假设,对外币交易的需求曲线是向右下方倾斜的,这种假设允许真实汇率随时间而变动,就像现实世界中的情况那样。

33.2 开放经济中的均衡

到目前为止,我们已经讨论了两个市场——可贷资金市场和外汇市场——上的供给与需求。现在我们来考虑这两个市场如何相关。

33.2.1 资本净流出:两个市场之间的联系

我们先回顾一下到目前为止在本章中所学过的内容。我们已经讨论了经济如何协调四个重要的宏观经济变量:国民储蓄(S)、国内投资(I)、资净流出(NCO)和净出口(NX)。它们通过以下恒等式相关:

$$S = I + NCO$$

以及

$$NCO = NX$$

在可贷资金市场上,供给来自国民储蓄(S),需求来自国内投资(I)和资本净流出(NCO),并且真实利率使供求平衡。在外汇市场上,供给来自资本净流出(NCO),需求来自净出口(NX),并且真实汇率使供求平衡。

资本净流出是联系这两个市场的变量。在可贷资金市场上,资本净流出是需求的一部分。那些想购买国外资产的美国人必须通过在美国可贷资金市场上获得资金来为这种购买筹资。在外汇市场上,资本净流出是供给的来源。那些想购买另一个国家资产的美国人必须供给美元,以便兑换那个国家的通货。

如前所述,资本净流出的关键决定因素是真实利率。当美国的真实利率上升时,持有美国资产更有吸引力,从而美国的资本净流出将下降。图 33-3 显示了真实利率和资本净流出之间的这种负相关关系。这条资本净流出曲线把可贷资金市场和外汇市场联系了起来。

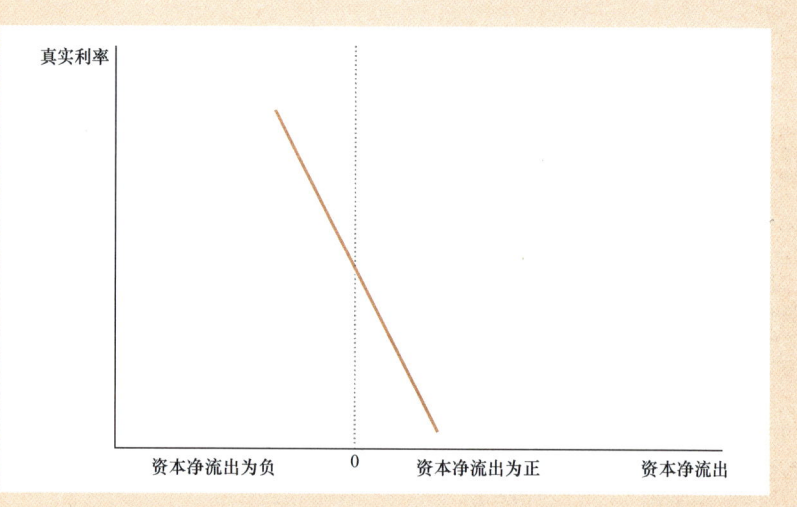

图33-3

资本净流出如何取决于真实利率

由于国内真实利率的上升使国内资产更有吸引力,因此减少了资本净流出。注意横轴上 0 的位置:资本净流出既可以为正,也可以为负。资本净流出为负意味着经济中存在资本净流入。

33.2.2 两个市场的同时均衡

图 33-4 把我们的模型中的各个部分组合在了一起。这幅图说明了可贷资金市场和外汇市场如何共同决定开放经济中的重要宏观经济变量。

图 33-4(a)表示可贷资金市场(取自图 33-1)。和以前一样,国民储蓄是可贷资金供给的来源,国内投资和资本净流出是可贷资金需求的来源,均衡的真实利率(r_1)使可贷资金的供给量和需求量达到平衡。

图 33-4(b)表示资本净流出(取自图 33-3)。从(a)幅中得出的真实利率决定了资本净流出。国内真实利率的上升使国内资产更有吸引力,从而减少了资本净流出。因此,(b)幅中的资本净流出曲线向右下方倾斜。

图 33-4(c)表示外汇市场(取自图 33-2)。由于必须用外国通货购买

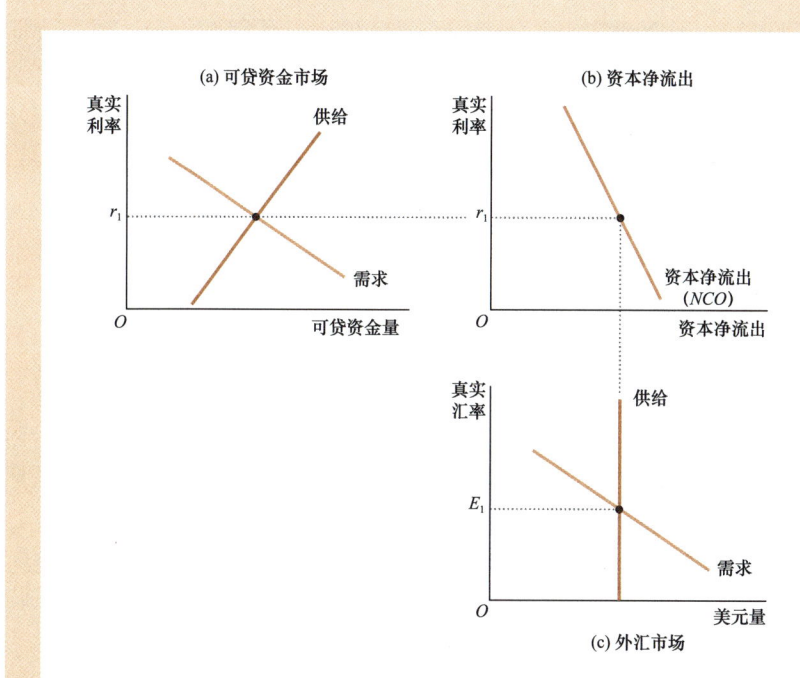

图33-4

开放经济的实际均衡

在(a)幅中,可贷资金的供给和需求决定了真实利率。在(b)幅中,真实利率决定了资本净流出,资本净流出提供了外汇市场上的美元供给。在(c)幅中,外汇市场上美元的供给与需求决定了真实汇率。

国外资产,因此从(b)幅中得出的资本净流出量决定了用于兑换外国通货的美元的供给。真实汇率并不影响资本净流出,因此,供给曲线是垂直的。对美元的需求来自净出口。因为真实汇率下降增加了净出口,所以外汇需求曲线向右下方倾斜。均衡的真实汇率(E_1)使外汇市场上美元的供给量与需求量达到平衡。

图33-4中所示的两个市场决定了两种相对价格——真实利率和真实汇率。(a)幅中决定的真实利率是相对于未来物品与服务的现期物品与服务的价格。(c)幅中决定的真实汇率是相对于国外物品与服务的国内物品与服务的价格。这两个相对价格同时调整,使这两个市场的供求达到平衡。在此过程中,它们决定了国民储蓄、国内投资、资本净流出和净出口。我们可以用这个模型来说明:当某种政策或事件引起这些曲线中的一条移动时,所有这些变量将如何变动。

即测即评33-2

（扫码答题）

> **参考资料**
>
> **区分供给与需求**
>
> 假设一个苹果园主决定消费一些他自己的苹果。这一决策代表苹果需求增加，还是苹果供给减少？这两个答案都说得通，而且如果我们在以后的分析中留心，我们就会发现，选择哪一个答案并不重要。有时我们区分供给与需求的方式是有些随意的。
>
> 在本章建立的开放经济的宏观经济模型中，交易在"供给"和"需求"之间的划分也具有一定的随意性——无论是对于可贷资金市场还是外汇市场来说都是如此。
>
> 我们首先考虑可贷资金市场。这个模型把资本净流出作为可贷资金市场需求的一部分。但我们可以不写成 $S = I + NCO$，而是很容易地将其写为 $S - NCO = I$。当按这种方式重写方程式时，资本流出看起来就像可贷资金供给的减少。哪一种方法都可以。第一个表达式（$S = I + NCO$）强调了无论是在国内还是在国外使用，可贷资金都是在国内产生的。第二个表达式（$S - NCO = I$）强调了无论是产生于国内还是国外，可贷资金都可以用于国内投资。这一差别更多的是语义上的，而非本质上的。
>
> 同样，我们再来考虑外汇市场。在我们的模型中，净出口是美元需求的来源，而资本净流出是美元供给的来源。因此，当一个美国公民进口了一辆日本生产的汽车时，我们的模型把这种交易作为美元需求量的减少（因为净出口减少了），而不是作为美元供给量的增加。同样，当一个日本公民购买了美国政府债券时，我们的模型把该交易作为美元供给量的减少（因为资本净流出减少了），而不是作为美元需求量的增加。乍一看，这种对供给与需求的定义似乎有点不正常，但在分析各种政策的影响时，这种定义方式是有用的。

33.3 政策和事件如何影响开放经济

现在我们用这个开放经济模型来分析政策和其他事件的变动如何改变经济的均衡。记住：我们的模型仅仅是关于两个市场——可贷资金市场和外汇市场——的供给与需求。当用这个模型来分析任何一个事件时，我们都可以运用第 4 章中所概括的三个步骤：第一，确定该事件影响供给曲线和需求曲线中的哪一条；第二，确定曲线会如何移动；第三，用供求图考察这些移动如何改变经济的均衡。

33.3.1 政府预算赤字

在本书的前面，当我们把可贷资金市场模型运用于封闭经济时，我们考察了政府预算赤字的影响：当政府支出大于政府收入时，赤字就出现了。由于政府预算赤字代表负的公共储蓄，因此它减少了国民储蓄（公共储蓄与私人储蓄之和)。我们得出的结论是,政府预算赤字减少了可贷资金的供给,使利率上升,并挤出了投资。

现在我们考虑开放经济中预算赤字的影响。第一步,我们的模型中哪一条曲线会移动?与封闭经济中的情况一样,预算赤字最初是影响国民储蓄,进而影响可贷资金的供给。第二步,这条供给曲线会如何移动?仍与封闭经济中的情况一样,预算赤字代表负的公共储蓄,因此它减少了国民储蓄,并使可贷资金供给曲线向左移动。如图33-5(a)所示,供给曲线从 S_1 移动到 S_2。

第三步,也是最后一步,是比较新均衡与旧均衡。图33-5(a)显示了美国预算赤字对其可贷资金市场的影响。由于美国金融市场上借款者得到的资金减少,利率从 r_1 上升到 r_2,以使供求达到平衡。面对较高的利率,可贷资金市场上的借款者选择少借贷。这种变化反映在图中是均衡点沿着可贷资金需求曲线从 A 点移动到 B 点。随着借款的减少,家庭和企业减少了对资本品的购买。与在封闭经济中的情况一样,预算赤字挤出了国内投资。

但是,在开放经济中,可贷资金供给的减少还有额外的影响。图33-5(b)显示了利率从 r_1 上升到 r_2 减少了资本净流出。[这种资本净流出的减少也是(a)幅中可贷资金需求量从 A 点减少到 B 点中的一部分。]由于现在国内储蓄的收益率上升了,国外投资的吸引力就小了,国内居民购买的国外资产也少了。较高的利率还吸引了外国投资者,因为他们想通过购买美国资产赚取较高收益。因此,当预算赤字提高了利率时,国内与国外居民的行为都使美国资本净流出减少。

图33-5(c)显示了预算赤字如何影响外汇市场。由于资本净流出减少,国内居民需要用于购买国外资产的外国通货就少了,因此外汇市场上美元的供给也减少了。这使美元供给曲线从 S_1 向左移动到 S_2。美元供给减少使真实汇率从 E_1 上升为 E_2。也就是说,与外国通货相比,美元变得更值钱了。这种升值又使美国物品与服务相对于外国物品与服务更加昂贵。国内外的居民都会对这种相对价格的变动做出反应,所以美国的出口减少,进口增加。出于这两方面的原因,美国的净出口减少了。

总结:在一个开放经济中,政府预算赤字提高了真实利率,挤出了国内投资,引起美元升值,并使贸易余额向赤字方向变动。

这一结论的一个重要例子发生在20世纪80年代的美国。1980年罗纳德·里根当选美国总统后不久,联邦政府的财政政策发生了急剧变化。总统和国会实行了大幅减税,但是它们并没有等量地削减政府支出,结果就产生了巨额预算赤字。正如我们的开放经济模型所预测的,这种政策将引起贸易赤字,实际上的确如此,正如我们在前一章的案例研究中

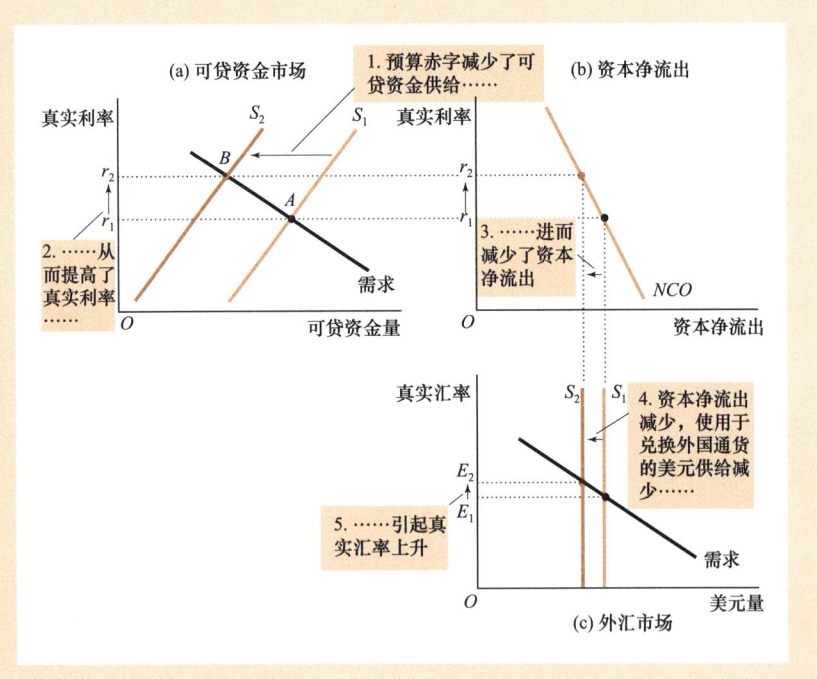

图33-5

政府预算赤字的影响

当政府有预算赤字时，它使可贷资金的供给从(a)幅中的 S_1 减少为 S_2。利率从 r_1 上升到 r_2，以使可贷资金的供求平衡。在(b)幅中，较高的利率减少了资本净流出。减少的资本净流出又使外汇市场上美元的供给从(c)幅中的 S_1 减少为 S_2。美元供给的这种减少引起真实汇率从 E_1 上升为 E_2。汇率上升使贸易余额向赤字方向变动。

所看到的。这一时期的美国预算赤字和贸易赤字在理论与实践上如此密切相关，以至于它们被称为"孪生赤字"。但是，把这两种赤字等同起来是错误的，因为除财政政策外，还有许多因素会影响贸易赤字。

33.3.2 贸易政策

贸易政策：直接影响一国进口或出口的物品与服务数量的政府政策。

贸易政策(trade policy)是直接影响一国进口或出口的物品与服务数量的政府政策。贸易政策有多种形式，其目的通常是支持国内某个特定行业。其中一种常见的贸易政策是关税，即对进口物品与服务征收的税；另一种常见的贸易政策是进口配额，即对在国外生产而在国内销售的物品与服务数量的限制。

考虑贸易政策的宏观经济影响。假设美国钢铁行业担心来自欧洲生产者的竞争，于是它们说服美国政府对从欧洲进口的钢铁数量实行配额。在说服政府时，汽车行业的游说者断言，贸易限制会缩减美国贸易赤字的规模。他们的说法正确吗？我们的模型(如图33-6所示)提供了一个答案。

分析以上贸易政策的第一步是确定哪一条曲线会移动。毫不奇怪，进口配额最初会影响进口。由于净出口等于出口减进口，因此这项政策也会影响净出口。而且，由于净出口是外汇市场上美元需求的来源，因此这项政策也会影响外汇市场上的需求曲线。

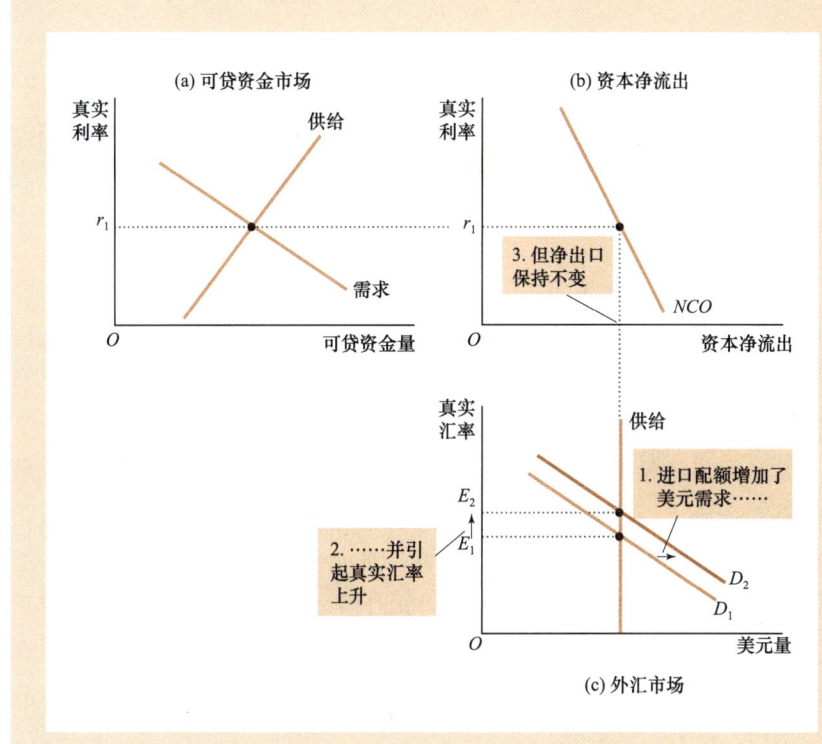

图33-6

进口配额的影响

当美国政府对欧洲钢铁实行进口配额时,(a)幅中的可贷资金市场和(b)幅中的资本净流出并没有发生变动。唯一的影响是,在真实汇率既定时,净出口(出口减进口)增加了。因此,外汇市场上的美元需求增加了,在(c)幅中表现为美元需求曲线从 D_1 移动到 D_2。美元需求增加引起美元价值从 E_1 上升为 E_2。美元的这种升值往往会减少净出口,从而抵消进口配额对贸易余额的直接影响。

第二步是确定需求曲线会如何移动。由于进口配额限制了在美国销售的欧洲钢铁的数量,因此它减少了真实汇率既定时的进口。由于净出口等于出口减进口,因此在真实汇率既定时的净出口增加了。由于外国人需要美元来购买美国净出口的物品与服务,因此外汇市场上对美元的需求增加了。这种增加在图33-6(c)中表现为美元需求曲线从 D_1 移动到 D_2。

第三步是比较新旧均衡。正如我们在(c)幅中所看到的,美元需求增加引起真实汇率从 E_1 上升为 E_2。由于(a)幅中可贷资金市场没有发生任何变动,因此真实利率也没有变动。由于真实利率没有发生变动,因此资本净流出也没有变动,如(b)幅所示。由于资本净流出没有发生变动,因此尽管进口配额使进口减少了,但净出口保持不变。

进口减少了,而净出口保持不变,这看上去是个谜。解开这个谜要注意真实汇率的变动:当外汇市场上美元升值时,相对于外国物品而言美国物品变得更昂贵了。这种升值鼓励了进口,抑制了出口,并且这两方面变动的

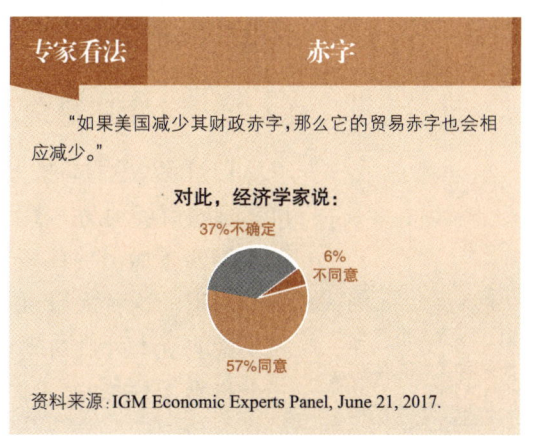

专家看法　　赤字

"如果美国减少其财政赤字,那么它的贸易赤字也会相应减少。"

对此,经济学家说:

37%不确定
6%不同意
57%同意

资料来源:IGM Economic Experts Panel, June 21, 2017.

作用抵消了由进口配额带来的净出口的直接增加。结果是：进口配额既减少了进口，也减少了出口，但净出口（出口减进口）保持不变。

我们可以得出一个令人惊讶的结论：贸易政策并不影响贸易余额。也就是说，直接影响出口或进口的政策并没有改变净出口。如果我们回忆一下会计恒等式，这个结论看起来就不那么令人惊讶了：

$$NX = NCO = S - I$$

净出口等于资本净流出，资本净流出又等于国民储蓄减国内投资。贸易政策并没有改变贸易余额，因为这些政策并没有改变国民储蓄和国内投资。在国民储蓄和国内投资水平既定时，无论政府实行什么贸易政策，真实汇率的调整都会使贸易余额保持不变。

虽然贸易政策并不影响一国的总贸易余额，但这些政策确实影响着某些特定企业、行业和国家。当美国政府对欧洲钢铁实行进口配额时，美国钢铁公司面临的来自国外的竞争就不那么激烈了，它们将卖出更多的钢铁，获得更多的利润。同时，由于美元升值，美国农民将发现，在世界市场上他们的产品更昂贵了，而且向其他国家（如中国）的销售减少了。在这种情况下，对欧洲钢铁的进口配额将增加钢铁的净出口而减少农产品的净出口。此外，这将推动美国与欧洲之间的贸易余额向盈余方向变动，也会推动美国和中国之间的贸易余额向赤字方向变动，但美国经济的总贸易余额仍然保持不变。

因此，贸易政策的微观经济影响大于宏观经济影响。虽然贸易政策的支持者有时声称，这些政策可以改变一国的贸易余额（与我们模型预测的结果相反），但他们这样做通常是出于对某些企业或行业的关注或担忧。例如，当你听说美国钢铁公司的总裁支持对欧洲钢铁实行进口配额时，并不会觉得奇怪。但经济学家通常反对这种贸易政策。自由贸易可能会使某些工人和企业的利益受损，但它使各个经济能专门从事自己最擅长的事，从而有助于提高所有国家的繁荣程度。贸易限制政策减少了从贸易中获得的好处。

33.3.3 政治不稳定与资本外逃

1994年，墨西哥的政治不稳定，包括主要政治领导人遭暗杀，导致了世界金融市场动荡。墨西哥突然被看成一个有投资风险的地方。人们决定从墨西哥撤出一些资产，以便将其转移到美国和其他"安全的地方"。一个国家的这种大量且突然的资金流出被称为**资本外逃**（capital flight）。为了说明资本外逃对墨西哥经济的影响，我们仍然遵循分析均衡变动的三个步骤，但这一次我们将从墨西哥的角度而不是从美国的角度来运用

资本外逃：
对一国国内资产需求大量且突然的减少。

开放经济模型。

我们首先考虑资本外逃会影响模型中的哪一条曲线。当全世界投资者都注意到墨西哥的政治问题时,他们决定出售一些墨西哥资产,并用这些收入来购买美国资产。这种行为增加了墨西哥的资本净流出,从而对我们模型中的两个市场都产生了影响。最明显的是,这种行为影响了资本净流出曲线,而资本净流出曲线又影响了外汇市场上比索的供给。此外,由于可贷资金需求既来自国内投资又来自资本净流出,因此资本外逃会影响墨西哥可贷资金市场的需求曲线。

现在我们考虑这些曲线如何移动。当资本净流出增加时,为了给购买国外资本资产筹资,可贷资金的需求增加。因此,正如图 33-7(a)所示,可贷资金需求曲线从 D_1 向右移动到 D_2。此外,由于在利率既定时资本净流出增加,因此如图 33-7(b)所示,资本净流出曲线从 NCO_1 向右移动到 NCO_2。

为了说明资本外逃对墨西哥经济的影响,我们比较一下新旧均衡。图 33-7(a)显示可贷资金需求增加使墨西哥的真实利率从 r_1 上升

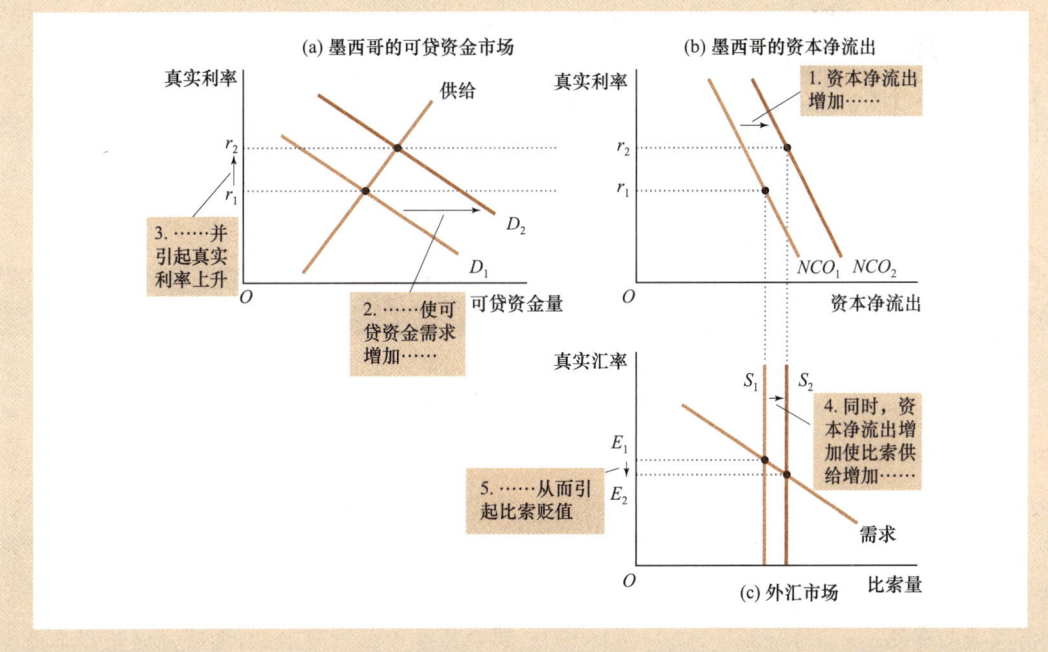

图33-7

资本外逃的影响

如果人们认为把钱存在墨西哥是有风险的,他们就会把自己的资金转移到美国等更安全的地方,这就会引起墨西哥的资本净流出增加。因此,如(a)幅所示,墨西哥的可贷资金需求从 D_1 增加到 D_2,并使墨西哥的真实利率从 r_1 上升为 r_2。由于在任何一种利率下的资本净流出都更多了,因此(b)幅中的资本净流出曲线从 NCO_1 向右移动到 NCO_2。同时,在外汇市场上,比索的供给从 S_1 增加到 S_2,如(c)幅所示。比索供给的这种增加使比索的价值从 E_1 下降为 E_2,因此,与其他通货相比,比索变得更不值钱了。

到 r_2。图 33-7(b) 显示墨西哥的资本净流出增加了(虽然真实利率上升使墨西哥资产更有吸引力,但只部分抵消了资本外逃对资本净流出的影响)。图 33-7(c) 显示资本净流出的增加使外汇市场上比索的供给从 S_1 增加到 S_2。也就是说,由于人们试图抛售墨西哥资产,因此存在大量要兑换为美元的比索的供给。这种供给增加使比索的价值(真实汇率)从 E_1 下降为 E_2。因此,墨西哥的资本外逃提高了墨西哥的真实利率,并降低了外汇市场上墨西哥比索的价值,这正是我们在 1994 年所看到的情况。从 1994 年 11 月到 1995 年 3 月,墨西哥政府短期债券的利率从 14% 上升到 70%,而比索的价值从 1 比索兑 29 美分下降到 1 比索兑 15 美分。

资本外逃引起的价格变动影响了一些关键宏观经济数量。通货贬值使出口更廉价而进口更昂贵,这使贸易余额向盈余方向变动。同时,利率上升减少了国内投资,这放慢了资本积累和经济增长的速度。

尽管资本外逃对资本流出国的影响最大,但它也会对其他国家产生影响。例如,当资本从墨西哥流入美国时,它对美国经济的影响与对墨西哥经济的影响是相反的。具体而言,随着墨西哥资本净流出的增加,美国的资本净流出减少。随着比索价值的下降和墨西哥利率的上升,美元的价值上升而美国的利率下降。但是,这对美国经济的影响并不大,因为与墨西哥相比,美国的经济规模要大得多。

我们所描述的墨西哥的资本外逃事件可能发生在世界上任何一个经济中,事实上这种情况也确实不时在发生。众所周知,1997 年,包括泰国、韩国和印度尼西亚在内的一些亚洲经济体的银行体系曾处于或接近破产,这个消息使资本纷纷逃离这些国家。1998 年,俄罗斯政府发生债务违约,致使国际投资者纷纷撤走资金。2002 年,阿根廷曾出现类似(但更为复杂)的情况,而且这种情况在 2019 年和 2020 年再次出现。在每一种资本外逃的情况下,其结果都与模型所预期的差不多:利率上升,而通货贬值。

即测即评33-3
(扫码答题)

案例研究　　来自中国的资本流入

根据我们对资本外逃的分析,出现资本外流的国家,其通货在外汇市场上通常是贬值的,而这种通货贬值反过来又增加了该国的净出口。资本流入的国家,其通货在外汇市场上通常是升值的,而这种通货升值会使其贸易余额向赤字方向变动。

记住上述结论,并考虑以下问题:假设一个国家的政策鼓励资本流出到另一个国家(或许是通过政府本身进行国外投资),这种政策会有什么影响呢?答案是相同的:在其他条件不变的情况下,对于鼓励资本流出的国家,这会引起通货疲软和贸易盈余,而接受这些资本流入的国家通常会出现通货坚挺和贸易赤字。

这种分析可以用于说明中美之间持续的政策争论。有观点认为，中国政府有时会压低其通货——人民币——在外汇市场上的价值，以鼓励其出口行业。它是通过积累包括大量美国政府债券在内的外国资产来做到这一点的。从2000年到2014年，中国的外汇储备规模已从1.6万亿美元增加到4万亿美元左右。

美国政府经常反对中国对外汇市场的干预，认为这种政策通过压低人民币的价值而使中国物品更便宜，从而增加了美国的贸易赤字，并损害了与来自中国的进口产品竞争的美国生产者的利益。出于这些理由，美国政府多次要求中国政府停止使用官方手段来影响其通货的外汇价值。一些国会议员甚至主张，除非中国停止其"通货操控"，否则就要对来自中国的进口产品征收关税。在特朗普执政期间，美国政府开征了一些关税，有时也援引了上述论点。

但中国的政策对美国经济的影响也并不全是负面的。美国消费者从来自中国的进口产品的低价格中获益。此外，来自中国的资本流入也降低了美国的利率，从而增加了美国经济中的投资。在某种程度上，中国政府为美国经

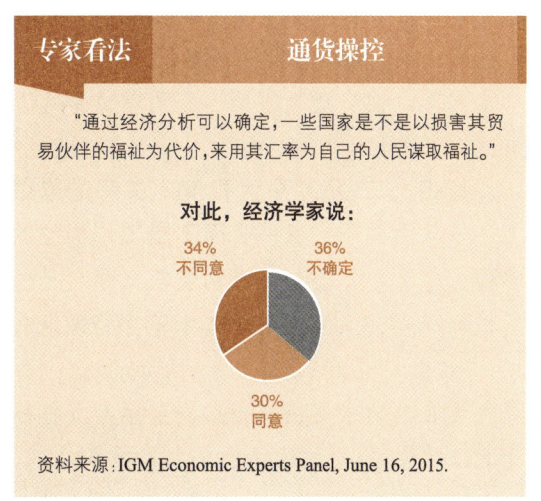

济的增长筹集了资本。中国在美国投资的政策使一些美国人受益，另一些美国人受损。通盘考虑，其对美国经济的净影响可能很小。

更难的问题涉及上述政策背后的动机：为什么中国更关注出口品的生产以及对外投资，而不是国内消费品的生产以及对内投资？一种可能是，中国想积累一些可用于紧急情况的外汇储备——一种国家层面的"未雨绸缪"。的确，2015年，随着中国经济增长的放缓，中国政府开始支出一些外汇储备资金。从2014年到2021年，中国的外汇储备规模几乎下降了1万亿美元。

 **新闻摘录**　　　　　　　**把事实和虚构分开**

关于国际贸易对一国经济福利所起的作用，无论是左派还是右派的政治家都持有一些错误的观点。

关于贸易的五大真相
Alan S. Blinder

国际贸易又一次成为政治热点问题，使得现在并不是一个能够理性地讨论这个话题的好时机。但是我们下面要讲的五大真相，是绝大多数经济学家，无论是自由派还是保守派都一致同意的。

真相之一：大多数的失业并不是由于国际贸易。美国每个月大概会创造出500万个就业岗位，但是，几乎又有同样多的就业岗位被毁掉了，仅有很少的净增量。国际贸易仅能解释这些就业变化中的很小份额。绝大部分

就业的变化来自竞争以及技术变革,这才是真正创造或毁灭整个产业的因素。但是,竞争和技术变革是被广泛赞誉的——国际贸易可没有这么幸运。

真相之二:贸易更大程度上关乎的是效率——从而关乎工资——而不是工作岗位的多寡。你可能不会自己缝制衣服或种自己吃的粮食,而是通过做自己更擅长的事情赚取收入,并从别人那里购买这些东西。想象一下,如果你要自己缝衣服、种庄稼,还要生产其他成千上万种物品,你的生活水平会降低多少?

国际贸易的道理也是如此。国际贸易的主要作用不是创造或者毁掉工作岗位,而是使劳动力的效率更高,而后者是工资提高的关键。

当然,有一点必须提到,那就是贸易模式无论何时发生变化,总会有人受益(工作岗位上或者工资上),有人受损。联邦政府能够也应该帮助受损的人,但是它没有做到,所以因国际贸易而丢了工作的美国人有权要求政府的帮助。

真相之三:双边贸易不均衡是难以避免的,绝大部分也是不值得关注的。每个月我在与电力和煤气公共服务公司的"双边贸易"中都有逆差。它们卖给我燃气和电力,而我没有任何东西卖给它们。但是我在与普林斯顿大学的"双边贸易"中有顺差——我出售我的授课服务,但是我几乎不从它那里买任何东西。我应该寻求与电力和煤气公共服务公司或者普林斯顿大学之间的贸易平衡吗?当然不必。国家间也是这样。

真相之四:总体贸易逆差并没有让美国成为"输家"。美国的多边贸易余额——与所有贸易伙伴的贸易余额——几十年来都是负的。这是不是说明美国有什么麻烦?可能并非如此。例如,那些声称美国的贸易逆差毁掉了工作岗位的人如何解释2000年美国的失业率是4%?当时美国的贸易赤字占GDP的比例可是比现在更高。

贸易逆差意味着外国人提供给美国人的物品和服务比美国人提供给外国人的要多。为了实现账面平衡,外国人得到的是美国人的"欠条",换句话说,他们最后手里拿到的是纸——美国国债、企业债券或者其他私人债务票据。这听起来并没有那么可怕,对吧?

美国是世界主要储备货币美元的源头。由于持续发展的世界经济需要更多的美元,美国必须保持贸易逆差。这有时被称为美国的"超级特权",因为美国只能多进口、少出口。

真相之五:贸易协定很少能影响一国的贸易余额。导致政治上的担忧的不是总体意义上的国际贸易,而是某项国际贸易协定。据称北美自由贸易协定就把美国的工作岗位转移到了墨西哥……

但是这里有一条真理。当北美自由贸易协定使美国与墨西哥之间实现了贸易自由化后,确实美国的一些工作岗位消失了——而这些人应该从政府那里得到比现在更好的优待。但是北美自由贸易协定也为美国带来了新的工作岗位(参见"真相之二")。

还有更多需要说明的。"贸易"和"贸易协定"不是一回事儿。在北美自由贸易协定之前,美国已经和墨西哥有了很久的贸易往来,而且贸易额在增长。在没有连续贸易协定的情况下,最近几十年来,美国和中国的贸易一直在迅速增长。

最基本的一点,也是最容易被人们误解的是,一国总的贸易余额取决于国内的决策,而不是贸易协定。

如上所述,从国外借款相当于保持贸易逆差,两者的含义是相同的。美国从国外借款的金额必须等于美国的总支出(包括政府支出)和总收入(包括政府税收)之差额。而像美国这样挥霍无度的国家之所以有贸易逆差,是因为美国的储蓄不足。不过这些储蓄决策是来自国内,而不是来自贸易协定。

美国长期的贸易逆差来自美元的国际地位以及美国人少储蓄的决策,而不是贸易协定。贸易逆差不是工作岗位得失的主要原因。

的确有一些美国人因为贸易模式的改变而失去了工作,政府应该给予他们更多的帮助。重要的是,贸易让美国工人更有效率,工资也更高。

讨论题

1. 你是否认为保持必要的贸易逆差(trade deficit)会使一国处于劣势?为什么?字典中"deficit"的意思是"支出多于收入的差额",其还有一个含义是"缺乏或者劣势"。这个词的双重词义是否会让专家和政策制定者比 Blinder 教授更为担心贸易逆差问题?

2. 你认为政府应当如何帮助那些由于贸易模式改变而失业的工人?这类工人是否应该比因其他原因(如技术变革)而失业的工人得到更多帮助?

Alan S. Blinder,普林斯顿大学经济学教授。

资料来源:*The Wall Street Journal*,April 22,2016.

33.4 结论

国际经济学是一个日益重要的议题。在很多国家,人们购买大量在国外生产的物品,很多在国内生产的物品也被销往国外。人们通过共同基金和其他金融机构在世界金融市场上进行借贷。因此,对经济的全面分析要求我们了解一国经济如何与世界其他经济相互交易。本章为思考开放经济的宏观经济学提供了一个基本模型。

虽然国际经济学的相关研究是有价值的,但我们应该注意不要夸大其重要性。在美国和其他许多国家,政策制定者和评论家往往把经济所面临的问题归咎于外国人。与此相反,经济学家通常认为大多数问题来源于内部。例如,政治家往往把来自国外的竞争视为对本国居民生活水平的威胁,而经济学家则更可能将生活水平提高缓慢归因于预算赤字过大和国民储蓄不足。无论经济是开放的还是封闭的,低储蓄都抑制了资本、生产率和人们生活水平的提高。外国人很容易成为被政客们利用的一个靶子,因为将问题归咎于外国人可以逃避责任,而又不会激怒任何国内选民。因此,每当你听到有关国际贸易与国际金融的公众讨论时,特别重要的一点是要区分哪些是事实,哪些是虚构的。你在本章及前几章中所学到的工具应该对此有所帮助。

内容概要

- 开放经济的宏观经济学关注两个市场：可贷资金市场和外汇市场。在可贷资金市场上，真实利率的调整使可贷资金的供给（来自国民储蓄）和可贷资金的需求（来自国内投资和资本净流出）达到平衡。在外汇市场上，真实汇率的调整使美元的供给（来自资本净流出）和美元的需求（来自净出口）达到平衡。因为资本净流出是可贷资金需求的一部分，并且它为外汇市场提供了美元，所以它是联系这两个市场的变量。

- 减少国民储蓄的政策（例如政府预算赤字）减少了可贷资金的供给，并使利率上升。利率的上升使资本净流出减少，从而使外汇市场上的美元供给减少，导致美元升值及净出口减少。

- 虽然限制性贸易政策（例如进口关税或进口配额）有时因被视为一种改变贸易余额的方法而得到支持，但这些政策并不一定能达到这种效果。贸易限制增加了汇率既定时的净出口，从而提高了外汇市场上的美元需求。因此，美元的价值上升，从而使国内物品相对于国外物品更昂贵。这种升值抵消了贸易限制对净出口的最初影响。

- 当投资者改变他们对持有一国资产的态度时，这可能会给该国经济带来严重的后果。特别是，政治上的不稳定会引起资本外逃，资本外逃往往又会引起利率上升，并引起通货贬值。

关键概念

贸易政策　　　　　　　资本外逃

复习题

1. 说明可贷资金市场上与外汇市场上的供给与需求。这两个市场如何相互关联？
2. 为什么预算赤字和贸易赤字有时被称为"孪生赤字"？
3. 假设美国的一家纺织工人工会号召人们只购买美国制造的衣服。这将对贸易余额和真实汇率产生什么影响？将对纺织行业产生什么影响？将对汽车行业产生什么影响？
4. 什么是资本外逃？当一个国家发生了资本外逃时，将对利率和汇率产生什么影响？

问题与应用

1. 日本通常有大量贸易盈余。你认为与此最相关的是外国对日本物品的需求较高，日本对外国物品的需求较低，日本的储蓄率相对于日本的投资率较高，还是日本的结构性进口壁垒？解释你的答案。
2. 假设国会正在考虑一项对国内投资进行补贴的投资税收抵免政策。
   a. 这一政策将如何影响国民储蓄、国内投资、资本净流出、利率、汇率以及贸易余额？
   b. 代表几家大出口商利益的议员反对这项政策。为什么会出现这种情况？
3. 本章提到了20世纪80年代美国贸易赤字增

加主要是由于美国预算赤字的增加。同时,大众媒体有时宣称,贸易赤字增加是由于相对于外国物品而言,美国物品的质量下降了。

a. 假设 20 世纪 80 年代美国物品的相对质量确实下降了。在任何一种既定的汇率下,这对净出口有什么影响?

b. 用一组三幅图来说明净出口的这种变化对美国真实汇率和贸易余额的影响。

c. 大众媒体的说法与本章的模型一致吗?美国产品质量下降对美国人的生活水平有影响吗?(提示:当一国把物品卖给外国人时,作为回报,该国得到了什么?)

4. 一位经济学家在《新共和》杂志上讨论贸易政策时写道:"美国取消其贸易限制的好处之一是,给美国生产出口物品的行业带来了好处。出口行业会发现,把它们的物品卖到国外更容易了——即使其他国家并没有追随我们的政策并降低它们的贸易壁垒。"用文字解释为什么美国的出口行业可以从美国取消进口限制中得到好处。

5. 假设法国人突然对加利福尼亚州生产的红酒极为喜爱。用文字和图形回答下列问题:

a. 外汇市场上美元的需求会发生什么变化?

b. 外汇市场上美元的价值会发生什么变化?

c. 美国的净出口会发生什么变化?

6. 美国的一位参议员 Blowhard 宣布他改变了过去对保护主义的支持态度:"美国的贸易赤字必须减少,但进口配额只会激怒我们的贸易伙伴。如果我们对美国的出口进行补贴,就可以通过增强我们的竞争力而减少赤字。"用一组三幅图说明出口补贴对净出口和真实汇率的影响。你同意这位参议员的观点吗?

7. 假设美国决定对美国农产品的出口进行补贴,但它并没有增加税收或减少任何其他政府支出来抵消这种支出。用一组三幅图说明国民储蓄、国内投资、资本净流出、利率、汇率和贸易余额会发生怎样的变动。再用文字解释,美国的这项政策将如何影响进口量、出口量和净出口量。

8. 假设欧洲各国的真实利率上升。解释这将如何影响美国的资本净流出,然后用本章的一个公式并作图解释这种变化将如何影响美国的净出口。美国的真实利率和真实汇率将发生怎样的变动?

9. 假设美国人决定增加储蓄。

a. 如果美国资本净流出对真实利率的弹性极大,那么这种私人储蓄的增加对美国国内投资的影响是大还是小?

b. 如果美国的出口对真实汇率的弹性极小,那么这种私人储蓄的增加对美国真实汇率的影响是大还是小?

第12篇
短期经济波动

| 第34章 |
总需求与总供给

| 第35章 |
货币政策和财政政策对总需求的影响

| 第36章 |
通货膨胀与失业之间的短期权衡取舍

第 34 章　总需求与总供给

经济活动每年都有波动。在大多数年份,物品与服务的产量是增长的。由于劳动力增加、资本存量增加以及技术知识进步,经济能生产的东西越来越多。这种增长使人们能享有更高的生活水平。平均而言,在过去半个世纪,美国经济按真实 GDP 衡量的产量每年增长 3% 左右。

但是,在一些年份,经济经历的是紧缩而不是扩张。企业无法把它们提供的所有物品与服务都卖出去,因此不得不削减生产。工人被解雇,失业增加,工厂被闲置。随着经济生产的物品与服务的减少,真实 GDP 和收入的其他衡量指标数值下降。如果这种收入减少和失业增加较为缓和,这一时期就被称为**衰退**(recession);如果衰退较为严重,有时就被称为**萧条**(depression)。

2008 年和 2009 年,美国经历了现在被称为"大衰退"的经济下行时期。从 2007 年第四季度到 2009 年第二季度,美国经济的真实 GDP 下降了 4%。失业率从 2007 年 5 月的 4.4% 上升到 2009 年 10 月的 10%,是 2008 年以后三十年来的最高水平。这一时期毕业的学生发现自己很难找到合意的工作,这一点儿也不奇怪。

接下来的一次衰退出现在 2020 年新冠疫情期间,而且这一次衰退更加迅速、更加严重。从 2019 年第四季度到 2020 年第二季度,美国的真实 GDP 下降了 10%。2020 年 2 月,失业率为 3.5%,仅仅两个月后就上升到 14.8%。此后经济迅速回升。2021 年 12 月,失业率恢复到 3.9%,而且工作岗位的数字创下历史新高。

是什么因素引起了经济活动的短期波动呢?如果可能的话,政府可以用什么公共政策来防止收入减少和失业增加的时期出现呢?当出现经济下行时,政策制定者应如何缩短其持续时间以及降低其严重性呢?这些正是我们现在要讨论的问题。

我们所研究的变量主要是在前几章已经说明的变量,包括 GDP、失业、利率以及物价水平。我们所研究的政策工具也是我们所熟悉的,如政府支出、税收和货币供给。与此前分析的不同之处在于分析的时间范围。到目

衰退:
真实收入下降和失业增加的时期。

萧条:
严重的衰退。

前为止,我们的目标一直是解释这些变量在长期中的变动情况。现在我们的目标是解释它们偏离其长期趋势的短期波动。换言之,我们现在的重点不是解释代际经济增长的因素,而是解释不同年份之间经济波动的因素。

虽然经济学家对于如何分析短期波动仍然存在一些争论,但大多数经济学家都使用总需求与总供给模型。本章将介绍这个模型的两个组成部分——总需求曲线与总供给曲线。不过,在此之前我们先来看一些描述经济盛衰的事实。

34.1 关于经济波动的三个关键事实

各国历史上都发生过经济活动的短期波动。在描述这些波动时,有三个事实是最重要的。

34.1.1 事实1:经济波动是无规律的且不可预测的

经济波动通常被称为经济周期。正如这个术语所表明的,经济波动与经济状况的变动是相对应的。当真实GDP增长迅速时,经济状况就比较好。在这种经济扩张时期,大多数企业会发现,顾客很多且利润在增长。但在经济衰退时期真实GDP下降时,企业就会遇到麻烦。在这种经济紧缩时期,大多数企业都会面临销售和利润的减少。

但经济周期这个术语有时也会引起误解,因为它表明经济波动遵循一种有规律的、可预测的模式,就像正弦波或心跳一样。但实际上,经济波动根本就不是规律的,而且几乎不可能被较为准确地预测。

图34-1(a)幅显示了1972年以来美国的真实GDP。阴影面积表示衰退时期,而且你可以看出,衰退并不是有规律地间隔发生的。有时衰退相隔非常近,例如1980年和1982年的衰退。有时经济则许多年都没有经历衰退。美国历史上没有经历衰退的时期最长达128个月,从2009年6月持续到2020年2月(这时新冠疫情引起的衰退开始了)。

"你被解雇了,把这项决定传达下去。"
图片来源:© Robert Mankoff/Cartoonstock LTD.

34.1.2 事实2:大多数宏观经济变量同时波动

真实GDP是最普遍地用于监测经济中短期变动的一个变量,因为它是经济活动最全面的一个衡量指标。真实GDP既衡量了某一既定时期内生产的所有最终物品与服务的价值,也衡量了经济中所有人的总收入(根据通货膨胀调整过的)。

然而,事实证明,对于监测短期波动而言,人们观察经济活动的哪个指标实际上无关紧要。大多数衡量某种收入、支出或生产波动的宏观经济变量几乎是同时变动的。

在经济衰退期间,当真实GDP下降时,个人收入、公司利润、消费者支出、投资支出、工业生产、零售额、住房销售额、汽车销售额等也都在减少。由于衰退是经济的总体现象,因此它们反映在宏观经济数据的许多来源上。

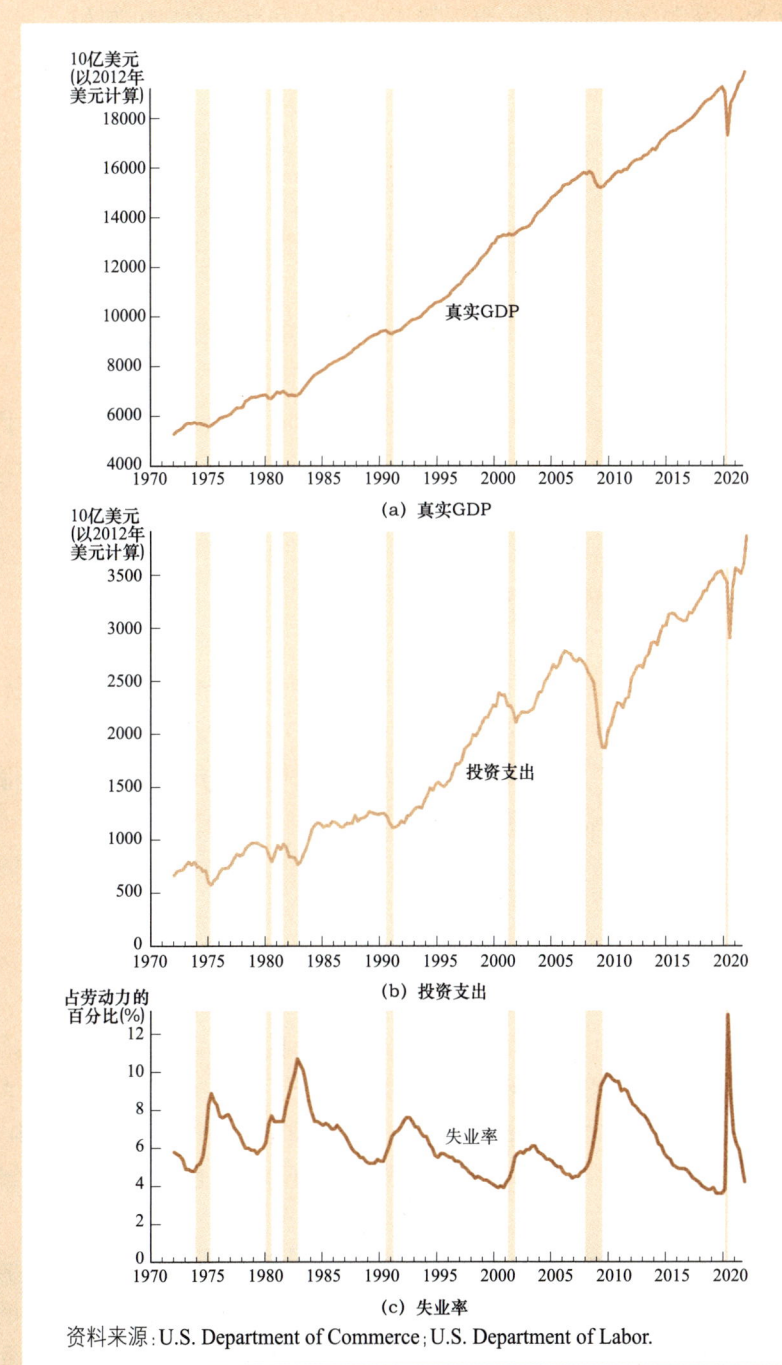

图34-1

观察短期经济波动

该图(a)幅、(b)幅和(c)幅分别显示了美国经济的真实GDP、投资支出以及失业率。阴影面积表示衰退。要注意的是,在衰退时期,真实GDP和投资支出是下降的,而失业率是上升的。

资料来源:U.S. Department of Commerce;U.S. Department of Labor.

虽然许多宏观经济变量同时波动,但它们波动的幅度并不相同。具体而言,正如图 34-1(b)幅所示,在经济周期中投资支出的波动幅度最大。尽管平均而言投资只占 GDP 的六分之一左右,但在衰退期间 GDP 下降的三分之二左右是由投资减少导致的。换句话说,当经济状况恶化时,GDP 的下降大部分可归因于用于新工厂、住房和存货的支出减少。

34.1.3　事实 3：随着产量的减少,失业增加

经济中物品与服务产量的变动与经济中劳动力利用率的变动是密切相关的。换句话说,当真实 GDP 下降时,失业率上升。这一事实没有什么可奇怪的:当企业选择削减其产品和服务的产量时,它们就会解雇工人,从而使失业人数增加。

图 34-1(c)显示了 1972 年以来美国经济中的失业率。图中仍然是用阴影面积表示衰退时期。该图清晰地表明,在每一次衰退时,失业率都大幅上升。当衰退结束且真实 GDP 开始上升时,失业率才逐渐下降。因为总是有些工人的工作岗位在变动,所以失业率从未降至零,而是围绕 5% 左右的自然失业率波动。

34.2　解释短期经济波动

当出现经济波动时,对经济状况进行描述是较为容易的。解释是什么引起了这些波动则较为困难。与我们在前几章中所研究的题目相比,经济波动理论仍然是有争议的。在本章中,我们将介绍一个大多数经济学家用来解释经济活动中短期波动的模型。

34.2.1　古典经济学的假设

在前几章中,我们提出了用于解释长期中最重要的宏观经济变量是由什么因素决定的理论。第 26 章解释了生产率和真实 GDP 的水平及其增长。第 27 章和第 28 章解释了金融体系如何运行,以及真实利率如何调整以使储蓄与投资达到平衡。第 29 章解释了经济中总有一些失业的原因。第 30 章和第 31 章解释了货币制度以及货币供给的变动如何影响物价水平、通货膨胀率和名义利率。第 32 章和第 33 章把这种分析扩大到开放经济中,以解释贸易余额和汇率。

上述分析都是基于两种相关的思想——古典二分法和货币中性。回忆一下,古典二分法把变量分为真实变量(衡量数量或相对价格的变量)和名义变量(用货币衡量的变量)。根据古典宏观经济理论,货币供给的变动影响名义变量,而不影响真实变量。由于这种货币中性,我们可以

在不引入名义变量(货币供给和物价水平)的情况下考察真实变量(真实GDP、真实利率和失业率)的决定因素。

从某种意义上说,在古典世界中货币无关紧要。如果经济中的货币量翻了一番,那么每种东西的成本都会翻一番,每个人的收入也会翻一番。但是那又怎样?这种变动只是名义上的(标准的含义是"近乎无关紧要的")。人们真正关心的事情——他们是否有工作,他们能买多少物品与服务,等等——完全没有改变。

这种古典观点有时也可以用"货币是一层面纱"这句俗语来描述。也就是说,当我们观察经济时,名义变量可能是我们首先看到的,因为经济变量通常用货币单位来表示。但比名义变量更为重要的是真实变量以及决定它们的经济力量。根据古典理论,为了理解这些真实变量,我们需要透过这层面纱去观察。

34.2.2 短期波动的真实性

古典宏观经济理论的这些假设适用于我们所生活的世界吗?这个问题的答案对于了解经济如何运行是至关重要的。大多数经济学家认为,古典理论描述了长期中的世界,但并没有描述短期中的世界。

我们再来考虑货币对经济的影响。大多数经济学家认为,在超过数年的周期中,货币供给的变动确实如古典理论所说的那样,仅影响物价等名义变量,但不影响真实 GDP、失业等真实变量。然而,在研究逐年的经济变动时,货币中性假设就不再适用了。在短期中,真实变量与名义变量深度交织,货币供给的变动可能使真实 GDP 暂时背离其长期趋势。

甚至古典经济学家(例如大卫·休谟)也认识到,货币中性在短期中并不成立。18 世纪,大卫·休谟以英国为观察窗口指出,黄金被发现后,货币供给增加,经过一段时间物价上升了,而且与此同时,经济中的就业率和产量也上升了。

为了了解短期中经济如何运行,我们需要一个新模型。我们可以用在以前各章中介绍的许多工具来建立这个新模型,但必须放弃古典二分法和货币中性。我们可以不再把我们的分析分为真实变量(如产量和就业)和名义变量(如货币和物价水平)。我们的新模型将聚焦于真实变量与名义变量如何相互影响。

34.2.3 总需求与总供给模型

我们的短期经济波动模型将聚焦于两个变量的变动。第一个变量是用真实 GDP 衡量的经济中物品与服务的产出。第二个变量是用 CPI 或 GDP 平减指数衡量的物价总水平。要注意的是,产量是真实变量,而物

总需求与总供给模型：
大多数经济学家用来解释经济活动围绕其长期趋势进行短期波动的模型。

总需求曲线：
表示在每一种物价水平下，家庭、企业、政府和外国客户想要购买的物品与服务数量的曲线。

总供给曲线：
表示在每一种物价水平下，企业生产并销售的物品与服务数量的曲线。

价水平是名义变量。通过关注这两个变量之间的关系，我们突破了"真实变量与名义变量可以分开研究"的古典假设。

我们用图 34-2 所示的**总需求与总供给模型**（model of aggregate demand and aggregate supply）来分析经济波动。图中纵轴表示经济中的物价总水平，横轴表示经济中物品与服务的总产量。**总需求曲线**（aggregate-demand curve）表示在每一种物价水平下，家庭、企业、政府和外国客户想要购买的物品与服务的数量。**总供给曲线**（aggregate-supply curve）表示在每一种物价水平下，企业生产并销售的物品与服务的数量。根据这个模型，物价水平和产量的调整会使总需求与总供给达到平衡。

也许有人会认为，总需求与总供给模型不过是第 4 章中介绍的市场供求模型的放大版而已。但实际上这两个模型是完全不同的。当我们考虑某个特定市场——比如冰淇淋市场——的需求与供给时，买者与卖者的行为取决于其把资源从一个市场转移到另一个市场的能力。当冰淇淋价格上升时，其需求量减少，因为买者将用他们的收入去购买其他产品而不买冰淇淋。同样，较高的冰淇淋价格将使供给量增加，因为通过雇用从经济中其他部门转来的工人，生产冰淇淋的企业可以增加冰淇淋的产量。而对整个经济而言，这种从一个市场转向另一个市场的微观经济替代是不可能的。毕竟我们的模型所要解释的量——真实 GDP——衡量了所有市场上所有企业生产的物品与服务的总量。为了理解总需求曲线为什么向右下方倾斜，而总供给曲线为什么向右上方倾斜，我们需要一种解释

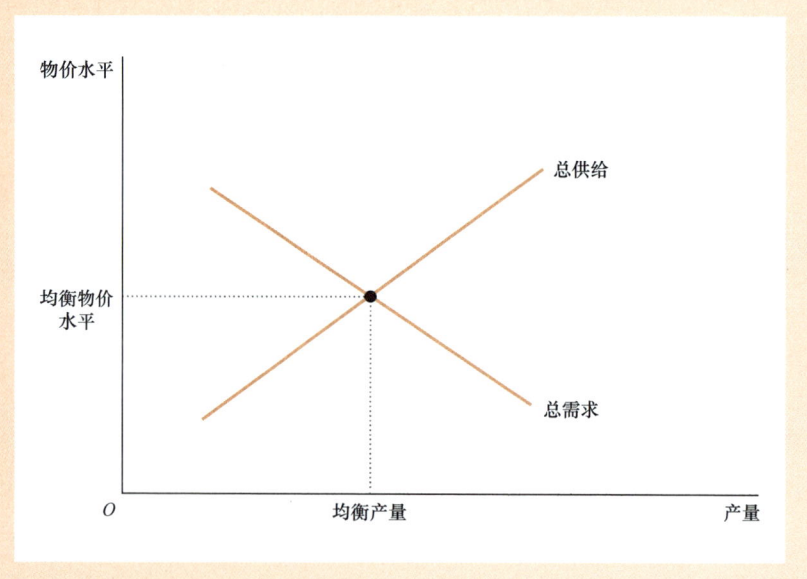

图34-2

总需求与总供给

经济学家用总需求与总供给模型来分析经济波动。纵轴表示物价水平，横轴表示经济中物品与服务的产量。产量和物价水平会调整到使总需求曲线与总供给曲线相交的那一点。

物品与服务总需求量和总供给量的宏观经济理论。提出这样一种理论是我们接下来的任务。

34.3 总需求曲线

总需求曲线告诉我们在任何一种既定的物价水平下经济中所有物品与服务的需求量。如图 34-3 所示，总需求曲线向右下方倾斜。在其他条件相同的情况下，经济中物价总水平的下降（比如说，从 P_1 下降到 P_2）会增加物品与服务的需求量（从 Y_1 增加到 Y_2）；相反，物价总水平的上升会减少物品与服务的需求量。

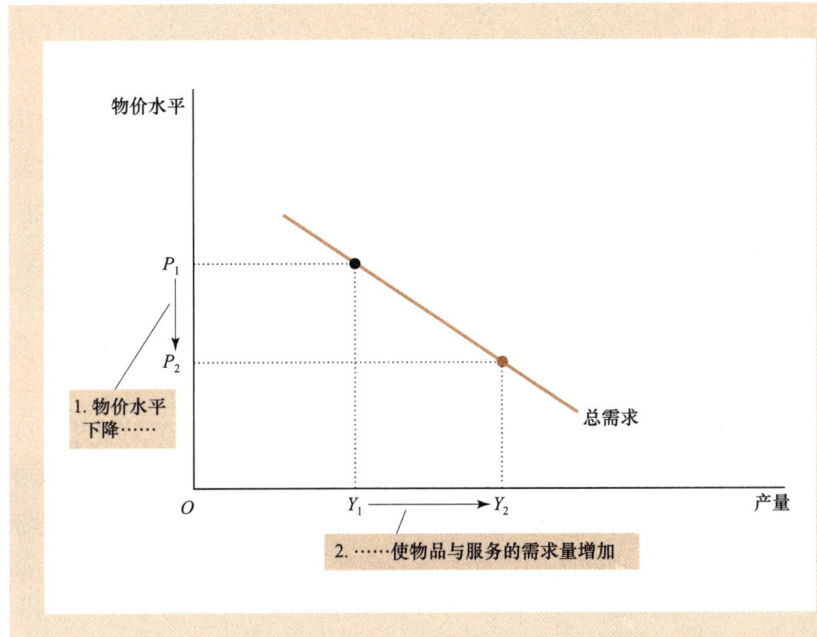

图34-3

总需求曲线

物价水平从 P_1 下降到 P_2，这使物品与服务的需求量从 Y_1 增加到 Y_2。这种负相关关系有三个原因。当物价水平下降时，真实财富增加，利率下降，而且汇率下降。这些效应刺激了用于消费、投资和净出口的支出。这些 GDP 组成部分中任意一个或所有部分支出的增加都意味着物品与服务的需求量更大了。

34.3.1 总需求曲线为什么向右下方倾斜

为什么物价水平的变动会引起物品与服务需求量的反方向变动？为了回答这个问题，我们可以回忆一下，一个经济中的 GDP（用 Y 表示）是其消费（C）、投资（I）、政府购买（G）和净出口（NX）之和：

$$Y = C + I + G + NX$$

这四个组成部分的每一部分都对物品与服务的总需求做出了贡献。现在我们假设根据政府的政策，政府支出是固定的。支出的其他三个组成部分——消费、投资和净出口——取决于经济状况，具体而言，取决于物价水平。为了了解总需求曲线为什么向右下方倾斜,我们必须考察物价水平如何影响消费、投资和净出口对物品与服务的需求量。

物价水平与消费:财富效应 考虑你在钱包中和银行账户上所持有的货币。这种货币的名义价值是固定的:1美元总是值1美元。但1美元的真实价值并不固定。如果一根棒棒糖的价格是1美元,那么1美元就值一根棒棒糖。如果一根棒棒糖的价格下降到50美分,那么1美元就值两根棒棒糖。因此,当物价水平下降时,你所拥有的美元的价值上升了,这就增加了你的真实财富,提升了你购买物品与服务的能力。

以上逻辑给出了总需求曲线向右下方倾斜的第一个原因:物价水平下降提高了货币的真实价值,并使消费者的财富增加,从而鼓励他们更多地支出。消费者支出增加意味着物品与服务的需求量增加。相反,物价水平上升降低了货币的真实价值,并使消费者的财富减少,从而减少了消费者支出以及物品与服务的需求量。

物价水平与投资:利率效应 物价水平是货币需求量的一个决定因素。物价水平越低,人们为了购买它们想要的物品与服务需要持有的货币就越少。因此,当物价水平下降时,人们会通过把一些钱借出去来试图减少货币持有量。例如,人们可能会用多余的货币去购买有利息的债券,或者把多余的货币存入有利息的储蓄账户,而银行将用这些资金发放更多的贷款。在这两种情况下,由于人们试图把自己的一些货币换为生息资产,因此利率会下降(下一章会对此进行更详细的分析)。

利率反过来又会影响对物品与服务的支出。由于利率下降使借款变得更便宜,这就鼓励企业更多地借款并投资于新工厂和设备,也鼓励家庭借更多的钱投资于新住房。(利率下降也可能会刺激消费支出,特别是像汽车这类通常靠信贷购买的大件耐用品的购买。)因此,利率下降使物品与服务的需求量增加。

以上逻辑给出了总需求曲线向右下方倾斜的第二个原因:物价水平下降降低了利率,鼓励人们将更多的支出用于投资品,从而增加了物品与服务的需求量。相反,物价水平上升提高了利率,抑制了投资支出,并降低了物品与服务的需求量。

物价水平与净出口:汇率效应 正如我们刚刚讨论过的原因,美国的物价水平越低,其利率就越低。作为对利率下降的反应,一些美国投资者会通过在国外投资而寻求更高的收益。例如,当美国政府债券的利率下降时,共同基金可能会出售美国政府债券,以购买德国政府债券。当共同基金为了购买德国债券而试图把它所持有的美元兑换为欧元时,它就增加了外汇市场上美元的供给。

为兑换欧元而增加的美元供给引起美元相对于欧元贬值。这就引起了真实汇率——国内物品与国外物品的相对价格——的变动。由于每 1 美元购买的外国通货变少了,外国物品相对于本国物品就变得更昂贵了。

相对价格的变动反过来又会影响国内和国外物品与服务的支出。由于外国物品现在变得更昂贵了,美国人从其他国家购买的东西就少了,这引起美国物品与服务的进口减少。同时,由于美国物品现在变得更便宜了,外国人从美国购买的东西就多了,因此,美国的出口增加。净出口等于出口减进口,所以,这两方面的变动都引起美国的净出口增加。因此,美元的真实汇率值下降引起了物品与服务的需求量增加。

以上逻辑给出了总需求曲线向右下方倾斜的第三个原因:当美国物价水平下降引起美国利率下降时,美元在外汇市场上的真实价值下降了。美元的贬值刺激了美国的净出口,从而增加了物品与服务的需求量。相反,当美国物价水平上升并引起美国利率上升时,美元的真实价值就会上升,美元的升值减少了美国的净出口以及物品与服务的需求量。

总结 有三个不同但相关的原因说明了物价水平下降为什么会增加物品与服务的需求量:

(1)消费者更富有了,从而刺激了消费品需求。

(2)利率下降,从而刺激了投资品需求。

(3)通货贬值,从而刺激了净出口需求。

这三种效应也可以在相反的方向起作用:当物价水平上升时,财富减少抑制了消费支出,高利率抑制了投资支出,通货升值抑制了净出口。

有一个思想实验可以加深你对这些效应的理解。设想有一天你醒来时注意到,出于某种神奇的原因,所有物品与服务的价格都下降了一半,因此,你拥有的美元的价值翻了一番。按真实价值计算,你现在拥有的钱是你昨天晚上睡觉时的两倍。你会用这些额外的钱做什么呢?你可以在你喜欢的餐馆里花这些钱,增加消费支出;也可以把钱借出去(通过购买债券或者把钱存入银行),这就降低了利率,并增加了投资支出;还可以把这些钱投资于海外(通过购买国际共同基金的股份),这就降低了美元的真实汇率,并增加了净出口。无论你选择这三种中的哪一种,物价水平的下降都引起了物品与服务需求量的增加。这表现为总需求曲线向右下方倾斜。

记住,总需求曲线(和所有需求曲线一样)是在假设"其他条件相同"的情况下绘制出来的。具体而言,我们对向右下方倾斜的总需求曲线的三个解释都假定货币供给是固定的。也就是说,我们是在假设经济中货币供给不变的情况下来考虑物价水平的变动是如何影响物品与服务的需求的。正如我们将要说明的,货币量的变动会使总需求曲线移动。现在我们只需要记住,总需求曲线是根据一个既定的货币供给量绘制出来的。

34.3.2　总需求曲线为什么会移动

总需求曲线向右下方倾斜表明物价水平下降增加了物品与服务的总需求量。其他许多因素也影响物品与服务的需求量。当这些因素中的一种发生变动时，在每一种物价水平下物品与服务的需求量改变了，从而总需求曲线就会移动。

现在我们考虑一些使总需求曲线移动的事件的例子。我们可以依据这些事件最直接影响总支出的哪一个组成部分对它们进行分类。

消费变动引起的移动　假设美国人突然变得更为关注其退休后的生活，从而减少了他们的现期消费。由于在物价水平既定时，物品与服务的需求量减少了，因此总需求曲线向左移动。相反，设想股市高涨使人们变得更富有了，并且不太关心储蓄了。这种情况所引起的消费支出增加意味着在物价水平既定时物品与服务的需求量增加，故总需求曲线向右移动。

任何一个改变人们在物价水平既定时想消费多少的事件都会使总需求曲线移动。具有这种效应的政策变量之一是税收水平。当政府减税时，它鼓励人们更多地支出，因此总需求曲线向右移动。当政府增税时，人们就会削减支出，因此总需求曲线向左移动。

投资变动引起的移动　任何改变企业在物价水平既定时想投资多少的事件也都会使总需求曲线移动。例如，设想电脑行业引进了运算速度更快的电脑系统，而且许多企业决定投资于这种新的电脑系统。由于在物价水平既定时物品与服务的需求量增加了，因此总需求曲线向右移动。相反，如果企业对未来经济状况持悲观态度，它们就会削减投资支出，这将使总需求曲线向左移动。

税收政策也可以通过投资影响总需求。例如，投资税收抵免（一种与企业的投资支出相关的税收减免）增加了企业在利率既定时需要的投资品数量，从而使总需求曲线向右移动。相反，投资税收抵免的取消减少了投资，使总需求曲线向左移动。

影响投资和总需求的另一个政策变量是货币供给。正如我们在下一章将要更充分地讨论的，短期内的货币供给增加降低了利率，这种利率的下降会使借款成本降低。借款成本降低又刺激了投资支出，从而使总需求曲线向右移动。相反，货币供给减少提高了利率，抑制了投资支出，从而使总需求曲线向左移动。许多经济学家认为，在美国历史上，货币政策的变动是总需求曲线移动的一个重要原因。

政府购买变动引起的移动　政策制定者使总需求曲线移动的最直接方式是通过政府购买。例如，假设国会决定减少新武器系统的购买，由于在物价水平既定时物品与服务的需求量减少了，因此总需求曲线向左移动。相反，如果州政府开始建造更多的高速公路，则在物价水平既定时物品与服务的需求量增大,因此总需求曲线向右移动。

净出口变动引起的移动　在物价水平既定时任何一个改变净出口的事件都会使总需求曲线移动。例如,当欧洲经历经济衰退时,它从美国购买的物品变少了,这就减少了美国在每一物价水平下的净出口,使美国经济的总需求曲线向左移动。当欧洲经济从衰退中复苏时,它从美国购买的物品增加,这又会使总需求曲线向右移动。

净出口的变动也可能是因为国际投机者的活动引起了汇率变动。例如,假设这些投机者对外国经济失去信心,想要将一些财富转移到美国,这样做的结果是使外汇市场上的美元价值上升。美元升值使美国物品相对于外国物品更为昂贵,从而抑制了美国的净出口,使总需求曲线向左移动。相反,引起美元贬值的投机活动刺激了净出口,使总需求曲线向右移动。

总结　在下一章中我们将更详细地分析总需求曲线,并且将更精确地考察货币政策和财政政策工具如何使总需求曲线移动,以及政策制定者何时应该运用这些工具达到此种目的。但现在我们应该对总需求曲线为什么向右下方倾斜以及哪几类事件和政策会使这条曲线移动有所了解。表34-1总结了我们在本节中所学到的内容。

即测即评34-3

（扫码答题）

表34-1

总需求曲线：总结

总需求曲线为什么向右下方倾斜?
1. 财富效应:物价水平下降增加了真实财富,从而鼓励了消费支出。
2. 利率效应:物价水平下降降低了利率,从而鼓励了投资支出。
3. 汇率效应:物价水平下降引起了真实汇率下降,从而鼓励了净出口支出。

总需求曲线为什么会移动?
1. 消费变动引起的移动:在物价水平既定时,使消费者支出增加的事件(减税、股市高涨)使总需求曲线向右移动。在物价水平既定时,使消费者支出减少的事件(增税、股市低迷)使总需求曲线向左移动。

2. 投资变动引起的移动:在物价水平既定时,使企业投资增加的事件(对未来的乐观看法、由货币供给增加引起的利率下降)使总需求曲线向右移动。在物价水平既定时,使企业投资减少的事件(对未来的悲观看法、由货币供给减少引起的利率上升)使总需求曲线向左移动。

3. 政府购买变动引起的移动:政府对物品与服务购买的增加(增加对国防或高速公路建设的支出)使总需求曲线向右移动。政府对物品与服务购买的减少(削减对国防或高速公路建设的支出)使总需求曲线向左移动。

4. 净出口变动引起的移动:在物价水平既定时,使净出口增加的事件(国外经济繁荣、引起汇率下降的投机)使总需求曲线向右移动。在物价水平既定时,使净出口减少的事件(国外经济衰退、引起汇率上升的投机)使总需求曲线向左移动。

34.4 总供给曲线

总供给曲线告诉我们在任何一种既定的物价水平下企业生产并销售的物品与服务总量。与总是向右下方倾斜的总需求曲线不同，总供给曲线的走势取决于所考察的时间范围。在长期中，总供给曲线是垂直的；而在短期内，总供给曲线向右上方倾斜。本节既要解释长期总供给曲线，又要解释短期总供给曲线。本节将说明，在短期内，经济会背离古典理论描述的长期均衡。

34.4.1 长期中总供给曲线为什么是垂直的

是什么因素决定了长期中物品与服务的供给量呢？在本书前面，我们在分析经济增长的过程时已经隐含地回答了这个问题。在长期中，一个经济的物品与服务产量（真实 GDP）取决于其劳动、资本和自然资源的供给，以及可用于把这些生产要素变为物品与服务的技术。

在分析决定长期经济增长的这些因素时，我们并没有提到物价总水平。我们用单独的一章考察了物价水平，在那一章中我们说明了物价水平由货币量决定。我们了解到，如果有两个经济，除了一个经济中流通的货币量是另一个经济的两倍，其他情况完全相同，那么货币量大的经济中的物价水平也将是另一个经济的两倍。但是由于货币量并不影响技术以及劳动、资本与自然资源的供给，因此这两个经济中物品与服务的产量应该是相同的。

因为物价水平并不影响真实 GDP 的长期决定因素，所以长期总供给曲线是垂直的，如图 34-4 所示。换句话说，在长期中，经济中的劳动、资本、自然资源和技术决定了物品与服务的总供给量，而且无论物价水平如何变动，总供给量都是相同的。

垂直的长期总供给曲线是古典二分法与货币中性的图形表示。正如我们已经讨论过的，古典宏观经济理论是以真实变量不取决于名义变量的假设为基础的。长期总供给曲线与这个思想是一致的，因为它意味着产量（真实变量）不取决于物价水平（名义变量）。正如我们之前提到的，大多数经济学家认为，这个原理适用于研究一个较长时期内的经济变动，但在研究逐年的变动时就不适用了。因此，只有在长期中总供给曲线才是垂直的。

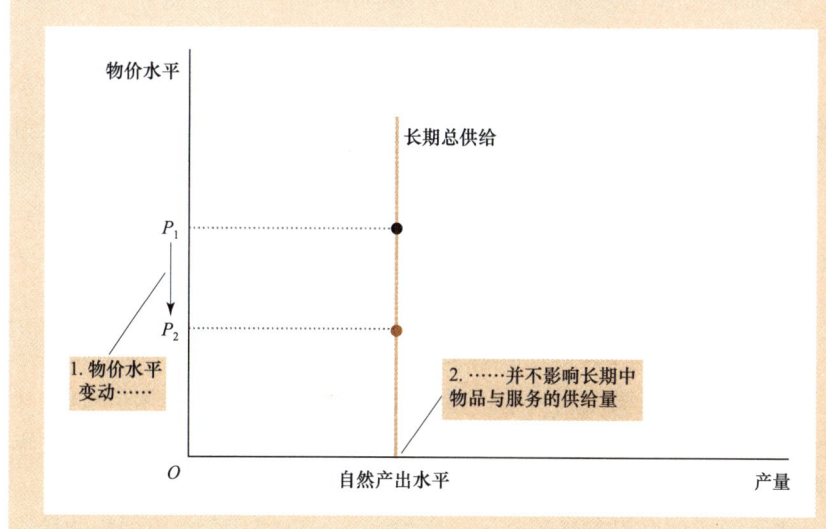

图34-4

长期总供给曲线

在长期中,供给量取决于经济中的劳动、资本和自然资源量,以及把这些投入变为产出的技术。因为供给量并不取决于物价总水平,所以长期总供给曲线是在自然产出水平上的一条垂线。

34.4.2 长期总供给曲线为什么会移动

因为古典宏观经济理论描述了一个经济在长期中所生产的物品与服务量,所以它也解释了长期总供给曲线的位置。长期产出水平有时被称为潜在产量或充分就业产量。为了更准确一些,我们称它为**自然产出水平**(natural level of output),因为它表明失业率处于其自然水平或正常水平时经济中所生产的东西。自然产出水平是经济在长期中所趋向的产出水平。

经济中任何改变自然产出水平的变动都会使长期总供给曲线移动。因为古典模型中的产量取决于劳动、资本、自然资源和技术知识,所以我们可以把长期总供给曲线的移动划分为由这四个原因引起的移动。

劳动变动引起的移动 设想一个经历了移民增加的经济,由于移民的增加引起工人数量增加,物品与服务的供给量也相应增加,因此,长期总供给曲线将向右移动。相反,如果许多工人通过移民离开了这个经济,那么长期总供给曲线将向左移动。

长期总供给曲线的位置还取决于自然失业率,所以自然失业率的任何一种变动都会使长期总供给曲线移动。例如,如果国会大幅度提高失业保障,失业工人可能就不会像之前那样努力寻找新工作。因此,长期总供给曲线将向左移动。相反,如果国会实施了一项成功的失业工人就业培训计划,则自然失业率就会下降,长期总供给曲线将向右移动。

资本变动引起的移动 经济中资本存量的增加提高了生产率,从而增加了物品与服务的供给量。因此,长期总供给曲线将向右移动。相反,

自然产出水平:
一个经济在长期中当失业率处于其正常水平时达到的物品与服务的产出水平。

经济中资本存量的减少降低了生产率，从而减少了物品与服务的供给量。因此，长期总供给曲线将向左移动。

要注意的是，无论我们讨论的是机器和工厂这类物质资本，还是大学文凭这类人力资本，都适用同样的逻辑。无论哪种类型资本的增加都将提高经济生产物品与服务的能力，因此都会使长期总供给曲线向右移动。

自然资源变动引起的移动　经济的生产取决于自然资源，包括土地、矿藏和天气。新矿藏的发现会使长期总供给曲线向右移动，造成农业减产的天气变化会使长期总供给曲线向左移动。

在许多国家，重要的自然资源是从国外进口的。这些资源可获得性的变动也会使总供给曲线移动。例如，正如我们将在本章后面讨论的，在历史上，世界石油市场所发生的一些事件是美国和其他石油进口国总供给曲线移动的一个重要原因。

技术知识变革引起的移动　今天的经济产出较几十年前更高的最重要原因也许是技术知识的进步。例如，工业机器人的发明使我们可以用任何既定量的劳动、资本和自然资源生产出更多的物品与服务。随着机器人应用的普及，它已经使长期总供给曲线向右移动了。

其他许多事件尽管严格来说不是技术变革，但也像技术变革一样起作用。例如，开放国际贸易与发明新的生产流程具有类似的作用，因为它使一个国家专注于生产率更高的行业，从而也会使长期总供给曲线向右移动。相反，如果政府出于对工人安全与环境的考虑，通过了阻止企业采用某种生产方法的新规定，就将使长期总供给曲线向左移动。

总结　因为长期总供给曲线反映了古典经济模型，所以它提供了一种新方法来阐释我们在前几章所进行的分析。在前几章中任何一种增加真实 GDP 的政策或事件都会增加物品与服务的供给量，并使总供给曲线向右移动；在前几章中任何一种减少真实 GDP 的政策或事件都会减少物品与服务的供给量，并使总供给曲线向左移动。

34.4.3　用总需求和总供给来描述长期增长与通货膨胀

在介绍了经济的总需求曲线和长期总供给曲线之后，现在我们有了一种描述经济长期趋势的新方法。图 34-5 说明了经济中每十年所发生的变动。要注意的是，总需求曲线（AD）和长期总供给曲线（LRAS）都在移动。尽管在长期中有许多因素影响经济，而且在理论上这些因素都可以引起这种移动，但是现实世界中最重要的两个因素是技术进步和货币政策。技术进步提高了一个经济生产物品与服务的能力，产量的这种增加反映为长期总供给曲线持续地向右移动。同时，由于美联储一直在增加货币供给，因此总需求曲线也向右移动。正如该图所显示的，结果是产量的持续增长（用

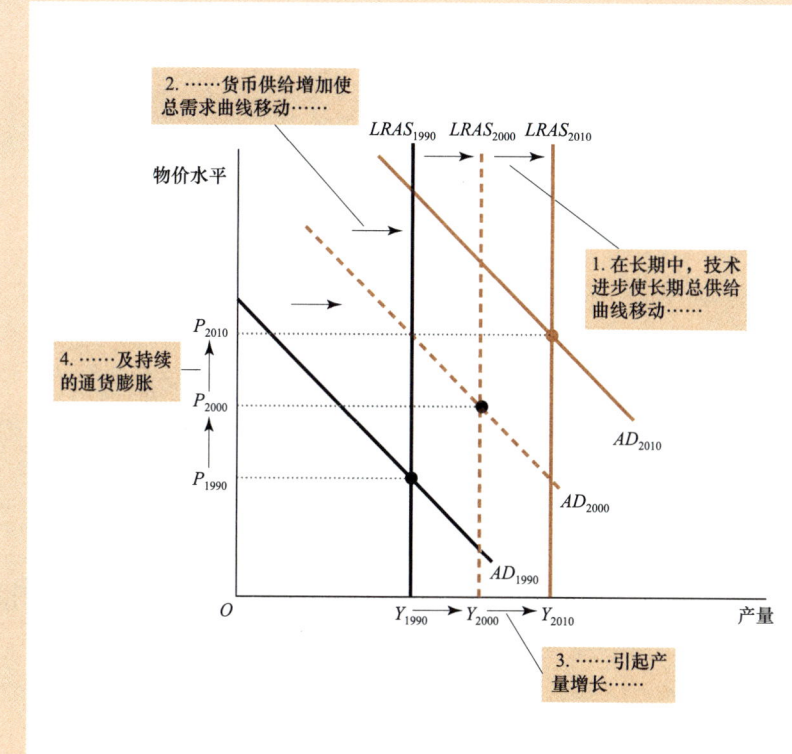

图34-5

总需求与总供给模型中的长期增长与通货膨胀

主要源于技术进步，经济中生产物品与服务的能力提高了，长期总供给曲线向右移动。同时，随着美联储增加货币供给，总需求曲线也向右移动。在该图中，产量从 Y_{1990} 增长到 Y_{2000}，然后又增长到 Y_{2010}，物价水平也从 P_{1990} 上升到 P_{2000}，然后又上升到 P_{2010}。因此，总需求与总供给模型提供了增长与通货膨胀的古典分析的一种新的表述方式。

Y 的增加表示）和持续的通货膨胀（用 P 的上升表示）。这只不过是我们在前几章中讨论的增长与通货膨胀的古典分析的另一种表述方式。

但是，我们提出总需求与总供给模型的目的并不是要给我们前面得出的长期结论穿上一件新外衣，而是要为我们即将进行的短期分析提供一个框架。当推导短期模型时，我们可以通过省略图34-5中所示的持续增长和通货膨胀而使分析简化。但要时刻记住，长期趋势是短期波动叠加的结果。我们应该把产量与物价水平的短期波动视为对产量增长和通货膨胀这一长期趋势的背离。

34.4.4 短期总供给曲线为什么会向右上方倾斜

短期中的经济与长期中的经济之间的关键差别是总供给的状况不同。长期总供给曲线是垂直的，因为在长期中物价总水平并不影响经济生产物品与服务的能力。与此相反，在短期中物价水平确实影响经济的产量。也就是说，在一年或两年的时期内，经济中物价总水平的上升往往会增加物品与服务的供给量，而物价总水平的下降往往会减少物品与服务的供给量。因此，短期总供给曲线向右上方倾斜（如图34-6所示）。

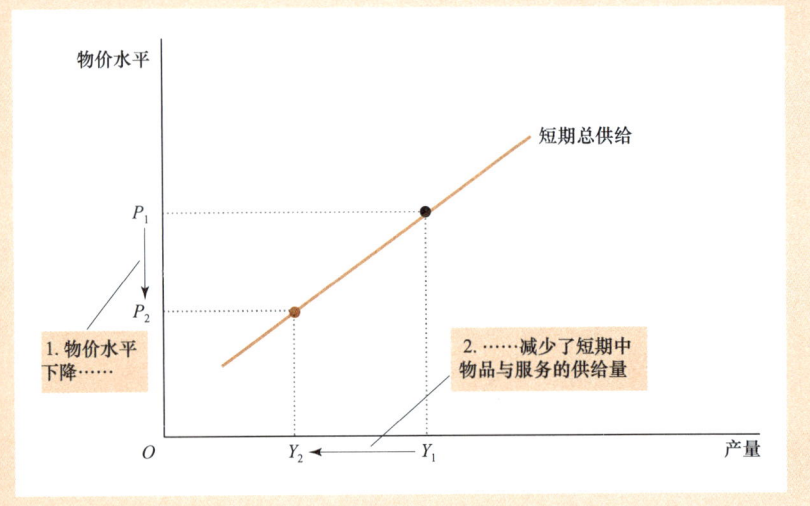

图34-6

短期总供给曲线

在短期中,物价水平从 P_1 下降到 P_2,使供给量从 Y_1 减少到 Y_2。两者之间的这种正相关关系可能是由于黏性工资、黏性价格或错觉的存在。随着时间的推移,工资、物价和感知得到调整,因此这种正相关关系只是暂时的。

物价水平的变动为什么在短期中会影响产量呢?宏观经济学家提出了三种说明短期总供给曲线向右上方倾斜的理论。在其中的每一种理论中,市场的不完全性都引起经济中供给方的短期行为与长期不同。虽然这三种理论在细节上不同,但它们具有一个共性:当经济中的实际物价水平背离了人们预期的物价水平时,供给量就背离了其长期水平或自然水平。当物价水平高于人们预期的水平时,产量就高于其自然水平;当物价水平低于预期水平时,产量就低于其自然水平。

黏性工资理论 对短期总供给曲线向右上方倾斜的第一种解释是黏性工资理论。该理论是研究总供给的三种方法中最简单的,并且一些经济学家认为它是短期中经济不同于长期中经济的重要原因。它也是我们在本书中重点强调的理论。

根据这种理论,短期总供给曲线向右上方倾斜是因为名义工资对经济状况变动的调整是缓慢的。换句话说,工资在短期中是"黏性的"。在某种程度上,名义工资调整缓慢是由于工人和企业之间签订了固定名义工资的长期合同,有时这种合同的期限长达三年。名义工资调整缓慢也可能是由于影响工资确定的社会规范和公正的观念变动缓慢。

一个例子有助于解释黏性名义工资如何能引起短期总供给曲线向右上方倾斜。设想一年前,一家企业预期现在的物价水平是100,并且根据这种预期与其工人签订了合同,同意支付给他们每小时30美元的工资。实际上,当前的物价水平是95。由于物价水平降到预期水平之下,因此企业从其每单位产品销售中得到的收入比预期少了5%。但生产这些产品所用的劳动力成本仍为每小时30美元。现在从事生产所得到的利润下降了，因此企业就会少雇用工人，并减少产品供给量。随着时间的推移，劳动合同会到期，企业会与其工人就工资下调再次进行谈判（工人可能会接受较低的工资，因为物价也下降了），但同时就业与产量仍将低于其长期水平。

同样的逻辑也在相反的方向上起作用。假设当前的物价水平是105，并且名义工资仍然是每小时 30 美元。企业出售每单位产品得到的收入增加了 5%，而其劳动力成本并没有改变。企业的反应就是雇用更多的工人，并增加供给量。最终工人会要求更高的名义工资来补偿更高的物价水平。但在一段时间内，企业可以通过使就业和产品供给量高于其长期水平来利用这个可以赚取更多利润的机会。

简言之，根据黏性工资理论，短期总供给曲线向右上方倾斜是因为名义工资是基于预期的物价水平确定的，并且当实际物价水平不同于预期水平时，名义工资并不会立即对此做出反应。工资的这种黏性激励了企业在实际物价水平低于预期水平时削减产量，而在实际物价水平高于预期水平时增加产量。

黏性价格理论　一些经济学家提出了用于解释短期总供给曲线向右上方倾斜的另一种方法，称为黏性价格理论。黏性工资理论强调名义工资随着时间的推移所做的调整是缓慢的，黏性价格理论则强调一些物品与服务的价格对经济状况变动的调整也是缓慢的。这种缓慢的价格调整，部分是因为调整价格要付出成本，即所谓的菜单成本。菜单成本包括印制和分发目录的成本、改变价格标签所需要的时间，甚至包括管理者为了确定新价格所付出的努力。由于这些成本的存在，价格与工资一样，在短期内可能都是黏性的。

为了说明黏性价格如何解释总供给曲线向右上方倾斜，我们假设经济中每家企业都根据它所预期的未来一年的经济状况提前公布该企业生产的物品或服务的价格。我们进一步假设，在价格公布之后，经济中出现了未预料到的货币供给紧缩，正如我们所知道的，这将降低长期中的物价总水平。在短期中会出现什么情况？虽然一些企业对未预料到的经济状况变动的反应是迅速降低自己所生产的物品或服务的价格，但还有一些企业不想产生额外的菜单成本，从而在降低所生产物品或服务的价格上暂时滞后了。由于这些滞后企业的价格太高，因此它们的销售量减少了。销售量减少又引起企业削减产量和就业岗位。换句话说，由于并不是所有价格都根据经济状况的变动而迅速调整，未预料到的物价水平下降会使一些企业的价格高于合意水平，而这些高于合意水平的价格抑制了销售，并使企业削减产量。

当货币供给水平和物价水平结果高于最初确定价格时企业的预期

时,同样的推理过程也适用。一些企业对新经济环境的反应是立即提高其价格,而另一些企业的反应则相对滞后,使自己的价格低于合意水平。这种低价格吸引了顾客,从而引起这些企业增加就业岗位和产量。因此,在价格调整滞后的企业以较低的价格经营期间,物价总水平和产量之间就存在正相关关系。向右上方倾斜的总供给曲线反映了这种正相关关系。

错觉理论 解释短期总供给曲线向右上方倾斜的第三种方法是错觉理论。根据该理论,物价总水平的变动会暂时误导供给者对自己出售产品的市场的看法。由于这些短期的错觉,供给者对物价水平的变动做出了反应,并且这种反应引起总供给曲线向右上方倾斜。

为了说明这种机制如何起作用,假设物价总水平降到供给者预期的水平之下。当供给者看到其产品价格下降时,他们可能会误以为其产品的相对价格下降了。也就是说,他们会认为与经济中的其他价格相比,他们的产品价格下降了。例如,种小麦的农民在注意到他们作为消费者购买的许多物品的价格都在下降之前,可能首先注意到小麦价格的下降,他们可能由此推知生产小麦的报酬暂时降低了,于是他们的反应可能是减少小麦的供给量。同样,工人在注意到自己所购买的物品价格下降之前,可能首先注意到自己的名义工资下降了,可能由此推知自己的工作报酬暂时降低了,从而做出减少劳动供给量的反应。在这两种情况下,物价水平下降都引起了对相对价格的错觉,而这些错觉又使供给者对物价水平下降做出了减少物品与服务供给量的反应。

当实际物价水平高于预期的水平时,类似的错觉也会产生。物品与服务的供给者可能只注意到自己产品的价格上升了,并错误地推断其产品的相对价格上升了。他们会因此得出结论,这是增加产量的好时机。在他们的错觉得到纠正之前,他们对高物价水平的反应是增加物品与服务的供给量。这种行为就引起了短期总供给曲线向右上方倾斜。

总结 对短期总供给曲线向右上方倾斜有三种不同的解释:(1)黏性工资;(2)黏性价格;(3)对相对价格的错觉。至于哪一种理论是正确的,经济学家们存在争论,而极有可能的情况是每一种理论都包含真理的成分。就本书的目的而言,这些理论的相似之处比它们之间的差别更重要。这三种理论都表明,当实际物价水平背离人们预期的物价水平时,短期产量就会背离自然产出水平。我们可以用数学公式表述如下:

产出的供给量 = 自然产出水平 + a(实际物价水平 − 预期的物价水平)

其中,a 是决定产量对未预期到的物价水平变动做出多大反应的数字。

要注意的是,这三种短期总供给理论都强调了一个可能只是暂时存在的问题。无论短期总供给曲线向右上方倾斜是由于黏性工资、黏性价格还是错觉,这些情况都不会持久地存在下去。随着时间的推移,名义工资将变得没有黏性,价格将变得没有黏性,并且对相对价格的错觉也将得到纠正。在长期中,合理的假设是工资和价格具有弹性而不是黏性的,并且人们能够准确地感知相对价格。因此,这三种理论不仅解释了短期总供给曲线为什么向右上方倾斜,也解释了长期总供给曲线为什么是垂直的。

34.4.5 短期总供给曲线为什么会移动

短期总供给曲线告诉我们短期内在任何既定物价水平下物品与服务的供给量。这条曲线与长期总供给曲线相似,但由于黏性工资、黏性价格以及错觉的存在,它并不是垂直的,而是向右上方倾斜。当考虑是什么因素引起短期总供给曲线移动时,我们必须考虑使长期总供给曲线移动的所有变量以及一个新变量——预期的物价水平,它影响黏性工资、黏性价格和对相对价格的错觉。

我们从关于长期总供给曲线的知识开始。正如之前所讨论的,长期总供给曲线的移动通常是由劳动、资本、自然资源和技术知识的变动所引起的。这些变量也会使短期总供给曲线移动。例如,当经济中的资本存量增加从而提高了生产率时,该经济就能够生产更多的产品,因此无论长期总供给曲线还是短期总供给曲线都向右移动。当大的产业转型提高了自然失业率时,经济中就业的工人就减少了,产量也减少了,因此无论长期总供给曲线还是短期总供给曲线都向左移动。

影响短期总供给曲线位置的新变量是人们预期的物价水平。正如我们所讨论的,在短期中,物品与服务的供给量取决于黏性工资、黏性价格和错觉。但工资、价格和错觉都是根据预期的物价水平确定的,因此当人们改变他们对物价水平的预期时,短期总供给曲线也将移动。

例如,黏性工资理论认为,工人和企业根据其对物价水平的预期就名义工资水平达成一致。因此预期物价水平会影响企业的成本,以及在任何一种实际物价水平下物品与服务的供给量。当预期的物价水平上升时,工资就会上升,成本就会提高,从而企业在实际物价水平既定时会减少物品与服务的产量。因此,短期总供给曲线向左移动。相反,当预期的物价水平下降时,工资下降,成本下降,企业在实际物价水平既定时就会增加产量,使短期总供给曲线向右移动。

同样的逻辑也适用于每一种总供给理论。一般性结论如下:预期物价水平上升减少了物品与服务的供给量,并使短期总供给曲线向左移动。预期物价水平下降增加了物品与服务的供给量,并使短期总供给曲线向右移动。

正如我们将在下一节中说明的,预期对短期总供给曲线位置的这种影响在解释经济如何从短期转向长期时具有关键作用。在短期中,预期

即测即评34-4
（扫码答题）

是固定的，经济处于总需求曲线与短期总供给曲线的交点。随着时间的推移，如果人们观察到物价水平不同于他们的预期，其预期就会进行调整，短期总供给曲线将会移动。这种移动保证了在长期中经济会移动到总需求曲线与长期总供给曲线交点的位置。

表34-2总结了关于短期总供给曲线我们所学到的内容。

表34-2　短期总供给曲线：总结

短期总供给曲线为什么会向右上方倾斜？

1. **黏性工资理论**：未预期到的物价水平下降增加了真实工资，从而使企业减少雇用工人并削减产量。
2. **黏性价格理论**：未预期到的物价水平下降使一些企业物品与服务的价格高于合意的水平，从而抑制了销售，并使它们削减产量。
3. **错觉理论**：未预期到的物价水平下降使一些供给者认为自己物品与服务的相对价格下降了，从而削减产量。

短期总供给曲线为什么会移动？

1. **劳动变动引起的移动**：可得到的劳动量增加（也许是由于自然失业率的下降）使总供给曲线向右移动。可得到的劳动量减少（也许是由于自然失业率的上升）使总供给曲线向左移动。
2. **资本变动引起的移动**：物质资本或人力资本的增加使总供给曲线向右移动。物质资本或人力资本的减少使总供给曲线向左移动。
3. **自然资源变动引起的移动**：自然资源可获得性的增加使总供给曲线向右移动。自然资源可获得性的减少使总供给曲线向左移动。
4. **技术变动引起的移动**：技术知识进步使总供给曲线向右移动。可得到的技术减少（也许是由于政府管制）使总供给曲线向左移动。
5. **预期物价水平变动引起的移动**：预期物价水平下降使短期总供给曲线向右移动。预期物价水平上升使短期总供给曲线向左移动。

34.5　经济波动的两个原因

现在我们可以用总需求与总供给模型来考察短期波动的两个基本原因：总需求曲线的移动与总供给曲线的移动。

为了使问题简化，我们假设经济开始时处于长期均衡状态，如图34-7所示。均衡产量和均衡价格在长期中是由总需求曲线和长期总供给曲线的交点决定的，如图中A点所示。在这一点时，产量为自然产出水平。由于经济总是处于短期均衡状态，因此短期总供给曲线也通过这一点，这表明

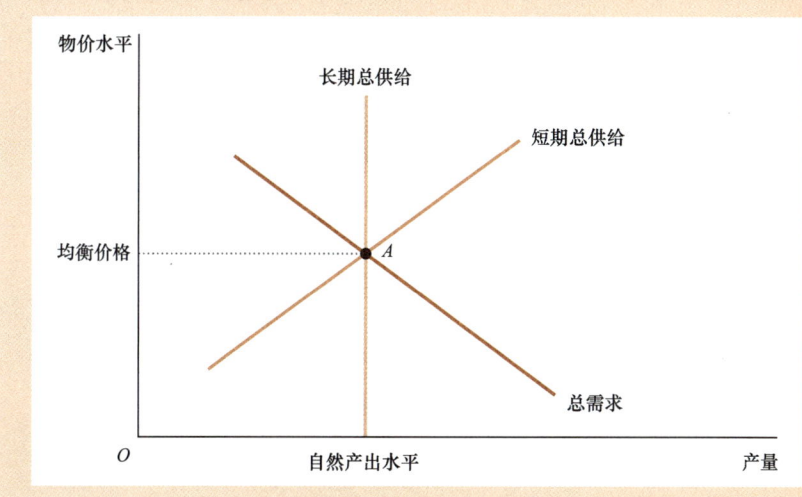

图34-7

长期均衡

经济的长期均衡处于总需求曲线与长期总供给曲线的交点（A点）。当经济达到这种长期均衡状态时，预期物价水平已调整为等于实际物价水平。因此，总需求曲线与短期总供给曲线也相交于这一点。

预期物价水平已经调整到了这种长期均衡状态。也就是说，当一个经济处于长期均衡状态时，预期物价水平必定等于实际物价水平，从而总需求曲线与短期总供给曲线的交点和总需求曲线与长期总供给曲线的交点重合。

34.5.1 总需求曲线移动的影响

假设经济中弥漫着悲观的情绪。原因可能是政治丑闻、股市崩溃或者海外战争的爆发。无论具体原因是什么，结果是许多人对未来失去信心并改变了自己的计划。家庭削减了支出并且延迟了重大购物计划，企业则延迟了新设备购买计划。

这种悲观情绪对宏观经济有什么影响呢？在回答这个问题时，我们可以遵循在第4章中分析某个特定市场的供给与需求时所采用的三个步骤。第一步，确定这个事件是影响总需求还是影响总供给；第二步，确定曲线向哪个方向移动；第三步，用总需求与总供给图来比较最初的均衡和新的均衡。我们还需要增加第四步：跟踪新的短期均衡、新的长期均衡以及它们之间的转变。表34-3总结了分析宏观经济波动的四个步骤。

1. 确定某个事件是使总需求曲线移动，还是使总供给曲线移动（或者使两条曲线都移动）。
2. 确定曲线移动的方向。
3. 用总需求和总供给图说明这种移动如何影响短期的产量和物价水平。
4. 用总需求和总供给图分析经济如何从新的短期均衡变动到新的长期均衡。

表34-3

分析宏观经济波动的四个步骤

前两步很直观。第一步,由于悲观情绪影响支出计划,因此它会影响总需求曲线。第二步,由于家庭和企业现在在任何一种既定的物价水平下想购买的物品与服务量都减少了,因此这个事件减少了总需求。如图34-8 所示,总需求曲线从 AD_1 向左移动到 AD_2。

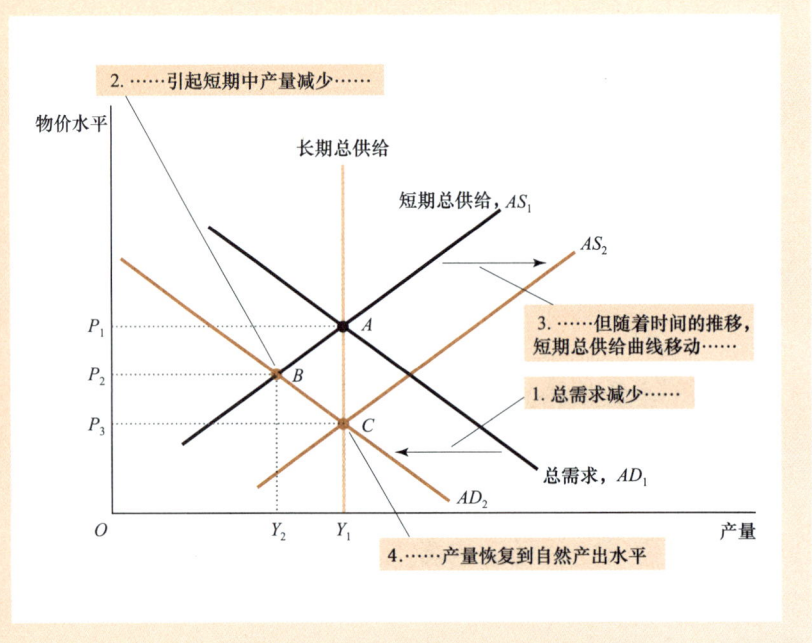

图34-8

总需求减少

总需求曲线从 AD_1 向左移动到 AD_2 代表总需求减少。在短期中,经济从 A 点变动到 B 点,产量从 Y_1 下降到 Y_2,物价水平从 P_1 下降到 P_2。随着预期物价水平的调整,短期总供给曲线从 AS_1 向右移动到 AS_2,经济达到 C 点,在这一点新的总需求曲线与长期总供给曲线相交。在长期中,物价水平下降到 P_3,产量恢复到自然产出水平 Y_1。

利用图 34-8,我们可以完成第三个步骤:通过比较最初的均衡和新的均衡,我们可以说明总需求减少的影响。在短期中,经济沿着最初的短期总供给曲线 AS_1 从 A 点变动到 B 点。随着经济从 A 点变动到 B 点,产量从 Y_1 下降到 Y_2,物价水平从 P_1 下降到 P_2。产出水平下降表明经济处于衰退中。企业对销量和产量下降的反应是减少雇用人数(虽然在该图中没有反映出来)。在某种程度上,引起总需求曲线移动的悲观情绪是自我实现的:对未来的悲观情绪导致收入下降和失业增加。

现在进行第四步——从短期均衡向长期均衡的转变。由于总需求减少,物价水平从最初的 P_1 下降到 P_2。物价水平低于在总需求突然减少之前人们的预期水平 (P_1)。尽管人们在短期中可能会感到吃惊,但他们不会一直这样。最终,人们的预期赶上了这种新的现实。预期物价水平也下降了,它改变了工资、价格和感知,这又影响了短期总供给曲线的位置。例如,根据黏性工资理论,一旦工人和企业预期到物价水平会下降,他们就会开始接受降低名义工资的谈判条件;劳动力成本的下降鼓励企业雇用更多的工人,并在任何既定的物价水平下扩大生产。因此,预期物价水平下降使短期总供给曲线从图34-8中的AS_1向右移动到AS_2。这种移动使经济接近于C点,即新的总需求曲线(AD_2)与长期总供给曲线的交点。

在新的长期均衡点C点,产量回到了自然产出水平。经济完成了自我纠正:即使政策制定者不采取任何行动,长期中产量的减少也会发生逆转。尽管悲观情绪已经减少了总需求,但物价水平的大幅下降(到P_3)抵消了总需求曲线移动的影响,而且人们也开始预期到这种新的低物价水平。因此,在长期中,总需求曲线的移动会完全反映在物价水平上,而完全不会反映在产量上。换句话说,总需求曲线移动的长期效应是一种名义变动(物价水平下降),而不是真实变动(产量不变)。

当总需求突然减少时,政策制定者应该做点什么呢?上面的分析假定他们什么也不做。另一种可能是,只要经济进入衰退(从A点变动到B点),政策制定者就可以采取措施增加总需求。正如我们以前讲到的,政府支出增加或者货币供给增加会增加任何一种物价水平下的物品与服务需求量,从而使总需求曲线向右移动。如果政策制定者以足够快的速度采取足够准确的行动,他们就可以抵消总需求最初的移动,使总需求曲线回到AD_1,并使经济回到A点。如果政策是成功的,低产量和低就业的痛苦期就会缩短,其严重性也会下降。在下一章中,我们会更详细地讨论货币政策和财政政策影响总需求的方法,以及在运用这些政策工具时存在的一些实际困难。

总而言之,关于总需求曲线的移动有三个重要结论:

- 在短期内,总需求曲线的移动会引起经济中物品与服务产量的波动。
- 在长期中,总需求曲线的移动会影响物价总水平,但不影响产量。
- 由于政策制定者可以影响总需求,他们可以潜在地降低经济波动的严重性。

参考资料   **再度审视货币中性**

根据古典经济理论,货币是中性的。也就是说,货币量的变动影响物价水平这类名义变量,但不影响产量这类真实变量。在本章的前面,我们提到,大多数经济学家将此结论视为经济在长期而不是短期中如何运行的描述。运用总需求与总供给模型,我们可以更充分地解释这个结论。

假设美联储减少了经济中的货币量。这种变动会有什么影响呢?正如我们讨论过的,货币供给是总需求的一个决定因素,货币供给减少将使总需求曲线向左移动。

这一分析与图34-8类似。尽管总需求曲

线移动的原因不同,但它们对产量和物价水平产生了同样的影响。在短期中,产量和物价水平都下降了,经济经历了一次衰退。但随着时间的推移,预期的物价水平也下降了。企业和工人会对这种新预期做出反应,例如同意降低名义工资。当他们这样做时,短期总供给曲线就将向右移动。最终,经济又回到了长期总供给曲线上。

图 34-8 显示了货币何时对真实变量有影响,何时对真实变量没有影响。在长期中,货币是中性的,正如经济从 A 点变动到 C 点所表明的。但在短期内,货币供给的变动有真实影响,正如经济从 A 点变动到 B 点所表明的。

一句谚语可以概括以上分析:"货币是一层面纱,但是当面纱被掀开时,真实产出就暴露出来了。"

案例研究　总需求曲线的两次重大移动：大萧条与第二次世界大战

在本章的开头,我们通过观察 1972 年以来美国的真实 GDP 数据确定了有关经济波动的三个事实。现在我们考察美国经济史上更长的时期。图 34-9 显示了 1900 年以来每三年的真实 GDP 变动比例的数据。美国的真实 GDP 的三年期增长率平均为 10% 左右——年增长率略高于 3%。但是,经济周期引起了围绕这个平均水平的波动。有两个时期因波动幅度特别大而凸显了出来——20 世纪 30 年代初真实 GDP 的大幅下降与 40 年代初真实 GDP 的大幅上升。这两个事件都可以归因于总需求曲线的移动。

20 世纪 30 年代初的经济灾难被称为大萧条,而且它是美国历史上最大幅度的经济下滑。1929—1933 年,美国的真实 GDP 下降了 26%,失业率从 3% 上升到 25%。同时,在这四年中物价水平下降了 22%。在这一时期,其他许多国家也经历了类似的产量与物价下降。

经济史学家一直在争论大萧条的起因,但大多数解释都集中在总需求的大幅减少上。是什么引起了总需求的紧缩呢?对此存在一些分歧。

许多经济学家将其主要归因于货币供给的减少:1929—1933 年,美国的货币供给量减少了 28%。回想一下我们此前关于货币制度的讨论,货币供给的减少是由于银行体系中的问题。随着家庭从财务不稳定的银行提取它们的货币,以及银行家变得更为谨慎并开始持有更多的准备金,部分准备金银行制下的货币创造过程开始反向起作用。同时,美联储没能通过扩张性公开市场操作来抵消货币乘数的这种下降,因此,货币供给减少了。许多经济学家将其归咎于美联储没有采取行动降低大萧条的严重性。

另一些经济学家提出了总需求紧缩的其他理由。例如,在这一时期股票价格下降了

总需求大幅减少的结果

图片来源:Bettmann/Getty Images.

90%左右,这减少了家庭财富,从而减少了消费者支出。此外,银行的问题也使一些企业无法为其新项目或企业扩张进行融资,从而抑制了投资支出。很可能是所有这些因素共同发挥作用,导致了总需求紧缩。

图34-9中的第二个重大时期——20世纪40年代初的经济快速繁荣——更容易解释。这次事件显而易见的原因是第二次世界大战。随着美国在海外参战,联邦政府不得不把更多资源用于军事。从1939年到1944年,政府对物品与服务的购买量几乎增加了5倍。总需求的巨大扩张几乎使经济中物品与服务的产量翻了一番,并使物价水平上升了20%(尽管普遍的政府物价管制限制了物价上升)。失业率从1939年的17%下降到1944年的1%——美国历史上的最低水平。

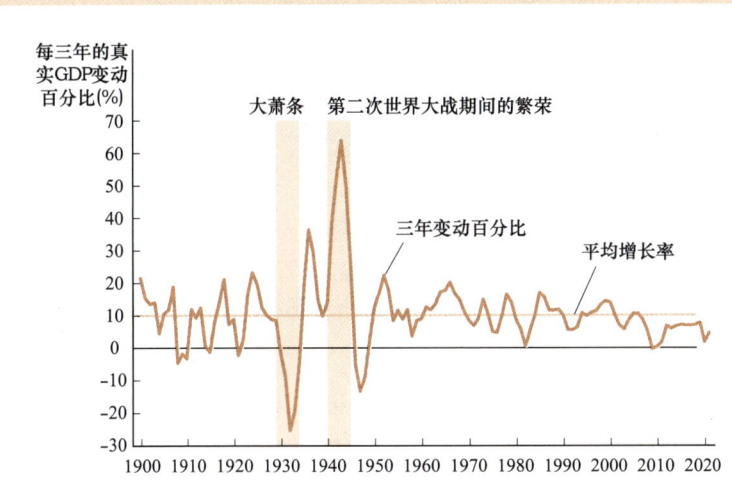

图34-9

1900年以来美国的真实GDP增长

在美国经济史上,有两次波动特别剧烈。20世纪30年代初,经济经历了大萧条,当时物品与服务的生产严重萎缩。20世纪40年代初,美国加入第二次世界大战,这使经济中的产量迅速增加。这两个事件都可以用总需求曲线的大幅移动来解释。

案例研究　　2008—2009年的衰退

2008—2009年,美国经济经历了金融危机和经济活动的严重下降。在许多方面,这是半个多世纪以来最糟糕的宏观经济事件。

这次衰退的起因可追溯至几年前由低利率助推的住房市场的繁荣。在2001年的衰退后,美联储把利率降到历史上的最低水平。低利率有助于经济复苏,但通过降低获得抵押贷款和买房的成本,也推高了住房的价格。

除了低利率,抵押贷款市场的一些发展也使次级借款者——根据其收入和信贷历史,具有较高违约风险的借款者——更容易获得购房贷款。其中一种发展是证券化,即金融机构(抵押贷款的发起人)发放贷款,然后(在投资银行的帮助下)将贷款打包为一种被称为住房抵押贷款支持证券的金融工具。之后这些证券被卖给其他金融机构(诸如银行和保险公司),而这些机构其实并没有充分评估这些证券的风险。一些经济学家指责对这些高风险贷款的监管缺位。另一些经济学家指责政府为了使低收入家庭更容易地实现拥有住房的目标,而实行的鼓励这种高风险贷款的政策。总之,这些力量共同推高了住房需求及住房价格。从1995年到2006年,美国的平均住房价格翻了一番还多。

但是,住房的高价格被证明是不可持续的。从2006年到2009年,美国的住房价格下降了30%左右。在市场经济中,这种价格波动并不一定会成为一个问题。毕竟,价格变动会使市场供求实现均衡。但是,此次住房价格下跌却通过两种传导机制引起总需求大幅减少。

第一种传导机制是,住房抵押贷款违约以及住房被收回的数量大幅增加。在住房市场繁荣时期,许多购房者以最低的首付款和高杠杆来买房。当住房价格下跌时,这些购房者的贷款就成为没顶(underwater)贷款(即抵押贷款高于其房产价值)。许多房主选择不再偿还他们的贷款。银行通过抵押品赎回程序并出售这些住房来应对这些违约,以尽可能收回坏账。但是,待售的住房量的增加使房价呈螺旋式加速下降。随着房价的下跌,用于住房建设的支出也大幅下降。

第二种传导机制是,持有住房抵押贷款支持证券的金融机构蒙受了巨大损失。实质上,这些公司是通过大量借款购买高风险的抵押贷款来押注房价会持续上升;结果它们赌错了,并发现自己处于或接近破产的边缘。由于出现了大量亏损,许多金融机构没有资金可用于贷款,金融体系配置资源的功能也受到了损害,即使信誉好的客户也无法通过借款来为投资支出筹资。这样的事件被称为信贷紧缩。

住房投资萎缩和信贷紧缩共同导致了总需求的大幅收缩。真实GDP和就业率都大幅下降。本章开篇引用的数字值得再重复一次:从2007年第四季度到2009年第二季度,美国的真实GDP下降了4%;失业率则从2007年5月的4.4%上升到2009年10月的10%。这场危机给我们上了生动的一课:经济的深度衰退和由此引起的个人生活困境并非历史事件,而是现代经济中一种常见的风险。

随着危机的蔓延,美国政府以各种方式做出应对。其中有三项政策措施——目的都是使总需求恢复到以前的水平——是最值得注意的。

第一,美联储将联邦基金利率目标从2007年9月的5.25%降到2008年12月的接近0。此外,美联储还实行了量化宽松政策,通过以公开市场操作购买住房抵押贷款支持证券和其他长期贷款。量化宽松政策的目的是降低长期利率并为金融体系提供额外资金,以使银行更愿意发放贷款。

第二,一个更为不寻常的措施是2008年10月,美国国会拨给财政部7 000亿美元用于救助金融体系。其中大部分资金被作为股本注入银行。也就是说,财政部把资金注入银行体系,以便银行可以用于发放贷款并维持正常运营;作为交换,美国政府获得这些银行的部分所有权(至少暂时如此)。这一政策的目的是缓解华尔街的危机,并使企业和个人更容易获得贷款。

第三,奥巴马在2009年1月出任美国总统后,他的首个重大举措就是大幅增加政府支出。在一场简单的国会辩论之后,奥巴马于2009年2月17日签署了总额为7 870亿美元的经济刺激法案。

此次衰退的复苏始于2009年6月,但从历史标准来看,这仅仅是一次微弱的复苏。此后

7年中,美国的真实GDP平均每年仅增长2.2%,低于过去半个世纪以来3%左右的平均增长率。直到2016年,失业率才下降到5%以下。

上述诸多政策中哪一项对于终结衰退最为重要?又有其他哪些政策本可以更好地促进经济复苏?对此,宏观经济史学家还在继续争论。

34.5.2 总供给曲线移动的影响

再设想一个经济处于长期均衡状态。现在假设一些企业的生产成本突然提高了。例如,各个农业州的恶劣天气可能摧毁了一些农作物,从而使生产食品的成本提高;或者,中东地区的一场战争可能使原油运输中断,从而使生产石油产品的成本提高。

为了分析这种生产成本提高的宏观经济影响,我们遵循同样的四个步骤。第一步,哪一条曲线会受影响?由于生产成本影响提供物品与服务的企业,因此生产成本的变动将改变总供给曲线的位置。第二步,曲线会向哪个方向移动?由于生产成本提高会使销售物品与服务变得不那么有利可图,因此企业现在在任何既定物价水平下的供给量都减少了。所以,如图34-10所示,短期总供给曲线从AS_1向左移动到AS_2。(这个事件也可能会使长期总供给曲线发生移动。但为了简化起见,我们假设长期总供给曲线不会移动。)

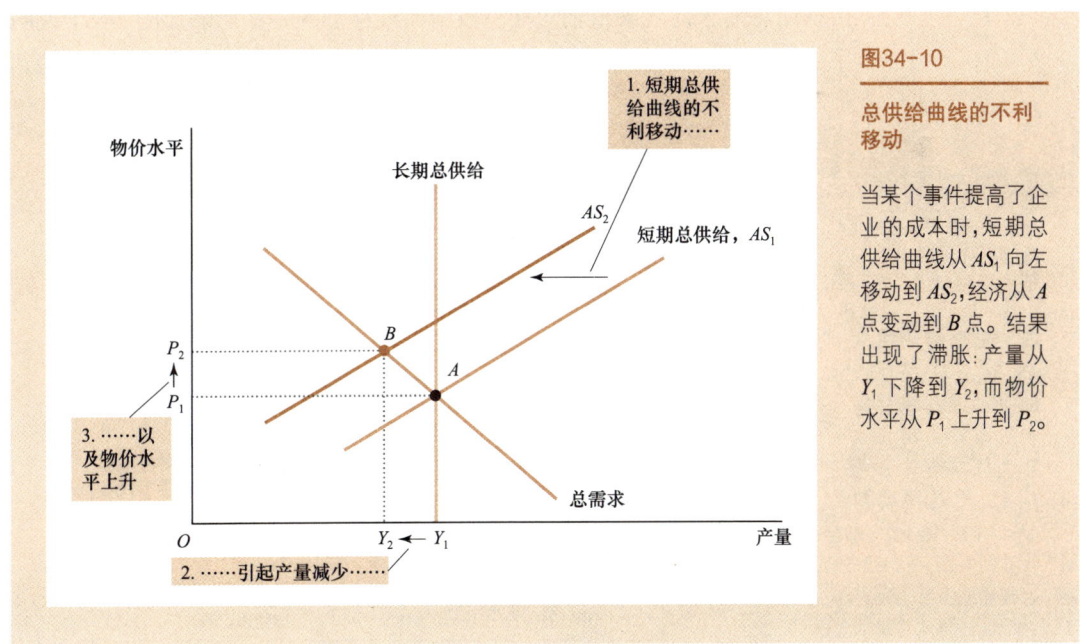

图34-10

总供给曲线的不利移动

当某个事件提高了企业的成本时,短期总供给曲线从AS_1向左移动到AS_2,经济从A点变动到B点。结果出现了滞胀:产量从Y_1下降到Y_2,而物价水平从P_1上升到P_2。

滞胀:
产量减少而物价上升的时期。

利用该图我们可以进行第三步——比较最初的均衡与新的均衡。在短期中,经济沿着现在的总需求曲线从 A 点变动到 B 点。经济中的产量从 Y_1 减少到 Y_2,而物价水平从 P_1 上升到 P_2。由于经济既经历了停滞(产量减少)又经历了通货膨胀(物价上升),因此这种情况有时被称为**滞胀** (stagflation)。

现在考虑第四步——从短期均衡向长期均衡的转变。根据黏性工资理论,关键问题在于滞胀如何影响名义工资。企业和工人最初对物价水平上升的反应是提高对物价水平的预期,并设定更高的名义工资。在这种情况下,企业的成本还会进一步上升,短期总供给曲线将进一步向左移动,这将使滞胀问题加剧。物价水平上升引起工资上升,工资上升又引起物价水平进一步上升,这一现象有时被称为工资 - 物价螺旋式上升。

在某一点时,这种工资 - 物价螺旋式上升会放慢。低产量与低就业水平将对工人的工资产生下行压力,因为当失业率较高时工人的议价能力就下降了。当名义工资下降时,生产物品与服务变得更有利可图了,短期总供给曲线将向右移动。当短期总供给曲线移动回 AS_1 时,物价水平下降了,而且产量也接近自然产出水平。在长期中,经济又回到了 A 点,即总需求曲线与长期总供给曲线的交点。

然而,这种回到最初均衡的转变假设在整个过程中总需求不变。在现实世界中,这种情况是不可能的。货币政策与财政政策的制定者会力图通过移动总需求曲线来抵消短期总供给曲线移动的一些影响。图 34-11 说明了这种可能性。在这种情况下,政策变动使总需求曲线从 AD_1 向右移动到

图 34-11

抵消总供给曲线的不利移动

面对总供给曲线从 AS_1 到 AS_2 的不利移动,那些能影响总需求的政策制定者会努力使总需求曲线从 AD_1 向右移动到 AD_2,经济会从 A 点变动到 C 点。这种政策在短期内会阻止总供给曲线移动带来的产量减少,但物价水平将永久地从 P_1 上升到 P_3。

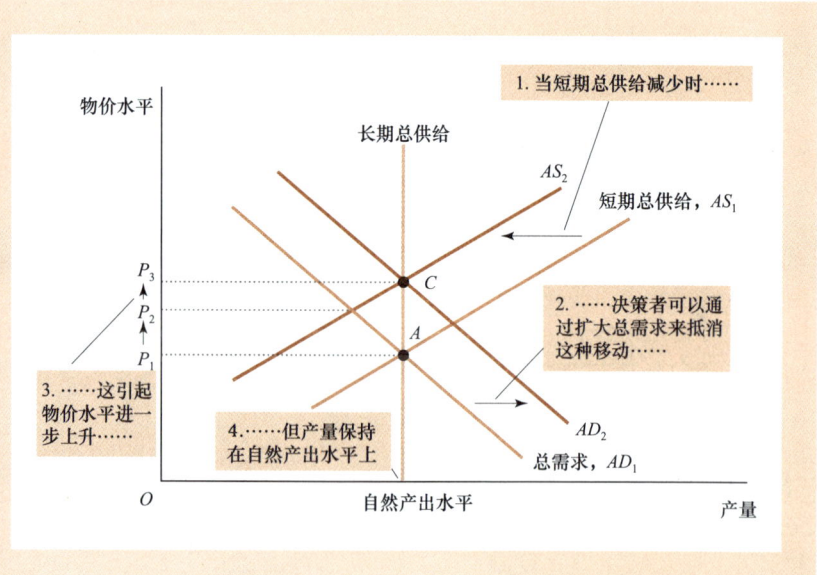

AD_2——正好足以抵消总供给曲线移动对产量的影响。经济直接从 A 点变动到 C 点，产量仍然为自然产出水平，而物价水平则从 P_1 上升到 P_3。在这种情况下，可以说政策制定者的政策抵消了总供给曲线的移动。抵消性政策为了维持较高的产量和就业水平而接受了物价水平的持久性上升。

总之，关于总供给曲线的移动有两个重要结论：

- 总供给曲线的移动会引起滞胀——衰退（产量减少）与通货膨胀（物价上升）并存的情况。
- 那些能影响总需求的政策制定者可以缓解总供给曲线移动对产量的不利影响，但只能以加剧通货膨胀问题为代价。

即测即评34-5
（扫码答题）

案例研究 石油与经济

1970年以来，美国经济中发生的几次最大的经济波动都源于中东的产油地区。原油是生产许多物品与服务的关键要素，而且世界上大部分原油都来自沙特阿拉伯、科威特和其他中东国家。当某个事件（通常源于政治因素）减少了来自这个地区的原油供给时，世界石油价格就会上升。美国生产汽油、轮胎和其他许多产品的企业的成本就会提高，因此这些企业在任何一种既定价格水平下供给物品与服务的利润都下降了。结果是总供给曲线向左移动，而这又会引起滞胀。

这类事件中的第一起发生在20世纪70年代中期。石油储藏丰富的国家作为石油输出国组织（the Organization of Petroleum Exporting Countries，OPEC）成员，开始对世界经济施加影响。OPEC是一个卡特尔组织——企图阻止竞争并减少产量以提高价格的卖者集团。而且，石油价格的确大幅上升了。从1973年到1975年，石油价格几乎翻了一番。世界石油进口国都同时经历了通货膨胀和衰退。在美国，按CPI衡量的通货膨胀率几十年来第一次超过了10%，失业率也从1973年的4.9%上升到1975年的8.5%。

几乎完全相同的事件在几年后再次上演。20世纪70年代末期，OPEC国家再次限制石油的供给。从1978年到1981年，石油价格翻了一番还多，并再次引起了滞胀。由OPEC事件引发的第一次通货膨胀本已渐渐平息，但这一时期美国的通货膨胀率重新上升到10%以上。由于美联储不愿意采取措施抵消这种通货膨胀率的大幅上升，因此美国经济很快又陷入衰退。失业率从1978年和1979年的6%左右上升到几年后的10%左右。

世界石油市场的发展也可能使总供给曲线向有利方向移动。1986年，OPEC成员国之间出现了分歧，成员国违背了限制石油生产的

中东石油产量的变化是美国经济波动的来源之一

图片来源：Yasser AL-Zayyat/AFP/Getty Images.

协议。在世界石油市场上，价格几乎下降了一半。石油价格的下降降低了美国企业的生产成本，企业在任何一种既定价格水平下供给物品与服务都更有利可图。因此，总供给曲线向右移动。美国经济经历了滞胀的反面：产量迅速增加，失业减少，通货膨胀率达到了多年来的最低水平。

近年来，世界石油市场并没有成为美国经济波动的重要来源。一个原因是，节油的努力、技术变革和替代能源的可获得性降低了经济对石油的依赖程度。生产一单位真实 GDP 所需的石油量自 20 世纪 70 年代的 OPEC 冲击以来已下降了 60% 以上。因此，如今石油价格变动对美国经济的影响比过去要小。

 参考资料 总需求与总供给模型的起源

现在我们已经了解了总需求与总供给模型，让我们回顾并考察一下这个模型的历史。这个短期波动模型是如何形成的呢？答案是，这个模型在很大程度上是 20 世纪 30 年代大萧条的副产品。当时的经济学家和政策制定者对于这场灾难的起因感到困惑，也不确定应该如何应对。

1936 年，经济学家约翰·梅纳德·凯恩斯出版了《就业、利息和货币通论》（简称《通论》）一书，这本书试图解释一般意义上的短期经济波动和特殊意义上的大萧条。凯恩斯的主要观点是，衰退和萧条之所以会发生，是因为对物品与服务的总需求不足。

凯恩斯长期以来一直是古典经济理论——我们在本书前面所考察的理论——的批评者，因为古典经济理论只能解释政策的长期效应。在出版《通论》的几年之前，凯恩斯针对古典经济学写道：

> 长期是对当前事情的一个误导。在长期中，我们都死了。如果在暴风雨季

约翰·梅纳德·凯恩斯

图片来源：Keystone/Hulton Archive/Getty Images.

> 节，经济学家只能告诉我们，暴风雨在长期中会过去，海洋必将平静，那么他们给自己的任务就太容易且无用了。

凯恩斯的这段话是针对政策制定者和经济学家的。当世界经济饱受高失业之苦时，凯恩斯提出了增加总需求的政策，包括增加政府的公共支出。

在下一章中，我们将详细考察政策制定者如何运用货币政策与财政政策工具来影响总需求。本章和下一章的分析中，有许多是凯恩斯留下来的思想遗产。

案例研究 2020年的新冠疫情衰退

2020年，美国和世界上大多数其他国家都经历了一次经济下行，这次经济下行具有三个不同寻常的特点。

第一个不寻常之处是它的起源：2019年的新冠病毒（COVID-19）。这种有传染性并危险的病毒在2019年年底和2020年年初出现。为了减缓它的扩散，卫生专家建议人们避免密切接触。政府下令关闭一些经济部门，包括电影院、体育赛事、音乐会、餐饮（除了外卖），以及非必需的零售店。商业航空旅行几乎完全停止了。

第二个不寻常之处是它的传播速度与深度。从2020年2月到2020年4月，美国的成年人口就业率从61.1%下降到51.3%——创下了历史上最大幅度的两个月下跌纪录。2020年4月，美国的失业率为14.8%——自大萧条以来的最高水平。

第三个不寻常之处是这次衰退在某种意义上是全球性的。大多数衰退都是偶然事件：一些不可预期的事件使总需求曲线或总供给曲线移动，减少了生产和就业。当这种情况发生时，政策制定者通常都想让经济尽快回到正常的生产和就业水平。与此相比，2020年的经济下行也是一次有意为之的衰退。为了遏制病毒的传播，政策制定者被迫做出了减少生产和就业的行为。当然，新冠病毒本身并没有这样的企图，也没有这种欲望。但在既定的环境下，经济活动的大幅暂时下降是最可能的结果。

我们可以用总供给与总需求模型来解释2020年的经济衰退。首先考虑总需求。2020年3月起，政府下令关闭了许多人们经常去买东西的场所，如餐馆和零售店。而且人们也避免从事仍然开放的许多经济活动，以降低被感染的风险。结果，在每一种物价水平下物品与服务的需求量都减少了，总需求曲线向左移动。

现在考虑总供给。当公共卫生危机引起许多经济活动暂时停止时，它引起每一种物价水平下物品与服务供给量的减少。总供给曲线向左移动。总需求曲线和总供给曲线的同时移动使生产和就业急剧减少。

一旦经济下行的严重性变得清晰起来，政策制定者就会迅速做出反应。2020年3月27日，美国总统签署通过《新冠病毒援助、救济和经济安全法案》（CARES）。与此同时通过的还有一项法规，它授权了共计2万亿美元的支出增加和税收减免，约占美国GDP的10%，使它成为美国历史上应对衰退力度最大的财政刺激措施。CARES有时也被称为"经济刺激法案"，但实际上该法案并不是旨在通过刺激经济来达成结束衰退的目标。在既定的新冠疫情下，衰退是不可避免的。该法案的目标是缓解人们面临的困难，并防止经济下行对经济造成长期损害。

该法案中的很大一部分与社会保障或疾病救助有关。除了高收入家庭，所有家庭都可得到标准为每个成年人1 200美元、每个儿童500美元的税收返还。领取失业保险的资格范围也扩大了，并且救济金暂时提高到每周600美元。政府给小企业的贷款条件也放宽了，而且如果企业在以后两个月中不解雇工人，就给予其豁免并将贷款转为补贴。

为了防止衰退引起的永久性损害，CARES也有各种促进企业持续发展的条款。这也是政府向小企业发放可豁免贷款的部分原因。工人不仅一直可以获得工资，而且也仍然与雇主保持着联系，以便当新冠疫情结束时，正常的商业活动可以迅速恢复。CARES 也提供了资金,使美联储可以和财政部共同向大型企业、州政府和地方政府贷款,增强了美联储作为最后贷款人的作用。同时,美联储把联邦基金目标利率降至接近于零。

在美国,每天因新冠疫情死亡的人数在 2020 年 4 月末达到顶点,此后开始缓慢下降。到 2020 年 6 月,许多对经济活动的限制也放松了,使得经济迅速回升。失业率从 2020 年 2 月的 3.5% 上升到 2020 年 4 月的 14.8% 之后,于 2020 年 10 月下降到 6.9%。

但新冠疫情并没有结束。2021 年 1 月病例又开始激增,而且之后在 2021 年 10 月和 2022 年 1 月又出现了两次激增。

随着疫情的持续,随后的相关法规延续并扩大了由 CARES 提供的援助。2020 年 2 月,特朗普总统签署了金额为 9 000 亿美元的一揽子救助计划;2021 年 3 月,拜登总统签署了金额为 1.9 万亿美元的一揽子救助计划。

一些经济学家——最著名的是美国前财政部长劳伦斯·萨默斯——指出,财政政策的反应过度了。他们担心,在新冠疫情引起的供给链断裂的情况下,这些货币政策与财政政策会引起过度的通货膨胀。用 CPI 来衡量,2022 年 1 月,12 个月期的通货膨胀率上升到 7.5%——达到 40 年来的最高水平。政策制定者起初认为通货膨胀率的这种上升是暂时的。但在 2022 年 3 月,美联储开始上调利率,以缓解通货膨胀压力。

最终为本次衰退提供解决方案的是微生物学家而不是经济学家。2021 年,在几种新冠疫苗被开发出来并上市之后,经济活动开始恢复正常。但美国大量民众对接种疫苗的犹豫态度,加上新的病毒变种奥密克戎的出现,延缓了疫情的结束,并放慢了经济复苏的速度。

新闻摘录　　2020 年不寻常的低迷

新冠疫情带来的经济事件极为不寻常。

不同寻常的新冠疫情衰退
Austan Goolsbee

全美民众都在持续关注新冠疫情所带来的没完没了的经济问题——从物品短缺到通货膨胀——以及对出门就染病的恐惧和担心何时能成为过去。这一切什么时候才是个头?

经济预测专家们正在努力回答这个问题。

很多人通过借鉴以往的经济衰退来判断事情会如何发展。但是这里面非常重要的一点是疫情带来的衰退——对某些人来说甚至是一场经济灾难——其实并不是一次寻常意义上的经济衰退。

这听起来很奇怪。实际上,在这件事上能说了算的是美国国家经济研究局,它宣布美国在 2020 年 3 月和 4 月出现了为期两个月的经济衰退。

但是历次的经济周期看起来与美国在疫情期间所经历的完全不同,所以从历史中汲取经验教训现在完全是刻舟求剑。

每次经济衰退的原因不同,但基本模式是相同的:受冲击最严重的是那些需求最易枯竭、对经济周期最为敏感的行业,包括家具、建材、电器和汽车等大件商品零售业。这是在美国劳工统计局和其他机构有据可查的。时世艰难的时候,这些商品的购买都是可以推后的。当价格降到足够低,或者利率降到足够低,或者被压抑许久的需求渐渐恢复时,这些周期性产业的需求会开始恢复,于是经济复苏开始了。

经济衰退对于那些非周期性产业的影响要小得多,比如医院、护理、电气能源设备等,其需求稳定,不受经济周期的影响。有些服务性行业,比如教育,其需求在经济衰退时还可能增加。

但是这些基本模式在这次疫情带来的经济衰退中并没有出现。耐用品的消费支出增加了。事实上,65英寸以上的大屏幕电视的销量在2020年4月到6月期间与上年同期相比增长了77%,因为看电视是因疫情居家期间人们还能做的为数不多的事情之一。其他周期性行业产品(如房屋和建材)的需求也激增。

在疫情引起的衰退期间,美国人多年来服务支出大于物品支出的消费趋势也得以扭转。在过去七十多年间,美国消费者在实体商品上的支出越来越少(占总支出的比重从20世纪40年代的60%下降到2019年的31%)。与此相反(也与以往的经济衰退相反),疫情期间美国消费者用于实体商品的支出占总支出的比重跃升至17年以来的最高水平,创下有记录以来的最大涨幅之一。

换言之,这一次的经济衰退与人们记忆中以往的历次衰退都不同。随疫情而来的衰退波及了那些本应不受衰退影响的产业——看牙医,办公楼、商场的电力消耗,等等。我们通常所说的反周期行业(如教育行业)也经历了招生数量的巨幅下跌。

当然,这一切都是因为新冠病毒。但这同时也意味着,以往的从经济衰退中复苏的经验并不适用于这一次的复苏。每个人都试图预测通常不会出现衰退的服务性行业(比如医疗、儿童看护和教育业)何时会出现反弹。但是这其实在很大程度上取决于我们能如何快速控制病毒扩散,而不是经济衰退本身。

与此同时,美国和其他发达国家对实体商品的巨大需求超过了供给,从而带来通货膨胀率上升并导致了短缺。

因此,如果你真想理解经济,最重要的是要观察一年半以来我们在抗击疫情上的进展如何,此外同样值得关注的是美国人在实体商品上的支出占总支出的比重(2019年是31%,2021年已上升到35%)。

2021年第三季度,美国的经济增长情况令人失望,但是一旦新冠病例数量有所下降,经济就很容易转向复苏。相关部门于上周五发布的美国就业数据鼓舞人心。新增的新冠病例数量显著下降,数以百万计的儿童现在可以接种疫苗了,这会进一步降低感染率。

但是,如果我们再看得长远一点,最引人深思的问题并不是经济衰退和复苏本身,而是疫情所带来的改变会不会持续下去。比如,有些公司现在尽可能多地保有存货,并将供应链本地化,以避免出现断供的情况。很多人部分时间居家工作,有些人则搬到了郊区居住。但是用不了多久,他们就会再度发现精益生产和全球化供应链的好处。事实上,一些美国人已经开始搬回城市了。

我认为这种长期经济趋势的逆转不会长久。一旦疫情期间的经济记忆消退,常规经济周期中的经验法则可能会重新适用。不过在那之前,你最好还是排队去打加强针,并关注感染病例数量。

讨论题

1. 新冠疫情期间,你家的开支有什么变化?
2. 在你看来,疫情期间政府应该采取什么样的经济政策?

Austan Goolshee,芝加哥大学经济学教授。

资料来源:*New York Times*,November 10,2021.

34.6　结论

本章实现了两个目标:第一,讨论了关于经济短期波动的一些重要事实;第二,介绍了用于解释这些波动的基本模型,即总需求与总供给模型。在下一章中,我们将继续研究这个模型,以便更深入地了解是什么引起经济波动以及政策制定者如何对这些波动做出反应。

内容概要

◎ 所有社会都经历过围绕长期趋势的短期经济波动。这些波动是无规律的,而且大体上是不可预测的。当衰退发生时,真实 GDP 以及收入、支出与生产的其他衡量指标都会下降,而失业会增加。

◎ 古典经济理论建立在名义变量(如货币供给和物价水平等)并不影响真实变量(如产量和就业等)这一假设的基础之上。许多经济学家认为,这个假设在长期中是正确的,但在短期中并不正确。经济学家用总需求与总供给模型分析短期经济波动。根据这个模型,物品与服务的产量和物价总水平的调整会使总需求与总供给达到平衡。

◎ 总需求曲线出于三个原因向右下方倾斜。第一是财富效应:物价水平下降提高了家庭持有的货币的真实价值,从而刺激了消费支出。第二是利率效应:物价水平下降减少了家庭需要的货币量,随着家庭试图把货币转变为生息资产,利率下降,从而刺激了投资支出。第三是汇率效应:物价水平下降降低了利率,使外汇市场上美元贬值,从而刺激了净出口。

◎ 在物价水平既定时,任何一种增加消费、投资、政府购买或净出口的事件或政策都会增加总需求。在物价水平既定时,任何一种减少消费、投资、政府购买或净出口的事件或政策都会减少总需求。

◎ 长期总供给曲线是垂直的。在长期中,物品与服务的供给量取决于经济中的劳动、资本、自然资源和技术,但并不取决于物价总水平。

◎ 本章提出了三种理论,用以解释短期总供给曲线向右上方倾斜的原因。根据黏性工资理论,未预期到的物价水平下降暂时提高了真实工资,从而使企业减少就业和生产。根据黏性价格理论,未预期到的物价水平下降使一些企业的价格暂时上升,从而降低了它们的销售量,并使它们削减生产。根据错觉理论,未预期到的物价水平下降使供给者误以为其产品的相对价格下降了,从而使它们减少生产。这三种理论都意味着,当实际物价水平与人们预期的物价水平相背离时,产量就会与自然产出水平相背离。

◎ 改变经济生产能力的事件,例如劳动、资本、自然资源或技术的变动,都会使短期总供给曲线移动(可能也会使长期总供给曲线移动)。此外,短期总供给曲线的位置还取决于预期的物价水平。

◎ 经济波动的一个可能原因是总需求曲线的移动。例如,当总需求曲线向左移动时,短期中产量和物价水平就会下降。随着时间的推移,当预期物价水平的变动引起工资、物价和感知进行了调整时,短期总供给曲线就会向右移动,并使经济在一个新的、较低的物价水平下回到自然产出水平。

◎ 经济波动的另一个可能原因是总供给曲线的移动。当短期总供给曲线向左移动时,效应是产量减少、物价上升——两者并存的情况被称为滞胀。随着时间的推移,当工资、物价和感知进行了调整时,短期总供给曲线就会向右移动,使物价和产量回到其原来的水平。

关键概念

衰退　　　　　　　　总需求曲线　　　　　　　自然产出水平
萧条　　　　　　　　总供给曲线　　　　　　　滞胀
总需求与总供给模型

复习题

1. 写出经济衰退期间会下降的两个宏观经济变量。写出经济衰退期间会上升的一个宏观经济变量。
2. 画出一个标出总需求、短期总供给和长期总供给的图形,仔细并正确地标出坐标轴。
3. 列出总需求曲线向右下方倾斜的三个原因,并加以解释。
4. 解释长期总供给曲线为什么是垂直的。
5. 列出说明短期总供给曲线向右上方倾斜原因的三种理论,并加以解释。
6. 什么因素可能引起总需求曲线向左移动?用总需求与总供给模型来探讨这种移动对产量和物价水平的短期影响及长期影响。
7. 什么因素可能引起总供给曲线向左移动?用总需求与总供给模型来探讨这种移动对产量和物价水平的短期影响及长期影响。

问题与应用

1. 假设经济处于长期均衡状态。
   a. 画图说明经济所处的状态。确保标出总需求、短期总供给和长期总供给。
   b. 现在假设股市崩溃导致总需求减少。用图形说明短期中产量和物价水平会发生怎样的变动,失业率会发生怎样的变动。
   c. 用总供给的黏性工资理论解释长期中产量和物价水平将发生怎样的变动(假设政策不变)。在这一调整过程中,预期物价水平起了什么作用?用图形说明你的分析。
2. 分别解释以下事件将使长期总供给增加、减少还是对其没有影响。

a. 美国经历了一波移民潮。

b. 国会把最低工资提高到每小时 15 美元。

c. 英特尔公司投资于新的、功能更强大的电脑芯片。

d. 一场严重的暴风雨使东海岸的工厂受损。

3. 假设经济处于长期均衡状态。

   a. 用总需求与总供给模型表示最初的均衡（称为 A 点）。务必标出短期总供给与长期总供给。

   b. 假设中央银行增加了 5% 的货币供给。用图形说明随着经济从最初的均衡转向新的短期均衡（称为 B 点），产量和物价水平会发生怎样的变动。

   c. 标出新的长期均衡（称为 C 点）。是什么引起经济从 B 点变动到 C 点？

   d. 根据总供给的黏性工资理论，A 点的名义工资与 B 点的名义工资相比如何？A 点的名义工资与 C 点的名义工资相比如何？

   e. 根据总供给的黏性工资理论，A 点的真实工资与 B 点的真实工资相比如何？A 点的真实工资与 C 点的真实工资相比如何？

   f. 根据货币供给对名义工资与真实工资的影响判断，你的分析与货币在短期中有实际影响而在长期中是中性的观点一致吗？

4. 1939 年，由于美国经济还没有完全从大萧条中复苏，时任总统富兰克林·罗斯福宣布感恩节将比通常提前一周，以便使圣诞节前的购物期得以延长（这种政策被戏谑为"弗兰克节"）。用总需求与总供给模型解释罗斯福总统可能试图达到什么目的。

5. 解释为什么以下说法是错误的。

   a. "总需求曲线向右下方倾斜，因为它是单个物品需求曲线的水平相加。"

   b. "长期总供给曲线是垂直的，因为经济力量并不影响长期总供给。"

   c. "如果企业每天调整自己的定价，那么短期总供给曲线就将是水平的。"

   d. "只要经济进入衰退，长期总供给曲线就会向左移动。"

6. 用解释短期总供给曲线向右上方倾斜的三种理论中的一种，详细解释以下情况。

   a. 在没有任何政策干预时，经济如何从衰退中复苏，并回到其长期均衡状态？

   b. 哪些因素决定了经济复苏的速度？

7. 假设经济开始时处于长期均衡状态。然后某一天，总统任命了一位新的美联储主席。这位新主席以其"通货膨胀不是经济的主要问题"的观点而闻名。

   a. 这条新闻会如何影响人们预期的物价水平？

   b. 预期物价水平的这种变动会如何影响工人和企业协商新劳动合同中的名义工资？

   c. 名义工资的这种变动会如何影响在任何一种既定的物价水平下生产物品与服务的盈利水平？

   d. 盈利水平的这种变动会如何影响短期总供给曲线？

   e. 如果总需求曲线不变，总供给曲线的这种移动会如何影响物价水平和产量？

   f. 你认为对这位美联储主席的任命明智吗？

8. 解释下列事件分别使短期总供给曲线移动、总需求曲线移动、两者都移动，还是两者都不移动。对于使曲线移动的每一个事件，用图形说明其对经济的影响。

   a. 家庭决定把大部分收入储蓄起来。

   b. 佛罗里达的橘园因零度以下气温的延续而受灾。

   c. 国外工作机会的增加使许多人离开本国。

9. 对于下列事件，假设政策制定者不采取行动，分别解释其对产量和物价水平的短期与长期影响。

   a. 股市急剧下跌，减少了消费者的财富。

   b. 联邦政府增加了国防支出。

c. 技术进步提高了生产率。

d. 国外经济衰退使外国人购买的美国物品减少了。

10. 假设企业对未来的经济状况持乐观态度,并大量投资于新资本设备。

   a. 画出总需求与总供给图并说明这种乐观情绪对经济的短期影响。标出新的物价水平与真实产量。用文字解释为什么总供给量会发生变动。

   b. 现在用问题 a 中的图说明经济新的长期均衡(假设长期总供给曲线没有发生变动)。用文字解释总需求量为什么在短期与长期之间会发生变动。

   c. 投资高涨会如何影响长期总供给曲线?解释原因。

第 35 章　货币政策和财政政策对总需求的影响

设想你是美联储负责确定货币政策的联邦公开市场委员会的一名成员。你注意到总统和国会已经就增加税收以减少预算赤字达成了一致意见。美联储对财政政策的这种变动应该做出什么反应呢？它是应该扩大货币供给、紧缩货币供给，还是使货币供给保持不变呢？

为了回答这个问题，你需要考虑货币政策和财政政策对经济的影响。在上一章中，我们用总需求与总供给模型来解释短期经济波动。我们看到，总需求曲线或总供给曲线的移动会引起经济中物品与服务的总产量及物价总水平的波动。正如我们注意到的，货币政策与财政政策都可以影响总需求。因此，这两种政策中只要有一种发生变动就会引起产量和物价的短期波动。作为应对措施，政策制定者可能希望调整另一种政策。

在本章中，我们将更详细地考察政府的政策工具如何影响总需求曲线的位置。这些政策工具包括货币政策（中央银行实施的公开市场操作以及它为准备金支付的利率）和财政政策（总统和国会确定的政府支出与税收水平）。我们已经讨论了这些政策的长期效应。在第 26 章和第 27 章中，我们说明了财政政策如何影响储蓄、投资和长期经济增长。在第 30 章和第 31 章中，我们说明了货币政策如何影响长期中的物价水平。现在我们要说明的是，这些政策工具如何使总需求曲线移动，以及如何影响短期内的宏观经济变量。

除了货币政策和财政政策，还有许多因素会影响总需求，其中包括家庭和企业的意愿支出。当意愿支出发生变动时，总需求曲线就会发生移动，而且如果政策制定者不对此做出反应，总需求曲线的这种移动就会引起产量与就业的短期波动。政策制定者有时用他们可使用的政策工具来试图抵消这些影响，从而稳定经济。这些政策措施背后的理论，以及在现实中运用该理论时面临的困难是本章的重点。

35.1 货币政策如何影响总需求

总需求曲线表示在任何一种物价水平下物品与服务的总需求量。前一章讨论了总需求曲线向右下方倾斜的三个原因：

- **财富效应**：较低的物价水平提高了家庭持有的货币的真实价值，这是他们财富的一部分。真实财富的增加刺激了消费支出，从而增加了物品与服务的需求量。
- **利率效应**：较低的物价水平减少了人们想要持有的货币量。由于人们试图把他们持有的多余货币贷出去，因此利率下降了。利率的下降刺激了投资支出，从而增加了物品与服务的需求量。
- **汇率效应**：当较低的物价水平降低了利率时，投资者就把他们的部分资金转移到国外，以寻求更高的回报。资金的这种流动引起外汇市场上国内通货的真实价值下降。相对于外国物品，国内物品变得更便宜了。真实汇率的这种变动刺激了净出口，从而增加了物品与服务的需求量。

以上三种效应同时发挥作用，在物价水平下降时使物品与服务的需求量增加，在物价水平上升时使物品与服务的需求量减少。

虽然这三种效应都有助于解释总需求曲线为什么向右下方倾斜，但它们的重要性并不相同。由于货币持有量只是家庭财富的一小部分，因此在这三种效应中财富效应是最不重要的。此外，由于出口和进口在美国 GDP 中只占很小的比重，因此对美国经济而言汇率效应也不大。（汇率效应对一些小国而言更重要，因为在正常情况下，小国的出口与进口在其 GDP 中所占的比重较大。）对美国经济来说，总需求曲线向右下方倾斜的最重要原因是利率效应。

出于这个原因，我们现在要更详细地研究短期利率的决定。在这里，我们提出**流动性偏好理论**（theory of liquidity preference）。这种利率决定理论有助于解释总需求曲线为什么向右下方倾斜，以及货币政策和财政政策如何使这条曲线发生移动。这对于分析是什么引起了短期经济波动以及政策制定者对此可能有哪些应对措施是有用的。

流动性偏好理论：凯恩斯提出的理论，认为利率的调整会使货币供给与货币需求达到平衡。

35.1.1 流动性偏好理论

凯恩斯在其著作《就业、利息和货币通论》中提出了流动性偏好理论，用来解释经济中利率的决定因素。该理论在本质上是供给与需求定理的应用。根据凯恩斯的观点，利率的调整会使货币供给与货币需求达到平衡。

你也许还记得，经济学家区分了两种利率：名义利率是通常所报告的利率，而真实利率是根据通货膨胀校正过的利率。在没有通货膨胀时，这两种利率是相同的。但当债务人和债权人预期在贷款期间物价会上升时，他们会同意采用某种高于真实利率的名义利率，且两者的差额应为预期的通货膨胀率。更高的名义利率补偿了他们预期在贷款偿还时美元价值将下降这一事实。

我们现在要用流动性偏好理论解释哪一种利率呢？答案是两种都解释。在后面的分析中，我们假设预期的通货膨胀率不变。这个假设对于研究短期经济来说是合理的，因为预期通货膨胀率在短期中一般是稳定的。在这种情况下，名义利率与真实利率的差额是不变的。当名义利率上升或下降时，人们预期赚到的真实利率也上升或下降。在本章接下来的部分，我们提到的利率变动是指真实利率与名义利率的同方向变动。

现在我们通过考察货币的供求来提出流动性偏好理论。

货币供给　流动性偏好理论的第一部分是货币供给。正如我们在第30章中所讨论的，美国经济中的货币供给由美联储控制。在历史上，美联储主要通过以公开市场操作买卖政府债券来改变银行体系的准备金数量，从而改变货币供给。当美联储购买政府债券时，它为债券支付的美元通常被存入银行，从而增加了银行的准备金。当美联储出售政府债券时，它从出售债券中所得到的美元是从银行体系中提取出来的，从而减少了银行的准备金。银行准备金的这些变动又引起银行发放贷款和创造货币能力的变化。因此，美联储通过以公开市场操作买卖债券来改变经济中的货币量。

除了公开市场操作，美联储还可以运用其他各种工具来影响货币供给。美联储近年来运用较多的一种工具是改变它支付给准备金的利率。例如，降低准备金利率就意味着不鼓励银行持有准备金，这会增加银行借贷，从而增加货币供给。相反，提高准备金利率会鼓励银行持有准备金，这会减少银行借贷，从而减少货币供给。美联储也可以通过改变法定准备金要求（银行根据其存款必须持有的准备金量）或者贴现率（美联储对银行从它这里借的准备金收取的利率）来影响货币供给。

这些货币控制的细节尽管对于美联储政策的实施很重要，但在本章中却不是至关重要的。本章的目的是考察货币供给的变动如何影响物品与服务的总需求。出于这一目的，流动性偏好理论做出了简化的假设，即假设美联储直接控制货币供给。

由于经济中的货币供给量固定在美联储确定的任何水平上，因此它并不取决于现行利率。我们用一条垂直的供给曲线表示固定的货币供给，如图35-1所示。

货币需求　流动性偏好理论的第二部分是货币需求。我们回忆一下，任何一种资产的流动性都是指该资产可以转换为经济中的交换媒介的难根据流动性偏好理论,利率的调整使货币供给量与货币需求量达到平衡。如果利率高于均衡水平(例如为 r_1),则人们想持有的货币量(M_1^d)就小于美联储创造的货币量,而且这种超额货币供给会给利率一种下降的压力。相反,如果利率低于均衡水平(例如为 r_2),则人们想要持有的货币量(M_2^d)就大于美联储创造的货币量,而且这种超额货币需求会给利率一种上升的压力。因此,货币市场上供求的力量使利率趋向于均衡利率。在均衡利率下,人们乐于持有美联储所创造的货币量。

图35-1

货币市场的均衡

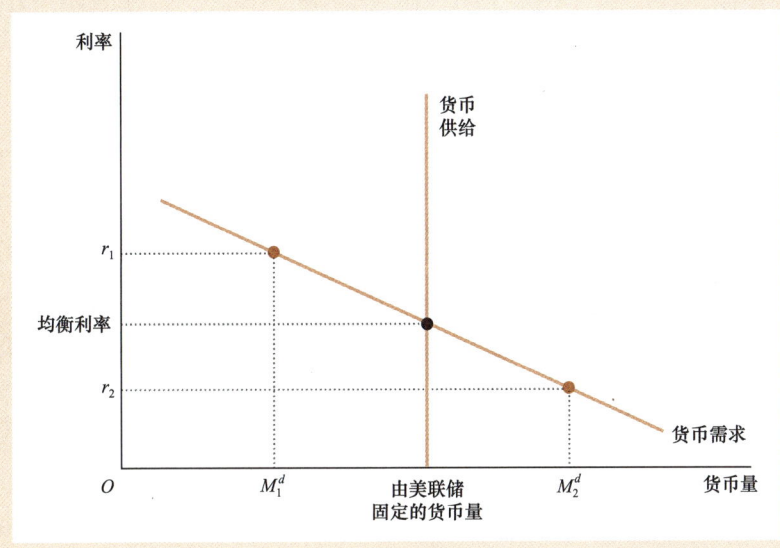

易程度。由于货币是经济中的交换媒介,因此货币是可以得到的最具流动性的资产。货币的流动性解释了为什么总存在一些货币需求:人们之所以选择持有货币而不持有其他可以提供较高收益率的资产,是因为货币可以用于购买物品与服务。

虽然许多因素决定货币需求量,但流动性偏好理论强调的因素是利率,理由是利率是持有货币的机会成本。也就是说,当你以钱包中的现金,而不是以有利息的债券来持有财富时,就损失了你本来可以赚到的利息。利率上升增加了持有货币的成本,并使货币需求量减少。利率下降减少了持有货币的成本,并使货币需求量增加。因此,如图 35-1 所示,货币需求曲线向右下方倾斜。

货币市场的均衡 根据流动性偏好理论,利率的调整使货币的供求达到平衡。存在一种利率,被称为均衡利率,在这一利率水平下,货币的需求量正好与货币的供给量平衡。如果利率处于其他水平,人们就要调整自己的货币和非货币资产的组合,从而使利率趋向于均衡利率。

例如,假设利率高于均衡水平,如处于图 35-1 中的 r_1 时,人们想持有的货币量 M_1^d 小于美联储供给的货币量。那些超额货币的持有者将试图通过购买有利息的债券或将货币存入有利息的银行账户来抛出这些货币。由于债券发行者和银行更愿意支付低利率,因此它们对这种超额货币供给的反应就是降低它们所支付的利率。随着利率的下降,人们变得更愿意持有货币,直至利率降至均衡利率。此时,人们乐于持有的货币量正好等于美联储所供给的货币量。

相反,当利率低于均衡水平,如处于图35-1中的r_2时,人们想持有的货币量M_2^d大于美联储所供给的货币量。因此,人们试图通过减少他们所持有的债券和其他有利息的资产来增加货币持有量。随着人们减少自己所持有的债券量,债券发行者发现,为了吸引购买者他们不得不支付更高的利率。最终,利率会上升直至达到均衡水平。

参考资料　　长期利率与短期利率

前面有一章说明了,利率的调整会使可贷资金的供给(国民储蓄)和可贷资金的需求(有意愿的投资)达到平衡。本章则说明利率的调整会使货币的供求达到平衡。这两种理论相一致吗?

为了回答这个问题,我们需要关注三个宏观经济变量:经济中的物品与服务产量、利率和物价水平。根据我们在本书前面提出的古典宏观经济理论,这些变量是这样决定的:

(1)产量由资本和劳动的供给以及可把资本和劳动转变为产出的生产技术所决定(我们称之为自然产出水平)。

(2)在产量水平既定时,利率的调整使可贷资金的供求达到平衡。

(3)在产量与利率既定时,物价水平的调整使货币的供求达到平衡。货币供给的变动引起物价水平的同比例变动。

这是古典经济理论的三个基本观点。大多数经济学家认为,这些观点很好地描述了经济在长期中如何运行。

但这些观点在短期中并不成立。正如我们在前一章中所讨论的,货币供给变动时,许多价格的调整是缓慢的。这一事实反映在短期总供给曲线是向右上方倾斜而不是垂直上。因此,在短期中,物价总水平本身并不能使货币供求达到平衡。物价水平的这种黏性要求利率变动,以使货币市场达到均衡。利率的变动又会影响物品与服务的总需求。当总需求波动时,经济中物品与服务的产量就背离了由要素供给和技术所决定的产量水平。

当考虑短期中(逐日、逐周、逐月、逐季)的经济状况时,我们要运用以下逻辑关系:

(1)物价水平固定在某个水平上(基于以前形成的预期),在短期中它对经济状况的变动反应较小。

(2)对于任何一个既定的物价水平,利率的调整使货币的供求达到平衡。

(3)使货币市场均衡的利率影响物品与服务的需求量,从而影响产量水平。

要注意的是,这正好把对长期中的经济的分析顺序颠倒了过来。

这两个不同的利率理论分别适用于不同

的目的。当考虑利率的长期决定因素时,我们最好记住可贷资金理论,该理论强调了经济中储蓄倾向和投资机会的重要性。与此相反,当考虑利率的短期决定因素时,我们最好记住流动性偏好理论,该理论强调了货币政策的重要性。

35.1.2 总需求曲线向右下方倾斜

在说明了流动性偏好理论如何解释经济中的均衡利率之后,现在我们可以考虑这一理论对物品与服务总需求的含义了。作为一种准备性练习,我们用这种理论重新解释我们已经了解的主题——利率效应和总需求曲线向右下方倾斜。具体而言,我们假设经济中的物价总水平上升。这会导致使货币供求平衡的利率发生怎样的变动呢?这种变动又如何影响物品与服务的需求量呢?

正如我们在第 31 章中所讨论的,物价水平是货币需求量的一个决定因素。在物价水平较高时,每次要用较多的货币交换一种物品或服务,因此人们将选择持有较多的货币。也就是说,物价水平的上升增加了既定利率下的货币需求量。因此,如图 35-2(a) 所示,物价水平从 P_1 上升到 P_2,使货币需求曲线从 MD_1 向右移动到 MD_2。

货币需求的这种变动影响货币市场的均衡。如图 35-2(a) 所示,为了使货币供给与货币需求达到平衡,利率必然上升。因为较高的物价水平增加了人们想要持有的货币量,所以货币需求曲线向右移动。但货币供

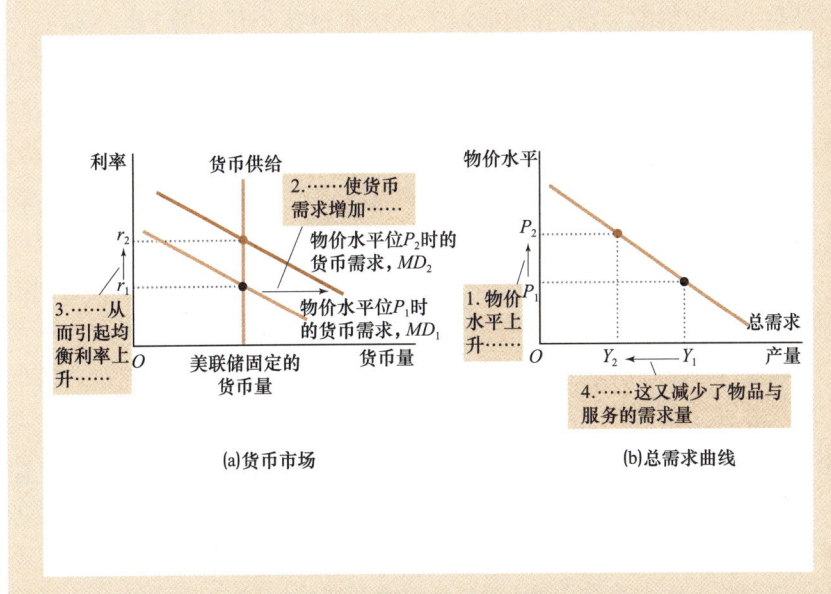

图35-2

货币市场与总需求曲线的斜率

如(a)幅所示,物价水平从 P_1 上升到 P_2,使货币需求曲线向右移动。这种货币需求的增加使利率从 r_1 上升到 r_2。由于利率是借款的成本,利率上升使物品与服务的需求量从 Y_1 减少到 Y_2。如(b)幅所示,向右下方倾斜的总需求曲线显示了物价水平和需求量之间的这种负相关关系。

给量并没有改变,因此利率必然从 r_1 上升到 r_2,以抑制额外的货币需求。

如图 35-2(b)所示,利率的这种上升不仅对货币市场有影响,而且对物品与服务的需求量也有影响。在利率较高时,借款的成本与储蓄的收益都增加了。选择借款买新房子的家庭少了,而且买房子的家庭购买的也是较小的房子,因此住房投资需求就减少了。选择借款建立新工厂和购买新设备的企业少了,因此企业投资减少了。这样,当物价水平从 P_1 上升到 P_2 时,货币需求从 MD_1 增加到 MD_2,利率从 r_1 上升到 r_2,物品与服务的需求量则从 Y_1 减少到 Y_2。

可以把对利率效应的这种分析概括为三个步骤:(1)物价水平上升使货币需求增加;(2)货币需求增加引起利率上升;(3)利率上升使物品与服务的需求量减少。同样的逻辑也在反向起作用:物价水平的下降使货币需求减少,从而引起利率下降,而利率下降又使物品与服务的需求量增加。这种分析的结论是,正如向右下方倾斜的总需求曲线所说明的那样,物价水平和物品与服务的需求量之间存在负相关关系。

35.1.3 货币供给的变动

到目前为止,我们已经用流动性偏好理论更为充分地解释了经济中物品与服务的总需求量如何随物价水平的变动而变动。也就是说,我们已经考察了沿着向右下方倾斜的总需求曲线的变动。这个理论还说明了改变物品与服务需求量的一些其他事件。只要在一个既定的物价水平下物品与服务的需求量发生变动,总需求曲线就会移动。

使总需求曲线移动的一个重要变量是货币政策。为了说明货币政策在短期中如何影响经济,我们假设美联储通过在公开市场上购买政府债券来增加货币供给。(在我们了解了这种变动的影响之后,美联储为什么会这样做就显而易见了。)现在我们考虑这种货币注入如何影响既定物价水平下的均衡利率,这将告诉我们货币注入对总需求曲线位置的影响。

如图 35-3(a)所示,货币供给的增加使货币供给曲线从 MS_1 向右移动到 MS_2。由于货币需求曲线没有变动,因此,利率从 r_1 下降到 r_2,以使货币供给与货币需求达到平衡。这就是说,为了使人们持有美联储创造的额外货币,利率必然要下降,以恢复货币市场上的均衡。

如图 35-3(b)所示,利率又一次影响了物品与服务的需求量。较低的利率降低了借款的成本和储蓄的收益。家庭的购房支出增加,从而刺激了住房投资需求。企业对新工厂和新设备的支出增加,从而刺激了企业投资。结果,在既定的物价水平 $\overline{P}$ 下,物品与服务的需求量从 Y_1 增加到 Y_2。当然,$\overline{P}$ 也没有什么特别之处:货币注入增加了每一种物价水平下的物品与服务需求量。因此,整条总需求曲线向右移动。

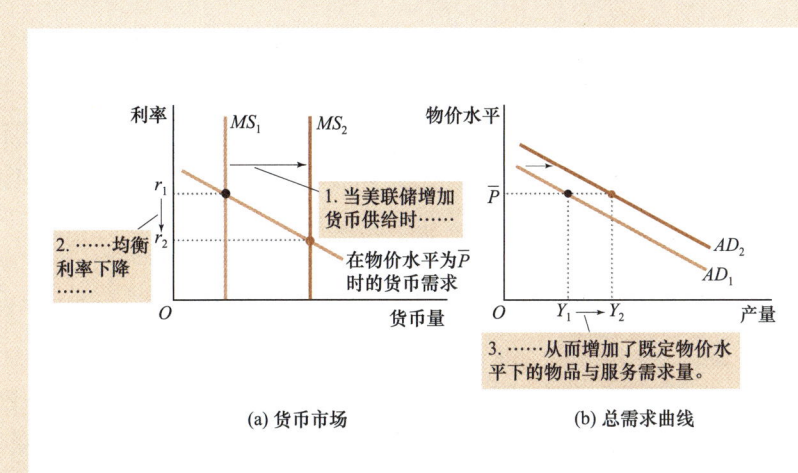

图35-3

货币注入

在(a)幅中,货币供给从 MS_1 增加到 MS_2,使均衡利率从 r_1 下降到 r_2。由于利率下降,借款的成本下降,物价水平既定下的物品与服务需求量从 Y_1 增加到 Y_2,因此,在(b)幅中,总需求曲线从 AD_1 右移到 AD_2。

总结如下:当美联储增加货币供给时,它降低了利率,增加了既定物价水平下的物品与服务需求量,使总需求曲线向右移动。相反,当美联储紧缩货币供给时,它提高了利率,减少了既定物价水平下的物品与服务需求量,使总需求曲线向左移动。

35.1.4 美联储政策中利率目标的作用

美联储如何影响经济呢?到目前为止,本书一直把货币政策作为美联储的政策工具。例如,当美联储通过公开市场操作购买政府债券时,它增加了货币供给并扩大了总需求。当美联储通过公开市场操作出售政府债券时,它减少了货币供给并减少了总需求。

聚焦于货币供给是一个很好的出发点,但当思考最近的政策时,另一个角度是有用的。过去,美联储有时会确定一个货币政策目标,但现在不再是这种情况了。现在美联储通过确定联邦基金利率——银行相互之间对短期贷款收取的利率——目标来运用货币政策。在联邦公开市场委员会会议上,这个目标每六周会被重新评估一次。

美联储把联邦基金利率作为目标有几个相关的理由:一个理由是货币供给难以非常准确地衡量,另一个理由是货币需求一直在波动。在任何一种既定的货币供给水平下,货币需求的波动都会引起利率、总需求和产量的波动。但当美联储宣布把联邦基金利率作为目标时,它本质上是通过调整货币供给来适应货币需求的波动。

美联储将利率作为目标的决策并没有从根本上改变我们对货币政策的分析。流动性偏好理论说明了一个重要的原理:货币政策既可以用货币供给来描述,也可以用利率来描述。当联邦公开市场委员会为联邦基金利率设定一个目标,比如说 4% 时,它就致力于调整货币供给,以便货币市场在这个目标利率下达到均衡。

因此,货币政策的变动既可以视为利率目标的变动,也可以视为货币供给的变动。当你在报纸上看到"美联储已经把联邦基金利率目标从 4% 下调为 3%"时,你就应该明白,货币政策是调整到了盯住这个目标。当美联储降低联邦基金利率目标时,它增加了货币供给并降低了均衡利率(如图 35-3 所示)。相反,当美联储提高联邦基金利率目标时,它减少了货币供给并提高了均衡利率。

自 2008 年以来,美联储的利率目标与货币供给之间的这种联系已越来越接近自发的,这一年美联储开始将准备金利率作为一种政策工具。银行在联邦基金市场上的借款利率与他们在美联储持有的准备金能赚到的利率密切相关。当美联储降低联邦基金利率目标时,它也降低了支付给准备金的利率,这就增加了货币供给,因为银行将更多地向公众发放贷款。而当美联储提高联邦基金目标时,它也提高了对准备金支付的利率,这就减少了货币供给,因为银行会减少贷款的发放。

结论很简单:旨在扩大总需求的货币政策变动既可以被描述为增加货币供给,也可以被描述为降低利率;旨在紧缩总需求的货币政策变动既可以被描述为减少货币供给,也可以被描述为提高利率。

案例研究　　为什么美联储关注股市(股市也关注美联储)

"股市预测了过去五次衰退中的九次。"著名经济学家(以及教科书作者)保罗·萨缪尔森(Paul Samuelson)曾这样说。萨缪尔森关于股市的这种不引人注目的未卜先知力量的说法是完全正确的。股市的波动性极大,而且可能经常发出关于经济的错误信号。

但是,股票价格的波动有时是更广泛的经济发展状况的信号。例如,20 世纪 90 年代的经济繁荣看起来不仅表现为 GDP 的高速增长和失业的减少,而且也表现为股票价格的上升,十年间上升了约三倍。同样,2008 年和 2009 年的严重经济衰退也反映在股票价格的下降上:从 2007 年 11 月到 2009 年 3 月,股市的市值蒸发了一半左右。而且,2020 年新冠疫情期间严重的经济衰退也反映在这一年的股票价格上(从 2 月 14 日到 3 月 23 日,股票价格下降了 34%)。

美联储应该如何对股市波动做出反应?美联储本身并没有理由关注股票价格,但它的职责是监测整个经济的发展状况并对此做出反应,而且股市又是经济发展状况的一部分。当股市高涨时,家庭变得更富有,增加的财富又刺激了消费支出。此外,股票价格上涨会使企业发售新股更有吸引力,从而会刺激投资支出。

出于这两个原因,股市繁荣会扩大物品与服务的总需求。

正如我们会在本章后面更充分讨论的,美联储的目标之一是稳定总需求,因为总需求越稳定,意味着产量和物价水平越稳定。为了促进稳定,美联储对股市高涨的反应是使货币供给低于(而使利率高于)平时的水平。货币政策的紧缩效应将抵消股票价格上涨的扩张效应。实际上,在20世纪90年代末的股市高涨时期,按历史标准看,美联储维持了较高的真实利率。

当股市下跌时会出现相反的情况。用于消费和投资的支出会减少,从而抑制总需求,使经济趋向于衰退。为了稳定总需求,美联储将会增加货币供给和降低利率。例如,1987年10月19日,美国股票市值下跌了22.6%——历史上最大日跌幅之一。美联储将联邦基金利率从10月初的7.7%下调至10月底的6.6%。部分由于美联储的迅速行动,美国经济才避免了一次衰退。同样,正如我们在上一章中讨论的,在2008年、2009年经济衰退和股市下跌期间美联储也下调了利率,但这一次货币政策的力度没能扭转严重的衰退。

在美联储关注股市时,股市参与者也在关注美联储的一举一动。货币政策的变动可能影响股票的价值。例如,当美联储提高利率时,股票价格通常会下降。由于有利息的债券是股票的替代品,因此利率的上升就会减少所有与股票相关的未来现金流的现值。此外,紧缩性货币政策抑制了对物品与服务的需求,使经济活动减少,企业利润下降。

35.1.5 零利率下限

货币政策通过利率发挥作用。由此就产生了一个问题:如果美联储的目标利率已经降得很低了,它还能做什么?在2008年和2009年的衰退,以及2020年新冠疫情引发的衰退中,联邦基金利率已经降到接近于零。在这种情况下,货币政策还能如何刺激经济?

一些经济学家把这种情况称为流动性陷阱(liquidity trap)。根据流动性偏好理论,扩张性货币政策通过降低利率和刺激投资支出发挥作用。但是,如果利率已经下降到接近于零,那么货币政策也许就不再有效。名义利率不会降到零以下:人们宁可持有现金也不会以负利率发放贷款。在这种情况下,扩张性货币政策增加了货币供给,并使公众的资产组合更有流动性,但由于利率不能再下降,因此额外的流动性不会再有任何效果。总需求、生产和就业会"陷于"低水平状态。

另一些经济学家怀疑流动性陷阱的适用性,认为即使中央银行的利率目标已使利率降至零下限,它也会有扩张经济的工具。一种选择是,中央银行可以在一个较长的时期内保持低利率。这种政策有时被称为前瞻性指引(forward guidance)。即使中央银行现在的利率目标不能进一步降低,承诺未来一直保持低利率也有助于刺激投资支出。

第二种选择是,中央银行可以运用更广泛的金融工具来进行扩张性公开市场操作。通常情况下，美联储会通过购买短期政府债券来进行扩张性公开市场操作。但它也可以通过购买抵押贷款支持证券和长期政府债券来降低这些贷款的利率。这种非传统的货币政策有时被称为量化宽松（quantitative easing）政策，因为它增加了银行的准备金。在大萧条和新冠疫情衰退期间，美联储都实施了前瞻性指引和量化宽松政策。

即测即评35-1
（扫码答题）

一些经济学家提出，利率降至零下限的可能性证明使目标通货膨胀率高于零是合理的。在零通货膨胀率之下，真实利率与名义利率一样，绝不会降到零以下。但是，如果名义通货膨胀率是4%，那么中央银行就可以通过将名义利率降至接近于零而轻而易举地把真实利率降为−4%。高通货膨胀目标给了货币政策制定者在需要刺激经济时更大的操作空间，从而降低了使利率降至零下限和出现流动性陷阱的风险。

35.2 财政政策如何影响总需求

政府不仅可以通过货币政策影响经济行为，还可以通过财政政策影响经济行为。**财政政策**（fisical policy）指政策制定者对政府支出和税收总水平的确定。在本书的前面，我们考察了财政政策如何影响长期中的储蓄、投资和经济增长。在短期中，财政政策主要影响物品与服务的总需求。

财政政策：
政策制定者对政府支出和税收总水平的确定。

35.2.1 政府购买的变动

当政策制定者改变货币供给或税收水平时，就会通过影响企业或家庭的支出决策而使总需求曲线移动。与此相比，当政府改变其物品与服务的购买时，就会直接使总需求曲线移动。

例如，假设美国国防部向主要飞机制造商波音公司订购了价值200亿美元的新式战斗机。这笔订单增加了对波音公司生产的产品的需求，使该公司雇用更多工人并提高产量。对于整体经济而言，对波音公司飞机需求的增加意味着在每一种物价水平下物品与服务的总需求增加了，结果是总需求曲线向右移动。

来自政府的200亿美元订单会使总需求曲线移动多少呢？你可能会猜想，总需求曲线向右的移动量正好为200亿美元。但情况并非如此。有两种宏观经济效应使得总需求曲线移动的幅度不同于政府购买的变动幅度：第一种为乘数效应，表明总需求曲线移动的幅度会大于200亿美元；第二种为挤出效应，表明总需求曲线移动的幅度会小于200亿美元。下面我们分别讨论这两种效应。

35.2.2 乘数效应

当政府向波音公司购买200亿美元的飞机时,这种购买会产生一系列影响。政府需求增加的直接影响是增加了波音公司的就业和利润。当工人收入增加、企业所有者利润增加时,他们对这种收入增加的反应是增加对消费品的支出。因此,政府向波音公司的购买行为还增加了经济中其他许多企业产品的需求。由于政府支出的每1美元带来的物品与服务总需求的增加大于1美元,因此政府购买对总需求具有**乘数效应**(multiplier effect)。

> **乘数效应**:
> 当扩张性财政政策增加了收入,从而增加了消费支出时引起的总需求的额外变动。

在第一轮之后,这种乘数效应仍然在继续。当消费支出增加时,生产这些消费品的企业会雇用更多工人,并获得更高的利润。更高的收入和利润又刺激了消费支出,如此循环往复。因此,当需求增加引起收入上升,收入上升又引起需求的进一步增加时,一轮正反馈就开始了。一旦所有这些效应叠加在一起,对物品与服务需求量的总影响就远远大于最初来自政府支出增加的刺激。

图35-4说明了乘数效应。政府购买增加200亿美元最初使总需求曲线从 AD_1 向右移动到 AD_2,幅度正好为200亿美元。但当消费者的反应是增加自己的支出时,总需求曲线就进一步向右移动到 AD_3。

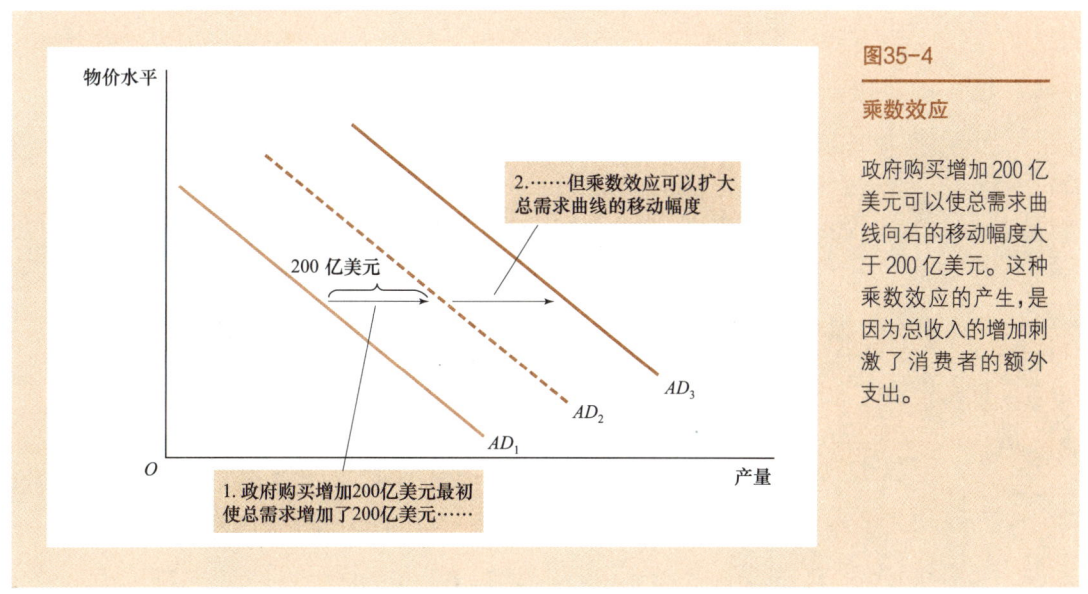

图35-4

乘数效应

政府购买增加200亿美元可以使总需求曲线向右的移动幅度大于200亿美元。这种乘数效应的产生,是因为总收入的增加刺激了消费者的额外支出。

消费支出增加所产生的乘数效应可能由于投资对更高水平的需求的反应而得到加强。例如,波音公司对飞机需求量增多的反应可能是决定购买更多设备或再建造一个工厂。在这种情况下,政府需求的增加刺激了投资品需求的增加。这种来自投资需求的正反馈有时被称为投资加速数。

35.2.3 支出乘数的公式

我们可以用一个简单的运算推导出计算乘数效应（当政府支出增加引起消费支出增加时产生的效应）大小的公式。在这个公式中，一个重要的概念是边际消费倾向（MPC）——家庭额外收入中用于消费而不是用于储蓄的比例。例如，假设边际消费倾向是 3/4。这就意味着，家庭每赚到 1 美元额外收入，则支出 0.75 美元（1 美元的 3/4），储蓄 0.25 美元。在 MPC 为 3/4 的情况下，当波音公司的工人和所有者从与政府签订的合同中赚到 200 亿美元时，他们增加的消费支出为 3/4 × 200 亿美元，即 150 亿美元。

为了确定政府购买变动对总需求的影响，我们来一步步地观察其效应。这个过程由政府支出 200 亿美元开始，这意味着国民收入（工资和利润）的等量增加。收入增加 200 亿美元又使消费支出增加了 MPC × 200 亿美元。消费支出的增加带来了生产消费品的企业的工人和所有者收入的等量增加。第二轮的收入增加又一次增加了消费支出，这一次的增加量为 MPC × (MPC × 200 亿美元)。这种反馈效应会一直持续下去。

为了得出对物品与服务需求的总影响，我们把所有这些效应相加：

政府购买变动	=	200 亿美元
第一轮消费变动	=	MPC × 200 亿美元
第二轮消费变动	=	MPC^2 × 200 亿美元
第三轮消费变动	=	MPC^3 × 200 亿美元
⋮		⋮
需求总变动	=	$(1 + MPC + MPC^2 + MPC^3 + \cdots)$ × 200 亿美元

其中，"⋯"代表无穷多的类似项。因此，我们可以把乘数写为：

$$乘数 = 1 + MPC + MPC^2 + MPC^3 + \cdots$$

这个乘数表示每 1 美元政府购买所产生的对物品与服务的需求。

为了简化这个乘数公式，我们回忆一下在数学课上所学到的知识：这个式子是一个无穷几何级数。令 x 在 −1 与 +1 之间，则有：

$$1 + x + x^2 + x^3 + \cdots = 1/(1 - x)$$

在我们的例子中，$x = MPC$。因此，

$$乘数 = 1/(1 - MPC)$$

例如，如果 MPC 是 3/4，乘数就是 1/(1−3/4)，即 4。在这个例子中，政府支出 200 亿美元将产生 800 亿美元对物品与服务的需求。

这个乘数公式说明了一个重要结论：乘数的大小取决于边际消费倾向。当 MPC 为 3/4 时，乘数为 4；当 MPC 为 1/2 时，乘数仅为 2。因此，MPC 越大，意味着乘数越大。为了说明这种情况为什么合理，回想一下乘数的产生是因为更高的收入引起更大的消费支出。MPC 越大，消费对收入变动的反应越大，因此乘数也就越大。

35.2.4 乘数效应的其他应用

由于存在乘数效应，1 美元政府购买所产生的总需求大于 1 美元。但是，乘数效应的逻辑并不限于政府购买的变动，而是适用于改变 GDP 组成部分——消费、投资、政府购买或净出口——支出的任何事件。

例如，假设国外的经济衰退使其对美国净出口的需求减少了 100 亿美元。对美国物品与服务支出的减少降低了美国的国民收入，从而减少了美国消费者的支出。如果边际消费倾向是 3/4，乘数是 4，那么净出口减少 100 亿美元就意味着总需求减少了 400 亿美元。

再举一个例子，假设股市高涨增加了家庭的财富，并使他们的物品与服务购买支出增加了 200 亿美元。这种额外的消费支出增加了国民收入，国民收入增加又引起了更多的消费支出。如果边际消费倾向是 3/4，乘数是 4，那么最初 200 亿美元消费支出的增加就会转化为总需求增加 800 亿美元。

在宏观经济学中，乘数是一个重要的概念，因为它说明了经济可以把支出变动的影响扩大多少。消费、投资、政府购买或净出口最初的一个较小的变动最终会对总需求产生较大的影响，从而对经济中物品与服务的生产产生较大的影响。

35.2.5 挤出效应

乘数效应似乎表明，当政府从波音公司购买价值 200 亿美元的飞机时，所引起的总需求扩大幅度必定大于 200 亿美元。然而还有一种力量在相反的方向起作用。当政府购买增加刺激了物品与服务的总需求时，它也会使利率上升，这往往会减少投资支出，给总需求带来下行压力。当扩张性财政政策使利率上升时所引起的总需求减少被称为**挤出效应**（crowding-out effect）。

挤出效应： 当扩张性财政政策引起利率上升，从而减少投资支出时所引起的总需求减少。

为了说明为什么会产生挤出效应，我们来考虑当政府向波音公司购买飞机时货币市场上出现的情况。需求的增加会引起这家企业的工人和所有者收入的增加（由于乘数效应，其他企业的工人和所有者收入也会增加）。随着收入的增加，家庭计划购买更多的物品与服务，从而选择以流动性形式持有更多的财富。也就是说，财政扩张引起的收入增加提高了货币需求。

货币需求增加的效应如图35-5(a)所示。由于美联储并没有改变货币供给,因此垂直的供给曲线保持不变。当收入水平提高使货币需求曲线由 MD_1 向右移动到 MD_2 时,为了保持货币供求平衡,利率必然从 r_1 上升到 r_2。

利率上升反过来又减少了物品与服务的需求量。具体而言,由于借款的成本更高了,因此对住房和企业投资品的需求减少了。换句话说,当政府购买增加提高了对物品与服务的需求时,它也会挤出投资。这种挤出效应部分抵消了政府购买对总需求的影响,如图35-5(b)幅所示。政府购买增加最初的影响是使总需求曲线从 AD_1 移动到 AD_2,但挤出效应一旦发挥作用,总需求曲线又回到了 AD_3。

图35-5
挤出效应

(a)幅表示货币市场。当政府增加物品与服务的购买时,所引起的收入增加使货币需求从 MD_1 增加到 MD_2,从而引起均衡利率从 r_1 上升到 r_2。(b)幅表示对总需求的影响。政府购买增加的最初影响是使总需求曲线从 AD_1 移动到 AD_2。然而,由于利率是借款的成本,因此利率上升往往减少物品与服务的需求量,特别是对投资品的需求量。这种投资的挤出效应部分抵消了财政扩张对总需求的影响。最后,总需求曲线只移动到 AD_3。

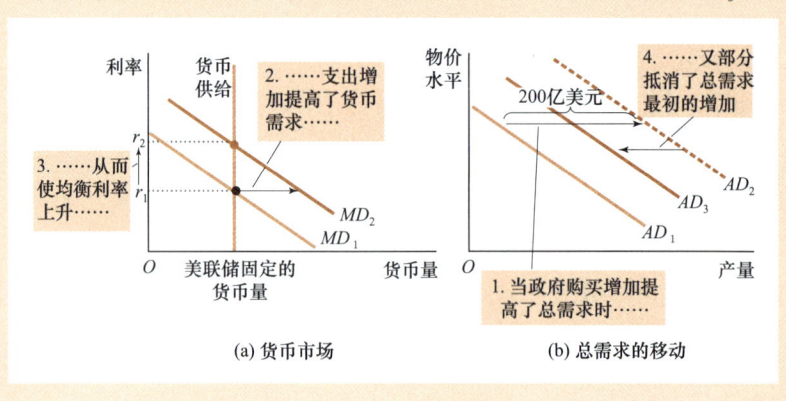

总结如下:当政府增加200亿美元的购买时,物品与服务总需求的增加可能大于也可能小于200亿美元,这取决于乘数效应与挤出效应的大小。乘数效应使得总需求曲线的移动幅度大于200亿美元。挤出效应则使总需求曲线向相反的方向移动,而且如果挤出效应足够大,就可能导致总需求曲线的移动幅度小于200亿美元。

35.2.6 税收变动

除了政府购买水平,财政政策的另一种重要工具是税收。例如,当政府削减个人所得税时,就增加了家庭的实际收入。家庭将会把一部分额外的收入储蓄起来,但也会把一部分用于消费支出。减税增加了消费支出,从而使总需求曲线向右移动。同样,增税抑制了消费支出,从而使总需求曲线向左移动。

税收变动引起的总需求变动的幅度同样受乘数效应和挤出效应的影响。当政府减税并刺激消费支出时,收入和利润增加,这又进一步刺激了消费支出。这就是乘数效应。同时,较高的收入引起较高的货币需求,这又倾向于使利率上升,而利率上升引起借款成本上升,从而减少了投资支出。这就是挤出效应。取决于乘数效应与挤出效应的大小,总需求曲线的移动幅度可能大于也可能小于税收的变动幅度。

除了乘数效应与挤出效应,还有一个重要因素决定税收变动所引起的总需求变动的幅度:人们对税收变动是持久变动还是暂时变动的感知。例如,假设政府宣布对每人减税 1 000 美元。在决定从这 1 000 美元中支出多少时,人们必须自问,这种额外的收入能持续多长时间。如果人们预期减税是持久的,他们就会认为减税会大大增强其经济实力,从而大量增加他们的支出。在这种情况下,减税将对总需求产生很大影响。与此相反,如果人们预期税收变动是暂时的,他们就会认为这不会使其收入增加多少,因而只会增加少量支出。在这种情况下,减税对总需求只有很小的影响。

暂时减税政策的一个极端例子是美国于 1992 年宣布的减税。在这一年,乔治·布什总统面临着仍在持续的衰退和即将来临的连任竞选。他对这种状况的反应是宣布减少联邦政府从工人工资支票中扣除的所得税数量。但是,由于法定的个人所得税税率并没有改变,因此 1992 年每少扣除 1 美元税款,就意味着到 1993 年 4 月 15 日(1992 年纳税申报表的提交日)要多收 1 美元税款。因此,这种"减税"实际上仅仅是一种来自政府的短期贷款。毫不奇怪,这种政策对消费支出和总需求的影响是较小的。

参考资料

财政政策如何影响总供给

到目前为止,我们关于财政政策的讨论强调了政府购买和税收的变动如何影响物品与服务的需求量。大多数经济学家认为,财政政策的短期宏观经济效应主要是通过总需求起作用的,然而财政政策也会潜在地影响物品与服务的供给量。

例如,考虑税收变动对总供给的影响。第 1 章中的经济学十大原理之一是,人们会对激励做出反应。当政策制定者降低税率时,工人从他们赚到的每 1 美元中得到的更多了,因此,他们就有工作和生产物品与服务的更大激励。如果他们对这种激励做出反应，在每一种物价水平下物品与服务的供给量就会增多，从而总供给曲线将向右移动。

那些强调税收政策对于总供给（而不是总需求）的重要性的经济学家有时被称为供给学派。一些供给学派经济学家有时认为，减税对总供给的影响如此之大，以至于降低税率将刺激生产和收入的增加，从而实际上将增加税收收入。这在理论上确实是可能的，但大多数经济学家并不认为这是正常情况。尽管税收的供给侧效应是重要的，但是当税率下降时这种效应通常并不会大到足以引起税收收入的增加。

与税收的变动一样，政府购买的变动也会潜在地影响总供给。例如，假设政府以修建公路或全国铁路网的形式增加了资本支出。私人企业就可以用公路或铁路来向顾客运送货物。基础设施数量的增加或质量的提升提高了企业的生产率。因此，当政府在修建公路或铁路上的支出更多时，它就增加了在任何一种既定物价水平下物品与服务的供给量，从而使总供给曲线向右移动。但是，这种对总供给的影响也许在长期中比在短期中更重要，因为政府建造基础设施并使之投入使用需要一段时间。

35.3 运用政策来稳定经济

货币政策与财政政策会影响经济中物品与服务的总需求，这就引出了一些重要的问题：政策制定者是否应该用这些政策工具来控制总需求并稳定经济？如果是的话，应该在什么时候运用这些政策工具？如果不是的话，为什么？

35.3.1 支持积极稳定政策论

现在我们回到本章开始时的问题：当总统和国会提高税收以减少预算赤字时，美联储应该如何做出反应？我们已经说明了，税收水平是总需求曲线位置的一个决定因素。当政府提高税收时，总需求将减少，这就会在短期内抑制生产和就业。如果美联储想阻止财政政策的这种不利影响，它可以通过增加货币供给来扩大总需求。货币扩张会降低利率，刺激投资支出，从而扩大总需求。如果货币政策适当，货币政策与财政政策的共同变动可以使对物品与服务的总需求不受影响。

联邦公开市场委员会成员遵循的正是这种思路。他们知道货币政策是总需求的重要决定因素。他们也知道还有其他的一些重要决定因素，包括由总统和国会确定的财政政策。因此，联邦公开市场委员会密切关注着有关财政政策的争论。

货币政策对财政政策变动的这种反应体现了一种更为普遍的做法：运用政策工具稳定总需求，从而稳定生产和就业。自1946年的《就业法案》颁布以来，经济稳定一直是美国政策的一个明确目标。该法案宣称，"促进充分就业和生产……是联邦政府一贯的政策和责任"。实际上，这一法案及其他法案已经明确了政府对短期宏观经济表现负有责任。

《就业法案》有两层含义。第一层含义是，政府应该避免引起经济波动。除非应对危机，否则，大多数经济学家反对货币政策和财政政策有大且突然的变动，因为这种变动很可能会引起总需求的波动。此外，当发生大的变动时，货币政策与财政政策的制定者对彼此的行动做出反应是很重要的。

第二层含义是，政府应该尽可能地对私人经济中的变动做出反应以稳定总需求。《就业法案》是在凯恩斯的《就业、利息和货币通论》出版后不久通过的，该书一直是最有影响力的经济学著作之一。在那本书中，凯恩斯强调了总需求在解释短期经济波动中的关键作用。凯恩斯宣称，当总需求看起来不足以维持充分就业水平的生产时，政府应该积极地刺激总需求。

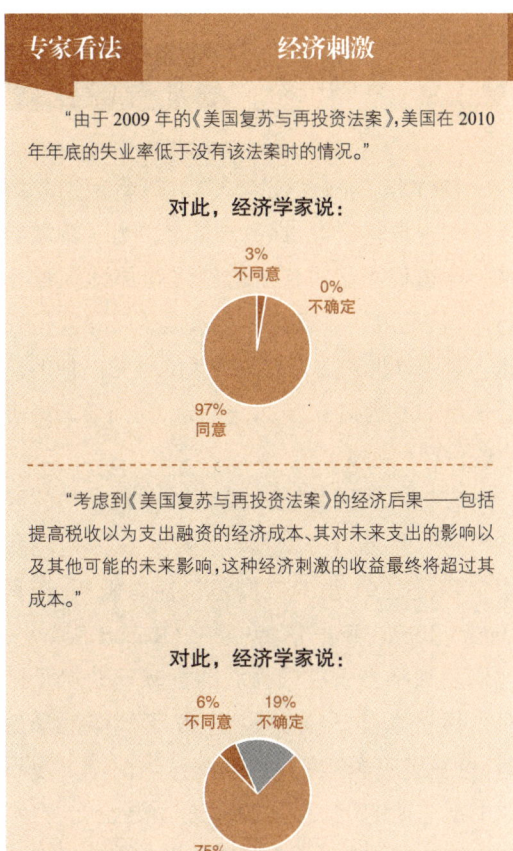

凯恩斯（及其诸多追随者）认为，总需求的波动主要是因为非理性的悲观主义与乐观主义情绪。他用动物本能这个词来指代态度的变动。当悲观主义盛行时，家庭减少消费支出，企业减少投资支出。结果是总需求减少，产量减少，失业增加。相反，当乐观主义盛行时，家庭和企业都增加支出。结果是总需求增加，产量增加，出现通货膨胀的压力。要注意的是，这些态度的变化在某种程度上是自我实现的。

理论上，政府可以调整货币政策与财政政策以对这些乐观主义和悲观主义情绪做出反应，从而稳定经济。例如，当人们过分悲观时，美联储可以扩大货币供给、降低利率并扩大总需求。当人们过分乐观时，美联储可以紧缩货币供给、提高利率并抑制总需求。曾任美联储主席的威廉·麦克切斯尼·马丁（William McChesney Martin）非常简单地描述了这种货币政策观点："美联储的工作就是在宴会刚刚开始时把酒杯拿走。"

案例研究　　白宫的凯恩斯主义者

1961年,当一个记者问约翰·肯尼迪总统为什么主张减税时,肯尼迪答道:"为了刺激经济。难道你不记得你上的经济学原理课程了吗?"肯尼迪的政策实际上依据的正是我们在这一章中分析的关于财政政策的理论。他的目标是增加消费支出,扩大总需求,从而增加经济中的生产和就业。

在提出减税主张时,肯尼迪依靠了他的经济顾问小组。除了正式指导过肯尼迪的保罗·萨缪尔森,这个小组的成员还包括詹姆斯·托宾(James Tobin)和罗伯特·索洛(Robert Solow),他们后来都由于在该领域的贡献而获得了诺贝尔经济学奖。在20世纪40年代作为学生时,这些经济学家都深入学习过当时刚出版不久的凯恩斯的《就业、利息和货币通论》。肯尼迪总统的减税主张正是把凯恩斯的思想付诸了实践。

税收变动不仅对总需求有潜在的影响,也会改变物品与服务的总供给,正如我们在本章的"参考资料"专栏中所讨论的。肯尼迪的减税提案的一部分是投资税收抵免,即对投资于新资本的企业减税。投资的增加不仅直接刺激了总需求,而且也提高了经济在长期中的生产能力。实际上,当肯尼迪提出的减税提案最终在1964年付诸实施时,它促成了美国的一个经济高速增长时期。

自1964年减税以来,政策制定者经常把财政政策作为一个调控总需求的工具。例如,奥巴马总统在2009年入主白宫时,正面临美国经济的衰退。他的第一个政策建议是一个被称为《美国复苏与再投资法案》(ARRA)的经济刺激提案,该提案涉及政府支出的大幅增加,主要目的是增加总需求和加快经济复苏。2020年和2021年,特朗普和拜登任美国总统时期,联邦政府也进行了部分财政政策刺激以恢复总需求并减轻新冠疫情衰退的后续影响。

35.3.2　反对积极稳定政策论

一些经济学家认为,政府应该避免积极利用货币政策和财政政策来试图稳定经济。他们声称,这些政策工具应该用来实现长期目标,例如稳健的经济增长和较低的通货膨胀,经济应靠自身的力量去克服大部分短期波动。虽然这些经济学家也承认,货币政策与财政政策在理论上可以稳定经济,但他们怀疑其在实践中是否具有可行性。

反对积极的货币政策与财政政策的主要论点是,这些政策对经济的影响有相当长的时滞。正如我们所说明的,货币政策通过改变利率,进而影响投资支出而发挥作用。但是,许多企业会提前制订投资计划。因此,大多数经济学家认为,货币政策变动对产量和就业产生大的影响至少需要6个月。而且,这种影响一旦产生,就会持续好几年。批评者认为,由于存在这种时滞,美联储不应该试图对经济进行微调。他们声称,美联储对变动的经济状况的反应通常过于迟缓,结果是引起了经济波动,而不是抑制了经济波动。这些批评者支持消极的货币政策,例如缓慢且稳定的货币供给增长。

财政政策发挥作用也有时滞,这种时滞主要是由于政治程序。在美国,大多数政府支出与税收的变动必须经过参众两院的国会委员会这两个立法机构批准并由总统签署通过。完成这个过程可能需要几个月,在有些情况下甚至需要几年。到财政政策的变动方案获得通过并准备实施时,经济状况可能已经改变了。

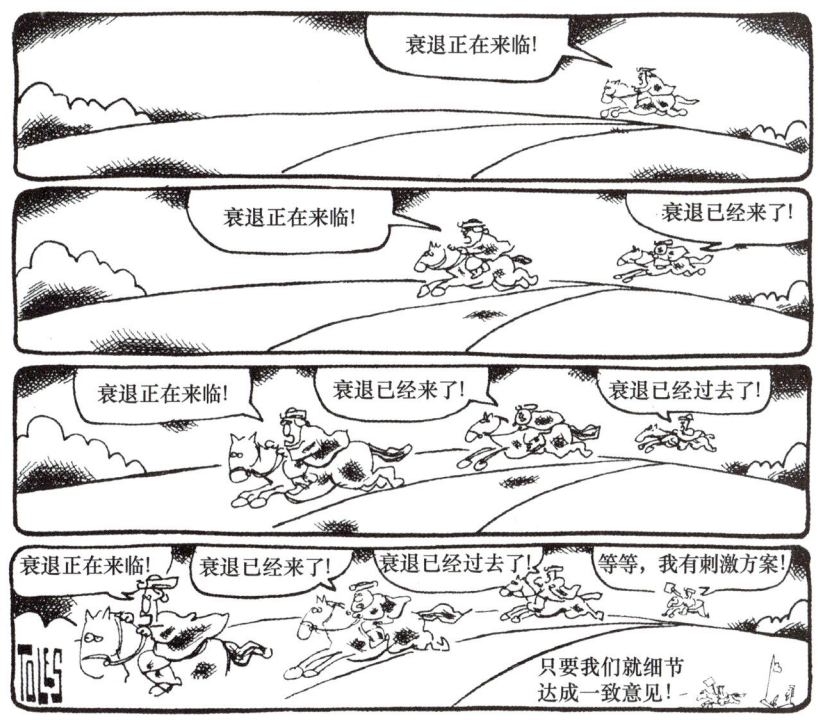

图片来源:© The Washington Post 2001/Toles/Andrews Mcmeel Syndication.

货币政策与财政政策的这些时滞之所以成为一个问题,是因为经济预测极不准确。如果预测者能提前一年准确地预测经济状况,那么货币政策和财政政策制定者在做出决策时就可以带有前瞻性。在这种情况下,政策制定者尽管面临着时滞,也可以选择适当的短期政策。但是,衰退和萧条实际上是在没有任何预兆的情况下来临的。政策制定者最多也只能在衰退和萧条发生时对经济变动做出反应。

35.3.3 自动稳定器

所有经济学家——无论是稳定政策的支持者还是批评者——都一致认为,政策实施的时滞降低了政策作为短期稳定工具的有效性。因此,如

自动稳定器：
当经济进入衰退时，政策制定者不必采取任何有意的行动就可以刺激总需求的财政政策变动。

果决策者可以找到一种避免某些时滞的方法，经济就会更为稳定。事实上，他们确实找到了这种方法。**自动稳定器**（automatic stabilizers）是指在经济进入衰退时，政策制定者不必采取任何有意的行动就可以刺激总需求的财政政策变动。

最重要的自动稳定器是税制。当经济进入衰退时，政府所征收的税收量就会自动减少，这是因为几乎所有税收都与经济活动密切相关。个人所得税取决于家庭收入，工薪税取决于工人的工资，而企业所得税取决于企业利润。由于收入、工资和利润在衰退时都会减少，因此政府的税收收入也会随之降低。这种自动的减税机制会刺激总需求，从而降低经济波动的程度。

某些政府支出也可以充当自动稳定器。具体来说，当经济进入衰退且一些工人被解雇时，会有更多的人具备失业保险补助、福利补助和其他形式的收入补助的申请资格。这种政府支出的自动增加正好在总需求不足以维持充分就业时刺激总需求。实际上，在20世纪30年代失业保险制度建立之初，支持这种政策的经济学家们就已经发现了它具有自动稳定器的作用。

美国经济中的自动稳定器还没有强大到足以完全防止衰退。但是，如果没有这些自动稳定器，产量和就业的波动幅度将会比现在更大。出于这个原因，许多经济学家反对一些政客提出的要求联邦政府总是实现预算平衡的宪法修正案。当经济进入衰退时，税收减少，政府支出增加，政府预算向赤字方向变动。如果政府面临严格的预算平衡规则，就会被迫在衰退中寻求增加税收或削减支出的方法。换句话说，严格的预算平衡规则会削弱当前的税制与政府支出制度所固有的自动稳定器的作用。

（扫码答题）

35.4 结论

政策制定者在做出政策变动的决策之前，需要考虑其决策的所有影响。在本书的前面，我们考察了古典经济模型，它描述了货币政策与财政政策的长期效应。那些模型说明了财政政策如何影响储蓄、投资和长期经济增长，以及货币政策如何影响物价水平和通货膨胀率。

在本章中，我们考察了货币政策与财政政策的短期效应。我们说明了这些政策工具会如何改变物品与服务的总需求。总需求的变化在短期中又可以改变经济的产量与就业。

两种时间范围都是重要的。当国会改变政府支出或税收时，它既要考虑对经济增长的长期效应，又要考虑对就业的短期效应。当美联储改变货币供给和利率时，它既要考虑对通货膨胀的长期效应，又要考虑对生产的短期效应。各个政府部门的政策制定者都必须既考虑长期目标，又考虑短期目标。

内容概要

◎ 在关于短期经济波动的著作中,凯恩斯提出了流动性偏好理论来解释利率的决定因素。根据该理论,利率的调整会使货币的供求达到平衡。

◎ 物价水平上升增加了货币需求,提高了使货币市场均衡的利率。由于利率代表借款的成本,因此利率的上升使投资减少,从而减少了物品与服务的需求量。向右下方倾斜的总需求曲线表明了物价水平与需求量之间的这种负相关关系。

◎ 政策制定者可以用货币政策影响总需求。货币供给的增加降低了任何一种既定物价水平下的均衡利率。因为利率的下降刺激了投资支出,所以总需求曲线向右移动。相反,货币供给减少提高了任何一种既定物价水平下的均衡利率,使总需求曲线向左移动。

◎ 政策制定者还可以用财政政策影响总需求。政府购买增加或减税可以使总需求曲线向右移动。政府购买减少或增税可以使总需求曲线向左移动。

◎ 当政府改变支出或税收时,所引起的总需求变动幅度可能大于也可能小于财政政策变动的幅度。乘数效应往往会扩大财政政策对总需求的影响。挤出效应往往会减弱财政政策对总需求的影响。

◎ 由于货币政策和财政政策可以影响总需求,因此政府有时用这些政策工具来试图稳定经济。经济学家对政府应该如何积极地进行这种努力的看法并不一致。根据积极稳定政策支持者的看法,家庭和企业态度的改变会使总需求变动,如果政府不对此做出反应,结果就是产量与就业的不合意及不必要的波动。根据积极稳定政策批评者的看法,货币政策与财政政策发挥作用都有相当长的时滞,以至于稳定经济的努力最后往往引起了经济的不稳定。

关键概念

流动性偏好理论   乘数效应   自动稳定器
财政政策   挤出效应

复习题

1. 什么是流动性偏好理论?该理论如何有助于解释总需求曲线向右下方倾斜?
2. 用流动性偏好理论解释货币供给减少如何影响总需求曲线。
3. 政府花费了30亿美元用于购买警车。解释为什么总需求的增加会大于或小于30亿美元。
4. 假设一项关于消费者信心的调查显示,悲观情绪正在全国蔓延。如果政策制定者不采取任何行动,总需求会发生怎样的变动?如果美联储想稳定总需求,它应该怎么做?如果美联储不采取任何行动,国会为了稳定总需求应该怎么做?解释你的理由。
5. 举出一个起到自动稳定器作用的政府政策的例子。解释为什么该政策有这种效应。

问题与应用

1. 分别解释以下事件会如何影响货币供给、货币需求和利率。用图形说明你的答案。
   a. 美联储的债券交易商通过公开市场操作来购买债券。
   b. 信用卡可获得性的提高减少了人们希望持有的现金量。
   c. 美联储降低了为银行准备金支付的利率。
   d. 家庭决定持有更多货币,以用于节日购物。
   e. 一种乐观情绪刺激了企业投资,并扩大了总需求。

2. 美联储将货币供给量扩大了5%。
   a. 运用流动性偏好理论,以图形说明这种政策对利率的影响。
   b. 用总需求与总供给模型说明利率的这种变动对短期中产量和物价水平的影响。
   c. 当经济从其短期均衡转向长期均衡时,物价水平会发生怎样的变动?
   d. 物价水平的这种变动会如何影响货币需求和均衡利率?
   e. 以上分析与货币在短期中有真实影响但在长期中是中性的观点一致吗?

3. 假设某种计算机病毒使全国的自动提款机系统陷入瘫痪,使人们从银行账户提款更不方便。结果是人们想持有的货币更多,从而增加了货币需求。
   a. 假设美联储并没有改变货币供给。根据流动性偏好理论,利率会发生怎样的变动?总需求会发生怎样的变动?
   b. 如果美联储想稳定总需求,它应该如何改变货币供给?
   c. 如果美联储想运用公开市场操作来完成货币供给的上述改变,它应该如何做?

4. 考虑两种政策——仅持续一年的减税和预期为永久性的减税。哪一种政策将刺激消费者更多地支出?哪一种政策对总需求的影响更大?解释原因。

5. 假设经济处于高失业和低产量的衰退中。
   a. 用总需求与总供给图形说明当前的经济状况。图中务必包括总需求曲线、短期总供给曲线和长期总供给曲线。
   b. 确定能使经济恢复到自然水平的公开市场操作。
   c. 用货币市场图形说明这种公开市场操作的影响,并说明其引起的利率变动。
   d. 用与问题a中的图形类似的图形说明公开市场操作对产量和物价水平的影响。用文字解释为什么该政策具有这种影响。

6. 20世纪70年代和80年代初,新立法允许银行对支票存款支付利息,而以前不允许这样做。
   a. 如果我们把货币定义为包括支票存款,则这一立法对货币需求有什么影响?解释原因。
   b. 如果美联储面临这种变动时仍保持货币供给不变,则利率会发生怎样的变动?总需求和总产量会发生怎样的变动?
   c. 如果美联储面临这种变动时想要保持市场利率(非货币资产的利率)不变,则货币供给必须发生怎样的变动?总需求和总产量会发生怎样的变动?

7. 假设经济学家们观察到,政府支出增加100亿美元使物品与服务的总需求增加了300亿美元。
   a. 如果这些经济学家不考虑挤出效应,则他们估算的边际消费倾向是多少?
   b. 现在假设经济学家考虑挤出效应。则他们对边际消费倾向的新估算值会大于还是小于原来的估算值?

8. 一个经济的产出水平低于其自然产出水平(4 000亿美元),而且财政政策制定者想弥补这种衰退性缺口。中央银行同意调整货币供给以保持利率不变,因此不存在挤出效应。边际消费倾向是4/5,物价水平在短期中保持不变。为了弥补这种衰退性缺口,政府支出需要向哪个方向变动?变动多少?解释你的想法。

9. 假设政府支出增加。这种增加对总需求的影响是在美联储保持货币供给不变时更大,还是在美联储承诺保持利率不变时更大?解释原因。

10. 在下列哪一种情况下,扩张性财政政策更可能引起投资的短期增加?解释原因。

   a. 投资加速数大时 / 投资加速数小时。

   b. 投资的利率敏感性高时 / 投资的利率敏感性低时。

11. 考虑以下方程式描述的一个经济:
$$Y = C + I + G$$
$$C = 100 + 0.75(Y - T)$$
$$I = 500 - 50r$$
$$G = 125$$
$$T = 100$$

其中,Y 是 GDP,C 是消费,I 是投资,G 是政府购买,T 是税收,r 是利率。如果该经济处于充分就业水平(即自然产出水平),GDP 将是 2 000。

a. 解释上面各个方程式的含义。

b. 该经济中的边际消费倾向是多少?

c. 假设中央银行的政策是调整货币供给以保持利率为 4%,因此,$r = 4$。求解 GDP。与充分就业水平相比,它是更高还是更低?

d. 假设货币政策不变,为了恢复充分就业,政府购买应做出哪种变动?

e. 假设财政政策不变,为了恢复充分就业,利率应做出哪种变动?

第 36 章 通货膨胀与失业之间的短期权衡取舍

受到最密切关注的两个经济状况指标是通货膨胀和失业。当美国劳工统计局每月公布这两个变量的数据时,政策制定者、股票和债券交易者、记者们总是将其作为一则重要信息。一些评论家把通货膨胀率和失业率加在一起得出了一个痛苦指数,用于衡量经济状况是否健康。

经济状况的这两个衡量指标如何相关呢?在本书前面,我们讨论了失业和通货膨胀的长期决定因素。自然失业率取决于劳动市场的各种特点,例如寻找工作、最低工资法、工会的市场势力以及效率工资。相比之下,通货膨胀率主要取决于由一国中央银行控制的货币供给的增长。在长期中,通货膨胀和失业基本是互不相关的问题。

在短期中,情况则正好相反。第 1 章讨论的经济学十大原理之一是,社会面临通货膨胀和失业之间的短期权衡取舍。如果货币政策和财政政策制定者扩大总需求并使经济沿着短期总供给曲线向上变动,则可以在短期中扩大产量并减少失业,但只能以更迅速的物价水平上升为代价。如果政策制定者紧缩总需求并使经济沿着短期总供给曲线向下变动,则可以降低通货膨胀,但只能以产量的暂时下降和失业率的暂时上升为代价。

在本章中,我们将更深入地考察这种权衡取舍。多年以来,通货膨胀和失业之间的关系引起了经济学家们的关注。理解这种关系的最好方法就是考察经济学家观点的演变。正如我们将要说明的,20 世纪 50 年代以来有关通货膨胀和失业的思想史与美国经济史是密不可分的。这两种历史将说明,为什么通货膨胀与失业之间的权衡取舍关系在短期中成立而在长期中不成立,以及它向政策制定者提出了什么问题。

36.1 菲利普斯曲线

菲利普斯曲线:
表示通货膨胀与失业之间短期权衡取舍的曲线。

"也许菲利普斯曲线描述了一种最重要的宏观经济关系。"这是经济学家乔治·阿克洛夫(George Akerlof)在 2001 年获得诺贝尔奖时所做的演讲中的一句话。**菲利普斯曲线**(Phillips curve)描述了通货膨胀与失业之间的短期关系。让我们从菲利普斯曲线的发现及其传入美国开始讲起。

36.1.1 菲利普斯曲线的由来

1958年,经济学家威廉·菲利普斯(William Phillips)在英国杂志《经济学》上发表了一篇使他成名的文章,题为《1861—1957年英国失业和货币工资变动率之间的关系》。在他所研究的时期,菲利普斯说明了失业率与通货膨胀率之间的负相关关系。也就是说,菲利普斯说明了低失业的年份往往伴有高通货膨胀,而高失业的年份往往伴有低通货膨胀。(菲利普斯对通货膨胀的考察是根据名义工资而不是物价,但就我们的目的而言,两者之间的区别并不重要,因为通货膨胀的这两种衡量指标通常是同时变动的。)菲利普斯得出的结论是,这两个重要的宏观经济变量——通货膨胀和失业——以一种经济学家以前没有注意到的方式相关联。

菲利普斯的发现是基于英国的数据,但研究者很快就把这一发现扩展到其他国家。在菲利普斯的文章发表后两年,经济学家保罗·萨缪尔森和罗伯特·索洛在《美国经济评论》上发表了一篇题为《反通货膨胀政策的分析》的文章。在这篇文章中,他们用美国的数据表明,通货膨胀和失业之间存在类似的负相关关系。他们的推理是,这种相关性的产生是因为低失业与高总需求相关,而很高的总需求会给整个经济带来工资与物价上升的压力。萨缪尔森和索洛把失业与通货膨胀之间的这种负相关关系称为菲利普斯曲线。图36-1是一个与萨缪尔森和索洛所发现的曲线类似的菲利普斯曲线示例。

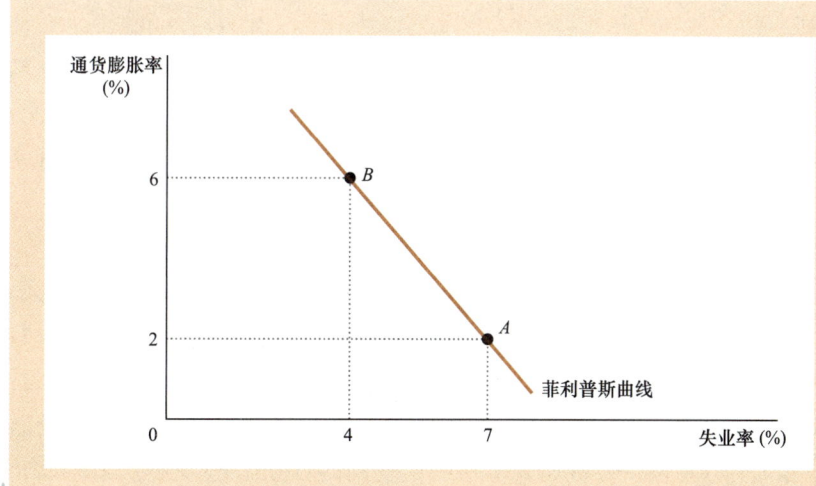

图36-1

菲利普斯曲线

菲利普斯曲线说明了通货膨胀率和失业率之间的负相关关系。在 A 点,通货膨胀率低而失业率高。在 B 点,通货膨胀率高而失业率低。

正如萨缪尔森和索洛的文章题目所表明的,他们认为菲利普斯曲线得出了一些重要的结论,为政策制定者提供了一个有各种可能的经济结果的菜单。通过改变货币政策与财政政策来影响总需求,政策制定者可以选择这条曲线上的任意一点。如图36-1所示,A点提供了高失业和低通货膨胀的组合,B点提供了低失业和高通货膨胀的组合。政策制定者可能会偏好低通货膨胀和低失业的组合,但正如菲利普斯曲线概括的历史数据所表明的,这种组合是不可能的。根据萨缪尔森和索洛的看法,政策制定者面临通货膨胀和失业之间的权衡取舍,而菲利普斯曲线正是这种权衡取舍关系的直观体现。

36.1.2　总需求、总供给和菲利普斯曲线

菲利普斯曲线所描述的有各种可能结果的菜单,可以通过总需求与总供给模型得到解释。菲利普斯曲线说明,短期中出现的通货膨胀与失业的组合是由于总需求曲线的移动使经济沿着短期总供给曲线变动。正如我们在前两章中所阐明的,在短期中物品与服务总需求的增加会引起产量增加、物价总水平上升。产量增加意味着就业增加,从而失业率降低;而物价水平上升意味着通货膨胀率上升。因此,总需求变动在短期中使通货膨胀和失业呈反方向变动——这正是菲利普斯曲线所说明的关系。

为了更充分地说明这是如何起作用的,我们来看一个例子。为了使数字简化,假设2025年的物价水平(如用CPI衡量)为100。图36-2表示由于总需求的力量而在2026年可能出现的两种结果,一种是在总需求高时出现的,另一种是在总需求低时出现的。其中,(a)幅用总需求与总供给模型表示这两种结果,(b)幅用菲利普斯曲线表示同样的两种结果。

图36-2(a)显示了2026年产量和物价水平发生的变动。如果物品与服务的总需求较低,那么经济就处于A点:经济中的产量是15 000,而物价水平是102。相比之下,如果总需求较高,经济处于B点:产量是16 000,而物价水平是106。这个例子反映了我们熟悉的一个结论——总需求的增加会使经济在较高产量和较高物价水平时达到均衡。

图36-2(b)显示了这两种可能的结果对失业和通货膨胀意味着什么。因为当企业生产更多物品与服务时,它们需要更多工人,所以在B点时的失业率低于A点。在这个例子中,当产量从15 000增加到16 000时,失业率从7%下降到4%。而且,因为B点时的物价水平高于A点,所以通货膨胀率(在前一年物价水平基础上变动的百分比)也更高。具体而言,由于2025年的物价水平是100,所以A点的通货膨胀率是2%,而B点的通货膨胀率为6%。因此,我们既可以根据产量和物价水平(用总需求与

该图假设 2025 年物价水平为 100，并画出了 2026 年的可能结果。(a) 幅表示总需求与总供给模型。如果总需求较低，经济在 A 点，产量低 (15 000) 且物价水平也低 (102)。如果总需求较高，经济在 B 点，产量高 (16 000) 且物价水平也高 (106)。(b) 幅显示了菲利普斯曲线的含义。在总需求低的 A 点，失业率高 (7%)，而通货膨胀率低 (2%)。在总需求高的 B 点，失业率低 (4%)，而通货膨胀率高 (6%)。

图36-2
菲利普斯曲线如何同总需求与总供给模型相关

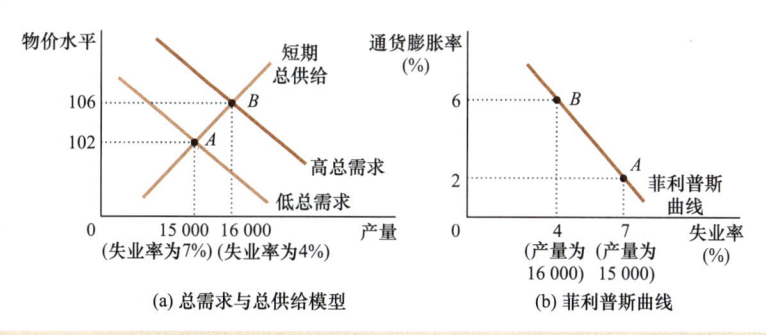

(a) 总需求与总供给模型　　(b) 菲利普斯曲线

总供给模型）也可以根据失业和通货膨胀（用菲利普斯曲线）来比较经济的这两种结果。

因为货币政策和财政政策可以使总需求曲线移动，所以它们可以使经济沿着菲利普斯曲线变动。货币供给增加、政府支出增加或减税都扩大了总需求，并使经济变动到菲利普斯曲线上具有较低失业率和较高通货膨胀率的一点上。货币供给减少、政府支出减少或增税都紧缩了总需求，并使经济变动到菲利普斯曲线上具有较低通货膨胀率和较高失业率的一点上。从这个意义上说，菲利普斯曲线向政策制定者提供了一个关于通货膨胀与失业的组合的菜单。

即测即评36-1
（扫码答题）

36.2　菲利普斯曲线的移动：预期的作用

尽管菲利普斯曲线看起来为政策制定者提供了一个通货膨胀与失业组合的选择菜单，但它也提出了一个问题：随着时间的推移，这些可能的选择是不变的吗？换句话说，向右下方倾斜的菲利普斯曲线能否作为可靠的决策依据？ 20 世纪 60 年代末，即萨缪尔森和索洛把菲利普斯曲线引入宏观经济政策争论后不久，经济学家们开始研究这一问题。

36.2.1　长期菲利普斯曲线

1968 年，经济学家米尔顿·弗里德曼在《美国经济评论》上发表了一篇文章，这篇文章是基于他作为美国经济学会会长时所做的一次演讲撰写的。这篇题为《货币政策的作用》的文章包含"货币政策能做什么"和"货币政策不能做什么"两部分。弗里德曼认为,在长期中货币政策无法通过提高通货膨胀率来降低失业率,这仅在短时间内可以实现。几乎在同时,另一位经济学家埃德蒙·费尔普斯(Edmund Phelps)也发表了一篇文章,否定了通货膨胀和失业之间存在长期权衡取舍关系的观点。

弗里德曼和费尔普斯的结论均基于古典宏观经济学原理。古典理论指出货币供给增长是通货膨胀的主要决定因素。不过,古典理论也说明了,货币增长并不影响产量和就业这类真实变量,它只是同比例地改变所有物价与名义收入。具体而言,货币增长并不影响决定经济中失业率的那些因素,如寻找工作和效率工资。弗里德曼和费尔普斯得出的结论是:在长期中通货膨胀率与失业率之间不存在相关性。

用弗里德曼的话来说,他对美联储在长期中经济调控能力的看法是:

> 货币当局控制名义变量——直接控制自己的负债量(通货加银行准备金)。从理论上说,它可以用这种控制来锚定名义变量,如汇率、物价水平、名义国民收入水平、按某种方法定义的货币量,或者锚定名义变量的变动,如通货膨胀率或通货紧缩率、名义国民收入的增长率或下降率、货币量增长率。但它无法通过对名义变量的控制去锚定真实变量,如真实利率、失业率、真实国民收入水平、真实货币量、真实国民收入增长率或者真实货币量增长率。

根据弗里德曼的观点,货币政策制定者面临着如图36-3所示的垂直的长期菲利普斯曲线。如果美联储缓慢地增加货币供给,则通货膨胀率较低,经济处于 A 点。如果美联储迅速地增加货币供给,则通货膨胀率

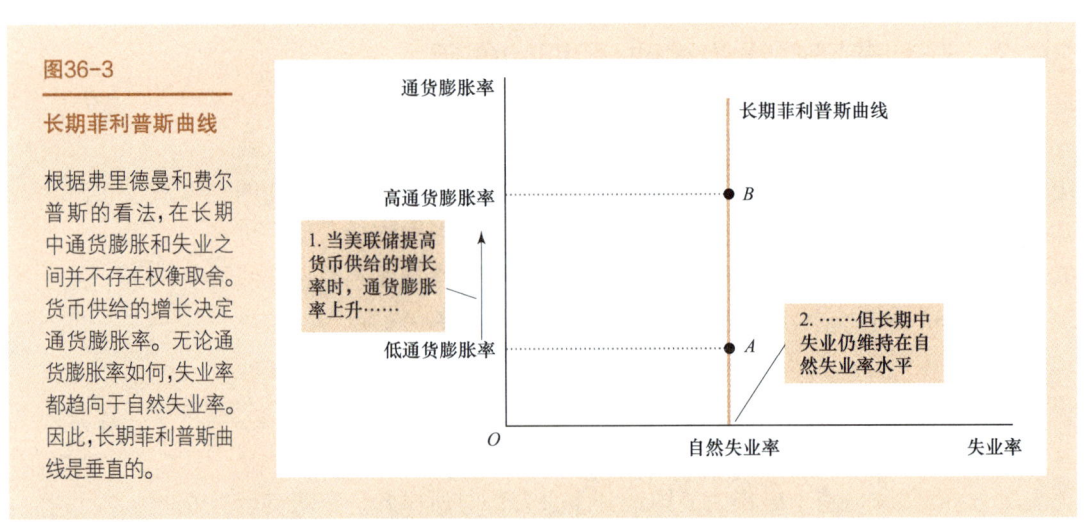

图36-3

长期菲利普斯曲线

根据弗里德曼和费尔普斯的看法,在长期中通货膨胀和失业之间并不存在权衡取舍。货币供给的增长决定通货膨胀率。无论通货膨胀率如何,失业率都趋向于自然失业率。因此,长期菲利普斯曲线是垂直的。

较高,经济处于 B 点。在这两种情况下,失业率都会趋向于其正常水平,被称为自然失业率。垂直的长期菲利普斯曲线说明了这样一个结论:在长期中,失业并不取决于货币供给的增长和通货膨胀。

垂直的长期菲利普斯曲线在本质上是古典货币中性思想的一种表述。以前我们用垂直的长期总供给曲线表述过这种思想。图 36-4 表明,垂直的长期菲利普斯曲线和垂直的长期总供给曲线是同一枚硬币的两面。在(a)幅中,货币供给增加使总需求曲线从 AD_1 向右移动到 AD_2,结果长期均衡从 A 点变动到 B 点,物价水平从 P_1 上升到 P_2,但由于总供给曲线是垂直的,因此产量保持不变。在(b)幅中,货币供给的更快增长通过使经济从 A 点变动到 B 点而提高了通货膨胀率。但是,由于菲利普斯曲线是垂直的,因此这两点的失业率是相同的。所以,垂直的长期总供给曲线和垂直的长期菲利普斯曲线都意味着货币政策只影响名义变量(物价水平和通货膨胀率),但并不影响真实变量(产量与失业率)。在长期中,无论美联储采取什么样的货币政策,产量和失业率都将处于各自的自然水平。

(a)幅表示有垂直总供给曲线的总需求与总供给模型。当扩张性货币政策使总需求曲线从 AD_1 向右移动到 AD_2 时,均衡点从 A 点变动到 B 点。物价水平从 P_1 上升到 P_2,而产量不变。(b)幅表示长期菲利普斯曲线,该曲线是经过自然失业率的一条垂线。在长期中,扩张性货币政策使经济从低通货膨胀的一点(A 点)变动到高通货膨胀的一点(B 点),而失业率不变。

图36-4

长期菲利普斯曲线如何同总需求与总供给模型相关

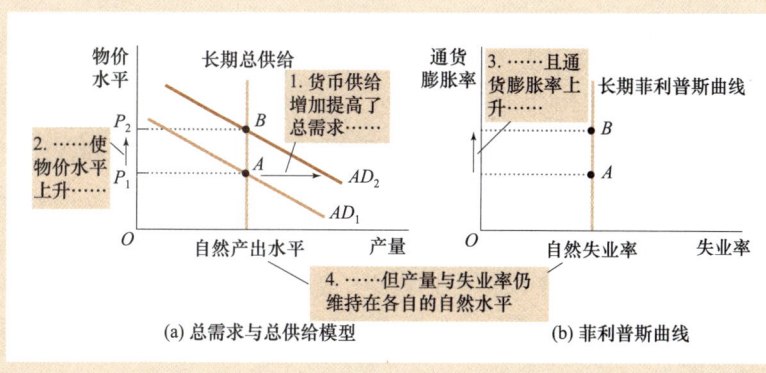

36.2.2 "自然"的含义

自然失业率中的"自然"是什么意思呢?弗里德曼和费尔普斯用这个词来描述经济在长期中趋近的失业率。然而,自然失业率并不一定是社会合意的失业率,也不是一成不变的。

例如,假设一个新成立的工会利用它的市场势力使一些工人的真实工资提高到均衡水平之上，结果就会出现超额劳动供给，因此就有较高的自然失业率。这种失业之所以是"自然"的，并不是因为它是适当的，而是因为它不受货币政策的影响。更为迅速的货币增长并不会削弱工会的市场势力，也不会降低失业水平，只会引起更高的通货膨胀。

虽然货币政策不能影响自然失业率，但其他政策可以。为了降低自然失业率，政策制定者应该实施有助于改善劳动市场运行状况的政策。在本书的前面，我们讨论了各种劳动市场政策，例如最低工资法、集体谈判法、失业保险以及在职培训计划如何影响自然失业率。降低自然失业率的政策变动会使长期菲利普斯曲线向左移动。此外，由于失业率下降意味着更多的工人在生产物品与服务，因此在任何既定物价水平下物品与服务的供给量都增多了，长期总供给曲线将向右移动。这样，经济就可以在任何一种既定的货币增长率和通货膨胀率下都享有较低的失业水平和较高的产量。

36.2.3 使理论与证据相一致

乍一看，弗里德曼和费尔普斯关于失业与通货膨胀之间不存在长期权衡取舍的结论似乎难以令人信服。他们的论点是基于理论，特别是古典理论关于货币中性的预言。与此相反，菲利普斯、萨缪尔森和索洛所证明的通货膨胀与失业之间的负相关关系则基于真实世界的实际证据。当真实世界中看起来存在一条向右下方倾斜的菲利普斯曲线时，为什么还会有人相信政策制定者面临一条垂直的菲利普斯曲线呢？菲利普斯、萨缪尔森和索洛的发现难道还不足以使我们否定货币中性吗？

弗里德曼和费尔普斯意识到这些问题，并且提出了一种使古典宏观经济理论与根据英国和美国数据而发现的向右下方倾斜的菲利普斯曲线相一致的方法。他们提出，通货膨胀与失业之间的负相关关系在短期中是存在的，但政策制定者不能把它作为长期中的政策选择。政策制定者可以通过实行扩张性货币政策在短期中实现较低的失业率，但失业率最终要回到自然失业率水平。在长期中，扩张性货币政策只引起了较高的通货膨胀率。

弗里德曼和费尔普斯的研究是我们在第34章中所讨论的短期总供给曲线与长期总供给曲线之间区别的基础。正如你可能还记得的，长期总供给曲线是垂直的，这表明物价水平并不影响企业长期中的供给量。但短期总供给曲线是向右上方倾斜的，这表明物价水平上升会增加企业供给的物品与服务量。例如，根据总供给的黏性工资理论，名义工资是根据工人和企业预期的现行物价水平提前确定的。当物价高于预期时，企业就会有增加生产和雇佣人数的激励；当物价低于预期时，企业就会减少生产和雇佣人数。但由于预期物价水平和名义工资最终要调整,实际物价水平和供给量之间的这种正相关关系只适用于短期。

弗里德曼和费尔普斯把上述逻辑运用于菲利普斯曲线。正如总供给曲线只在短期中向右上方倾斜一样,通货膨胀和失业之间的权衡取舍也只在短期中成立。而且,正如长期总供给曲线是垂直的一样,长期菲利普斯曲线也是垂直的。预期再次成为理解短期与长期如何相关的关键。

弗里德曼和费尔普斯把一个新变量引入通货膨胀和失业的权衡取舍分析中:预期的通货膨胀。预期的通货膨胀衡量人们预期的物价总水平的变动幅度。由于预期的物价水平影响名义工资,因此预期的通货膨胀是决定短期总供给曲线位置的一个因素。在短期中,美联储可以把预期的通货膨胀(以及短期总供给曲线)作为既定的。当货币供给改变时,总需求曲线移动,而且经济沿着既定的短期总供给曲线变动。因此,在短期中,货币量变动引起产量、物价、失业和通货膨胀发生未预期到的波动。弗里德曼和费尔普斯正是用这种方法解释了菲利普斯、萨缪尔森和索洛所证明的向右下方倾斜的菲利普斯曲线。

美联储通过增加货币供给引起未预期到的通货膨胀的能力只在短期中存在。在长期中,人们会预期到美联储想要达到多高的通货膨胀率,名义工资将根据通货膨胀率进行同步调整,所以长期总供给曲线是垂直的。这种因货币供给变动而引起的总需求变动并不影响经济中的物品与服务量,也不影响企业生产这些物品与服务需要雇用的工人数量。弗里德曼和费尔普斯的结论是,在长期中,失业率将回到自然失业率水平。

36.2.4 短期菲利普斯曲线

弗里德曼和费尔普斯的分析可以概括为下式:

$$失业率 = 自然失业率 - \alpha(实际通货膨胀率 - 预期通货膨胀率)$$

这个方程式把失业率与自然失业率、实际通货膨胀率及预期通货膨胀率联系起来。它实际上是我们以前说明的总供给方程式的另一种表述形式。在短期中,预期通货膨胀率是既定的,因此较高的实际通货膨胀率与较低的失业率相关。(变量 α 是衡量失业对未预期到的通货膨胀的反应有多大的一个参数。)在长期中,人们可以预期到美联储会引起多高的通货膨胀率,因此,实际通货膨胀率等于预期通货膨胀率,而且失业率处于自然失业率水平。

这个方程式意味着,并不存在稳定的短期菲利普斯曲线。每条短期菲利普斯曲线都反映了某个特定的预期通货膨胀率。(更确切地说,如果你把这个方程式画成图,将会发现向右下方倾斜的短期菲利普斯曲线与垂直的长期菲利普斯曲线相交于预期通货膨胀率那一点。)当预期通货膨胀率变动时,短期菲利普斯曲线就会移动。

根据弗里德曼和费尔普斯的观点,把菲利普斯曲线作为可供政策制定者选择的工具是危险的。为了说明原因,设想一个经济开始时通货膨胀率低,并且有同样低的预期通货膨胀率,失业率处于自然失业率水平,如图36-5中的 A 点所示。现在假设,政策制定者试图通过货币政策或财政政策来扩大总需求,以利用通货膨胀与失业之间的权衡取舍关系。在短期中,当预期通货膨胀率既定时,经济从 A 点变动到 B 点,结果失业率低于自然失业率水平,而实际通货膨胀率高于预期通货膨胀率。随着经济从 A 点变动到 B 点,政策制定者可能会认为,他们以较高通货膨胀的代价实现了持久的低失业——如果确实如此的话,这也许是一笔划算的交易。

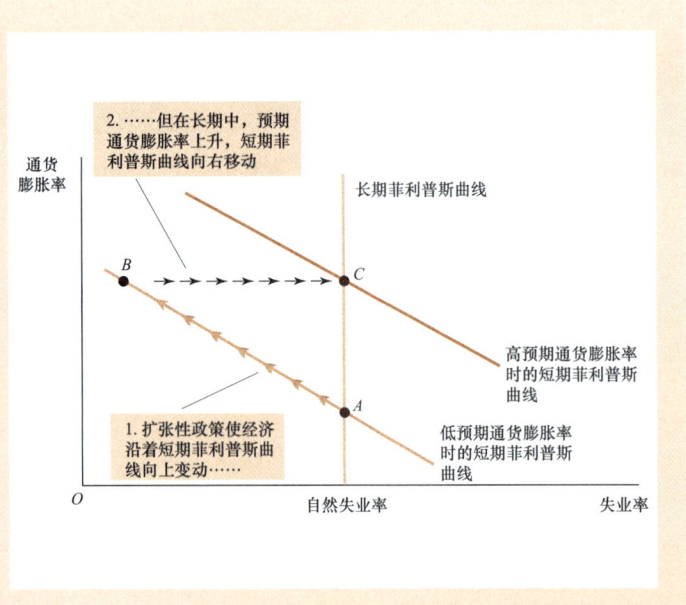

图36-5

预期通货膨胀率如何使短期菲利普斯曲线移动

预期通货膨胀率越高,代表通货膨胀和失业之间短期权衡取舍的曲线也就越高。在 A 点,预期通货膨胀率和实际通货膨胀率都很低,而且失业率处于自然失业率水平。如果美联储实行扩张性货币政策,经济在短期中就从 A 点变动到 B 点。在 B 点,预期通货膨胀率仍然低,但实际通货膨胀率高,而失业率低于自然失业率水平。在长期中,预期通货膨胀率上升,经济变动到 C 点。在 C 点,预期通货膨胀率和实际通货膨胀率都高,而失业率回到自然失业率水平。

但是,这种情况并不会持续下去。随着时间的推移,人们会习惯于这种较高的通货膨胀率,从而提高了其通货膨胀预期。当预期通货膨胀率上升时,企业和工人在确定工资和价格时就会考虑到更高的通货膨胀率。短期菲利普斯曲线将向右移动,如图36-5所示。经济最终到达 C 点,这时通货膨胀率高于 A 点,但失业率与 A 点相同。因此,弗里德曼和费尔普斯得出结论:政策制定者只面临着通货膨胀和失业之间的短期权衡取舍。在长期中,更快地扩大总需求将引起更高的通货膨胀率,而失业率没有任何下降。

36.2.5 自然率假说的自然实验

弗里德曼和费尔普斯在 1968 年做出了一个大胆的预言:如果政策制定者试图通过选择较高的通货膨胀率来减少失业以利用菲利普斯曲线,他们成功地减少失业将只是暂时的。这种观点——无论通货膨胀率如何,失业率最终都要回到自然失业率水平——被称为**自然率假说**(natural-rate hypothesis)。在弗里德曼和费尔普斯提出这个假说的几年之后,货币政策和财政政策制定者无意中为检验这个假说创造了一次自然实验。他们的"实验室"是美国经济。

> **自然率假说:**
> 认为无论通货膨胀率如何,失业率最终都要回到正常失业率或自然失业率水平的观点。

在说明这个实验结果之前,我们先来看看弗里德曼和费尔普斯在 1968 年做出预言时所面对的数据。图 36-6 显示了美国 1961—1968 年的失业率和通货膨胀率。这些数据几乎描绘出一条完美的菲利普斯曲线。在这 8 年中,随着通货膨胀率的上升,失业率下降了。这一时期的经济数据似乎证明了政策制定者面临着通货膨胀与失业之间的权衡取舍。

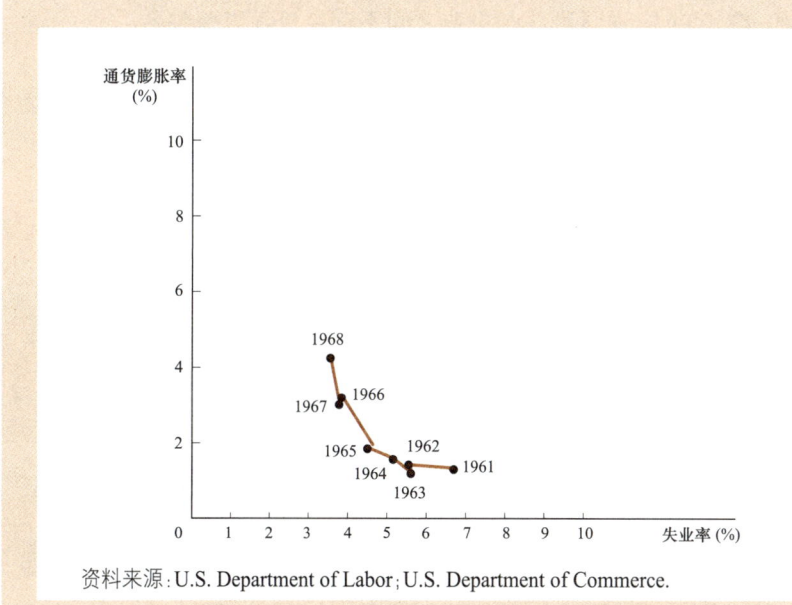

图36-6

20世纪60年代美国的菲利普斯曲线

该图用美国1961—1968年的失业率和通货膨胀率(用GDP平减指数衡量)的年度数据显示了通货膨胀与失业之间的负相关关系。

20 世纪 60 年代,菲利普斯曲线的显著成功使得弗里德曼和费尔普斯的预言显得尤为大胆。1958 年,菲利普斯提出通货膨胀与失业之间的负相关关系。1960 年,萨缪尔森和索洛用美国的数据验证了这种关系,此后 10 年的数据也佐证了这种关系。对当时的一些经济学家来说,声称一旦政策制定者想利用这种关系,这条可靠的菲利普斯曲线就将开始移动的说法简直荒谬。

但事实恰恰如此。从20世纪60年代末开始,美国政府实行了扩大物品与服务总需求的政策。这种扩张部分是由于财政政策——随着越南战争的升级,政府支出增加;部分是由于货币政策——由于美联储在面临扩张性财政政策时试图压低利率,货币供给(M2口径)在1970—1972年每年增加约13%,而在60年代初是每年增加7%。结果是通货膨胀率处于高位(20世纪60年代末至70年代初是每年5%～6%,相比之下,60年代初是1%～2%)。但是,正如弗里德曼和费尔普斯所预言的,失业率并未维持在低水平。

图36-7显示了美国1961—1973年通货膨胀率与失业率的轨迹。如图所示,这两个变量之间的简单负相关关系在1970年左右被打破了。具体而言,当20世纪70年代初通货膨胀率保持高位时,人们对通货膨胀的预期赶上了现实,从而失业率又回到了60年代初的5%～6%。要注意的是,图36-7所示的历史轨迹与图36-5所示的短期菲利普斯曲线移动的理论是吻合的。到1973年,政策制定者认识到,弗里德曼和费尔普斯是正确的:在长期中,通货膨胀与失业之间不存在权衡取舍关系。

即测即评36-2
(扫码答题)

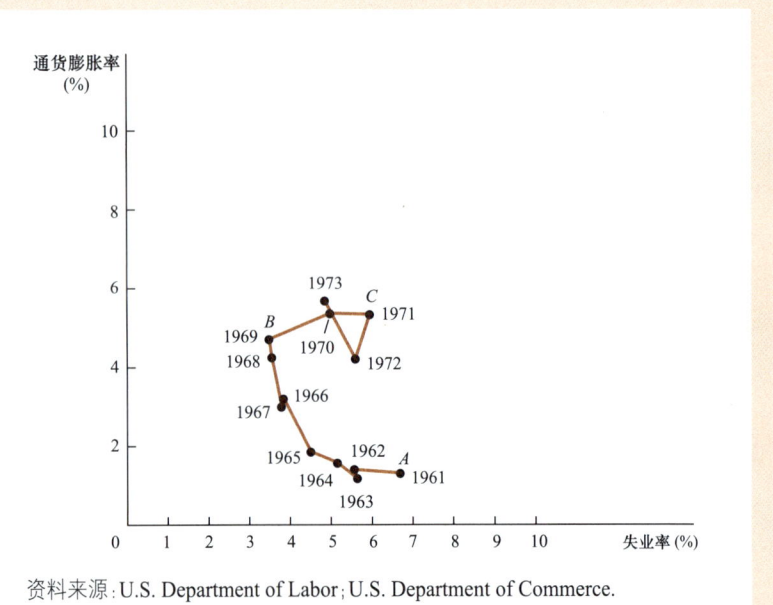

图36-7

菲利普斯曲线的失效

该图显示了美国1961—1973年失业率和通货膨胀率(用GDP平减指数衡量)的年度数据。正如弗里德曼和费尔普斯所预言的,20世纪60年代的菲利普斯曲线在70年代初被打破了。要注意的是,该图中标出的A、B、C点大致对应于图36-5中的A、B、C点。

资料来源:U.S. Department of Labor;U.S. Department of Commerce.

36.3 菲利普斯曲线的移动：供给冲击的作用

弗里德曼和费尔普斯在 1968 年提出，预期通货膨胀的变动会使短期菲利普斯曲线移动；而 20 世纪 70 年代初的经验使大多数经济学家相信，弗里德曼和费尔普斯是正确的。但是，几年之后，经济学家们又把注意力转向短期菲利普斯曲线移动的另一个原因——总供给冲击。

这一次注意力的转移不是来自这两位美国经济学教授，而是来自一个石油卡特尔。1974 年，OPEC 作为世界石油市场的卡特尔开始运用其市场势力。OPEC 成员国，包括沙特阿拉伯、科威特和伊拉克，限制了原油的产量和在世界市场上的销量。在几年之内，这种供给减少使石油价格几乎翻了一番。

世界石油价格的大幅上升是供给冲击的一个例子。**供给冲击**（supply shock）是直接影响企业的生产成本，从而影响它们收取的价格的事件；它使经济的总供给曲线移动，因此也使菲利普斯曲线移动。例如，当 OPEC 提高原油价格时，汽油、取暖油、轮胎和其他许多产品的生产成本增加，在任何一种既定物价水平下物品与服务的供给量都减少。如图 36-8（a）所示，这种供给减少用总供给曲线从 AS_1 向左移动到 AS_2 来表示。产量从 Y_1 减少到 Y_2，物价水平从 P_1 上升到 P_2。经济出现了滞胀——产量下降（停滞）和物价上升（通货膨胀）并存的不利组合。

供给冲击： 直接改变企业的成本和价格，使经济中的总供给曲线移动，进而使菲利普斯曲线移动的事件。

图36-8 对总供给的不利冲击

(a) 幅表示总需求与总供给模型。当总供给曲线从 AS_1 向左移动到 AS_2 时，均衡从 A 点变动到 B 点，产量从 Y_1 减少为 Y_2，而物价水平从 P_1 上升为 P_2。(b) 幅表示通货膨胀和失业之间的短期权衡取舍。总供给的不利移动使经济从低失业和低通货膨胀的一点（A 点）变动到高失业和高通货膨胀的一点（B 点）。短期菲利普斯曲线从 PC_1 向右移动到 PC_2。政策制定者现在面临着通货膨胀与失业之间更为不利的权衡取舍。

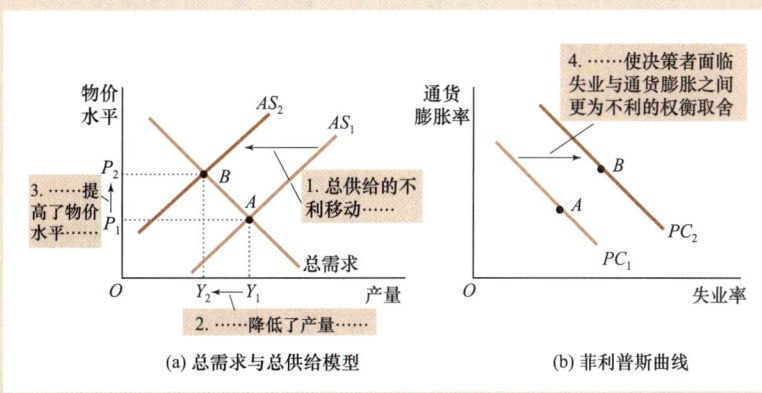

(a) 总需求与总供给模型　(b) 菲利普斯曲线

总供给的这种变动与图 36-8(b)所示的短期菲利普斯曲线的类似移动是相关的。由于企业需要较少的工人来生产较少的产量,因此就业减少,失业增加。由于物价水平上升了,通货膨胀率——自前一年以来的物价水平变动百分比——也上升了。因此,总供给变动引起失业的增加和通货膨胀的加剧。通货膨胀与失业之间的短期权衡取舍从 PC_1 向右移动到 PC_2。

在遇到不利的总供给变动时,政策制定者面临着在反通货膨胀和反失业之间的艰难选择。如果他们紧缩总需求以应对通货膨胀,他们就将进一步增加失业。如果他们扩大总需求以应对失业,他们就将进一步加剧通货膨胀。换句话说,政策制定者面临着比总供给变动之前更为不利的通货膨胀与失业之间的权衡取舍:在失业率既定时,通货膨胀率更高;在通货膨胀率既定时,失业率更高;或者,更高失业率与更高通货膨胀率的某种组合。

当面对这种不利的菲利普斯曲线移动时,政策制定者会想知道这种移动是暂时的还是持久的。答案取决于人们如何调整他们的通货膨胀预期。如果人们认为由供给冲击引起的通货膨胀率上升只是暂时的,那么预期通货膨胀率将不会变动,菲利普斯曲线也将很快恢复到原来的位置。但是,如果人们认为这种冲击会带来一个高通货膨胀率的新时代,那么预期通货膨胀率将上升,菲利普斯曲线也将处于其新的、不太合意的位置。

在 20 世纪 70 年代的美国,预期通货膨胀率大幅上升。预期通货膨胀率的这种上升部分是因为美联储用更高的货币增长抵消供给冲击的决策。(我们回想一下,当政策制定者对不利的供给冲击的反应是努力增加总需求以阻止产量下降时,我们可以说他们是在抵消不利的供给冲击。)由于这种政策决策,供给冲击引起的衰退比没有这种政策时要轻微一些,但美国经济在许多年中一直面临着通货膨胀和失业之间的不利权衡取舍。当 1979 年 OPEC 又一次开始运用其市场势力使石油价格翻了一番以上时,问题变得更为复杂了。图 36-9 显示了这一时期美国经济中的通货膨胀率和失业率。

1980 年,在 OPEC 造成的两次供给冲击之后,美国经济的通货膨胀率超过了 9%,而失业率达到 7% 左右。这种通货膨胀和失业的组合与 20 世纪 60 年代看来可能的权衡取舍相距甚远。(20 世纪 60 年代,菲利普斯曲线表明 7% 的失业率与 1% 的通货膨胀率相关。超过 9% 的通货膨胀率是不可思议的。)1980 年,美国经济的痛苦指数接近于历史最高水平,公众普遍对经济状况不满。必须得采取行动了,而且政府确实很快就采取了行动。

即测即评36-3
(扫码答题)

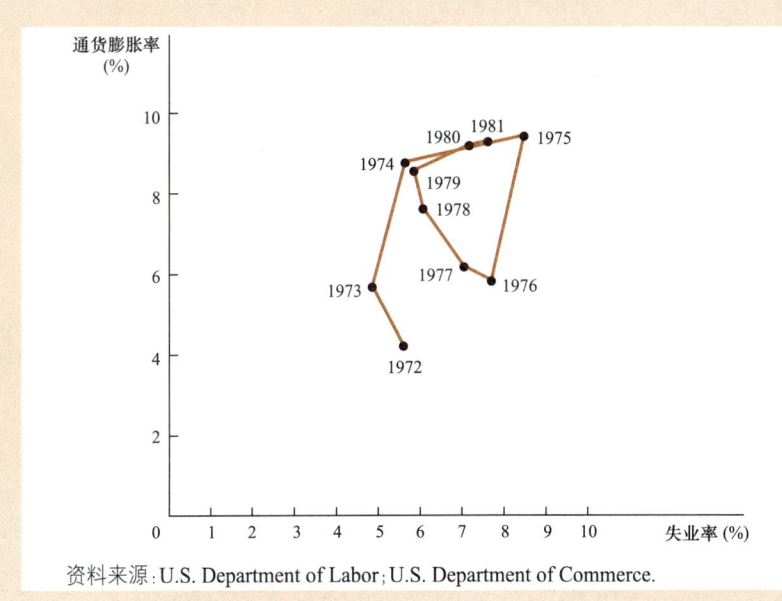

图36-9

20世纪70年代美国的供给冲击

该图显示了美国1972—1981年失业率和通货膨胀率（用GDP平减指数衡量）的年度数据。在1973—1975年和1978—1981年这两个时期，世界石油价格的上升引起了更高的通货膨胀率和更高的失业率。

资料来源：U.S. Department of Labor；U.S. Department of Commerce.

36.4 降低通货膨胀的代价

1979年10月，当OPEC在十年内第二次对世界经济造成不利的供给冲击时，美联储主席保罗·沃尔克认为是时候采取行动了。沃尔克是在两个月之前才被卡特总统任命为美联储主席的，他接任这一职位时，通货膨胀已达到令人无法接受的水平。作为国家货币体系的捍卫者，他感到除了实行反通货膨胀的政策，别无其他选择。反通货膨胀是降低通货膨胀率，不应该把它混同于通货紧缩，即物价水平的下降。如果与汽车的行驶作一个类比，反通货膨胀是让汽车的行驶速度慢下来，而通货紧缩是让汽车向相反的方向行驶。沃尔克想让物价水平的上涨慢下来。

沃尔克毫不怀疑美联储可以通过其控制货币量的能力降低通货膨胀率。但是，反通货膨胀的短期代价是什么呢？这个问题的答案并不十分确定。

36.4.1 牺牲率

为了降低通货膨胀率，美联储必须实行紧缩性货币政策。图36-10表明了这种政策的一些影响。在其他条件不变的情况下，当美联储降低货币供给增长率时，它就减少了总需求。总需求的减少又使企业生产的物品与服务量减少，导致失业增加。经济最初处于图中的 A 点，并沿着短期菲利普斯曲线变动到 B 点，在这一点有较低的通货膨胀率和较高的

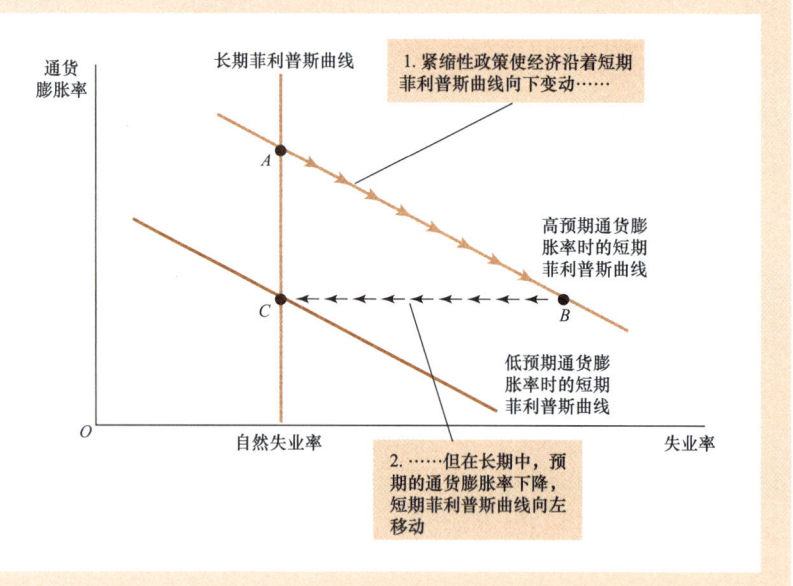

图36-10

短期与长期中反通货膨胀的货币政策

当美联储实行紧缩性货币政策以降低通货膨胀率时,经济沿着短期菲利普斯曲线从 A 点变动到 B 点。随着时间的推移,预期通货膨胀率下降,短期菲利普斯曲线向左移动。当经济达到 C 点时,失业率回到自然失业率水平。

失业率。随着时间的推移,当人们知道物价水平的上升速度会放缓时,预期通货膨胀率就下降了,短期菲利普斯曲线向左移动。最终经济从 B 点移动到 C 点。此时的通货膨胀率低于最初(A 点)的通货膨胀率,而失业率回到自然失业率水平。

因此,如果一个国家想要降低通货膨胀率,它就必然要忍受一个高失业率和低产量的时期。在图 36-10 中,当经济从 A 点变动到 C 点时所经过的 B 点就表示了这种代价。这种代价的大小取决于菲利普斯曲线的斜率,以及通货膨胀预期基于新货币政策做出调整的速度。

许多研究考察了有关通货膨胀率与失业率的数据,以便估算降低通货膨胀率的代价。这些研究的结果在统计学上通常被概括为**牺牲率**(sacrifice ratio)。牺牲率是在通货膨胀率下降 1 个百分点的过程中年产量损失的百分点数。牺牲率的一般估算值为 5。也就是说,通货膨胀率每降低 1 个百分点,在这种转变过程中就必须牺牲 5% 的年产量。

当保罗·沃尔克面临降低通货膨胀率的任务时,这种估算肯定会使他忧心忡忡。当时美国的年通货膨胀率几乎是 10%。为了达到温和的通货膨胀水平,比如说每年 4%,就意味着要使通货膨胀率降低 6 个百分点。如果每降低 1 个百分点的代价是经济减少 5% 的年产量,那么通货膨胀率降低 6 个百分点就要求牺牲 30% 的年产量。

根据对菲利普斯曲线和反通货膨胀代价的研究,这种牺牲可以以几种方式做出。如果立即降低通货膨胀,会使一年的产量减少 30%,但即使

牺牲率:
在通货膨胀率下降 1 个百分点的过程中年产量损失的百分点数。

像保罗·沃尔克这样反通货膨胀的强硬派,也会觉得这个结果确实太残酷了。许多人认为,更好的做法是把这种代价分摊到几年中。例如,如果将降低通货膨胀率分散在 5 年内进行,那么这一时期的平均产量只需比正常趋势低 6%,牺牲率总计达到 30%。更为渐进的方式是在 10 年内缓慢地降低通货膨胀率,从而平均产量只比正常趋势低 3%。但是,无论选择哪一种方式,降低通货膨胀率似乎都不是轻而易举的。

36.4.2　理性预期与无代价的反通货膨胀的可能性

正当保罗·沃尔克在考虑降低通货膨胀率的代价可能有多大时,一些经济学教授领导了一场向有关牺牲率的传统观念发起挑战的知识革命。其中包括罗伯特·卢卡斯(Robert Lucas)、托马斯·萨金特(Thomas Sargent)和罗伯特·巴罗(Robert Barro)等著名经济学家。他们的革命基于一种被称为**理性预期**(rational expectations)的研究经济理论和政策的新方法。根据理性预期理论,当人们预测未来时,可以充分运用他们所拥有的全部信息,包括有关政府政策的信息。

这种新方法对宏观经济学的许多领域都具有深远的意义,但其中最重要的还是它在通货膨胀与失业之间权衡取舍关系方面的应用。正如弗里德曼和费尔普斯最早强调的,预期通货膨胀是解释为什么通货膨胀与失业之间的权衡取舍在短期中存在而在长期中并不存在的一个重要变量。短期权衡取舍消失的速度取决于人们调整其通货膨胀预期的速度。理性预期理论的支持者基于弗里德曼和费尔普斯的分析提出,当经济政策改变时,人们会相应地调整他们的通货膨胀预期。那些试图估算牺牲率的有关通货膨胀与失业的研究并没有考虑到政策体系对预期的直接影响。因此,根据理性预期学派的观点,牺牲率的估算是一种不可靠的政策指导。

在 1981 年发表的一篇题为《四次重大通货膨胀的结束》的文章中,托马斯·萨金特把这种新观点表述如下:

> "理性预期"观点否认了在现时通货膨胀过程中存在任何内在的数量关系。这种观点认为,企业和工人现在都预期到了未来的高通货膨胀率,而且他们会根据这些预期达成通货膨胀性的劳资协议。但是,人们对未来的高通货膨胀率的预期正是因为政府现在与未来的货币政策和财政政策为这些预期提供了担保……这种观点的含义是,遏制通货膨胀的过程比"数量"论支持者所说的要快得多,而且他们根据所放弃的产量来估算遏制通货膨胀的时间长短和代价也是错误的……这并不是说根除通货膨胀是轻而易举的。相反,遏制通

理性预期:
当人们预测未来时,可以充分运用他们所拥有的全部信息,包括有关政府政策的信息的理论。

货膨胀所要求的绝不只是少数暂时的限制性财政与货币政策,它还要求政策体系的变动……这种做法要付出多大代价(以放弃的产量来衡量)以及需要多长时间才能见效,将部分取决于政府的承诺有多坚定、多明显。

根据萨金特的看法,牺牲率可能比人们之前所估算的要小得多。实际上,在最极端的情况下,牺牲率可能是零,关键问题在于政府和中央银行的可信度。如果政府实施低通货膨胀政策的承诺足够可信,人们就会立即降低其通货膨胀预期。短期菲利普斯曲线将向下移动,经济将很快实现低通货膨胀,而无须付出暂时高失业和低产量的代价。

36.4.3 沃尔克的反通货膨胀

正如我们已经知道的,当保罗·沃尔克面临着把通货膨胀率从10%左右的峰值降下来的情景时,经济学家提出了两种相互矛盾的预测。一派经济学家提出了牺牲率估算,并得出结论:从损失的产量和高失业来看,降低通货膨胀率的代价高昂。另一派经济学家提出了理性预期理论,并得出结论:降低通货膨胀率的代价要小得多,甚至可能根本没有代价。哪一派的观点才是正确的呢?

图36-11显示了美国1979—1987年的通货膨胀率与失业率。正如我们看到的,沃尔克在降低通货膨胀率方面取得了成功。通货膨胀率从1981—1982年的将近10%降到1983—1984年的4%左右。这种通货膨

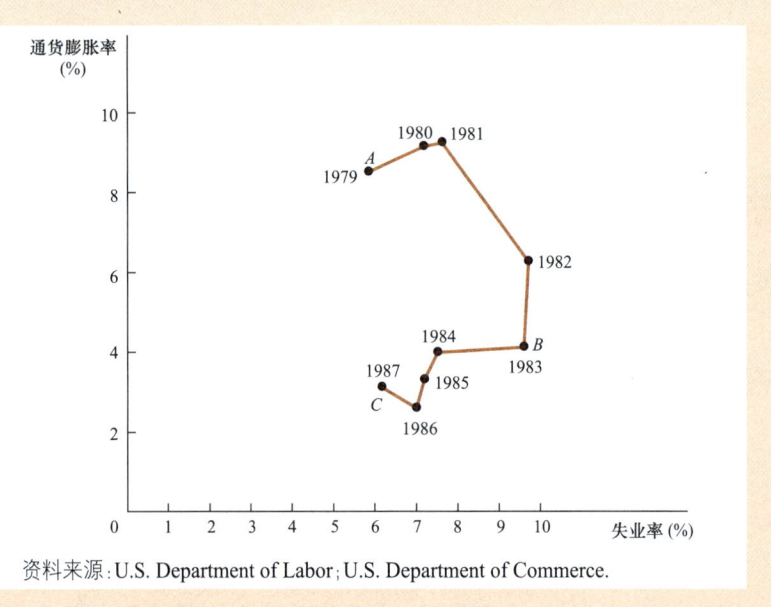

图36-11

沃尔克的反通货膨胀

该图显示了美国1979—1987年失业率与通货膨胀率(用GDP平减指数衡量)的年度数据。这一时期通货膨胀率的下降是以1982年和1983年极高的失业率为代价的。要注意的是,该图中标出的A、B、C点大致对应于图36-10中的A、B、C点。

资料来源:U.S. Department of Labor;U.S. Department of Commerce.

胀率的降低要完全归功于货币政策。这一时期的财政政策在相反的方向发挥作用：在里根政府执政期间，预算赤字的增加扩大了总需求，这倾向于提高通货膨胀率。1981—1984年通货膨胀率的下降要归功于美联储主席沃尔克坚定的反通货膨胀政策。

图36-11显示了沃尔克的反通货膨胀确实是以高失业为代价的。1982年和1983年，失业率约为10%——比沃尔克被任命为美联储主席时的失业率高出4个百分点。沃尔克的反通货膨胀引起了美国自20世纪30年代大萧条以来最严重的衰退。

这一历史是否定了理性预期学派所提出的无代价反通货膨胀的可能性呢？一些经济学家认为，这是确定无疑的。实际上，图36-11所示的反通货膨胀模式与图36-10中所预测的非常类似。随着经济从高通货膨胀(A点)转向低通货膨胀(C点)，它经历了一个痛苦的高失业时期(B点)。

然而，有两个理由使我们不能这么快地否定理性预期理论者的结论。第一，尽管沃尔克的反通货膨胀确实带来了暂时高失业的代价，但这种代价并没有许多经济学家所预测的那么大。对沃尔克反通货膨胀的牺牲率的许多估算值小于根据此前数据所得出的估算值。也许正如理性预期学派所说的，沃尔克坚定的反通货膨胀立场对人们的预期产生了某种直接影响。

第二，也更为重要的是，尽管沃尔克宣布其货币政策目标是降低通货膨胀率，但许多公众并不相信他。由于只有很少的人认为沃尔克会像他说的那样尽快降低通货膨胀率，因此预期通货膨胀率并没有立即下降，从而短期菲利普斯曲线也没有很快地向下移动。这种假说的一些证据来自商业预测企业所做出的预测：它们对20世纪80年代通货膨胀率下降的预期慢于实际通货膨胀率的下降。因此，沃尔克的反通货膨胀并不一定能否定理性预期学派关于可信赖的反通货膨胀可能无代价的观点。然而，这表明当政策制定者宣布一项反通货膨胀政策时，他们不能指望人们会马上相信他们。

（扫码答题）
即测即评36-4

36.5 最近的历史

最近的历史可以分为三个时期：格林斯潘时代、大衰退时期和新冠疫情时期。

36.5.1 格林斯潘时代

自20世纪70年代OPEC引起的通货膨胀和80年代沃尔克的反通货膨胀以来，美国经济一直经历着相对温和的通货膨胀和失业波动。图

36-12 显示了 1984—2005 年美国的通货膨胀率和失业率。这一时期被称为格林斯潘时代,以 1987 年继沃尔克之后担任美联储主席的艾伦·格林斯潘的名字命名。

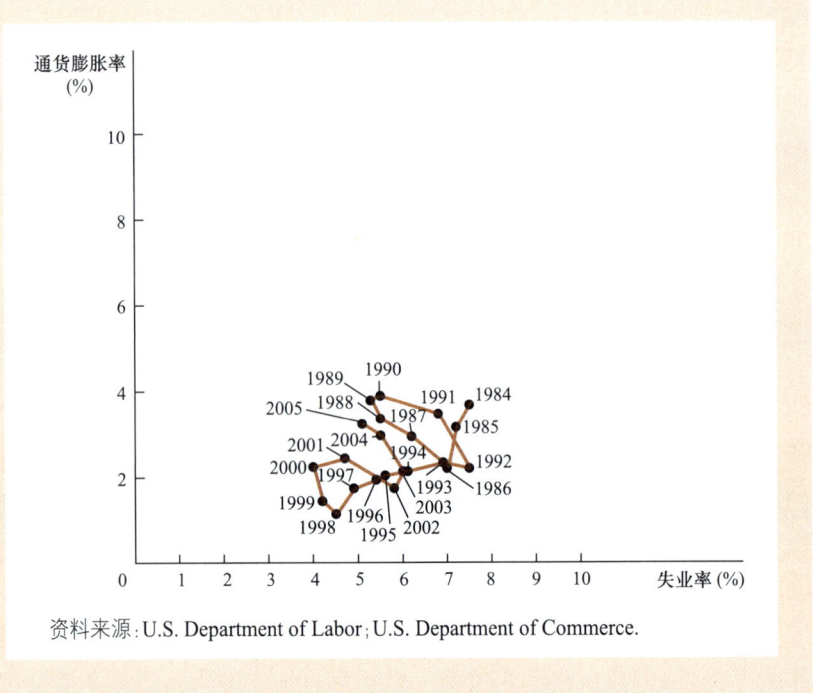

图36-12

格林斯潘时代

该图显示了美国 1984—2005 年失业率和通货膨胀率(用 GDP 平减指数衡量)的年度数据。在这一时期的大部分时间里,格林斯潘担任美联储主席。这一时期通货膨胀率和失业率的波动是相对较小的。

资料来源:U.S. Department of Labor;U.S. Department of Commerce.

这一时期从有利的供给冲击开始。1986 年,OPEC 成员开始为石油生产水平争执不下,而且它们长期坚持的限制石油供给的协议瓦解了,因此石油价格下跌了一半。如图 36-12 所示,这种有利的供给冲击引起了 1984—1986 年的通货膨胀率下降与失业率下降。

在整个格林斯潘时代,美联储谨慎地避免再度犯下 20 世纪 60 年代的政策错误,当时过大的总需求使失业率降到低于自然失业率的水平而通货膨胀率上升。1989 年和 1990 年,当失业率下降、通货膨胀率上升时,美联储提高利率并紧缩总需求,从而引起 1991 年和 1992 年的轻微衰退。当时失业率上升到大多数人估算的自然失业率之上,而通货膨胀率再次下降了。

20 世纪 90 年代的其余年份见证了科技进步和经济的繁荣。美国的通货膨胀率逐渐下降,到 90 年代末接近于零。失业率也下降了,这使许多观察家认为自然失业率下降了。这种良好的经济状况要部分归功于格林斯潘及其美联储的同事们(因为只有用谨慎的货币政策才能实现低通货膨胀),但是也要部分归因于有利的供给冲击带来的好运气。

然而，美国经济在2001年又出现了问题。互联网泡沫的破灭、"9·11"恐怖主义袭击以及一些公司财务丑闻都抑制了总需求。当经济经历了十年中的第一次衰退时，失业率又上升了。但扩张性货币政策与扩张性财政政策的相互配合结束了这次衰退，到2005年年初，失业率又接近于大多数人估算的自然失业率。

2005年，布什总统任命本·伯南克接替格林斯潘担任美联储主席。伯南克于2006年2月1日宣誓就职。2009年，伯南克再次被奥巴马总统任命为美联储主席。在首次接受任命时，伯南克说道："我的首要任务是继续维持格林斯潘时代实行的政策和策略。"

36.5.2 大衰退时期

伯南克可能希望延续格林斯潘时代的政策，并延续那些年份的平静时光，但他的愿望并没有实现。在他就任的前几年中，这位美联储主席面临一些重大的挑战。

正如我们在前几章中看到的，主要挑战来自住房市场和金融体系。从1995年到2006年，美国住房市场高涨，住房价格平均上涨了一倍还多。但这种住房价格高涨被证明是不可持续的，从2006年到2009年，住房价格下降了约三分之一。这种大幅下跌导致家庭财富的缩水，并使许多（通过购买住房抵押贷款支持证券）把赌注押在住房价格继续上升上的金融机构陷入困境。由此所引发的金融危机又引起总需求大幅下降和失业急剧增加。

在前几章中，我们已经考察了这次金融危机的情况和政策反应，但图36-13说明了这些事件对通货膨胀和失业意味着什么。从2007年到2010年，随着总需求的减少，失业率从低于5%上升到10%左右，同时通货膨胀率从2016年的3%左右下降到2019年的不足1%。这是半个世纪以来最低的通货膨胀率。在本质上，美国经济正处于向下的短期菲利普斯曲线上。

2010年以后，经济缓慢地从大衰退中复

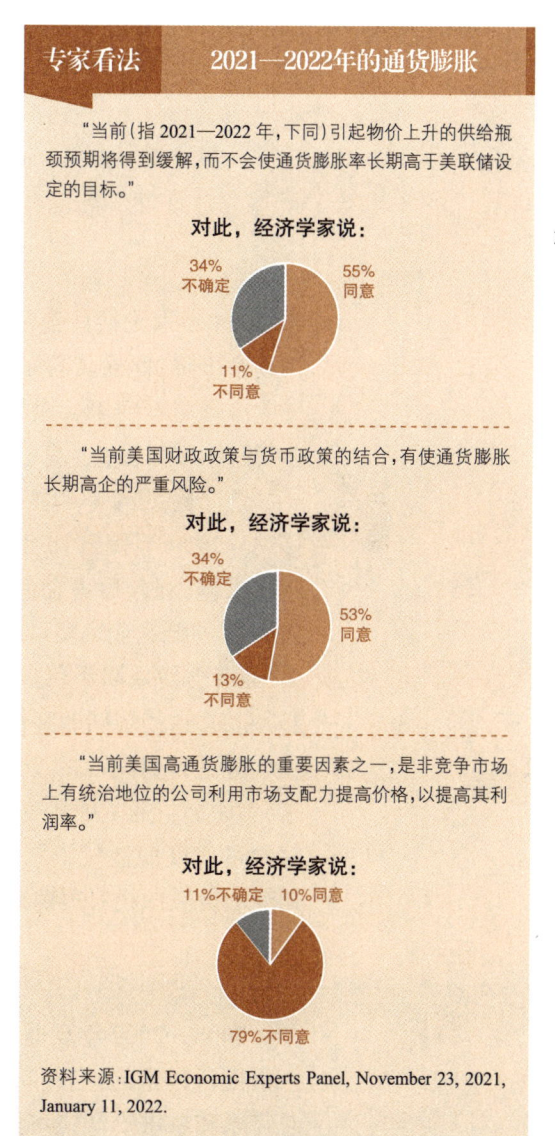

专家看法　2021—2022年的通货膨胀

"当前（指2021—2022年，下同）引起物价上升的供给瓶颈预期将得到缓解，而不会使通货膨胀率长期高于美联储设定的目标。"

对此，经济学家说：
- 34% 不确定
- 55% 同意
- 11% 不同意

"当前美国财政政策与货币政策的结合，有使通货膨胀长期高企的严重风险。"

对此，经济学家说：
- 34% 不确定
- 53% 同意
- 13% 不同意

"当前美国高通货膨胀的重要因素之一，是非竞争市场上有统治地位的公司利用市场支配力提高价格，以提高其利润率。"

对此，经济学家说：
- 11% 不确定
- 10% 同意
- 79% 不同意

资料来源：IGM Economic Experts Panel, November 23, 2021, January 11, 2022.

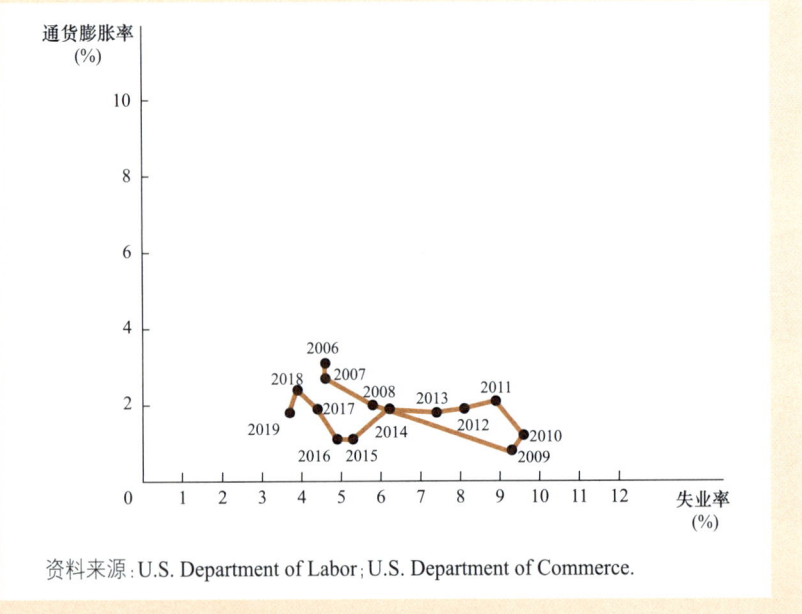

图36-13

2008—2009年衰退期间及之后的菲利普斯曲线

该图显示了美国2006—2019年失业率和通货膨胀率(用GDP平减指数衡量)的年度数据。金融危机引起总需求暴跌,从而引起失业率大幅提高,并使通货膨胀率降到极低的水平。

资料来源:U.S. Department of Labor; U.S. Department of Commerce.

苏,2014年耶伦接任美联储主席,2018年鲍威尔接任美联储主席。失业率逐渐下降,而通货膨胀率仍在1%到2%之间。到2018年和2019年,失业率降至不到4%,通货膨胀率略微上升到2%左右——美联储宣布的通货膨胀率目标。

这个时期的一个显著特点是短期菲利普斯曲线并没有出现明显的移动。2009年和2010年极低的通货膨胀率看起来并没有使预期通货膨胀率大幅下降,后者会使短期菲利普斯曲线向下移动。同样,2018年和2019年的低失业率略微提高了通货膨胀率,但并没有提高预期通货膨胀率,后者会使短期菲利普斯曲线向上移动。相反,预期通货膨胀率维持在2%左右,这使短期菲利普斯曲线保持相对稳定。

对这种稳定性的普遍解释是自沃尔克成功实施反通货膨胀政策以来,美联储将通货膨胀率维持在2%左右的承诺具备了相当高的可信度。这种可信度使通货膨胀预期保持了良好锚定(well-anchored),从而使短期菲利普斯曲线对短期冲击的反应减弱。

36.5.3 新冠疫情时期

2008—2009年衰退之后的长期经济增长在2020年中断了。正如本书前面所讨论的,当时新冠疫情引起了急剧的衰退。新冠疫情既影响了总需求和总供给,也影响了通货膨胀和失业。

疫情最初对总需求的影响是紧缩性的。人们被告知要避免外出购物、堂食、商务及私人旅行，以及其他需要密切人际接触的经济活动。从 2020 年 2 月到 4 月，美国的失业率从 3.5% 跃升到 14.8%。在这两个月期间，消费价格指数下降了 1%，表明出现短暂的通货紧缩。

但总需求很快又迅速回升了。这种复苏部分归因于限制的放松，部分归因于扩张性货币政策与财政政策。美联储把利率降至零左右，在特朗普和拜登执政期间国会也通过了一系列的救助法案。

疫情对总供给的影响是持续负面的。在疫情初期，许多非基本的经营活动被迫关闭。即使在限制放松之后，许多人也不愿回到工作岗位上。例如，2020 年的退休人数是 2019 年的两倍。疫情初期 55 岁及以上人口的劳动力参工率下降了约两个百分点，并且直到 2021 年年底还没有恢复。同时，疫情导致了全球供给链的断裂，一些企业因无法得到关键的投入品而进一步紧缩了总供给。

到 2021 年年底，失业率回落到 5% 以下，但不利的供给冲击以及货币政策与财政政策叠加所带来的总需求增加，共同推高了通货膨胀。以消费价格指数衡量的 12 个月通货膨胀率在 2022 年 1 月上升到 7.5%，达到 40 年来的最高水平。

政策制定者最初声称通货膨胀率的上升将会是暂时的。他们认为，随着中断的供应链得到修复，通货膨胀会渐渐平息。但一些经济学家担心，货币政策与财政政策的扩张幅度太大了，以至于通货膨胀率不会很快回到美联储设定的 2% 的目标。

截至本书（英文版——译者注）付印时，结果还不明朗。这一问题的解决部分取决于预期通货膨胀的情况。如果美联储能保持自沃尔克以来的可信度，高通货膨胀的确会是短期的。但如果预期成为不确定的，菲利普斯曲线就会移动，从而导致长期中通货膨胀与失业之间的不利权衡取舍。

36.6 结论

本章考察了经济学家关于通货膨胀与失业关系的思考的演进历程。我们讨论了 20 世纪多位顶尖经济学家的思想：从菲利普斯、萨缪尔森和索洛的菲利普斯曲线，到弗里德曼和费尔普斯的自然率假说，再到卢卡斯、萨金特和巴罗的理性预期理论。这些经济学家中有六位已经因其在经济学领域的贡献而获得了诺贝尔奖。

虽然在过去的半个世纪中通货膨胀与失业之间的权衡取舍引起了学术界的许多争论，但某些原理在今天已成为共识。以下是弗里德曼在

1968年对通货膨胀与失业之间关系的论述:

> 通货膨胀与失业之间总是存在着暂时的权衡取舍,但并不存在持久的权衡取舍。暂时的权衡取舍并非来自通货膨胀本身,而是来自未预期到的通货膨胀,这通常也意味着来自上升的通货膨胀率。认为存在持久权衡取舍的广泛看法是对"高"与"上升"的一种混淆(在简单的情形下,我们都能辨识出这种概念差异),只不过是一种更复杂版本的混淆。通货膨胀率上升可以减少失业,而高通货膨胀率却不能。
>
> 但是你可能会问,"暂时"是多久呢?……充其量我只能根据对历史证据的考察做出个人判断:未预期到的通货膨胀率上升的初始效应大概可以持续2~5年。

在半个多世纪之后的今天,这段话仍然代表了大多数宏观经济学家的观点。

内容概要

- 菲利普斯曲线描述了通货膨胀和失业之间的负相关关系。通过扩大总需求,政策制定者可以在菲利普斯曲线上选择较高通货膨胀率和较低失业率的一点。通过紧缩总需求,政策制定者可以在菲利普斯曲线上选择较低通货膨胀率和较高失业率的一点。
- 菲利普斯曲线所描述的通货膨胀与失业之间的权衡取舍只在短期中成立。在长期中,预期通货膨胀会根据实际通货膨胀的变动进行调整,从而短期菲利普斯曲线会移动。因此,长期菲利普斯曲线是通过自然失业率的一条垂线。
- 短期菲利普斯曲线也会由于总供给冲击而移动。不利的供给冲击,例如世界石油价格的上升,使政策制定者面临一个较为不利的通货膨胀和失业之间的权衡取舍。也就是说,在不利的供给冲击之后,政策制定者不得不在失业率既定时接受较高的通货膨胀率,或者在通货膨胀率既定时接受较高的失业率。
- 当美联储收缩货币供给的增长以降低通货膨胀率时,它使经济沿着短期菲利普斯曲线变动,这就引起了暂时的高失业。反通货膨胀的代价取决于通货膨胀预期下降的速度。一些经济学家认为,可信的低通货膨胀承诺可以通过引起预期的迅速调整而降低反通货膨胀的代价。

关键概念

菲利普斯曲线　　　　　供给冲击　　　　　理性预期
自然率假说　　　　　　牺牲率

复习题

1. 画图说明通货膨胀与失业之间的短期权衡取舍。美联储如何使经济从这条曲线上的一点变动到另一点？
2. 画图说明通货膨胀与失业之间的长期权衡取舍。解释短期权衡取舍与长期权衡取舍如何相关。
3. 自然失业率中的"自然"是什么意思？为什么各国的自然失业率不同？
4. 假设一场干旱摧毁了农作物并使食品价格上升。这对通货膨胀与失业之间的短期权衡取舍有什么影响？
5. 美联储决定降低通货膨胀率。用菲利普斯曲线说明该政策的短期影响与长期影响。如何才能降低该政策在短期中的代价？

问题与应用

1. 假设自然失业率是6%。在一幅图上画出可以用来描述下列四种情况的两条菲利普斯曲线。标出表明每种情况下经济所处位置的点。
   a. 实际通货膨胀率是5%，而预期通货膨胀率是3%。
   b. 实际通货膨胀率是3%，而预期通货膨胀率是5%。
   c. 实际通货膨胀率是5%，预期通货膨胀率也是5%。
   d. 实际通货膨胀率是3%，预期通货膨胀率也是3%。
2. 说明下列情况对短期菲利普斯曲线和长期菲利普斯曲线的影响。说明你的答案所依据的经济学推理过程。
   a. 自然失业率上升。
   b. 进口石油价格下降。
   c. 政府支出增加。
   d. 预期通货膨胀率下降。
3. 假设消费支出减少引起了一次衰退。
   a. 用总供给－总需求图和菲利普斯曲线图说明经济的即时变动。在这两幅图上标出最初的长期均衡点 A 点，以及上述变动所引起的短期均衡点 B 点。短期中通货膨胀率与失业率发生了怎样的变动？
   b. 现在假设，随着时间的推移，预期通货膨胀率与实际通货膨胀率同方向变动。短期菲利普斯曲线的位置会发生怎样的变动？在衰退过去以后，经济面临的通货膨胀－失业的组合是变好了还是变差了？
4. 假设经济处于长期均衡状态。
   a. 画出该经济的短期菲利普斯曲线与长期菲利普斯曲线。
   b. 假设企业界的悲观情绪使总需求减少了。说明这种冲击对你在问题 a 中所画图形的影响。如果美联储采取扩张性货币政策，它可以使经济回到原来的通货膨胀率和失业率水平吗？
   c. 现在假设经济回到了长期均衡，然后进口石油的价格上升了。用与问题 a 中图形类似的新图形说明这种冲击的影响。如果美联储采取扩张性货币政策，它能使经济回到原来的通货膨胀率和失业率水平吗？如果美联储采取紧缩性货币政策，它能使经济回到原来的通货膨胀率和失业率水平吗？解释为什么情况与问题 b 中的情况有所不同。
5. 通货膨胀率是10%，并且中央银行正在考虑放慢货币增长速度，以使通货膨胀率降到5%。经济学家 Milton 认为通货膨胀预期会迅速对新政策做出变动,而经济学家 James 认为预期的变动会非常缓慢。哪一位经济学家更有可能支持中央银行所提议的货币政策的改变?为什么?

6. 假设美联储的政策是通过使失业处于自然失业率水平来维持低且稳定的通货膨胀。然而,美联储认为自然失业率为 4%,但实际的自然失业率是 5%。如果美联储把自己的观点作为决策的基础,经济会发生怎样的变动?美联储能认识到它关于自然失业率的观点是错误的吗?

7. 假设美联储宣布将实施紧缩性货币政策以降低通货膨胀率。下列情况会使接下来的衰退更加严重还是有所缓和?解释原因。

   a. 工资合同期限变短。

   b. 人们对美联储降低通货膨胀率的决定没有什么信心。

   c. 通货膨胀预期迅速对实际通货膨胀率做出调整。

8. 2008 年,美联储面临着由住房与金融危机引起的总需求减少以及由商品价格上升引起的短期总供给减少。

   a. 从长期均衡出发,用总供给-总需求图和菲利普斯曲线图说明这两种变化的影响。在这两幅图上,标出长期均衡点 A 点和上述变动所引起的短期均衡点 B 点。说明以下变量分别上升了、下降了,还是影响不确定:产量、失业率、物价水平、通货膨胀率。

   b. 假设美联储迅速对上述冲击做出反应并调整货币政策,以使失业率和产量保持在各自的自然水平上。它可能会采取什么行动?在问题 a 中的同一组图形上标明结果。把新均衡点标为 C 点。

   c. 为什么美联储可能选择不采取问题 b 中所描述的行动?

第13篇
最后的思考

| 第37章 |
宏观经济政策的六大争论

| 第38章 |
经济学家如何使用数据

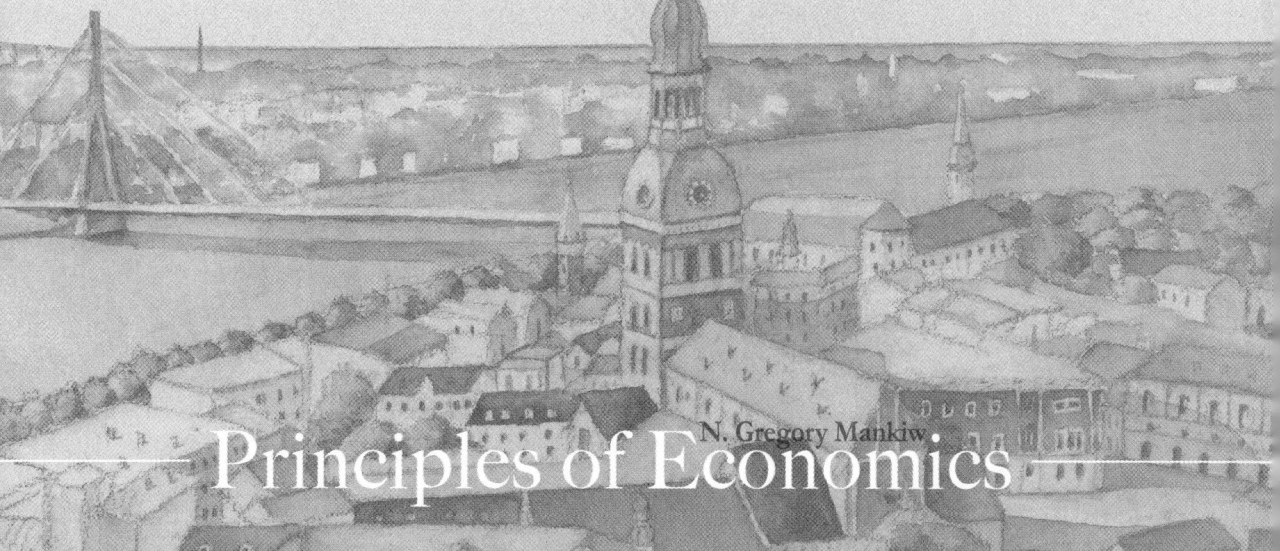

第 37 章 宏观经济政策的六大争论

政治家或评论家一直在建议改变经济政策。总统应该提高税收以减少预算赤字,还是不用担心预算赤字?美联储应该降低利率以刺激徘徊不前的经济,还是应该提高税率以应对通货膨胀?国会应该改革税制以进一步促进经济增长,还是应该改革税制以实现更为平等的收入分配?这些经济问题始终是美国和世界上其他国家政治争论的中心。

前面几章提出了经济学家用来分析整体经济状况以及政策对经济的影响的工具。本章将讨论六个关于宏观经济政策的经典问题。长期以来,经济学家在这些问题上一直存在争论,而且很可能还要继续争论很多年。你在这门课程中所积累的知识为我们讨论这些重要且尚无定论的问题提供了基础。它可以帮助你在这些争论中选择支持一方,或者至少可以让你明白,为什么选择支持其中的一方如此困难。

37.1 货币政策与财政政策制定者应该试图稳定经济吗

我们在前三章中讨论了总需求与总供给的变动会如何引起生产和就业的短期波动,还说明了货币政策与财政政策会如何使总需求发生变动,并影响这些波动。但是,即使政策制定者可以影响短期经济波动,是否就意味着他们应该这样做呢?人们争论的第一个问题涉及货币政策与财政政策制定者是否应该积极尝试平滑经济周期。

37.1.1 支持强力稳定政策的理由

如果放任不管,经济就会发生波动。例如,当家庭和企业变得悲观时,它们就会削减支出,从而减少物品与服务的总需求。总需求的减少进而又使物品与服务的生产减少。企业裁员,失业率上升。真实 GDP 和其他收入衡量指标下降。失业上升和收入下降进一步强化了最初引起经济下行的悲观情绪。

这种衰退对社会无益——它代表资源的绝对浪费。那些因为总需求减少而失业的工人宁愿去工作。那些设备闲置的企业更希望生产有价值的物品与服务，并通过销售这些物品与服务获得利润。

社会没有理由要承受经济周期涨落之苦。宏观经济理论表明了政策制定者可以如何减轻经济波动的严重程度。通过"逆风向行事"，货币政策与财政政策可以稳定总需求、生产和就业。当总需求不足以确保充分就业时，政策制定者应该增加政府支出、减税，同时扩大货币供给并降低利率。当总需求过大，引起更高通货膨胀的风险时，政策制定者应该削减政府支出、增税，同时减少货币供给并提高利率。这些政策措施通过维持更稳定的经济，并使每个人从中受益而使宏观经济理论得到最好的运用。

37.1.2　支持适度稳定政策的理由

在理论上，货币政策与财政政策可以用来稳定经济，但在实践中面临重大障碍。

一个问题是，货币政策和财政政策并不能立即影响经济，其发生作用要有一个相当长的时滞。货币政策主要通过改变利率进而影响支出，特别是住房投资支出和企业投资支出来影响总需求。但由于许多家庭和企业会提前确定他们的支出计划。因此，通过利率变动来改变物品与服务的总需求需要时间。研究表明，货币政策变动在实施后大约6个月才会对总需求产生影响。

左图中的书名为《即将来临的繁荣》，右图中的书名为《即将来临的崩溃》。——译者注

图片来源：© Frank Modell/The New Yorker Collection/The Cartoon Bank.

财政政策的作用存在时滞源于政府改变支出与税收的漫长政治程序。在美国，要想做出一项重大的财政政策变动决策，提案必须经过国会委员会的审议，由众议院与参议院通过，并由总统签署。一项重要的财政政策变动从提出、通过到实施也许需要数年时间。

由于这种时滞，那些想稳定经济的政策制定者就要提前预测他们的措施起作用时可能存在的经济状况。遗憾的是，经济预测并不精确，这部分是因为宏观经济学是一门相对原始的科学，部分是因为引起经济波动的冲击在本质上是无法预测的。这就意味着，当政策制定者改变货币政策或财政政策时，他们不得不依靠对未来经济状况所做的学理式的猜测。

很多时候，努力稳定经济的决策最终产生了相反的效果。在一种政策从开始实施到发挥作用的这段时间内，经济状况很容易发生变动。结果，政策制定者可能无形中加剧了而不是熨平了经济周期。一些经济学家声称，历史上许多重大的经济下行，包括20世纪30年代的大萧条，都可以归因于不稳定的政策措施。

医生在培训初期学到的规则都是"首先，不要造成伤害"。人体有自我恢复能力。当遇到一个病因尚不能确定的患者时，医生通常应该什么也不做，让患者自行恢复。在缺乏可靠知识的情况下进行干预，可能会使情况变得更糟糕。

治疗一个"患病"的经济也是如此。如果政策制定者可以消除所有经济波动，这样做会是合意的，但是由于宏观经济知识有限以及世界上许多事件固有的不可预测性，这样的目标是不现实的。对货币政策与财政政策制定者来说，当经济下行严重或持续时间较长时，干预是合理的，但不能指望他们可以防止每一次衰退，在大多数情况下，不破坏经济就不错了。

即测即评37-1　800
（扫码答题）

37.2　政府反衰退应该增加支出还是减税

当乔治·W.布什在2001年当选总统时，美国经济正陷入衰退。他的反对方案是降低税率。当巴拉克·奥巴马在2009年当选总统时，美国经济正处于大衰退的中期，这也是几十年来最严重的一次衰退。奥巴马的应对方案是实施一揽子经济刺激计划，不仅包括某些减税措施，而且还包括政府支出的大幅增加。这两种政策的对比表明了一个经典的宏观经济学问题：哪一种财政政策工具——政府支出还是税收——更适用于减轻经济衰退的严重性？

37.2.1　支持通过增加支出来反衰退的理由

凯恩斯在20世纪30年代大萧条（美国历史上最严重的经济衰退）时期写出了《就业、利息和货币通论》一书。从那时起，经济学家们就明白了经济衰退期间的基本问题是总需求不足。当企业不能售出足够的物品与服务时,它们就会减少生产与就业。终结经济衰退的关键是把总需求恢复到与充分就业一致的水平。

货币政策通常是应对经济衰退的第一道防线。通过增加货币供给,中央银行降低了利率。较低的利率减少了为投资项目(如新工厂和新住房等)融资而借款的成本。增加的投资支出增加了总需求,并有助于生产和就业恢复到正常水平。

财政政策还提供了应对经济衰退的另一种工具。当政府减税时,它增加了家庭的可支配收入,从而鼓励其增加消费支出。当政府购买物品与服务时,它直接增加了总需求。此外,这些财政措施具有乘数效应:更高的总需求引起更高的收入,这又引起额外的消费支出,并进一步增加总需求。

当货币政策工具失效时,财政政策尤其有用。例如,在2008年和2009年的大衰退以及2020年的新冠疫情衰退期间,美联储把其目标利率降至接近于零。尽管一些中央银行设定了略为负的利率目标,但利率不能低于零太多,因为在某个点上,人们宁愿持有现金也不愿意把它借出去。当目标利率触及这一实际上的零利率下限时,美联储就失去了刺激经济最有力的工具。非常规的货币政策(例如量化宽松和前瞻性指引)或许有用,但可能是低效的。在这种情况下,政府为了增加总需求而转向财政政策——政府支出和税收——就是自然而然的了。

传统的凯恩斯主义分析表明,增加政府购买是一种比减税更有效的工具。当家庭从减税中获得额外的可支配收入时,他们可能将一部分额外收入用于储蓄,而不是全部花掉(特别是如果家庭认为减税是暂时的,而不是持久的,那么情况就更是如此)。用于储蓄的那部分额外收入对物品与服务的总需求并没有什么贡献。相比之下,当政府支出1美元购买物品或服务时,这1美元立即且完全地增加了总需求。

2009年,奥巴马政府的经济学家用了一个传统的宏观经济模型来计算这些效应的大小。根据他们的模型模拟结果,政府每减税1美元,GDP将增加0.99美元,而政府购买每增加1美元,GDP将增加1.59美元。由于政府支出增加比减税的"性价比"更高,因此在2009年应对衰退的政策措施中,联邦税收减少得较少,而联邦支出增加得较多。

政策制定者关注三类支出:第一,用于"现建现用"项目的支出。这些项目是维修高速公路和桥梁等公共工程项目,可以马上开工,让失业者重新就业。第二,联邦政府对州和地方政府的援助。由于很多州和地方政府在宪法上要求实现预算平衡,而在衰退期间税收收入减少,因此州和地方政府不得不解雇教师、警察和其他公务人员;联邦政府的援助阻止了这种情况的发生,或者至少降低了其严重性。第三,通过失业保障制度增加对失业者的补助。由于失业者往往在经济上存在困难,因此他们通常都会把额外的收入用于支出而不是储蓄。这种转移支付对总需求——从而对生产和就业——的贡献大于减税。根据奥巴马政府所用的宏观经济模型,到总统任职的第二年年末,8 000亿美元的经济刺激计划会创造或挽回300多万个工作岗位。

要知道这些刺激措施的效用到底有多大实际上是不可能的。由于历史不能重来,我们无法知道,如果没有经济刺激计划,经济状况将会怎样。但有一件事是显而易见的:2008—2009年的经济衰退虽然严重,但它也可能会更糟。在20世纪30年代的大萧条时期,美国的真实GDP下降了27%,失业率达到25%。而在2008—2009年的经济大衰退中,真实GDP仅下降了4%,失业率仅达到10%。根据GDP或失业率来判断,这次大衰退还没有达到20世纪30年代大萧条的规模。

37.2.2 支持通过减税来反衰退的理由

用税收政策来刺激低迷的经济有着长期的传统。肯尼迪总统就把减税作为主要的经济举措之一,其减税方案最终在1964年约翰逊总统任期内获得通过。里根在1981年当选总统时,也签署了大幅减税的法案。这两次减税后都很快就出现了强劲的经济增长。

减税对总需求和总供给都有重要的影响。正如传统的凯恩斯主义分析所强调的,减税通过增加家庭的可支配收入而增加总需求。但是,减税也可能通过改变激励而增加总需求。例如,如果减税采取扩大投资税收抵免的形式,就可能引起投资品支出的增加。由于在经济周期中,投资支出是GDP中最易变化的组成部分,因此刺激投资是结束衰退的关键。政策制定者可以用精心设计的税收政策把刺激投资作为目标。

减税在增加总需求的同时,也可以增加总供给。当政府降低边际税率时,工人可以把他们赚到的任何收入中的更大部分留下来。结果,失业者就更有动力去找工作,就业者也更有动力去工作更长时间。总供给与总需求的同时增加意味着,可以在不增加通货膨胀压力的情况下扩大物品与服务的生产。

在衰退期间增加政府支出存在各种问题。首先,理性的消费者明白,更高的政府支出以及为其融资而必需的政府借债,可能会引起未来的税收增加。这些对未来税收的预期会引起消费者削减今天的支出。而且,与大多数税收一样,这些未来的税收也会引起各种无谓损失。当企业家预见到未来的经济会有更大的扭曲时,他们就会降低对未来利润的预期,并减少今天的投资支出。由于这些效应,政府支出乘数很可能比传统上所认为的要小。

政府能否明智且迅速地花钱也远非明确。大量政府支出项目往往需要数年的规划，因为政策制定者和投票者要评估诸多方案的成本和收益。但当衰退期间失业率急剧上升时，增加总需求的要求是迫切的。如果政府试图谨慎规划其支出，可能就无法及时增加总需求。但如果政府迅速增加支出，结果就可能以设计不佳的公共项目而告终，这些项目创造了暂时的就业机会但并没有多大持续价值，而且给未来的纳税人留下了一些政府债务。

减税的优点在于分散了支出决策，而不是依靠集中和烦琐的政治程序。家庭把他们的可支配收入用于其认为有价值的东西上。企业把它们的投资资金用于其预期有利可图的项目上。这表明减税可能是应对经济衰退的更好工具。

37.3　货币政策应该按规则制定还是相机抉择

正如我们在货币制度那一章中知道的，美国的货币政策由联邦公开市场委员会制定。该委员会大约每六个星期召开一次会议评估经济状况，以确定联邦基金利率水平是上升、下降还是保持不变。在某些情况下，它也会选择非传统的货币措施，如量化宽松和前瞻性指引。

联邦公开市场委员会在实施货币政策方面采用广泛的相机抉择方式。创建美联储的法律仅对美联储应追求的目标提供了有限的指导。《1913年联邦储备法案》的1977年修正案中写道，美联储"应保持货币总量和信贷总量的长期增长，与经济长期增加生产的潜力相称，以有效促进最大就业、物价稳定和适度长期利率目标的实现"。但是，该法案并没有具体规定这些不同目标所占的比重，也没有告诉美联储如何实现其可能选择的任何目标。

一些经济学家对这种制度设计持批评态度。因此，我们关于宏观经济政策的下一个争论就集中于是否应该减少美联储的相机抉择权，而使其遵循某种货币政策的制定规则。

37.3.1　支持基于规则的货币政策的理由

货币政策实施中的相机抉择存在两个问题。第一，无法限制能力不足及权力滥用问题。当政府派警察到一个社区去维护当地秩序时，会对警察应如何完成工作给予严格的指示。因为警察有很大的权力，让他们随心所欲地行使权力是危险的（即便如此，对警察执行警务的争议也是极为普遍的）。然而，当政府赋予中央银行领导人维持经济秩序的权力时，却很少为他们提供指导，而是允许货币政策制定者不受约束地相机抉择。

中央银行领导人滥用权力的一个例子是，有时他们试图用货币政策来影响总统竞选的结果。假设现任总统的连任选票取决于他再次参加竞选时的经济状况。一个对现任总统有好感的中央银行领导人就会选择在大选之前实行扩张性货币政策，以刺激生产和就业，因为他知道这样做所引起的通货膨胀在大选之后才会显现。在中央银行领导人与政治家结盟的情况下，相机抉择政策就会引起反映选举日程的经济波动。经济学家称这种波动为政治性经济周期。例如，在1972年大选前，尼克松总统向美联储主席阿瑟·伯恩斯施压，要求其采取更为扩张的货币政策，以扩大尼克松的连任机会。

第二，更为微妙的问题是，相机抉择的货币政策所引起的通货膨胀会高于合意的水平。我们从假想的美联储主席Frida的角度来看待这个问题。Frida知道通货膨胀和失业之间不存在长期的权衡取舍，而且她认为通货膨胀是有代价的，因此她宣布美联储的目标是零通货膨胀。然而，一旦公众形成了通货膨胀预期，Frida就面临通货膨胀与失业之间的短期权衡取舍。她只好放弃其关于物价稳定的声明，以减少失业。这种声明（政策制定者说他们要做什么）和行动（政策制定者后来实际上做了什么）之间的不一致性被称为政策的前后不一致性。由于政策制定者经常是前后不一致的，因此当中央银行领导人宣布他们打算降低通货膨胀率时人们往往表示怀疑。换句话说，人们预期的通货膨胀率总要高于货币政策制定者宣称要实现的通货膨胀率。更高的通货膨胀预期又使短期菲利普斯曲线向上移动，这就使通货膨胀与失业之间的短期权衡取舍比原来更为不利。

避免与相机抉择有关的这两个问题的一种方法是让中央银行遵循某种政策规则。例如，假设国会通过一项法律，要求美联储每年正好增加3%的货币供给。（为什么是3%？因为美国的真实GDP平均每年增长3%；又因为货币需求随真实GDP的增加而增加，3%的货币供给增长大体上可使长期物价水平保持稳定。）这种法律将消除美联储的能力不足与权力滥用问题，而且将杜绝政治性经济周期现象。此外，政策也不再有前后不一致性。人们现在会信任美联储的低通货膨胀声明，因为法律要求美联储实行低通货膨胀的货币政策。在预期通货膨胀低时，经济将面临较为有利的通货膨胀与失业之间的短期权衡取舍。

关于货币政策的另一些规则也是可能的。一种较为积极的规则允许货币政策根据经济状况做出改变。例如，较为积极的规则可以规定失业率每高于自然失业率1个百分点，美联储就可以将货币增长率提高1个百分点。无论规则的准确形式是什么，让美联储遵循某种规则都可以通过限制能力不足、权力滥用和避免货币政策实施过程中的前后不一致性而带来好处。

37.3.2 支持相机抉择的货币政策的理由

相机抉择的货币政策可能有一些缺点,但它也有一个重要的优点:灵活性。面对不断变化的环境,美联储无法预见到所有的情况。20 世纪 30 年代,破产银行的数量创下历史纪录。70 年代,全世界的石油价格飙升。1987 年 10 月,股市在一天之内下跌了 22%。从 2007 年到 2009 年,房价下跌,而且丧失赎回权的住房大大增加,金融体系陷入混乱。2020 年,一场疫情导致经济中的大部分领域停摆。美联储必须决定如何应对这些经济冲击。政策规则的设计者不可能考虑到所有的突发情况,并提前详细提出正确的政策应对措施。更好的做法是任命优秀人才来实施货币政策,并给他们自由以使其尽可能做到最好。

此外,所谓的相机抉择问题很大程度上是假想的。例如,政治性经济周期在实践中的重要性远未明确。1972 年,尼克松向伯恩斯施压,但尚不清楚他是否成功改变了货币政策:利率在大选年上升了。而且在某些情况下,情况似乎恰恰相反。1979 年,吉米·卡特总统任命保罗·沃尔克为美联储主席。然而,同年 10 月,沃尔克转而实施紧缩性货币政策,以便应对他从前任那里接手的高通货膨胀。沃尔克决策的可预期结果是导致衰退,而且这种预期的衰退结果使卡特的支持率下降。沃尔克采取了他认为符合国家利益的举措,尽管这些举措使卡特在 1980 年 11 月的大选中败给了罗纳德·里根。

前后不一致性在实践中的重要性也远远没有明确。虽然人们往往怀疑中央银行的声明,但中央银行领导人可以通过履行自己的诺言而在长期中赢得信任。20 世纪 90 年代和 21 世纪初期,尽管面对利用通货膨胀与失业之间短期权衡取舍的诱惑,但美联储仍实现并维持了低通货膨胀。这一经历表明,实现低通货膨胀并不一定要求美联储遵循某种政策规则。

任何一种以规则替代相机抉择的努力都必然面临制定精确规则的艰巨任务。尽管有许多研究考察了可供选择的不同规则的成本与收益,但经济学家们对于什么是好规则并没有达成共识。在达成这种共识之前,社会除了让中央银行领导人相机抉择地实施他们认为合适的货币政策,别无他选。

即测即评37-3
(扫码答题)

参考资料

通货膨胀目标制

过去几十年间,世界各国的许多中央银行采取了一种被称为通货膨胀目标制的政策。有时中央银行会宣布其未来几年的通货膨胀率目标,有时是以国家立法的形式规定中央银行的通货膨胀目标。

通货膨胀目标制并不是承诺一个不变的规则。在所有采用通货膨胀目标制的国家,中央银行仍有一定的相机抉择权力,通货膨胀目标通常被设定为一个范围——例如通货膨胀率为 1%~3%——而不是一个特定的数值。因此,中央银行可以在这个范围内选择自己想要的水平。而且,如果某些事件(例如世界石油价格冲击)使通货膨胀率超出了目标范围,有时还允许中央银行至少暂时性地调整通货膨胀目标。

虽然通货膨胀目标制赋予了中央银行某种相机抉择的权力,但该政策确实限制了相机抉择的使用范围。当一个中央银行被简单告知要"做正确的事"时,它就很难被问责,因为人们永远可以争论什么才是正确的。相比之下,当一个中央银行有一个通货膨胀目标时,公众就可以很容易判断中央银行是否实现了其目标。通货膨胀目标制并没有束缚中央银行的手脚,反而提高了货币政策的透明度和问责性。在某种意义上,通货膨胀目标制是规则与相机抉择之争的一种妥协。

与其他国家的中央银行相比,美联储在采用通货膨胀目标制上进展缓慢(尽管一些评论者长期以来一直认为美联储有一个隐含的通货膨胀目标,约为 2%)。2012 年 1 月,联邦公开市场委员会使这一政策更为明朗,它发表了以下言论:

> 长期中的通货膨胀率主要由货币政策决定,因此委员会有能力确定一个长期的通货膨胀目标。委员会认为,按个人消费支出物价指数的年变动量衡量,把通货膨胀率确定为 2% 左右在长期与美联储的身份和使命最为一致。向公众明确传达这一通货膨胀目标有助于保持长期通货膨胀预期的稳定,从而稳定物价和形成适当的长期利率,并提高委员会在面对重大的经济动荡时促进最大就业的能力。

美国的通货膨胀目标化是一项不断发展的政策。2020 年 8 月,美联储表示,它追求的是 2% 的"平均"通货膨胀率,而不是严格的 2% 的目标。它并没有说明根据哪个时间范围来计算平均值。这种变化为美联储的政策制定提供了更大的灵活性。

37.4 中央银行应该把通货膨胀率接近于零作为目标吗

我们在第 1 章中提出的经济学十大原理之一是,当政府发行了过多货币时,物价上升。另一个原理是,社会面临通货膨胀与失业之间的短期权衡取舍。这些原理在整本书中得到了更为充分的阐释。把这两个原理放在一起就向政策制定者提出了一个问题：中央银行的目标通货膨胀率应该是多少？

37.4.1 支持接近于零的通货膨胀率的理由

通货膨胀对社会无益，却产生了一些成本。经济学家确定了通货膨胀的六种成本：

- 与减少货币持有量相关的皮鞋成本；
- 与频繁调整价格相关的菜单成本；
- 相对价格变动的加剧；
- 由于税制非指数化引起的意想不到的税收负担变动；
- 由于计价单位变动引起的混乱和不方便；
- 债务人与债权人之间任意的财富再分配。

一些经济学家认为上述成本并不高，另一些经济学家则认为上述成本高昂，即使在温和的通货膨胀时期也是如此。此外，很多民众也不喜欢通货膨胀。例如，2021年，当美国通货膨胀率上升到6%左右时，民意调查表明通货膨胀是美国面临的主要问题之一。

我们必须把低通货膨胀的好处与实现它的代价进行比较。正如短期菲利普斯曲线所表明的，降低通货膨胀率通常要有一个高失业和低产量的时期。但这种反通货膨胀所引起的衰退仅仅是暂时的。一旦人们明白了政策制定者的目标是低通货膨胀，通货膨胀预期就会下降，从而改善菲利普斯曲线的短期权衡取舍。由于人们对通货膨胀预期的调整，在长期中并不存在通货膨胀与失业之间的权衡取舍。

因此，降低通货膨胀率是一项暂时有成本但长期有收益的政策。一旦反通货膨胀引起的衰退结束，低通货膨胀的收益就会持续到未来。如果政策制定者有远见卓识，他们就应该愿意为持久的收益而付出暂时的成本。这正是保罗·沃尔克在20世纪80年代初所做的计算，当时他实行了紧缩性货币政策，使通货膨胀率从1980年的约10%降到了1983年的约4%。尽管1982年美国失业率达到了大萧条以来的最高水平，但是经济最终走出了衰退，并使低通货膨胀状态一直持续下去。直到今天，沃尔克仍被认为是中央银行领导人中的一位杰出代表。

此外，降低通货膨胀的成本也并不一定像一些经济学家所认为的那样高。如果美联储宣布一项关于低通货膨胀的可信承诺，它就可以直接影响通货膨胀预期。这种预期的变动会改善通货膨胀与失业之间的短期权衡取舍，使经济以较低的成本实现较低的通货膨胀。这种策略的关键是可信度：人们必须相信美联储会实施它所宣布的政策。国会可以通过使物价稳定成为美联储主要目标的立法来帮助人们建立信任。这种法律会使实现低通货膨胀的成本更低,而且并不减少它所带来的任何收益。

37.4.2 支持适度通货膨胀的理由

实现接近于零的通货膨胀率——而不是比如每年4%——的收益并不高,但它的成本高昂。对牺牲率的估算表明,通货膨胀率每降低1%,当年产量要减少5%左右。把通货膨胀率从4%降至零,就要求当年产量减少20%。人们不喜欢4%的通货膨胀率,但他们是否愿意(或应该)为摆脱通货膨胀而付出一年收入的20%也不得而知。

反通货膨胀的社会成本甚至比20%还要高,因为损失的收入并不是平均分摊到所有人身上。当经济进入衰退时,所有的收入并不是同比例地下降。相反,总收入的下降集中在那些失业的人身上。首当其冲的往往是技术和经验最少的工人。因此,降低通货膨胀率的大部分成本要由那些承受能力最差的人来承担。

经济学家列出了通货膨胀的一些成本,但对这些成本是不是很高并没有一致看法。皮鞋成本、菜单成本和经济学家确认的其他成本看起来并不高,至少对于温和的通货膨胀来说是如此。人们确实不喜欢通货膨胀,但人们也可能被误导从而相信通货膨胀错觉——一种认为通货膨胀会降低生活水平的观点。经济学家知道,长期中的生活水平取决于生产率,而不取决于货币政策。由于名义收入上升与物价上升总是同时发生的,因此用紧缩性货币政策降低通货膨胀率并不会使真实收入提高得更快。

此外,政策制定者可以实际上并不降低通货膨胀率从而降低通货膨胀的许多成本。他们可以通过重新制定税法以考虑通货膨胀的影响,从而消除税制非指数化带来的问题。他们还可以像克林顿政府在1997年所做的那样,通过发行指数化政府债券来减少由未预期到的通货膨胀所引起的债权人与债务人之间的财富任意再分配。鼓励更广泛地使用这种债券可以使政府债务持有人免受通货膨胀的影响。

如果可以像一些经济学家认为的那样不付出任何代价而降低通货膨胀率,这当然是合意的。但这在实践中很难实现。当各国降低其通货膨胀率时,它们几乎总要经历一个高失业和低产量的时期。认为中央银行可以很快获得信任从而使反通货膨胀没有成本的想法是危险的。

实际上,反通货膨胀所引起的衰退在经济中会留下持久性的印记。在衰退期间,所有行业的企业都大幅减少对新工厂和新设备的支出,这使投资成为GDP中最易变动的一个部分。即使在衰退结束以后,资本存量的减少也会使生产率、收入和生活水平下降到其原本能够达到的水平之下。此外,当工人在衰退中成为失业者时,他们失去了工作技能,从而永久地降低了他们作为工人的价值。

轻微的通货膨胀甚至可能是一件好事。一些经济学家认为,通货膨胀是劳动市场的"车轮润滑剂"。由于工人抵制名义工资的下降,因此在物价水平上升时降低真实工资更容易实现。所以,通货膨胀使得根据劳动市场的变动来调整真实工资更为容易。

此外,通货膨胀还使负真实利率成为可能。名义利率绝不会低于零,因为债权人可以一直持有自己的货币而不会以负利率把它们贷出去。如果通货膨胀率为零,真实利率就永远不可能是负的。但是,如果通货膨胀率是正的(比如4%),那么通过调低名义利率就有可能实现-4%的真实利率。有时经济可能需要负的真实利率来提供对总需求的足够刺激——零通货膨胀率下就排除了这种选择。

根据所有这些观点,政策制定者为什么要让经济通过一个代价高昂、不平等的反通货膨胀引起的衰退来实现零通货膨胀目标呢?曾经担任美联储副主席的艾伦·布林德(Alan Blinder)在其著作《冷静的头脑,仁慈的心》中指出,政策制定者不应该做出这种选择:

(即测即评37-4)
(扫码答题)

> 达到美国和其他工业化国家所经历的低且温和的通货膨胀的代价看来是非常适当的——社会更像是得了重感冒,而不是患了癌症……作为理性个体,我们并不会为了治愈感冒而自愿做大手术。但是,作为一个集体,我们却经常用经济上的大手术(高失业)来治疗类似感冒的通货膨胀。

布林德的结论是,学会与温和通货膨胀共存会更好一些。

新闻摘录 货币政策的目标

两位经济学家认为美联储应该限制其关注点。

美联储的职责是对经济负责,而不是"平等"
Michael T. Belongia, Peter N. Ireland

圣路易斯联邦储备银行正在筹建一家"经济平等研究院",其目的是"支持一个无论种族、民族、性别和地域,每个人都可以受益的经济体",尤其关注"历史上被边缘化群体的经济状况"。波士顿、亚特兰大和明尼阿波利斯的联邦储备银行也正在落实它们自己的相关倡议。参议员 Pat Toomey(宾夕法尼亚州共和党人)合情合理地问这些地区银行的行长:银行在制定货币政策时是否应该考虑社会公平和正义?

要理解上述倡议的来龙去脉,就要想想

美联储的使命和独立性。《联邦储备法》要求美联储制定货币政策应遵循"有效促进充分就业、物价稳定和适中的长期利率的目标"。每个目标关注的都是整个经济成果，而不是经济的某个特定部门或者某些物品的价格。

换句话说，货币政策工具不是为了降低汽车或者钢铁行业的失业率。货币政策的目标不是让汽油保持低价，而是要维持一篮子商品平均价格的适度和稳定上升。

所有中央银行都要面对整体经济表现与某些特定利益群体的福利之间的矛盾冲突。比如，利率在最近很长一段时期内都是历史低水平，这降低了储户的收益率。但同时，较低的利率也降低了购买房子、汽车和其他耐用品的成本。

美元价值的降低有利于美国出口，因为它使美国物品相对于外国购买者来说不那么昂贵了。但是这会损害美国消费者的利益，因为进口物品的价格上升了。如果美联储进行这些权衡而不关注整体经济的表现，它应该选择实施宽松性货币政策还是紧缩性货币政策？它完全了解，每一项举措都有人受益，有人受损。无论遗憾与否，为了追求整体经济的最佳结果，货币政策难免会带来各种分配后果。

整体和特定部门之间的矛盾冲突说明了中央银行应该是"独立的"机构，这样才能使它与政治压力绝缘。但是独立性并不意味着中央银行可以自行设定目标，这些目标通常由立法机关确定。

尽管美联储不能自行选择其货币政策目标，但它在选择实现这些目标的策略方面有很高的自由度和独立性。美联储可以选择设定利率目标或者货币供应增长目标，但这些只是为了实现国会所提出的目标的功能性手段。而立法者可以就美联储是否充分实现了它的使命进行问责。

如果美联储要忠诚于实现"充分就业、物价稳定和适中的长期利率"的法定目标，它还能追求它的新目标"平等"吗？

为了追求"平等"，美联储是否计划更多地介入信贷分配？如果是的话，美联储打算用什么工具来实现？为了实现"历史上被边缘化群体"的平等目标，是不是需要改变货币政策对储蓄者、借款人、出口商和消费者的分配效应？可能最根本的问题是，美联储应如何定义"平等"？

美联储的新倡议使中央银行面临与其独立机构的身份不符的政治压力。当然，如果美联储想丧失其独立性，它现在所做的倒可以说是正中其下怀。

讨论题

1. 你是否同意作者的观点，即美联储不应该关注社会平等问题？为什么？
2. 如果美联储听从作者的建议，那么应该由哪些机构来关注社会平等问题？为什么这些机构更适合解决社会平等问题？

Michael T. Belongia，密西西比大学经济学教授。Peter N. Ireland，波士顿学院经济学教授。

资料来源：*The Wall Street Journal*, June 10, 2021.

37.5 政府应该平衡其预算吗

政府债务问题一直是宏观经济争论的主题。只要政府的支出大于以税收形式获得的收入,它就要通过发行政府债券来弥补这种赤字。我们对金融市场的研究显示了预算赤字如何影响储蓄、投资和利率。但是,预算赤字是多大的问题呢?下一个争论涉及财政政策制定者是否应该高度重视政府预算的平衡。

37.5.1 支持平衡预算的理由

美国联邦政府今天的负债远远高于40年前的水平。1980年的联邦政府债务是7 120亿美元,而2021年的联邦政府债务是224 000亿美元。如果用这一债务总额除以美国的人口总数,那么每个人分摊的政府债务约为68 000美元。

政府债务是把负担加在了子孙后代身上。当这些债务和累积的利息到期时,这些人就将面临一个艰难的选择。为了把资源用于偿还债务和支付累积的利息,他们可以选择某种较高税收和较少政府支出的组合。或者,他们可以通过再借新债来偿还旧债务和支付利息以延迟偿还的日期,并使债务负担更重。实际上,当政府有预算赤字并发行债券时,它就允许当代纳税人把某些政府支出的账单转移给下一代纳税人。继承这样的巨额债务将降低子孙后代的生活水平。

此外,预算赤字还会对宏观经济产生影响。由于预算赤字代表负的公共储蓄,因此它降低了国民储蓄(私人储蓄与公共储蓄之和),从而引起真实利率上升和投资减少。投资减少引起一定时期内的资本存量减少,后者又降低了劳动生产率、真实工资和经济中物品与服务的产量。简言之,当政府债务增加时,子孙后代就会出生在一个收入更低、税收更高的经济中。

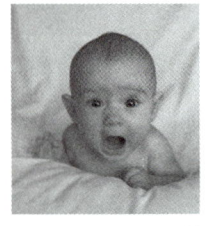

"什么?我分担的政府债务是68 000美元?"

图片来源:Dmisfotos/Shutterstock.com.

当然,在某些情况下预算赤字也是合理的。在历史上,政府债务增加最常见的原因是战争。通过借债为这种短期军事支出筹资是合理的,因为如果不这样做,战争期间的税收就不得不迅速增加。这种高税率会导致严重的无谓损失。此外,这种高税率对当代纳税人也是不公正的,因为他们为战争做出了牺牲,他们所保卫的安全与自由不仅是为了他们自己,也是为了子孙后代。

同样,在经济下行时期允许预算赤字存在也是合理的。当经济进入衰退时,税收收入自动减少,因为所得税和工薪税都是根据收入征收的。而且随着越来越多的人有资格享受失业保险,政府支出也会自动增加。如果政府在衰退时期竭力保持预算平衡,它就不得不在高失业时增加税收或减少支出。这种政策会在正需要刺激总需求的时候抑制总需求,从而加剧经济波动。

然而,并不是所有预算赤字都可以用战争或经济衰退来解释。2021年,国会预算办公室(CBO)预测,如果当前的政策持续下去,美国政府的债务占GDP的比重会从2021年的102%上升到2040年的195%。而且CBO的这一预测是基于美国在这一时期国家既没有重大军事冲突又没有重大经济衰退的乐观假设。政府之所以计划维持一定规模的预算赤字,仅仅是因为总统和国会让联邦政府实施各项支出计划,而没有通过必要的税收为这些计划筹资。

这些政策是不可持续的。最终政府需要采取措施来使支出与税收收入相一致。争论的问题是,财政调整是采用减少支出的形式、增加税收的形式,还是两者的结合? 与持续的预算赤字相比,平衡预算意味着更多的国民储蓄、增加的资本积累和更快的经济增长。这意味着未来的人们将生活在一个更加繁荣的经济中。

37.5.2　反对平衡预算的理由

政府债务问题往往被夸大了。虽然政府债务确实代表年轻一代的税收负担,但与平均每个人一生的收入相比,这一负担并不算重。美国联邦政府的债务是人均68 000美元左右。那些工作40年且每年收入5万美元的人一生赚取的收入为200万美元。换句话说,政府债务只占一个普通人一生收入的3.4%。

孤立地看待预算赤字容易产生误解。预算赤字只是政府如何选择筹集并支出资金的整体情况的一部分。在制定财政政策时,政策制定者会以许多方式影响各代纳税人。预算赤字或盈余问题应该与这些政策放在一起来评估。

例如,假设政府通过削减公共投资,比如教育支出来减少预算赤字。这种政策会使年轻一代的状况变好吗? 政府的债务少了,从而将减轻他们的税收负担。然而,如果他们受到的教育变少了,他们的生产率和收入就会降低。许多研究发现,教育收益(在学校多受一年教育所引起的工人工资的增加)是巨大的。从整体来考虑,通过削减教育支出来减少政府预算赤字会损害子孙后代的利益。

仅仅关注预算赤字也是危险的,因为它转移了人们对其他各种代际收入再分配政策的注意力。例如,20世纪60年代和70年代,美国联邦政府增加了对老年人的社会保障补助。它通过提高对工作年龄人口的工薪税来为这种更高的支出筹资。这种政策尽管没有影响政府债务,但是把年轻一代的收入再分配给了年老一代。这种政策的好与坏是另一个争论的主题。我们在这里想说明的是，预算赤字问题只是政府政策如何影响各代人福利这个大问题的一小部分。

在某种程度上，具有远见卓识的父母可以扭转政府债务的不利影响。假定政府削减税收并有预算赤字。父母可以通过储蓄和为子女投资（或者通过为子女留下遗产的方式）来抵消这种影响。这些遗产可以提高其子女承受未来税收负担的能力。如果每个人都这样做，父母较高的私人储蓄就可以抵消预算赤字的公共负储蓄，从而赤字将不会影响经济。尽管大多数经济学家怀疑父母是否会如此有远见，但有些人确实会这样做。关键是赤字使一些人有机会以子女的损失为代价来消费，但并没有要求他们一定这样做。如果政府债务的确是子孙后代面临的一个大问题，那么一些父母就会帮助子女解决这个问题。

预算赤字的批评者有时断言，政府债务不能永远持续下去，但实际上它可以。正如银行评价一个贷款申请人时会比较这个人的债务与收入一样，我们也应该评价相对于国民收入规模的政府债务负担。由于人口增长和技术进步使美国经济的总收入一直在增长，因此，美国支付政府债务利息的能力也一直在增强。只要政府债务的增长慢于国民收入的增长，就没有什么能够阻止政府债务的持续增长。

一些数据可以让我们全面地看待赤字问题。CBO 估计，美国经济的真实产量平均每年增长 2% 左右。如果通货膨胀率是每年 2%（美联储的通货膨胀率目标），那么名义收入每年将增长 4%。因此，政府债务可以每年增长 4%，而不会提高债务与收入的比率。2021 年，联邦政府债务是 22.4 万亿美元，这个数字的 4% 大约是 9 000 亿美元。只要联邦预算赤字小于 9 000 亿美元，这种政策就是可持续的。

总之，巨大的预算赤字不能永远持续下去。2020—2021 年新冠疫情期间，美国联邦政府每年的预算赤字达到 2.7 万亿美元，这在长期中是不可持续的。但对财政政策制定者来说，零预算赤字也是一个错误的目标。只要预算赤字规模是适度的，就永远不会有政府借款结束或经济崩溃的那一天。

37.6 应该为了鼓励储蓄而修改税法吗

一国的生活水平取决于它生产物品与服务的能力。这是第 1 章阐述的经济学十大原理之一。正如我们在"生产与增长"那一章中所说明的，一国的生产能力主要取决于它为未来储蓄和投资了多少。最后一个争论是，政策制定者是否应该修改税法，以便鼓励更多的储蓄和投资。

37.6.1 支持通过税收改革鼓励储蓄的理由

一国的储蓄率是其长期经济繁荣的关键决定因素。当储蓄率较高时，更多的资源可用于新工厂和新设备的投资，从而提高劳动生产率、工资和收入。第 1 章提出的经济学十大原理中的另一个原理是，人们会对激励做出反应。这个结论适用于人们关于储蓄多少的决策。如果一国的法律使储蓄有吸引力，人们就会把收入中更多的部分用于储蓄，而这种高储蓄将使未来的经济更加繁荣。

遗憾的是，美国的税制通过对储蓄收益征收重税而抑制了储蓄。例如，Willa 是一名 25 岁的工人，他为了使自己在 70 岁时能享有更舒适的退休生活而把收入中的 1 000 美元储蓄起来。如果他购买利率为 6% 的债券，在不对利息收入征税的情况下，到第 45 年年末时这 1 000 美元将累积达到 13 800 美元。但假设 Willa 面对利息收入 40% 的边际税率（一旦把联邦所得税和州所得税加在一起，这一税率对许多美国工人来说就是普遍的），在这种情况下，他购买债券的税后利率仅为 3.6%，因此这 1 000 美元在第 45 年年末时将累积达到仅 4 900 美元。也就是说，经过长时期的累积，对利息收入的高税率使 1 000 美元储蓄的收益从 13 800 美元减少为 4 900 美元——减少了 64% 左右。

税法还通过对某些形式的资本收入进行双重征税进一步抑制了储蓄。假设 Willa 用他的一些储蓄购买了一家公司的股票。当这家公司从其资本投资中赚得利润时，它首先要以公司所得税的形式缴纳这部分利润的税收。如果这家公司以红利的形式把剩下的利润支付给 Willa 和其他股东，股东还要以个人所得税的形式为这一收入二次纳税。这种双重征税大大减少了股东的收益，从而减少了对储蓄的激励。

如果 Willa 想把其积累的财富留给子女或其他亲戚而不是在他的一生中消费掉，税法又一次抑制了储蓄。没有税收时，父母可

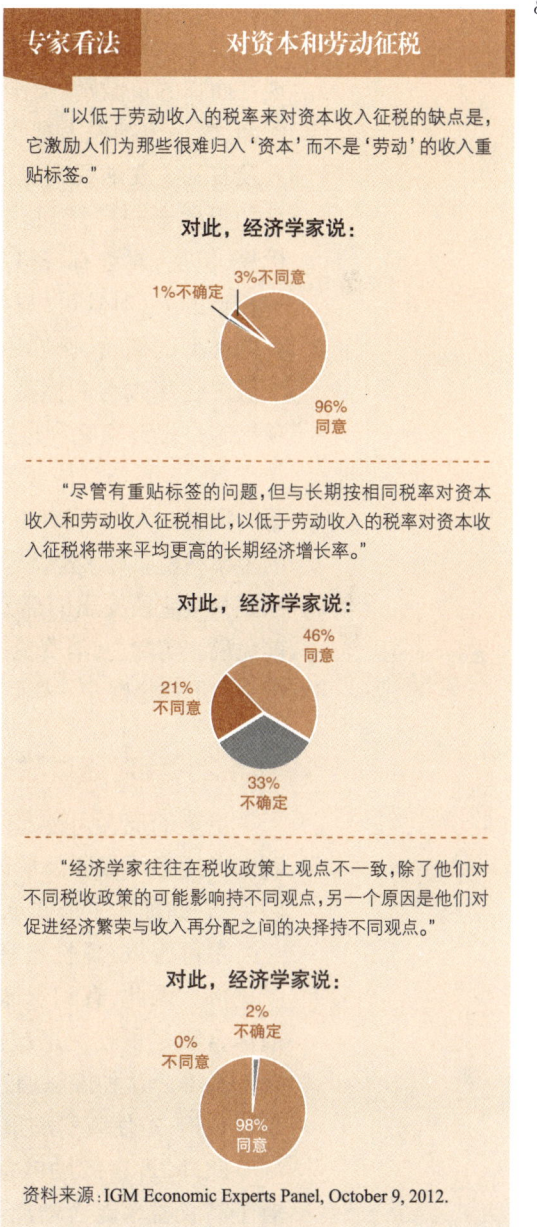

能想把一些钱留给子女；但如果遗产数额较大，不动产税的税率（联邦不动产税与州不动产税加在一起）可能高达 50%。人们对国民储蓄的担忧在很大程度上是因为人们想保证子孙后代的经济繁荣。因此，美国的税法不鼓励一代人采用最直接的方法帮助下一代人，这是很奇怪的。

除了税法，其他很多政策和制度也减少了 Willa 进行储蓄的动机。一些政府补助，例如福利和医疗补助，都是根据家庭经济状况调查来发放的；那些在过去把收入储蓄起来从而积累了一些财富的人得到的补助减少了。同样，学院与大学提供的助学金也根据学生及其父母所拥有的财富而定。这种政策与对财富征税一样，抑制了储蓄。

税法改革可以通过各种方法为储蓄提供激励，或者至少减轻 Willa 现在面临的负激励。美国的税法已经对某些类型的储蓄给予了优惠待遇。例如，当一个纳税人把收入存入个人退休金账户（IRA）时，政府对这种收入及其利息在纳税人退休并提取之前不予征税。税法也对以其他名义开立的退休金账户，例如 401(k)、403(b) 和利润分成方案给予类似的税收优惠，但是，对谁有资格享有这些税收优惠是有限制的，并且即便是那些有资格的人，对其可以存入这些账户的资金数量也是有限制的。税法对其他类型的储蓄，例如用于建立意外事件基金、购买住房或汽车，或用于度假或住房改善的储蓄，就没有提供什么激励。鼓励人们更多储蓄的一项措施是提升家庭利用这种税收优惠储蓄账户的能力。

更全面的方法应该是重新考虑政府征税的整个税基。美国税制的中心是所得税。人们所赚到的每 1 美元无论是用于支出还是储蓄，都要以同样的税率纳税。许多经济学家提出的另一种备选方案是消费税，在消费税下，家庭只对它所支出的部分纳税，用于储蓄的收入在提取并用于消费支出之前免税。实际上，消费税使所有储蓄账户都自动成为税收优惠储蓄账户（就像个人退休金账户一样）。从所得税转向消费税会提高 Willa 的储蓄意愿。

37.6.2　反对通过税收改革鼓励储蓄的理由

更多的储蓄可能是合意的，但这并不是税收政策的唯一目标。政策制定者还必须保证公平地分配税收负担。提高储蓄意愿的建议存在的问题是，它们加重了那些承受能力最弱的人的税收负担。

不可否认，高收入家庭的储蓄占其收入的比例高于低收入家庭的这一比例。因此，有利于储蓄者的税收变动往往也有利于高收入人群。像退休金账户税收优惠这样的政策看起来可能是很好的，但它们会使社会更不平等。这种做法通过减轻那些可以利用这些账户优惠政策的富人的税收负担，迫使政府加重了低收入者的税收负担。

此外，旨在鼓励储蓄的税收政策可能并不能有效地实现这个目标。对于高收益率能否增加储蓄，经济学理论并没有给出明确的预测。结果取决于两种相互冲突的力量,即替代效应和收入效应的相对大小。一方面,较高的收益率增加了储蓄的收益:现在储蓄的每1美元未来能带来更多的消费。这种替代效应倾向于增加储蓄。另一方面,较高的收益率降低了储蓄的必要:家庭储蓄少一些也能达到未来的某种目标消费水平。这种收入效应倾向于减少储蓄。如果替代效应和收入效应接近于相互抵消(正如一些研究所表明的那样),那么当较低的资本收益税提高了收益率时,储蓄将不会改变。

除了向富人提供税收优惠,还有其他增加国民储蓄的方法。国民储蓄是私人储蓄与公共储蓄之和。除了通过改变税法来鼓励更多私人储蓄,政策制定者还可以通过减少预算赤字(也许通过提高对富人的税收)来增加公共储蓄。这提供了一种直接增加国民储蓄并增进子孙后代福祉的途径。

实际上,一旦考虑到公共储蓄,鼓励储蓄的税收条款就可能会适得其反。减少资本收益税的税收变动减少了政府收入,从而引起了较大的预算赤字。为了增加国民储蓄,这种税法变动所带来的私人储蓄增加必须大于公共储蓄的减少。如果未能做到这一点,所谓的储蓄激励政策就有可能使问题恶化。

(扫码答题)

37.7 结论:经济政策与灰色地带

本章考察了关于宏观经济政策的六个有争议的经典问题。对于其中每一个问题,我们都从存在争议的问题开始,然后给出双方的观点。如果你发现很难选择站在哪一方,那么当你知道这样为难的不止你一个人时,你可能会得到一些安慰。经济学的学习并不总能让人在不同政策中轻而易举地做出选择。实际上,弄清楚政策制定者面临的权衡取舍,可能会使选择更加困难。

下面漫画中的男孩Calvin很可能读了这本教科书:

图片来源:Calvin and Hobbes © Watterson. Reprinted with Permission of Andrews Mcmeel Syndication.

漫画中的 Hobber（那只老虎）十分聪明，没有接受 Calvin 无知的自信。但是，也不能把困难的选择看得太容易了。当你听到政治家或评论家提出某些好得令人难以置信的主张时，这一主张也许就是不可信的。如果他们说的好像是要给你提供免费午餐，那么你一定要找一找隐藏着的价格标签。很少有什么政策只有收益而没有代价。通过帮助你看透政治话语中十分常见的文字游戏，经济学的学习将使你更好地参与国家的各种争论。

内容概要

- 积极货币政策与财政政策的支持者认为经济具有内在不稳定性，并认为政府可以管理总需求，以抵消这种不稳定性。积极货币政策与财政政策的批评者强调，政策对经济的影响存在时滞，而且我们预期未来经济状况的能力是很差的，因此稳定经济的努力可能以使经济不稳定而告终。

- 增加政府支出以应对衰退的支持者认为，由于减少的税收可能被用于储蓄而不是支出，因此直接的政府支出能更多地增加总需求，这是促进生产和就业的关键。增加政府支出的批评者认为，减税既可以扩大总需求又可以扩大总供给，而且政府支出迅速增加会导致浪费性的公共项目。

- 货币政策规则的支持者认为，相机抉择的政策无法限制能力不足、权力滥用和政策前后不一致性的问题。货币政策规则的批评者认为，相机抉择的政策可以对变化的经济环境做出更为灵活的反应。

- 零通货膨胀目标的支持者强调，通货膨胀有许多成本，而鲜有益处。此外，消除通货膨胀的代价——压低产量和引起失业——只是暂时的。如果中央银行宣布一项降低通货膨胀率的可信计划，从而直接降低通货膨胀预期，那么连这种代价也可以减少。零通货膨胀目标的批评者认为，温和的通货膨胀只给社会带来了很小的代价，而降低通货膨胀率所必需的衰退则代价高昂。批评者也指出了温和的通货膨胀的两个好处：一是使真实工资的调整更加便利，二是必要时允许真实利率为负。

- 平衡政府预算的支持者认为，预算赤字增加了子孙后代的税收，减少了他们的收入，从而把不公正的负担加在他们身上。平衡政府预算的批评者认为，赤字只是财政政策的一小部分。只关心预算赤字会忽略财政政策（包括各种支出计划）影响几代人利益的多种途径。

- 通过税收激励储蓄的支持者指出，社会在很多方面抑制了储蓄，例如对资本收益征收重税和减少那些积累了财富的人享有的福利。他们支持修改税法以鼓励储蓄，比如把所得税改为消费税。通过税收激励储蓄的批评者认为，许多刺激储蓄的政策变动主要是使富人受益，而这些富人并不需要减税。他们还认为，这种税收变动对私人储蓄可能只有微小的影响。通过降低政府预算赤字来增加公共储蓄是更直接、更公平地增加国民储蓄的方法。

复习题

1. 是什么因素使货币政策与财政政策对总需求的影响存在时滞？这些时滞对积极政策与消极政策的争论有何影响？

2. 根据传统的凯恩斯主义分析，为什么减税对

GDP 的影响要小于相似规模的政府支出增加对 GDP 的影响？为什么不是相反的情况？
3. 什么会促使中央银行领导人引发政治性经济周期？政治性经济周期对于政策规则的争论意味着什么？
4. 解释可信度如何影响降低通货膨胀率的成本。
5. 为什么一些经济学家反对零通货膨胀目标？
6. 解释政府预算赤字可能会损害下一代工人利益的两种方式。
7. 大多数经济学家认为预算赤字在哪两种情况下有其合理性？
8. 一些经济学家称，政府可以永远有预算赤字。这种情况何以可能？
9. 政府对一些资本收益进行双重征税。解释之。
10. 增加储蓄的税收激励政策可能造成什么不利影响？

问题与应用

1. 本章提出，经济像人体一样有"自我恢复能力"。
   a. 用总需求与总供给图说明总需求减少的短期效应。总产量、收入和就业会发生怎样的变动？
   b. 如果政府不采取稳定政策，随着时间的推移，经济会发生怎样的变动？用你的图形加以说明。进行这种调整一般需要几个月还是几年？
   c. 你认为经济的"自我恢复能力"意味着决策者应该对经济周期做出消极反应吗？
2. 想稳定经济的政策制定者必须确定货币供给、政府支出或税收变动多少。为什么对于政策制定者来说，选择他们行动的适当力度是困难的？
3. 政策前后不一致问题既适用于财政政策，也适用于货币政策。假设政府宣布削减对新工厂这类资本投资收益的税收。
   a. 如果投资者认为资本税会保持低水平，那么政府的这项措施会对投资水平有什么影响？
   b. 在投资者对宣布的减税政策做出反应之后，政府有取消这项政策的激励吗？解释原因。
   c. 给定你对问题 b 的答案，投资者会相信政府的声明吗？政府可以怎样提高其所宣布的政策变动的可信度？
   d. 解释为什么这种情况类似于货币政策制定者面临的政策前后不一致问题。
4. 第 2 章解释了实证分析与规范分析之间的差别。在关于中央银行是否应该把零通货膨胀作为目标的争论中，哪些涉及实证表述，哪些涉及规范判断？
5. 为什么降低通货膨胀的收益是持久的而成本是暂时的？为什么增加通货膨胀的成本是持久的而收益是暂时的？运用菲利普斯曲线回答。
6. 假设联邦政府削减税收并增加支出，这使预算赤字提高到 GDP 的 12%。如果名义 GDP 每年增加 5%，那么这种预算赤字会永远持续下去吗？解释原因。如果这种预算赤字规模保持 20 年，那么未来你的税收和你孩子的税收会发生怎样的变动？当前你个人能做些什么来抵消这种未来的影响？
7. 解释下列每一种政策如何在各代人之间进行收入再分配，是从年轻人那里再分配给老年人，还是从老年人那里再分配给年轻人？
   a. 预算赤字增加。
   b. 对教育贷款的补贴增加。
   c. 对高速公路与桥梁的投资增加。
   d. 社会保障补助增加。
8. 如果社会选择更多地储蓄，它面临的基本权衡取舍是什么？政府应如何增加国民储蓄？

第 38 章　经济学家如何使用数据

"数据！数据！数据！"夏洛克·福尔摩斯曾这样喊道，"没有黏土，我做不出砖。"这位虚构的侦探一如既往地正确：为了解开谜团，或者理解世界上任何其他事物，我们需要数据。理论和原则至关重要，但只有在观察我们周围发生的事情后，我们才能确信自己知道什么是正确的、什么是不正确的。

"数据"一词指真实的信息，它为推理和讨论提供了基础。在经济学中，数据往往是定量的，如一个人的收入、一家企业的利润、冰淇淋的市场价格、冰淇淋的销量，或者一个国家的 GDP。数据使我们能将经济理论中的概念性变量与真实数字联系起来。

数据分析日益成为现代经济学的中心。过去半个世纪以来，计算能力的进步使经济学家能分析越来越大的数据集，基于数据的研究也变得越来越重要。与过去的经济学家相比，现代经济学家的观点和政策建议更少地依赖纯理论和偶然的观察，而更多地依赖严谨的数据分析。

计量经济学：
致力于开发数据分析工具的一个经济学子领域。

经济学的一个子领域被称为**计量经济学**（econometrics），它致力于开发数据分析工具。本质上，计量经济学是研究对理解经济有用的统计方法。许多大学开设了计量经济学课程，并且通常要求经济学专业的学生修读一门计量经济学课程，作为其培养计划的一部分。本附录将对此提供一个简单的介绍。

我们将讨论三个问题。第一，经济学家使用的数据类型。第二，经济学家通过数据分析要达到的目的。第三，从数据中得出结论时面临的挑战，以及计量经济学家为应对这些挑战所设计的方法。

38.1　经济学家收集和研究的数据

我们从讨论经济学家最经常使用的数据的来源和类型开始。

38.1.1　实验数据

随机对照实验：
一种实验，研究人员将受试者随机分为不同组，对各组进行不同的处理，并比较其结果。

有时数据来自随机对照实验。**随机对照实验**（randomized controlled trial）

是指在实验中,研究人员将受试者随机分为不同组,对各组进行不同的处理,并比较各组对处理的反应。

例如,假定一家制药公司为治疗某种疾病开发了一种新药。在监管机构允许这种新药上市销售之前,该公司必须证明该药物是安全有效的。公司的研究人员首先招募了一些(比如 200 名)患有这种疾病的患者。其中,一半患者被随机分配到实验组并给予药物;另一半患者被分配到控制组(对照组)并给予安慰剂(一种无害也无效的药片,看起来非常像真正的药物);然后研究人员对这两组患者的健康状况进行跟踪。如果实验组的患者比对照组的患者状态要好,则该药物就被认定是安全有效的;否则,该药物就被宣布为不安全、无效或两者兼有。

通过随机对照实验收集的数据称为**实验数据**(experimental data)。在许多情况下,对照实验是得出我们想了解的事物的结论的最可靠方法。如果实验参与者的数量足够多,并且分配到实验组和对照组的过程是真正随机的,我们就可以确定两组患者之间的唯一重要差别是他们是否接受了治疗。

实验数据:
研究人员通过随机对照实验收集的数据。

随机对照实验有时也用于社会科学(下面的案例研究给出了一个例子)。但它们在经济学中的用处是有限的。问题往往在于实验的可行性。进行实验的成本可能太高,而且决策者也可能会反对不公正地对待不同人。有时进行实验的经济成本太高。例如,为了研究货币政策的效应,理论上,中央银行可以每年随机制定政策,然后观察结果。这项实验可能会推动社会科学的发展,但它会对一国福利产生十分不利的影响,以至于没有人会认真地考虑进行这项实验。

 **案例研究**　　　　　　　　　　　　"迁移机会"计划

实验数据的一个重要案例来自"迁移机会"计划,该项目是由美国住房和城市发展部于 20 世纪 90 年代实施的。其目的是研究生活在极其贫困社区的影响。

研究人员招募了数千个生活在极其贫困社区的低收入家庭参加实验。通过抽签,这些家庭被分为一个实验组和两个对照组。实验组家庭得到担保,如果他们搬到更为富裕的社区,则可以获得房租补贴。第一个对照组的家庭获得房租补贴,但对住在什么地方没有限制。第二个对照组的家庭则没有获得任何补贴。研究人员比较了这三组家庭之后的生活状况,如收入和受教育水平。

一些结果令人失望。尽管实验组的许多家庭通过房租补贴离开了极度贫困社区,但这三个组别中的成年人在经济结果上并没有显著差异。在实验组和对照组中,成年家庭成员的平均收入大致相同,尽管实验组成员的健康状况

略好一些。同样,实验组中年龄较大(13 到 18 岁)儿童的生活状况与对照组也没有显著差异。

然而,该计划对家庭获得补贴时年龄在 13 岁以下的儿童产生了显著的积极影响。以阅读和数学考试成绩来衡量,实验组中年龄较小的儿童的在校状况并不比对照组的儿童更好,但在其人生后续阶段,他们的大学入学率显著更高,单亲母亲的比例更低,成年后的收入也更高。这些结果表明,如果一个家庭离开极度贫困社区,年幼的儿童会在长期中受益。

38.1.2 观测数据

观测数据:
研究人员通过观察世界自然呈现的情况而得到的数据。

由于实验数据并不总是可得的,因此经济学家经常依靠**观测数据**(observational data),这些数据并不是从实验中得到的,而是通过简单观察世界本来的面貌得到的。观测数据可以从家庭和企业普查以及政府记录(如纳税申报表)中得到。与实验数据相比,观测数据的优势在于更容易产生且更广泛可得,但它们也给数据分析师带来了两个挑战。

混杂变量:
被忽略的变量,但由于和要衡量及研究的变量相关,可能误导研究人员。

第一个挑战是混杂变量问题。**混杂变量**(confounding variable)是在分析中被忽略的变量,但由于它和要衡量及研究的变量相关,可能导致研究人员得出错误的结论。

例如,假设你想知道在小学缩小班级规模是否能改善学习效果。你试图通过比较大班与小班学生的平均考试成绩来估算班级规模的影响。如果像实验数据那样,学生和教师被随机分配到不同班级中,那么这种做法就是可行的。但对于观测数据,由于学生和教师的分配可能并不是随机的,因此与班级规模相关的其他变量可能会影响结果并导致偏差。例如,在人口受教育状况良好和收入水平较高的城镇,小班可能更为普遍。如果父母的受教育状况影响学生的成绩,那么它就是一个混杂变量,会使小班的影响看起来比实际情况更大。父母受教育状况的好处可能被错误地归因于班级规模。或者,学校可能会将经验较少的教师分配到人数较少的班级。如果教师的经验影响学生的成绩,那么它也是一个混杂变量,使得小班的影响看起来比实际情况更小。经验不足的教师带来的劣势可能会掩盖小班带来的优势。由于观测数据中的许多变量可能相互关联,因此研究人员需要认真区分一个变量的影响与另一个变量的影响。

反向因果关系:
研究人员混淆了两个变量之间影响的方向的情况。

观测数据带来的第二个挑战是反向因果关系问题。**反向因果关系**(reverse causality)描述了一种情况,即研究人员认为是第一个变量影响了第二个变量,但实际上是第二个变量影响了第一个变量。

例如,假设你观察到某种食物的消费量与一个人的体重指数(BMI)呈正相关关系。你是否应该就此得出结论,认为该食物的消费引起了体重指数的增加?如果食物消费如同在对照实验中一样,是随机设定的,那么该结论会是正确的。但问题就出现在观测数据上。如果上面所说的食物是冰淇淋,那么因果关系的方向确实是从食物消费到体重指数:吃大量冰淇淋会引起体重增加。两个变量间的正相关性本身并不能证明这一点,但这个假设至少是合理的。然而,如果上面所说的食物是低糖软饮料,那么可能就适用于不同的解释。也许体重指数高的人会努力减肥,从而选择消费低糖软饮料,也就是说,并不是低糖软饮料的消费引起体重指数升高,而是体重指数升高可能带来低糖软饮料的消费。这个例子说明了一个普遍结论:当使用观测数据时,区分什么是因、什么是果往往是不容易的。

尽管存在这些问题,但如果数据分析家小心谨慎一些,观测数据仍然是有用的。本章后面会介绍一些计量经济学家设计的用于处理混杂变量以及确定因果效应的方法。

38.1.3 数据的三种类型

无论数据是实验数据还是观测数据,它们都可以被归入三种类型:横截面数据、时间序列数据和面板数据。

横截面数据(cross-sectional data)显示了多个主体(如个人、企业或国家)在某个特定时点的特征。例如,我们可以研究一个工人群体,要求他们每个人报告自己的工资、受教育程度、年龄、经历、职业、种族、性别等。我们可以用这些数据来说明这些变量如何相关。例如,我们可以研究,在根据受教育程度、年龄、经历和职业对数据进行调整以后,种族或性别引起的工资差异有多大。

时间序列数据(time-series data)显示了单一主体(如一个人、一家企业或一个国家)在不同时点的特征。例如,我们可以衡量一个国家在60年中每年的失业率和GDP。我们可以用这些数据来研究失业率和GDP的波动之间的关系。

面板数据(panel data)结合横截面数据和时间序列数据来说明多个主体(如个人、企业或国家)在不同时点的特征,这种类型的数据也被称为纵向数据(longitudinal data),它可以用来说明一个变量的变动如何影响另一个变量。例如,我们可以通过比较一个时期内彩票中奖者与未中奖者的行为变化,来研究中彩票如何影响一个人的劳动力参与状况。

横截面数据: 提供多个主体(如个人、企业或国家)在某个特定时点的信息的数据。

时间序列数据: 提供单一主体(如一个人、一家企业或一个国家)在不同时点的信息的数据。

面板数据: 提供多个主体(如个人、企业或国家)在不同时点的信息的数据。

即测即评38-1
(扫码答题)

38.2 经济学家用数据做什么

在了解了经济学家如何(通过实验或观察)收集数据以及所收集数据的类型(横截面数据、时间序列数据或面板数据)之后,我们来考虑经济学家希望通过数据分析达到什么目的。

38.2.1 描述经济

经济数据作为对世界的定量描述，其本身往往很有趣。例如：

- 你可能听说过，大多数人将大部分支出用于住房，但你可能不知道比重具体有多大。数据表明，美国消费者平均把他们预算支出的 42% 用于住房。
- 你知道，根据定义，处于美国收入分配中第 90 百分位的家庭的收入高于处于第 10 百分位的家庭，但你可能不知道高出多少。数据表明，美国富有家庭的收入约为贫困家庭的 12 倍。
- 你也许知道，美国的人均收入高于墨西哥，但你可能不知道高出多少。数据表明，美国的人均收入大约是墨西哥人均收入的三倍。
- 你可能知道，美国的医疗保健支出在经济总支出中的占比一直在上升，但你可能不知道上升了多少。数据表明，美国的医疗保健支出在 GDP 中的占比从 1960 年的 5% 上升到 2019 年的 18%。

知道这些事实是有用的。当我们提出理论来理解世界如何运行并考察改善它的政策时，关注这些数据可以让我们更好地了解世界的现状。

38.2.2 量化关系

经济理论往往提出某些变量是相关的，但很少告诉我们它们的相关性有多强。通常我们需要了解这种相关性的强度。也就是说，我们需要估计模型的**参数**（parameters），即决定变量之间关系强度的数值。

参数：
决定模型中变量之间关系强度的数值。

举一个例子。假设政策制定者正在考虑对豪华汽车征税。他们想知道，税负会更多地落到汽车的买者还是卖者身上。税收归宿取决于供给和需求的价格弹性，这种弹性衡量供给量和需求量对物品价格变动的反应程度。如果需求比供给更有弹性，卖者将承担大部分税收负担；如果供给比需求更有弹性，买者将承担大部分税收负担。

这个理论上的结论能告诉我们的仅此而已。要回答政策制定者的问题，我们需要估计参数，这里的参数是供给和需求的价格弹性。为了得到估计值，研究人员将收集豪华汽车市场的数据。通过认真分析这些数据，就可以定量地确定供给量和需求量的决定因素。具体来说，我们可以得出价格弹性的估计值，这些估计值可用于预测拟开征税收的归宿。

38.2.3 检验假设

经济理论试图描述我们所生活的世界。正如所有科学理论一样，经济理论只是一种假设，即一种关于世界如何运行的有根据的猜测。为了证实或否定这个假设,我们需要运用数据。

例如,考虑受教育年限(这里指在学校接受的正规教育)对工资的影响。经济学家 Betsey 认为,教育是提高工人工资的好方法。她认为,教育所产生的人力资本会使工人的生产率更高,而具有更高生产率的工人的报酬也会更高。经济学家 Justin 则认为,教育是对时间的浪费。他认为,学校教的大多数知识在大多数工作中都是无用的,人们获得工作经验要比在教室里浪费时间更好。

Betsey 和 Justin 之间的分歧并不是多一些理论就可以解决的。他们的分歧是经验性的:只能根据事实而不是纯粹的逻辑来解决这种分歧。在这种情况下,我们需要运用工资、受教育情况和工作经验的数据来确定他们的假设中哪一种是正确的(剧透一下:大多数经济学家站在 Betsey 一方)。

38.2.4 预测未来

"预测太难了,尤其是关于未来的预测。"著名棒球运动员约吉·贝拉(Yogi Berra)曾这样说过。约吉·贝拉无疑是明智的,但经济学家却经常被要求对未来做出预测。微观经济学家可能会被问及,两家企业即将进行的合并会如何影响其产品的市场价格。宏观经济学家可能会被问及,突然飙升的通货膨胀如何才能快速平息。

有时,你可以通过找出数据的模式并把它们外推到未来以做出预测。例如,假设你注意到,当一对已婚夫妇把他们的小汽车换成了面包车时,他们通常会在几个月后迎来一个新宝宝。如果你的邻居有一天开了一辆面包车回家,你可能会合理地预测他们正在孕育一个宝宝。经济学家把诸如面包车和婴儿出生之间的这种关系称为经验规律(empirical regularity),它可能在某个时期对预测有用,但这种关系并不总是稳定的。例如,如果一家汽车公司引进了一种新的家庭型小汽车生产线,则面包车的购买对于预测生育就没那么有用了。

为了做出可靠的预测,经济学家通常会使用模型,模型用数学符号代表在既定情况下起作用的因素。为了使模型在定量预测中有用,经济学家需要对其中的每种关系进行量化。他们通过使用相关数据估计模型的参数来实现这一目标。一旦有了估计好的模型,经济学家就可以用它来做出预测。

即测即评38-2

(扫码答题)

案例研究　　FRB/US模型

美国经济政策制定中的一个重要模型是联邦储备理事会模型，简称为 FRB/US（发音是"fur-Bus"）。FRB/US 模型试图描述美国经济的主要宏观经济因素，包括 GDP、通货膨胀率、失业率和利率等关键变量之间的关系。中央银行将这个模型用于预测和政策分析。

FRB/US 模型包括数百个方程，每个方程描述经济的一个方面。其中有很多方程是恒等式，即由于式中变量的定义方式而一定成立的等式。恒等式并没有任何需要估计的参数（一个例子是国民收入核算恒等式，$Y = C + I + G + NX$，该式表明 GDP 是消费、投资、政府购买和净出口的总和）。但在 FRB/US 模型中大约有 60 个方程是描述家庭或企业如何对经济状况做出反应的，这些方程中包括了关键的参数。例如，消费方程说明家庭在消费品和服务上的支出取决于家庭的现期收入、预期未来收入、财富、利率等。消费的这些决定因素的相对重要性反映在消费方程的参数上。美联储的经济学家通过将计量经济技术运用于美国经济的时间序列数据来估计这些参数。

得到了 FRB/US 模型中参数的估计值之后，美联储的经济学家将模型用于两个方面。一是预测，即根据当前的政策和经济状况，预测未来最有可能出现的结果。该预测是根据对模型中数百个方程同时求解做出的。这项任务看起来是不可能完成的——如果依靠笔和纸来计算确实如此，但幸运的是，可以用计算机算法来求解这种大规模的模型。

美联储的经济学家使用 FRB/US 模型的第二个目标是政策分析。他们询问模型，如果美联储以某种方式改变货币政策，未来将与他们的基准预测有什么不同。结果就是一组可供选择的政策方案。它们显示了如果美联储收紧或放松货币政策，关键的经济变量——GDP、失业率、通货膨胀率等——会发生怎样的变动。制定货币政策的美联储公开市场委员会成员可以将这些备选方案作为选择政策方向的指导。

美联储的经济学家做出的预测的可靠性如何？研究发现，这些预测与大多数私人经济预测师提供的预测一样准确，甚至更准确，但它们也远非完美的。因为预测的可靠性取决于 FRB/US 模型的准确性，所以美联储的经济学家一直在寻找改进模型的方法。一些改进来自新的概念性见解，如更好的经济理论；另一些改进则来自随着时间的推移而获得的更多数据，以及计量经济学家设计出的更好的数据使用方法。

38.3　数据分析的方法

在讨论了经济学家使用的数据类型以及他们希望用这些数据达到什么目的之后，让我们来看看计量经济学已开发出的数据分析方法。

38.3.1 找出最佳估计

根据人力资本理论,当工人们的教育水平提高时,他们的生产率会提高,工资也会增加。这一陈述是定性的:它强调了教育和工资之间关系的性质,而不是其强度。假设你想跳出这种定性表述,提出一个定量的问题:"每多接受一年教育,会使一个工人的工资提高多少?"这个问题就是经验性的,你只能用数据来回答。

首先,你可以先调查一些工人并收集关于其工资与受教育程度的数据,可能如表 38-1 所示(你可能希望样本包含的工人人数不止 7 名,但实际上 7 名工人就足以说明问题了)。表 38-1 中的数据是横截面数据的一个例子。

表38-1 工资和受教育水平的数据

工人	工资(美元/小时)	受教育年限(年)
Andy	20	12
Brooke	30	12
Chloe	30	16
Diego	40	14
Emma	40	18
Flynn	50	16
Gina	50	18

看到这些数据,你会发现,受教育更多的工人确实有可能赚得更多。上过 12 年学的 2 名工人(可能是高中毕业生)平均每小时赚 25 美元;上过 16 年学的 2 名工人(可能是大学毕业生)平均每小时赚 40 美元;而上过 18 年学的 2 名工人(可能读过研究生)平均每小时赚 45 美元。

但工资并不总是随着受教育程度的提高而增加:Chloe 比 Brooke 多上了 4 年学,但他们的工资相同。Emma 比 Flynn 多上了 2 年学,但他平均每小时的工资比 Flynn 少 10 美元。教育可能是决定工人工资的因素之一,但肯定还有其他重要因素。

理解这些数据的一种方法是把它们绘制为图形,如图 38-1 所示。图中每一个点都代表一个观测数据。该图表明,工资和受教育年限之间呈正相关关系:右侧的点(表示受教育年限更长)的位置更高(表示工资更高)。但这些点并不是沿着一条直线或者一条简单的曲线分布。它们看起来像一团云,表明除了受教育年限,还有其他因素会影响工资。

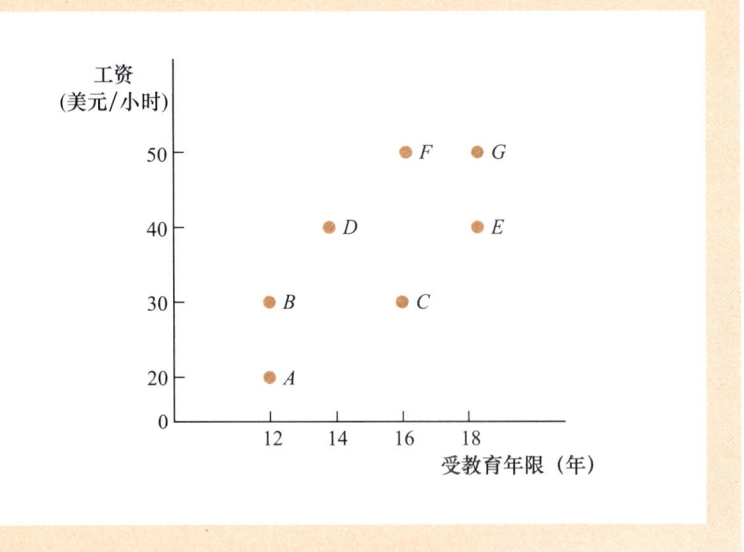

图38-1

数据的散点图

根据工资与受教育年限数据绘制的图形显示这两个变量之间呈正相关关系。也就是说,它们往往同方向变动。

为了确定每多上一年学,工人的工资会增加多少,经济学家转而使用统计模型——对数据生成过程的数学表示。最简单的模型如下:

$$WAGE_i = \beta_0 + \beta_1 \times SCHOOL_i + \varepsilon_i$$

其中,β_0 和 β_1 是衡量变量之间相关性的参数。根据该模型,工人的工资(WAGE)取决于其受教育年限(SCHOOL),并受到随机变量(ε_i)的影响。等式左边的变量 WAGE 称为因变量(dependent variable),它是被解释变量。等式右边的变量 SCHOOL 称为自变量(independent variable),它被视为给定的变量。ε_i 为残差项(residual),它代表影响工资但并没有包括在模型中的许多因素,比如经验和认知能力。一般来说,我们假定残差的平均值为零且与自变量不相关(我们将在后面讨论这个假设的作用,现在我们暂时接受该假设)。

线性回归:
一个统计模型,在这个模型中因变量与一个或多个自变量加上随机残差呈线性相关关系。

这个统计模型称为**线性回归**(linear regression)。本质上,这个模型可以画出一条穿过由各点组成的"云团"的直线,如图38-2所示。这条直线显示了基于受教育年限对工人工资的最佳预测。残差代表真实工资对根据该直线预测的工资的偏离程度,这意味着承认模型并不会与数据完全拟合。

我们感兴趣的关键参数是 β_1,它告诉我们,每接受一年教育,工人工资会增加多少。另一个参数 β_0 决定了直线的截距。从字面意思上看,β_0 是接受过零年教育的工人的平均工资。但由于我们的样本不包括完全没有接受过教育的人,因此避免了这种字面解释。我们的重点是参数 β_1。

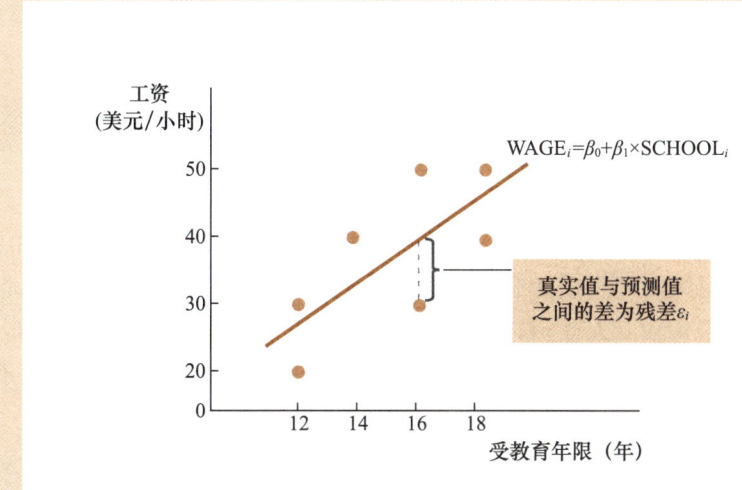

图38-2

估计最佳拟合线

统计模型假设工资是受教育年限和残差（代表对工资的其他随机影响因素）的线性函数。模型的参数（β_0 和 β_1）可以用普通最小二乘法来估计，该方法得到的直线是用残差平方和衡量的最佳拟合线。

现在我们面对的问题是如何根据我们拥有的数据对参数做出最好的估计。我们可以先试着画出一条通过由现有的各个点组成的"云团"的拟合良好的直线，但这种方法不够精确（而且不容易推广至更复杂的情形）。找出最佳拟合线的标准方法被称为**普通最小二乘法**（ordinary least squares，OLS）。在本章中，我们不会讨论 OLS 的细节，但关于它的直觉是简单的。OLS 旨在确定与各数据点最接近的直线的参数（β_0 和 β_1）。这里的"接近"是用残差的平方来衡量的。将残差取平方是为了确保正的与负的残差都会被视为对目标接近程度的损失。OLS 就是要找到使残差平方和最小的参数。

当把 OLS 运用到表 38-1 中的 7 个数据点时，我们可以得出以下结果：

$$\text{WAGE}_i = -10.7 + 3.16 \times \text{SCHOOL}_i$$

根据估计得到的这一模型，每接受一年教育，会使工人的每小时工资增加 3.16 美元。这就是对我们之前所提问题的答案。

这个例子说明了一个一般性结论：经济学家往往想跳出定性的理论观点（例如，教育带来工资的增加），得出定量的结论（例如，每接受一年教育，使工资增加多少）。从定性到定量的这种跨越需要数据。经济学家找到适于解决所面临问题的数据，提出一个可以合理解释这些数据的假定的统计模型，并用某种方法（如 OLS）对模型的参数进行估计。他们通过使用估计得到的模型，就可以得出定量的结论。

普通最小二乘法：
通过使残差平方和最小化来估计参数值的一种统计方法。

38.3.2 衡量不确定性

经济学家用数据来估算关键的数量(比如在上一节中,接受一年教育的工资收益)。通常来说,他们不仅想知道最佳估计值,还想知道估计值的可靠性。也就是说,他们想知道他们的估计是精确的还是大致的猜测。

在回顾之前提及的工资和教育模型之前,我们先考虑一个更简单的例子。假定你想知道纽约市居民的平均身高,你可以把纽约市所有人的身高加起来并除以人数,来计算身高的平均值(也称为"均值")。因为你的计算包括了所有人口,所以你得出了精确的正确答案。但这种方法有一个问题:纽约市大约有 900 万人,因此这种方法并不现实。

幸运的是,如果你不要求答案完全精确,就有一种更简单的方法。你并不需要获得所有人的身高数据,而是可以选择一个随机样本(比如由100 人组成)。"随机"意味着总体中的每个人都有相同的机会被选中,由于随机性,该样本可能代表了总体。你可以通过计算这 100 个被随机选中的人的平均身高来估计总体的平均身高。

比如说,你的样本中 100 个人的平均身高是 66 英寸(约 167.64 厘米)。到现在为止,一切顺利。但你可能会开始考虑这种估计的可靠性。由于样本是随机选择的,没有理由认为样本的平均身高 66 英寸是高估还是低估了总体的平均身高。但结果可能是以上两者之一,你可能运气不好,随机选择的样本比正常情况下多了一些高个子,或者多了一些矮个子。这种不确定性来自统计学上所说的抽样变异(sampling variation)——由不同随机样本所导致的不同估计值而产生的变异性。

统计学家提出了一些方法,不仅可以估计参数值,还可以衡量抽样变异引起的参数估计的不确定性。这个过程的细节超出了本章的范围,但读者可以从我们的例子中了解其基本思想。

首先,在计算出你的样本中 100 个人的身高均值后,你可以计算出身高的标准差。标准差(standard deviation)是衡量观察值之间差异性的指标,你可能在数学或统计学课程中学到过。在我们的例子中,假设你计算出身高的标准差是 4 英寸。

什么是标准差?从技术上来说,它是观察值与均值离差平方的平均数的平方根。这听起来很复杂,但可以用一种更直观的方式来理解它。对于一个钟形的正态分布,大约 95% 的观察值会落在均值的两倍标准差范围内。在这个例子中,均值是 66 英寸,标准差是 4 英寸(所以两倍标准差是 8 英寸)。因此,如果你随机选择一个纽约人,那么这个人的身高在58 英寸和 74 英寸之间的概率为 95%。

接下来,用标准差和样本量,你可以计算出一个衡量估计可靠性的指标,称为**标准误差**或**标准误**(standard error)。根据统计学家提出的一个公式,样本均值作为总体估计值的标准误是用标准差除以样本量的平方根。在这个例子中,你的估计的标准误是 $4/\sqrt{100} = 4/10 = 0.4$。这个数字可以用来衡量你的估计中的抽样变异程度。正如标准差衡量单个纽约居民身高的差异性一样,标准误衡量纽约居民样本平均身高的差异性。

标准误:
由抽样变异引起的参数估计的不确定性的衡量指标。

这里有一个有用的经验法则:参数的真实值在大约 95% 的时间里落在估计值的两倍标准误范围之内。在这个例子中,估计值是 66 英寸,标准误为 0.4 英寸,两倍标准误为 0.8 英寸。因此,你可以有 95% 的把握认为纽约居民的真实平均身高在 65.2 英寸和 66.8 英寸之间。

根据这个经验法则,两倍标准误有时被称为误差范围(margin of error)。记者在报道民意调查结果时经常使用这个词。例如,你可能会听到,根据一项对 400 人的调查,57% 的人支持某位候选人,误差范围为 5%。这意味着你可以有 95% 的把握认为该候选人的实际支持率在 52% 和 62% 之间。

标准误不仅对估计总体均值这样简单的例子有用,在其他方面也有用。根据情况的不同,计算标准误的公式可能很复杂。幸运的是,大多数用于生成参数估计值的统计软件都会自动给出与估计值相关的标准误。

对于表 38-1 中工资与受教育程度的数据,Excel 软件给出的估计方程及其标准误(括号内)如下:

$$\text{WAGE}_i = \underset{(20.7)}{-10.7} + \underset{(1.35)}{3.16} \times \text{SCHOOL}_i$$

这意味着每接受 1 年教育将得到 3.16 美元工资收益的估计并不十分精确。两倍标准误是 2 × 1.35 = 2.70。因此,我们可以有 90% 的把握认为每接受 1 年教育的真实工资收益在 0.46 美元和 5.86 美元之间。这是一个很大的范围。但当我们仅使用 7 个数据点来估计参数时,不应该期望结果十分精确。如果我们有 700 个类似的数据点,标准误将为 0.135,我们将有 95% 的把握(置信区间为 95%)认为每接受 1 年教育的真实工资收益在 2.89 美元和 3.43 美元之间,这是一个较小的范围。随着样本量的增加,所估计出来的参数会越来越精确。

38.3.3 考虑混杂变量

在许多情况下,因变量是多个其他变量的函数。例如,工资不仅取决于受教育程度,还取决于经验、认知能力、工作特点等。如果数据分析师不仔细,他们可能就会错误地混淆一个变量的影响与另一个变量的影响。幸运的是,统计方法有助于避免这种混杂变量问题。

我们仍以前面的工资和受教育程度模型为例：

$$WAGE_i = \beta_0 + \beta_1 \times SCHOOL_i + \varepsilon_i$$

在前文中，我们假定残差 ε_i 的均值为零，且与自变量 $SCHOOL_i$ 无关。均值为零的假设并不是关键：如果均值不为零，它改变的只是常数项 β_0 的估计值。因为常数项并不是我们感兴趣的关键参数，因此我们并不会被误导。

但残差与自变量不相关的假设则会引发潜在的问题。残差反映了除受教育年限外所有影响工资的因素。如果这些其他因素与受教育年限相关，OLS 就会得出受教育年限对工资影响的不正确估计。这就是一个混杂变量问题。

例如，假设一些人比其他人更聪明。认知能力是影响工人工资的另一个合理因素。如果能力未被测度，它就将反映在残差中。只要能力与受教育年限不相关，这就不会成为一个问题。平均而言，对上述模型的估计将得出对教育收益的正确估计值。用统计学的语言来说，β_1 的估计值将是无偏的（unbiased）。

但假设接受过更多教育的人的能力也更强。在这种情况下，残差（包括能力）就与自变量（受教育年限）正相关。用 OLS 估计得到的 β_1 值就不仅反映了受教育年限的影响，还在一定程度上反映了认知能力的影响。换句话说，OLS 将混淆自变量（受教育年限）与相关遗漏变量（能力）的影响，从而 β_1 的估计值就会向上偏倚（biased upward）。也就是说，它所显示的受教育年限对工资的影响将比实际情况更大。

831

我们可以做什么？一种办法是找出衡量混杂变量的某种方法。假设我们对上例中的 7 名工人进行调查，并发现他们在儿童时期接受过智商（IQ）测试——智商是认知能力的一种衡量指标。表 38-2 显示了新增的数据。正如我们所预期的，IQ 和受教育年限正相关：IQ 更高的工人可能接受过更多年份的教育。如果 IQ 本身对工资有直接影响，并且这种直接影响超过了它通过受教育年限产生的间接影响，那么我们此前得到的 β_1 的估计值的准确性就值得怀疑。

但我们还有一线希望，我们可以把统计模型扩展为以下形式：

$$WAGE_i = \beta_0 + \beta_1 \times SCHOOL_i + \beta_2 \times IQ_i + \varepsilon_i$$

在这个新的统计模型中，工人的工资取决于受教育年限和用 IQ 衡量的能力。由于该模型包含不止一个自变量，因此它被称为**多元回归**（multiple regression）。

多元回归：
包含不止一个自变量的线性回归模型。

我们仍可以用 OLS 来估计模型的参数。OLS 现在可以选择 β_0、β_1 和 β_2 来使残差平方和最小化。只要残差与所有自变量（该例中的受教育年限和 IQ）不相关，OLS 就得到了对参数的无偏估计值。即使自变量之间相关,结果也将是可靠的。在这个例子中,通过用 OLS 对多元回归方程进行估计,我们可以弄清楚受教育年限和 IQ 在工资决定中的相对重要性。

用表 38-2 中的数据对该模型进行估计,得到以下结果(括号内是用于测度参数不确定性的标准误):

$$\text{WAGE}_i = -49.1 + 1.86 \times \text{SCHOOL}_i + 0.57 \times \text{IQ}_i$$
$$\quad\quad\quad\quad (29.5) \quad\quad (1.41) \quad\quad\quad\quad\quad\quad (0.35)$$

正如我们预期的,一旦我们对 IQ 变量进行了控制,所估计的受教育年限的影响就减小了。新的估计值表明,每接受 1 年教育,将使工人的每小时工资增加 1.86 美元,而不是模型中没有纳入 IQ 时所估计的 3.16 美元。

工人	工资(美元/小时)	受教育年限(年)	IQ
Andy	20	12	90
Brooke	30	12	100
Chloe	30	16	90
Diego	40	14	105
Emma	40	18	105
Flynn	50	16	100
Gina	50	18	120

表38-2 工资、受教育年限和IQ的数据

总结:当一个遗漏变量(在我们例子中是用 IQ 衡量的能力)直接影响因变量(工资),而且遗漏变量与自变量(受教育年限)相关时,OLS 得出了误导性的结果。OLS 的估计结果混淆了自变量的影响与遗漏变量的影响。处理这个问题的一种方法是通过多元回归纳入之前被遗漏的变量。

但多元回归并不是处理混杂变量问题的唯一方法。在下一节中,我们将考察另一种方法。

38.3.4 确定因果效应

数据分析师往往对确定一个变量对另一个变量的因果效应感兴趣。例如,如果工人多接受 1 年教育,对他们的工资会有什么影响?如果人们对某种食物的摄入量加倍,会使他们的体重指数发生什么变化?由于混杂变量的潜在遗漏和反方因果关系的可能性,用观测数据估计因果效应是困难的。

有时,这些问题可以通过**自然实验**(natural experiment)来解决。自然实验是引起数据变动的偶然事件,这种数据变动与随机对照实验类似。

自然实验: 引起与随机对照实验类似的数据变动的偶然事件。

例如，想象有一天，慈善家 Phyllis 在一所高中发表演讲并宣布了一个出人意料的决定：Phyllis 将为所有毕业于该高中并继续上大学的学生支付四年大学的学费。这对于这些学生（他们中的很多人可能会继续接受教育）来说是天大的喜讯。邻镇有另一所高中，与第一所高中类似，但并没有慷慨的慈善家提供资助。这种情况就提供了一个自然实验。第一所高中是实验组，第二所高中是对照组。通过对比两组的受教育年限和此后的工资，我们就可以衡量接受更多教育的因果效应。

经济学家开发了一种统计方法来衡量这种自然实验数据中的因果效应。这种方法称为工具变量法（instrumental variables method）。如果你选修计量经济学课程，你就会学到这种方法。该方法的关键是找出某个随机变量，称为工具（instrument），它要符合两个条件：

(1) 工具与所研究的自变量相关。

(2) 工具除了通过自变量产生影响，并不直接影响因变量。

在我们的例子中，工具是 Phyllis 对第一所高中的捐助而另一所高中没有这种捐助。这种随机行为增加了实验组学生的受教育年限（条件1），但除了通过增加受教育年限产生影响，它并不影响学生以后的工资（条件2）。在这些条件下，我们可以用工具变量法来确定受教育年限对工资的因果效应。

我们仍以表 38-1 中的工人为例。假设 Chloe、Emma 和 Flynn 上的是接受 Phyllis 捐助的高中，而 Andy、Brooke、Diego 和 Gina 上的是没有得到捐助的高中。简单的计算表明，实验组（Chloe、Emma 和 Flynn）的平均受教育年限约为 16.7 年，平均工资为每小时 40 美元，而对照组（Andy、Brooke、Diego 和 Gina）的平均受教育年限为 14 年，平均工资为每小时 35 美元。除了 Phyllis 的捐助，假定两所高中的其他条件都是相同的。由于实验组的平均受教育年限比对照组多 2.7 年，每小时的平均工资比对照组高 5 美元，我们估计工人每多接受 1 年教育，工资增加 5/2.7，即每小时 1.85 美元。

用自然实验总会出现一些棘手的问题，即实验是否像看起来那样随机且易于解释。在我们的例子中，关键问题是，除了 Phyllis 提供的捐助，这两所高中是否真的相同。在现实中，学生可能并不是被随机分配到两所高中的。也许学生是根据居住地选择的学校，而城市一边的人口比另一边的人口更富有、文化程度更高。也许 Phyllis 之所以对其中一所学校提供捐助，是因为这所学校的学生看起来特别勤奋或特别需要帮助。这些差别可能会使结果产生偏差。每当研究人员依赖自然实验时，他们都需要考虑数据生成过程是否与随机对照实验的数据生成过程不同，以及这些差别是否会使他们的研究成果失真。

（扫码答题）
即测即评38-3

尽管有这些需要注意的事项，找到自然实验通常是估计一个变量对另一个变量的因果效应的最佳方法，正如下面的案例研究中所表明的。

案例研究　　服兵役如何影响公民的收入

服兵役对公民以后的收入有什么影响？这个问题无论对于个人做出决策还是对于有关兵役的公共政策来说都是重要的。

有两种看似合理的观点。一种观点认为，简历上有服兵役经历的人的收入会更高，因为他们从军队习得了纪律性、团队合作精神和有价值的工作技能。另一种观点认为，有服兵役经历的人的收入会更低，因为服兵役占用了他们从私人部门获取经验和在职培训的时间。这两种假设都可能是正确的。结果只能由数据来回答。

现在我们考虑如何使用数据来解决这个问题。一种方法是将服过兵役的工人和没有服过兵役的工人进行比较。两组之间的平均收入差异可以被视为服兵役的影响。

但这种方法有一个问题。收入差异可能来自服兵役的人的个人特质，而不是服兵役经历的因果效应。也许服兵役的人原本就比那些没有服兵役的人更有纪律性和团队合作精神。在这种情况下，即使服兵役没有影响，这些服役的人的收入也会更高。或者，也许服兵役的人之所以去服兵役，就是因为他们不具备从事高报酬工作的技能。在这种情况下，即使服兵役没有影响，这些服兵役的人的收入也会更低。因为有许多遗漏变量，服兵役并不能被解释为两组之间平均收入差异的原因。

那么，我们应该如何回答这个问题呢？随机对照实验可以解决这个问题。我们可以把总体随机地分为两组：一组必须服兵役，另一组则被禁止服兵役。然后我们比较这两组公民以后的收入。这种收入差异必然反映了服兵役的因果效应，因为随机性确保了两组在其他方面是相同的。

我们无法精确地进行这种实验，但在历史上，美国政府曾做过类似的事情。在20世纪70年代初的越南战争期间，年轻男子根据抽签结果来决定是否服兵役。如果一个人的抽签号码较小，他很可能就要服兵役；如果一个人的抽签号码较大，他可能就不用服兵役。当然，抽签号码并非是否服兵役的唯一决定因素。富人和有关系的人更容易避免服兵役，而那些抽签号码较大的人仍然可以自愿服兵役。但抽签号码本身是完全随机的。

在一项重要的研究中，经济学家Joshua Angrist指出，征兵的抽签号码是一个适合应用工具变量法的理想变量。抽签号码满足了我们以前讨论的两个条件：它影响了服兵役（条件1），而且它除了通过服兵役产生影响，并不影响服兵役者以后的收入（条件2）。

Angrist从这项自然实验中得出了什么结论？他的结论是："20世纪80年代初，即越南战争结束之后很久，美国白人退伍军人的收入比白人非退伍军人低15%左右。"为国家服兵役是一种崇高的行为，尤其是当我们认识到很多服兵役者所付出的长期经济成本时。

2021年，Angrist因其"对因果关系分析的方法论贡献"获得诺贝尔经济学奖。

38.4 结论

本章带你快速浏览了计量经济学这一庞大且技术性强的领域。我们讨论了经济学家使用的数据类型、他们希望通过数据分析实现的目标,以及各种统计方法如何有助于从数据中得出可靠的推论。但是,如果你想自己应用计量经济学的工具,你还需要选修一门完整的课程。本章的简单介绍可以为你未来的进一步学习奠定基础。

内容概要

- 经济学家用两类数据来研究世界如何运行:从随机对照实验得出的实验数据,以及从调查和行政记录中得到的观测数据。解释观测数据时要格外当心,因为存在混杂变量问题和反向因果关系问题。

- 有三种类型的数据。横截面数据提供多个主体(如个人、企业或国家)在某个特定时点的信息;时间序列数据提供单一主体在不同时点的信息;面板数据提供多个主体在不同时点的信息。

- 当经济学家运用数据时,他们的目标通常是以下四个中的一个:描述经济、量化(变量之间的)关系、检验假设或预测未来。

- 为了量化关系,经济学家用统计方法来确定能对数据做出最佳拟合的参数估计值。其中一种方法是普通最小二乘法。

- 统计方法不仅可以用于估计参数,还可以用于衡量抽样变异所引起的估计值的不确定性。估计值的标准误是这种不确定性的衡量指标之一。

- 如果一个混杂变量与自变量相关,并且在统计模型中被遗漏,那么就可能对数据分析师产生误导。解决这个问题的方法之一是把混杂变量加到模型中,并用多元回归来估计该自变量的真实影响。

- 为了估计一种变量对另一种变量的因果效应,数据分析师需要小心混杂变量问题和反向因果关系问题。其中一种方法是寻找自然实验。

关键概念

数据	反向因果关系	普通最小二乘法
计量经济学	横截面数据	标准误
随机对照实验	时间序列数据	多元回归
实验数据	面板数据	自然实验
观测数据	参数	
混杂变量	线性回归	

复习题

1. 解释实验数据和观测数据之间的不同。
2. 为什么经济学并不总是使用实验数据?
3. 在分析观测数据时会遇到哪两个问题?
4. 解释横截面数据和时间序列数据之间的不同,并各举一个例子。
5. 普通最小二乘法如何选择统计模型的参数值?
6. 参数估计值的标准误衡量什么?
7. 解释混杂变量问题并描述解决这个问题的两种方法。

问题与应用

在中括号内选择正确的词,完成对一个假设的研究项目的总结。

a. Ellie 是一位经济学家,她想研究人口增长如何影响国民收入。她收集了 50 个国家的数据,衡量每个国家的人口增长率和人均国民收入。这是【横截面,时间序列】数据的例子。

b. 她提出了一个统计模型,在该模型中,国民收入取决于人口增长率。她标出了数据点并用【随机对照实验,普通最小二乘法】画出了对这些数据点的最佳拟合线。

c. 结果显示变量之间存在负相关关系:人口增长更快的国家的国民收入更低。她推断该研究结果并不是由于抽样变异,因为她的【样本规模,标准误】很小。

d. Ellie 认识到她的数据是【实验,观测】数据……

e. ……因为它们并不是通过【随机对照实验,多元回归】生成的。

f. 她担心一国的平均教育水平既影响国民收入又影响人口增长,从而引起【混杂变量,线性回归】问题。

g. 她找到了各国的教育水平数据,并通过【面板数据,多元回归】将其加到统计模型中。

h. Ellie 还担心,收入水平会影响生育控制的可获得性,从而影响人口增长,这会引起【反向因果关系,标准误】问题。

i. 她了解到,一些国家从联合国的生育控制宣传项目中获益,而另一些国家并没有从中获益,并且各国选择是否参与该项目是随机的。她认识到,该政策提供了一个【自然实验,线性回归】。

j. 现在她用【普通最小二乘法,工具变量】技术来估计人口增长对收入的影响。

术语表

总需求曲线（aggregate-demand curve） 表示在每一种物价水平下，家庭、企业、政府和外国客户想要购买的物品与服务数量的曲线。

总供给曲线（aggregate-supply curve） 表示在每一种物价水平下，企业生产并销售的物品与服务数量的曲线。

升值（appreciation） 按所能购买到的外国货币量衡量的一国货币价值的上升。

自动稳定器（automatic stabilizers） 当经济进入衰退时，决策者不必采取任何有意的行动就可以刺激总需求的财政政策变动。

贸易平衡（balanced trade） 出口等于进口的状况。

银行资本（bank capital） 银行的所有者投入机构的资源。

债券（bond） 一种债务凭证。

预算赤字（budget deficit） 政府支出引起的税收入短缺。

预算盈余（budget surplus） 税收收入大于政府支出的余额。

资本外逃（capital flight） 对一国国内资产需求大量且突然的减少。

资本要求（capital requirement） 政府规定的银行最低资本量。

追赶效应（catch-up effect） 起点较穷的国家往往比起点较富的国家增长更快的特征。

中央银行（central bank） 为了监管银行体系和调节经济中的货币量而设计的机构。

古典二分法（classical dichotomy） 对名义变量和真实变量的理论区分。

封闭经济（closed economy） 不与世界上其他经济相互交易的经济。

集体谈判（collective bargaining） 工会和企业就就业条件达成一致的过程。

商品货币（commodity money） 以有内在价值的商品形式存在的货币。

复利（compounding） 货币量（比如银行账户上货币量）的累积，其赚得的利息仍留在账户上以赚取未来更多的利息。

混杂变量（confounding variable） 被忽略的变量，但由于和要衡量及研究的变量相关，可能误导研究人员。

消费价格指数（consumer price index, CPI） 普通消费者所购买的物品与服务的总费用的衡量指标。

消费（consumption） 家庭用于物品与服务（购买新住房除外）的支出。

核心 CPI（Core CPI） 所消费的食物和能源之外的物品与服务的总体费用的衡量指标。

横截面数据（cross-sectional data） 提供多个主体（如个人、企业或国家）在某个特定时点的信息的数据。

挤出（crowding out） 政府借款所引起的投资减少。

挤出效应（crowding-out effect） 当扩张性财政政策引起利率上升，从而减少投资支出时所引起的总需求减少。

通货（currency） 公众手中持有的纸币和铸币。

周期性失业（cyclical unemployment） 失业率对自然失业率的背离。

活期存款（demand deposits） 储户可以通过签发支票或刷借记卡而随时支取的银行账户余额。

贬值（depreciation） 按所能购买到的外国货币量衡量的一国货币价值的下降。

萧条（depression） 严重的衰退。

收益递减（diminishing returns） 随着投入量的增加，每一单位额外投入所带来的收益减少的特性。

贴现率（discount rate） 美联储向银行发放贷款的利率。

丧失信心的工人（discouraged workers） 想工作但已放弃寻找工作的人。

多元化（diversification） 通过用大量不相关的小风险代替单一风险来降低风险。

计量经济学（econometrics） 致力于开发数据分析工具的一个经济学子领域。

效率工资（efficiency wages） 企业为了提高工人的生产率而支付的高于均衡水平的工资。

有效市场假说（efficient markets hypothesis） 认为资产价格反映了关于一种资产价值的所有公开的、可获得的信息的理论。

实验数据（experimental data） 研究人员通过随机对照实验收集的数据。

出口（exports） 在国内生产而在国外销售的物品与服务。

联邦基金利率（federal funds rate） 一家银行向另一家银行进行隔夜贷款时的利率。

联邦储备系统（Federal Reserve, Fed） 美国的中央银行。

法定货币（fiat money） 没有内在价值、由政府法令确定作为通货使用的货币。

金融学（finance） 研究人们如何做出关于跨期配置资源和应对风险的决策学科。

金融中介机构（financial intermediaries） 储蓄者可以间接地向借款者提供资金的金融机构。

金融市场（financial markets） 储蓄者可以借以直接向借款者提供资金的金融机构。

金融体系（financial system） 经济中帮助将一个人的储蓄与另一个人的投资相匹配的金融机构组合。

企业特有风险（firm-specific risk） 只影响一家企业的风险。

财政政策（fisical policy） 政策制定者对政府支出和税收总水平的确定。

费雪效应（Fisher effect） 名义利率对通货膨胀率所进行的一对一的调整。

部分准备金银行制（fractional-reserve banking） 只把部分存款作为准备金的银行制度。

摩擦性失业（frictional unemployment） 因工人寻找最适合自己喜好和技能的工作需要时间而引起的失业。

基本面分析（fundamental analysis） 为确定一家公司的价值而对其会计报表和未来前景进行的研究。

终值（future value） 在现行利率下，一定的当前货币量将带来的未来货币量。

GDP 平减指数（GDP deflator） 用名义 GDP 与真实 GDP 之比乘以 100 计算的物价水平衡量指标。

政府购买（government purchase） 中央和地方政府用于物品与服务的支出。

国内生产总值（gross domestic product, GDP） 在某一既定时期一个国家内生产的所有最终物品与服务的市场价值。

人力资本（human capital） 工人通过教育、培训和经验获得的知识与技能。

进口（imports） 在国外生产而在国内销售的物品与服务。

指数化（indexation） 根据法律或合同按物价水平的变动对货币数额进行自动调整。

通货膨胀率（inflation rate） 前一个时期以来价格指数变动的百分比。

通货膨胀税（inflation tax） 政府通过创造货币而筹集的收入。

信息有效（informational efficiency） 资产价格以理性方式反映了所有可获得的信息。

投资（investment） 用于企业资本、住房资本和存货的支出。

工作搜寻（job search） 在工人的喜好与技能既定时工人寻找适当工作的过程。

劳动力（labor force） 包括就业者和失业者在内的工人总数。

劳动力参工率（labor-force participation rate） 劳动力占成年人口的百分比。

杠杆（leverage） 将借到的货币追加到用于投资的现有资金上。

杠杆率（leverage ratio） 银行总资产与银行资本的比率。

线性回归（linear regression） 一个统计模型，在这个模型中因变量与一个或多个自变量加上随机残差呈线性相关关系。

流动性（liquidity） 一种资产转换为经济中的交换媒介的容易程度。

宏观经济学（macroeconomics） 研究整体经济现象（包括通货膨胀、失业和经济增长）的学科。

可贷资金市场（market for loanable funds） 想储蓄的人借以提供资金、想借钱投资的人借以借贷资金的市场。

市场风险（market risk） 影响股市上所有企业的风险。

交换媒介（medium of exchange） 买者在购买物品与服务时给予卖者的东西。

菜单成本（menu costs） 改变价格的成本。

微观经济学（microeconomics） 研究家庭和企业如何做出决策，以及它们如何在市场上相互影响的学科。

总需求与总供给模型（model of aggregate demand and aggregate supply） 大多数经济学家用来解释经济活动围绕其长期趋势进行短期波动的模型。

货币中性（monetary neutrality） 认为货币供给变动并不影响真实变量的观点。

货币政策（monetary policy） 中央银行关于货币供给和利率的决策或安排。

货币（money） 经济中人们经常用于向其他人购买物品与服务的一组资产。

货币乘数（money multiplier） 银行体系用1美元准备金所产生的货币量。

货币供给（money supply） 经济中可得到的货币量。

乘数效应（multiplier effect） 当扩张性财政政策增加了收入，从而增加了消费支出时引起的总需求的额外变动。

共同基金（mutual fund） 向公众出售股份，并用收入来购买股票与债券资产组合的机构。

国民储蓄（national saving） 一个经济的总收入在用于消费和政府购买后剩下的部分。

自然产出水平（natural level of output） 一个经济在长期中当失业处于其正常水平时达到的物品与服务的生产水平。

自然失业率（natural rate of unemployment） 正常情况下的失业率，失业率围绕它上下波动。

自然资源（natural resources） 由自然界提供的用于生产物品与服务的投入品，如土地、河流和矿藏。

自然率假说（natural-rate hypothesis） 认为无论通货膨胀率如何，失业率最终都要回到正常失业率或自然失业率水平的观点。

资本净流出（net capital outflow） 本国居民购买的外国资产减外国居民购买的本国资产。

净出口（net exports） 外国对国内生产商品的支出（出口）减国内对外国商品的支出（进口）。

名义汇率（nominal exchange rate） 一个人可以用一国货币交换另一国货币的比率。

名义GDP（nominal GDP） 按现期价格计算的物品与服务的生产价值。

名义利率（nominal interest rate） 通常公布的、未对通货膨胀的影响进行校正的利率。

名义变量（nominal variables） 用货币单位衡量的变量。

观测数据（observational data） 研究人员通过观察世界自然呈现的情况而得到的数据。

开放经济（open economy） 与世界上其他经济自由交易的经济。

公开市场操作（open-market operations） 中央银行在金融市场上买卖政府债券。

普通最小二乘法（ordinary least squares, OLS） 通过使残差平方和最小化来估计参数值的一种统计方法。

面板数据（panel data） 提供多个主体（如个人、

企业或国家）在不同时点的信息的数据。

参数（parameters） 决定模型中变量之间关系强度的数值。

菲利普斯曲线（Phillips curve） 表示通货膨胀与失业之间短期权衡取舍的曲线。

物质资本（physical capital） 用于生产物品与服务的设备和建筑物的存量。

现值（present value） 在现行利率下，产生一定未来货币量所需要的当前货币量。

私人储蓄（private saving） 家庭在支付税收和消费之后剩下的收入。

生产价格指数（producer price index，PPI） 因为企业所购买的一篮子物品与服务的费用的衡量指标。

生产率（productivity） 每单位劳动投入所生产的物品与服务的数量。

公共储蓄（public saving） 政府在支付其支出后剩下的税收收入。

购买力平价（purchasing-power parity） 一种认为任何一单位给定通货都应该能在所有国家买到等量物品的汇率理论。

数量方程式（quantity equation） 方程式 $M \times V = P \times Y$，它把货币量、货币流通速度和经济中物品与服务产出的美元价值联系在一起。

货币数量论（quantity theory of money） 一种认为可得到的货币量决定物价水平，而货币量的增长率决定通货膨胀率的理论。

随机对照实验（randomized controlled trial） 一种实验，研究人员将受试者随机分为不同组，对各组进行不同的处理，并比较其结果。

随机游走（random walk） 变量变动的路径不可预期。

理性预期（rational expectations） 当人们预测未来时，可以充分运用他们所拥有的全部信息，包括有关政府政策的信息的理论。

真实汇率（real exchange rate） 一个人可以用一国的物品与服务交换另一国的物品与服务的比率。

真实GDP（real GDP） 按不变价格计算的物品与服务的生产价值。

真实利率（real interest rate） 已对通货膨胀的影响进行校正的利率。

真实变量（real variables） 用实物单位衡量的变量。

衰退（recession） 真实收入下降和失业增加的时期。

准备金率（reserve ratio） 银行在总存款中作为准备金持有的存款比率。

法定准备金（reserve requirements） 关于银行必须根据其存款持有的最低准备金量的规定。

准备金（reserves） 银行得到但没有贷出去的存款。

反向因果关系（reverse causality） 研究人员混淆了两个变量之间影响的方向的情况。

风险厌恶（risk aversion） 不喜欢不确定性。

牺牲率（sacrifice ratio） 在通货膨胀率下降1个百分点的过程中年产量损失的百分点数。

皮鞋成本（shoeleather cost） 当通货膨胀鼓励人们减少货币持有量时所浪费的资源。

标准误（standard error） 由抽样变异引起的参数估计的不确定性的衡量指标。

滞胀（stagflation） 产量减少而物价上升的时期。

股票（stock） 对企业的部分所有权和利润索取权。

价值储藏（store of value） 人们可以用来把现在的购买力转变为未来的购买力的东西。

罢工（strike） 工会有组织地从企业撤出劳动力。

结构性失业（structural unemployment） 因某些劳动市场上可提供的工作岗位数量不足以满足所有想工作的人的需求而引起的失业。

供给冲击（supply shock） 直接改变企业的成本和价格，使经济中的总供给曲线移动，进而使菲利普斯曲线移动的事件。

技术知识（technological knowledge） 社会关于生产物品与服务的最好方法的知识。

流动性偏好理论（theory of liquidity preference） 凯恩斯提出的理论，认为利率的调整会使货币供给与货币需求达到平衡。

时间序列数据（time-series data） 提供单一主体（如一个人、一家企业或一个国家）在不同时点的信息的数据。

贸易余额（trade balance） 一国的出口值减进口值，又称净出口。

贸易赤字（trade deficit） 进口大于出口的部分。

贸易政策（trade policy） 直接影响一国进口或出口的物品与服务数量的政府政策。

贸易盈余（trade surplus） 出口大于进口的部分。

失业保险（unemployment insurance） 当工人失业时为他们提供部分收入保障的政府计划。

失业率（unemployment rate） 劳动力中失业者人数所占的百分比。

工会（union） 与雇主就工资、津贴和工作条件进行谈判的工人组织。

计价单位（unit of account） 人们用来表示价格和记录债务的标准。

货币流通速度（velocity of money） 货币易手的速度。

索 引

说明：索引中的页码为英文原书页码，即译文的边码。橙色的页码指给出关键术语定义的页码。

A

会计（Accounting），558
会计利润（Accounting profit），584
计价单位（Account, unit of），616—618，656—657
达龙·阿西莫格鲁（Acemoglu, Daron），546
调整过程（Adjustment process），643—645
逆向选择（Adverse selection），580
非洲（Africa）
    非洲经济（economy），545—547
    地理劣势（geographic disadvantages），546
    人口增长快（high population growth），546
    殖民遗留问题（legacy of colonization），546—547
    投资不足（low capital investment），545
    教育程度低（low educational attainment），546
    健康状况不良（poor health），546
    腐败现象严重（rampant corruption），546
    自由受到限制（restricted freedom），546
总需求（Aggregate demand）
    自动稳定器（automatic stabilizers），767
    政府购买的变动（changes in government purchases），719，757—758
    税收的变动（changes in taxes），762
    总需求减少（contraction in），731
    挤出效应（crowding-out effect），760—762
    描述长期增长与通货膨胀（depicting long-run growth and inflation），723—724
    经济波动（economic fluctuations），710—712
    总需求曲线移动的影响（effects of shift in），718—719
    财政政策（fiscal policy and），757—762
    大萧条（Great Depression），733—734
    货币政策（monetary policy and），748—757
    乘数效应（multiplier effect），758
    菲利普斯曲线（Phillips curve），772—775
    2008—2009年的衰退（recession of 2008—2009），734—736
    支出乘数的公式（spending multiplier, formula for），758—760
    稳定政策（stabilization policy），764—765
    流动性偏好理论（theory of liquidity preference），749—751
    第二次世界大战（World War II），733—734
总需求曲线（Aggregate-demand curve），**714**，715—719
    向右下方倾斜（downward slope of），715—718，720，752—753
    经济波动（economic fluctuations），710—712
    利率效应（interest-rate effect），716—717，720
    总需求曲线移动（shifts in），718—719
    财富效应（wealth effect），716，720
总供给（Aggregate supply）
    不利冲击（adverse shock），783
    描述长期增长与通货膨胀（depicting long-run growth and inflation），723—724
    经济波动（economic fluctuation），710—712
    总供给曲线移动的影响（effects of shift in），736—738

财政政策（fiscal policy and），763
石油与经济（oil and economy），738—739
菲利普斯曲线（Phillips curve），773—775
滞胀（stagflation），736
工资物价螺旋式上升（wage-price spiral），737
总供给曲线（Aggregate-supply curve），**714**，720—729
    菜单成本（menu costs），726
    错觉理论（misperception theory），726—727
    自然产出水平（natural level of output），722
    总供给曲线移动（shifts in），722—723，728—729
    短期总供给曲线（short run），725
    向上倾斜的短期总供给曲线（slopes upward in short run），724—727
    黏性价格理论（sticky-price theory），726
    黏性工资理论（sticky-wage theory），725—726
    垂直的长期总供给曲线（vertical in long run），721—722
《美国经济评论》（American Economic Review），772，775
美国繁荣（American prosperity），548
《美国复苏与再投资法案》（American Recovery and Reinvestment Act, ARRA），765
"反通货膨胀政策分析"（萨缪尔森与索洛）["Analytics of Anti-Inflation Policy"（Samuelson & Solow）]，772
年金（Annuity），579
升值（Appreciation），**676**
套利（Arbitrage），679，682，683
阿根廷（Argentina）
    经济增长（economic growth of），531
    GDP，531，542
    内向型政策（inward-oriented policies of trade），542
资产评估（Asset valuation），583—587
假设（Assumptions），713
奥地利，恶性通货膨胀（Austria, hyperinflation in），648，649
自动稳定器（Automatic stabilizers），767

B

平衡预算的争论（Balance budget debate），810—812

预算平衡（Balanced budget），567，767，801，810—812
贸易平衡（Balanced trade），**666**，670，672
资产负债表（Balance sheet），623，625—626
孟加拉国（Bangladesh）
    经济增长（economic growth of），530—531
银行资本（Bank capital），625—627
银行（Banks）
    银行资本、杠杆以及2008—2009年的金融危机（bank capital, leverage, and financial crisis of 2008—2009），625—627，**626**
    美联储向银行发放贷款（Fed lending to），628
    金融中介机构（as financial intermediaries），556—558
    部分准备金银行制下的货币创造（money creation with fractional-reserve banking），623—624
    货币乘数（money multiplier），624—625
    银行与货币供给（money supply and），622—627
    银行挤兑与货币供给（runs, money supply and），631—632
    百分之百准备金银行制（100-percent-reserve banking），623
罗伯特·巴罗（Barro, Robert），531，787，793
物物交换（Barter），616
基年（Base year），501—502
一篮子物品与服务（Basket of goods and services），512—517
本·伯南克（Bernanke, Ben），633，790
向上偏倚（Biased upward），830
拜登（Biden），519，621，640，668，742，765，792
双边贸易（Bilateral trade），704
艾伦·布林德（Blinder, Alan S.），704—705，809
体重指数（Body mass index, BMI），822
玻利维亚，恶性通货膨胀（Bolivia, hyperinflation in），653
债券（Bonds），**554**
债券市场（Bond market），554—555，558，560，567，621—622，628—629
人才外流（Brain drain），540
巴西（Brazil）
    经济增长（economic growth of），531

预算（Budget），810—812
预算赤字（Budget deficit），**560**
  挤出（crowding out），568
  可贷资金市场与预算赤字（market for loanable funds and），567
预算盈余（Budget surplus），**560**，567
  可贷资金市场与预算盈余（market for loanable funds and），561—563
经济分析局［Bureau of Economic Analysis（BEA）］，499，519
劳工统计局［Bureau of Labor Statistics（BLS）］，512，514，592—593，597—598，740，771
  计算 CPI（computing CPI），512—515
  失业率的衡量（unemployment measuring），592
乔治·布什（Bush, George W.），762，790，800
  减税（tax cuts under），800—802
经济周期（Business cycle），710，712，733，740—741，798—799，802，804

C

加拿大（Canada）
  经济增长（economic growth of），531
资本（Capital）
  总供给曲线的移动（aggregate-supply curve shifts），722—723
  人力资本（human），**534**，537—538，540
  国际资本流动（international flows of），666—675
  物质资本（physical），**533**，533—534
资本外逃（Capital flight），**701**，702—703
  影响（effects of），701—702
  政治不稳定与资本外逃（political instability and），701—703
来自中国的资本流动（Capital flow from China），703—704
资本收益（Capital gains），655—656
资本净流出（Capital outflow, net）
  净出口与资本净流出相等（equality of net exports and），669—671
  利率（interest rates），694
  两个市场之间的联系（link between two markets），693—694
资本要求（Capital requirement），**627**
人口增长稀释了资本存量（Capital stock, population growth diluting of），544—545
卡特尔（Carter），738
  工会是一种卡特尔（union as type of），592—593
吉米·卡特（Carter, Jimmy），785，804—805
追赶效应（Catch-up effect），537—539，**538**
中央银行（Central bank），**620**
  政策（policy），808—809
  零通货膨胀，争论（zero inflation debate），806—807
雨果·查韦斯（Chávez, Hugo），661
循环流量图（Circular-flow diagram），493
中国（China）
  资本流动（capital flow），703—704
  经济增长（economic growth of），530—531
古典二分法（Classical dichotomy），**645**，645—646，713—714，721
古典经济学，假设（Classical economics, assumptions of），713
比尔·克林顿（Clinton, Bill），807
  政府债务（government debt），569—570
封闭经济（Closed economy），559，**666**，671—672，690，696—697
可口可乐公司（Coca-Cola Company），535，556，575
集体谈判（Collective bargaining），**604**，604—606
商品货币（Commodity money），**617**，618
复利（Compounding），**576**，578
  70 法则（rule of 70），578
混杂变量（Confounding variable），**821**
国会预算办公室（Congressional Budget Office），570，595，810
消费价格指数［Consumer price index（CPI）］，502，**512**，512—517
  篮子（basket of），514
  计算（calculation），512—515
  核心（core），514
  定义（defined），512
  与 GDP 平减指数（GDP deflator vs.），516—517
消费（Consumption），**497**

消费变动引起的总需求曲线移动（aggregate-demand curve shifts due to changes in），718—720
 GDP 的组成部分（as component of GDP），497，499
 物价水平与消费（price level and），716
消费税（Consumption tax），813
控制组（Control group），820
《新冠病毒援助、救济和经济安全法案》（CARES）［Coronavirus Aid, Relief, and Economic Security (CARES) Act］，742
生活费用（Cost of living）
 生活费用津贴（COLA），521
 消费价格指数（consumer price index），512—517
 生活费用的衡量（measuring），511—524
 衡量生活费用时的问题（problems in measuring），515—516
 地区差别（regional differences in），519—521
降低通货膨胀的代价（Cost of reducing inflation），785—789
 无代价的反通货膨胀的可能性（costless disinflation, possibilities），787
 格林斯潘时代（Greenspan era），789—790
 理性预期（rational expectations），787
 2021—2022 年的衰退（recession of 2021—2022），792
 牺牲率（sacrifice ratio），785—786
 沃尔克的反通货膨胀（Volcker disinflation），787—789
成本［Cost（s）］
 通货膨胀成本（of inflation），652—659
 菜单成本（menu），654，726
 皮鞋成本（shoeleather），653—654
新冠疫情（Covid-19 pandemic）
 《新冠病毒援助、救济和经济安全法案》（CARES Act），742
 新冠衰退（Covid recession），740—741
 经济下行（economic collapse），740
 经济记忆（economic memory），741
 与 2008 年的金融危机（and financial crisis of 2008），506
 GDP，短期下降（GDP, short-term drop），667

 病毒变种奥密克戎（Omicron variant），741
 新冠疫情支出（pandemic spending），675
 政策制定者（policymakers），741
 2020 年的衰退（recession, in 2020），710
 股票和债券市场（stock and bond markets），629
 2020 年不寻常的低迷（strange downturn of 2020），740—741
 新冠疫情衰退期间的工资（wages, during Covid recession），610—611
新冠疫情衰退（Covid recession），740—741
2020 年新冠疫情引发的衰退（Covid Recession of 2020），570
信用卡（Credit cards），619，642
信用危机（Credit crunch），571，627，735
信用风险，债券（Credit risk, bonds），555
横截面数据（Cross-sectional data），**822**
挤出（Crowding out），**568**
挤出效应（Crowding-out effect），758，760—762
加密货币（Cryptocurrencies），618
通货（Currency），**619**
通货操控（Currency manipulation），703，704
当前人口调查（Current Population Survey），592
周期性失业（Cyclical unemployment），592，594

D

数据（Data），**819**
 实验数据（experimental data），**820**
 观测数据（observational data），**821**
 散点图（scatterplot of），827
 横截面数据（cross-sectional data），**822**
 面板数据（panel data），**822**
 时间序列数据（time-series data），**822**
 工资和受教育水平（wages and education），826
到期日，债券（Date of maturity, bonds），554—555
债务融资（Debt finance），556
债务［Debt（s）］
 应对债务（dealing with），810—812
 债务 GDP 比率（debt-to-GDP ratio），569—570
 美元主导的（dollar-denominated），806
 政府债务（government），567，569—570，807，810—812

违约，债券（Default, bonds），555
延期支付方式（Deferring payment method），619
赤字（Deficits）
    应对预算赤字（dealing with），802—805
    贸易赤字（trade），**666**
通货紧缩（Deflation），512，640，785
    一国收入的衡量（measuring a nation's income），491
活期存款（Demand deposits），**619**，622—624
商务部（Department of Commerce），496，499
劳工统计局（Department of Labor），512，592，603
因变量（Dependent variable），827
贬值（Depreciation），496，676，678，682，694，702—703，717
萧条（Depression），**710**
生产率的决定因素（Determinants of productivity）
    人均人力资本（human capital per worker），534
    人均自然资源（natural resources per worker），534
    人均物质资本（physical capital per worker），533—534
    技术知识（technological knowledge），534—535
边际效用递减（Diminishing marginal utility），579
收益递减（Diminishing returns），537，537—539
贴现（Discounting），577
贴现率（Discount rate），628
贴现窗口（Discount window），628—629
丧失信心的工人（Discouraged workers），**596**，597
反通货膨胀（Disinflation），785
    理性预期与无代价的反通货膨胀的可能性（rational expectations and possibility of costless），787
    沃尔克（Volcker），787—789
反通货膨胀的货币政策（Disinflationary monetary policy），786
个人可支配收入（Disposable personal income），496
多元化（Diversification），**580**
    共同基金（mutual funds），557
    降低风险（risk reduction），569
红利（Dividend），563，583，584，587
需求的双向一致性（Double coincidence of wants），616

道·琼斯工业平均指数（Dow Jones Industrial Average），556
毒品（Drugs）
    毒品与GDP（GDP and），506—507

E

《经济学》（*Economica*），772
计量经济学（Econometrics），**820**
经济波动（Economic fluctuations）
    原因（causes of），729—742
    事实（facts about），710—712
    无规律的且不可预测的经济波动（irregular and unpredictable），710—712
    随着产量的减少，失业增加（as output falls, unemployment rises），712
    短期经济波动（short-run），713—715
经济增长（Economic growth）
    美国繁荣的秘方（American prosperity, secret sauce of），548
    收益递减和追赶效应（diminishing returns and catch-up effect），537—539
    教育与经济增长（education and），540
    不同的增长经历（experience, variety of），531
    自由贸易与经济增长（free trade and），542
    全球（global），530—531
    健康与营养（health and nutrition），540—541
    长期增长的重要性（importance of long-run growth），548
    来自国外的投资（investment from abroad），527—539
    自然资源，增长的限制因素（natural resources as limit to），536
    人口增长与经济增长（population growth and），543—545
    生产率与经济增长（productivity and），532—535
    产权和政治稳定（property rights and political stability），541—542
    经济增长和公共政策（public policy and），537—547
    研究与开发（research and development），542—543

储蓄和投资（saving and investment），537
经济学（Economics）
    假设（assumptions of），713
    工会经济学（of unions），605—606
经济理论（Economic theories），824
经济变量（Economic variables），518—523，616，645，647
经济学家（Economists）
    预测未来（future prediction），824
    量化关系（quantifying relationships），823—824
    描述经济（quantitative descriptions of），823
    检验假设（testing hypotheses），824
经济（Economy）
    封闭经济（closed），559，**666**
    日益开放的美国经济（increasing openness of U-S.），667—668
    美国经济中的利率（interest rates in U.S.），522—523
    美国经济中男性与女性的劳动力参工率（labor-force participation of men and women in U.S.），595—596
    美国经济中的货币（money in U.S.），618—619
    开放经济（open），558，**666**
    工会，对经济是好是坏（union, good or bad for），605—606
    用政策稳定经济（using policy to stabilize），763—767，798—799
教育（Education）
    教育与经济增长（economic growth and），540
    教育与财政政策（public policy and），540
效率（Efficiency）
    信息有效（informational），585
效率工资（Efficiency wages），**607**，607—609
效率工资理论（Efficiency wages theory），607—608
有效市场假说（Efficient markets hypothesis），584，584—585
经验性的分歧（Empirical disagreement），824
经验规律（Empirical regularity），824
相等（Equality）
    净出口与资本净流出相等（of net exports and net capital outflow），669—671
均衡（Equilibrium）
    均衡利率（interest rate），750
    长期均衡（long-run），730
    货币均衡（monetary），641—642
    货币市场均衡（money market），750—751
    开放经济中的均衡（in open economies），693—695
权益融资，股票（Equity finance, stock），556
《人口论》（马尔萨斯）[Essay on the Principle of Population as It Affects the Future Improvement of Society（Malthus）]，543
欧元（Euro），677，679，681，717
欧洲中央银行[European Central Bank（ECB）]，677，681
欧盟（EU）[European Union（EU）]，506，549
汇率效应（Exchange-rate effect），717，720，743，748
超级特权（Exorbitant privilege），705
扩张性货币政策（Expansionary monetary policy），756，777
预期（Expectations）
    名义工资（nominal wages），728
    理性预期（rational），787
    预期的作用（role of），775—782
    菲利普斯曲线的移动（shifts in Phillips curve），775—782
预期通货膨胀（Expected inflation），651，657，779
    短期菲利普斯曲线（short-run Phillips curve and），779—780
支出，整体经济（Expenditures, nation's overall economy），492—493
实验数据（Experimental data），**820**
    "迁移机会"计划（Moving to Opportunity Program），821
出口（Exports），**666**
    净出口（net），498—499，666—668
外部性（Externality），540

F

生产要素（Factors of production），534
股票被公允估值（Fairly valued stock），583

联邦存款保险公司[Federal Deposit Insurance Corporation(FDIC)],631
联邦基金利率(Federal funds rate),**632**,632—634,754
联邦公开市场委员会[Federal Open Market Committee(FOMC)],621—622,754,764,803,805,825
联邦储备系统(美联储)[Federal Reserve(Fed)],**620**,620—622,808,825
 降低通货膨胀的代价(cost of reducing inflation),785—789
 联邦基金利率(federal funds rate),632—634
 联邦公开市场委员会(FOMC),621
 向银行发放贷款(lending to banks),628
 货币政策(monetary policy),803—805
 美联储的结构(organization of),620—621
 金融危机期间,菲利普斯曲线(Phillips curve during financial crisis),791
 控制货币供给中的问题(problems in controlling money supply),630—634
 准备金量(quantity of reserves),628—629
 准备金率(reserve ratio),**623**,623—625,629—630
 利率目标的作用(role of interest-rate target in),754—756
 股票市场(stock market),629,755—756
 联邦储备体系(system),621
 控制货币的工具(tools of monetary control),627—634
 零通货膨胀,争论(zero inflation debate),806—807
 美国的联邦储备理事会模型(Federal Reserve Board's model of the U.S. economy),825
法定货币(Fiat money),**617**,618,620,649
富达公司的分析(Fidelity's analysis),586
GDP只包括最终物品的价值(Final goods, GDP includes value of),494
金融学(Finance),**576**
金融中介机构(Financial intermediaries),**556**,556—558
 银行(banks),556—557
 共同基金(mutual funds),557—558
金融市场(Financial markets),**554**,554—556
 债券市场(bond market),554—555
 股票市场(stock market),555—556
金融体系(Financial system),**554**
企业特有风险(Firm-specific risk),580—581,**581**
 多元化(diversification of),580—581
 市场风险(market risk),**581**
财政政策(Fiscal policy),747
 总需求(aggregate demand and),758—760
 总供给(aggregate supply and),763
 自动稳定器(automatic stabilizers),767
 政府购买的变动(changes in government purchases),757—758
 税收变动(changes in taxes),762
 挤出效应(crowding-out effect),761—762
 乘数效应(multiplier effect),758—762
 财政政策与储蓄(savings and),569
 支出乘数的公式(spending multiplier, formula for),758—760
 稳定(stabilization),764—767,798—799
 不平衡的财政政策(unbalanced),673
欧文·费雪(Fisher, Irving),640,651
费雪效应(Fisher effect),650—651,**651**,656
 通货膨胀率与费雪效应(inflation rate and),651
 货币中性(monetary neutrality),650
福特汽车公司(Ford Motor Company),539,608,609
罗伯特·福格尔(Fogel, Robert),540
亨利·福特(Ford, Henry),535,608
外汇交易(Foreign-currency exchange)
 市场(market for),690—692
 供给与需求(supply and demand),688—692
来自国外的投资(Foreign investment)
 外国直接投资(direct),539
 经济增长(economic growth and),539
 外国有价证券投资(portfolio),539
401(k),813
403(b),813
部分准备金银行制(Fractional-reserve banking),623,623—624,627,630—631,642,733
银币自由铸造的争论(Free-silver debate),658—659
自由贸易(Free trade),542

摩擦性失业（Frictional unemployment），**599**，599—600

米尔顿·弗里德曼（Friedman, Milton），640，643，658，775—782，787

充分就业产量（Full-employment output），646

弗里德曼规则（Friedman rule），658

基本面分析（Fundamental analysis），**583**，583—584

终值（Future value），**576**

G

GDP 平减指数（GDP deflator），501，501—502

  通货膨胀率（inflation rate），502

  与 CPI（vs. consumer price index），516—517

关税与贸易总协定［General Agreement on Tariffs and Trade（GATT）］，668

《就业、利息和货币通论》（凯恩斯）[*General Theory of Employment, Interest, and Money, The*（Keynes）]，739，749，764，800

德国（Germany）

  人均收入（average income in），529

  经济增长（economic growth of），531

  超速通货膨胀（hyperinflation in），648—649，660

金本位（Gold standard），617，658

《乱世佳人》（*Gone with the Wind*），519

物品[Good(s)]

  CPI 的篮子中（CPI basket of），514

  当期生产的物品，GDP 包括（currently produced, GDP includes），495

  最终物品（final），495

  中间物品（intermediate），495

  国际流动（international flow of），666—675

  有形的物品（tangible），495

政府（Government）

  平衡预算，争论（balanced budget debate），810—812

  政府增加支出，争论（debate over spending hikes），800—801

  政府预算赤字（Government budget deficits），567—570，673，696—698

  政府债务（Government debt），567

    挤出（crowding out），568

    美国政府债务史（history of U.S.），569—570

  政府购买（Government purchases），498

    政府购买变动引起的移动（aggregate-demand curve shifts due to changes in），719，720

    GDP 的组成部分（as component of GDP），498，499

    财政政策变化（fiscal policy changes in），757—758

  政府支出（Government spending），569

英国（Great Britain）

  热量摄入与人的身高（caloric consumption and height of population），540

  与营养（malnutrition and），540

大萧条（Great Depression），511，799—801，807

  银行挤兑（bank runs during），631—632

  2020 年的新冠疫情衰退（Covid recession of 2020），740

  总需求曲线的移动（shift in aggregate demand），733—734

大萧条时期（Great Recession），570，710，734—736，756，800，801

艾伦·格林斯潘（Greenspan, Alan），587，629，789，790

格林斯潘时代（Greenspan era），789—790

国内生产总值［Gross domestic product（GDP）］，492，494，504—506，530—531，533，537—539，542，558—559

  组成部分（components of），497—499

  消费（consumption），497，499

  GDP 平减指数（GDP deflator），501—502

  毒品与 GDP（drugs and），506—507

  经济的收入和支出（as economy's income and expenditure），492—493

  政府购买（government purchases），498，498—499

  GDP 的国际差异（international differences in），505—506

  投资（investment），497—498

  衡量（measurement of），494—496

  经济福利的衡量指标（as measure of economic well-being），504—506

  净出口（net exports），498—499

  名义 GDP（nominal）

  卖淫业（prostitution and），506

GDP 与生活质量（quality of life and），505—506
美国的真实 GDP（real GDP, for U.S. economy），502
失业（unemployment），822
国民生产总值［Gross national product (GNP)］，496，539
生产与增长（Growth, production and），529—549

H

亚历山大·汉密尔顿（Alexander Hamilton），632
《哈姆雷特》（莎士比亚）［*Hamlet* (Shakespeare)］，374，572
《冷静的头脑，仁慈的心》（布林德）［*Hard Heads, Soft Hearts* (Blinder)］，809
健康（Health）
 经济增长（economic growth and），540—541
 效率工资（efficiency wages and），607
医疗保险（Health insurance），579
赫伯特·胡佛（Hoover, Herbert），519
住房（Housing）
 CPI 的篮子中（in basket of goods of CPI），514
人力资本（Human capital），534
 生产率的决定因素（as determinant of productivity），534
 经济增长（economic growth and），534
 教育作为人力资本（education as），540
 健康与营养，人力资本投资（health and nutrition as investment in），540—541
大卫·休谟（Hume, David），640，646，714
匈牙利，恶性通货膨胀（Hungary, hyperinflation in），648，649，661
恶性通货膨胀（Hyperinflation），640，648，660—661
 期间的货币与物价（money and prices during），648，649
 期间的名义汇率（nominal exchange rate during），681

I

恒等式（Identities），825
进口配额（Import quota），698—701
进口（Imports），**666**

欧洲钢铁（European steel），700
物品与服务（goods and services），717
进口国（oil-importing countries），738
收入（Income）
 个人可支配收入（disposable personal），496
 一国收入的衡量（measuring a nation's），491—507
 国民收入（national），496
 整体经济（nation's overall economy and），492—493
 其他收入衡量指标（other measures of），496
 个人收入（personal），496
收入效应（Income effect），814
自变量（Independent variable），827
指数化（Indexation），521，656，806
指数基金（Index funds），557，558，585—587
 有效市场假说（efficient markets hypothesis），585
 共同基金（mutual funds），587
 随机游走（random walk and），585—587
印度（India）
 人均收入（average income in），529
 经济增长（economic growth of），531
个人退休金账户［Individual Retirement Account (IRA)］，564，586，813
印度尼西亚（Indonesia）
 人均收入（average income in），531
 经济增长（economic growth of），531
通货膨胀（Inflation），502，512，639—640
 任意的财富再分配（arbitrary redistribution of wealth），657
 调整过程简述（brief look at adjustment process），643—645
 古典二分法（classical dichotomy），645—646
 混乱与不方便（confusion and inconvenience），656—657
 根据通货膨胀的影响校正经济变量（correcting economic variables for effect of），518—523
 通货膨胀的成本（costs of），652—659
 通货膨胀与经济（economy and），640
 预期通货膨胀（expected），657，779
 购买力下降（fall in purchasing power），652，653

费雪效应（Fisher effect），650—651
通货膨胀引起的税收扭曲（Inflation-induced tax distortions），655—656
通货膨胀税（inflation tax），649—650
衡量指标（measures of），517
一国收入的衡量（measuring a nation's income），491
货币注入的影响（effects of monetary infection），642—643
货币增长与通货膨胀（money growth and），639—640
货币供给、货币需求与货币均衡（money supply, money demand and monetary equilibrium），641—642
通货膨胀保护（protection），555
数量方程式（quantity equation），646—648
增加了储蓄的税收负担（raises tax burden on saving），655—656
相对价格变动与资源配置不当（relative-price variability and misallocation of resources），654—655
皮鞋成本（shoeleather costs），653—654
通货膨胀与失业之间的短期权衡取舍（short-run trade-off between unemployment and），771—793
六种通货膨胀成本（six costs of），806
通货膨胀理论（theory of），640—651
货币流通速度（velocity of money），646—649
零通货膨胀（zero），655，806—809
通货膨胀谬误（Inflation fallacy），652—653，807
通货膨胀引起的税收扭曲（Inflation-induced tax distortions），655—656
通货膨胀率（Inflation rate），502，**512**，512—514
　通货膨胀率的计算（calculating of），512—514
　均衡物价水平和通货膨胀率（equilibrium price level and），648
　高通货膨胀率（high），522
　名义利率和通货膨胀率（nominal interest rate and），651
　美国经济中的通货膨胀率（in U.S. economy），522—523
通货膨胀目标化（Inflation targeting），805

通货膨胀税（Inflation tax），**649**，649—650，653
信息有效（Informational efficiency），**585**
资不抵债（Insolvency），571
工具（Instrument），832
工具变量法（Instrumental variables method），832
保险（Insurance）
　逆向选择（reverse selection），580
　保险市场（market for），579—580
　失业保险（unemployment），600—601
无形的服务，GDP 包括（Intangible services, GDP includes），495
智商（IQ）测试［Intelligence quotient（IQ）test］，831
利率［Interest rate(s)］
　利率效应（effect of），716—717，720，748，752，753
　均衡利率（equilibrium），750—751
　联邦基金利率（federal funds rate），632—633，754
　长期利率（in long run），751
　可贷资金市场（market for loanable funds），561—565
　资本净流出（net capital outflow），694
　名义利率（nominal），521—522，562—563，650，749
　真实利率（real），562，650，749
　短期利率（in short run），713，751
　可贷资金的供给与需求（supply and demand for loanable funds），561—563
　美联储政策中的利率目标（targets in Fed policy），754—755
　美国经济中的利率（in U.S. economy），522—523
中间产品（Intermediate good），495
国际货币基金组织（IMF）［International Monetary Fund（IMF）］，539
国际交易价格（International transactions, prices for），676—678
内在价值（Intrinsic value），615，617，618
存货与 GDP（Inventory, GDP and），498
投资（Investment），**497**，497—498
　来自国外的投资（from abroad），539
　投资变动引起的（总需求曲线）移动（aggregate-demand curve shifts due to changes in），718—720
　GDP 的组成部分（as component of GDP），497—499

可贷资金的需求（demand for loanable funds and），561—563

经济增长（economic growth and），537

国外投资（foreign），539

激励（incentives），565

国民收入账户（national income accounts），558—561

物价水平与投资，总需求曲线向右下方倾斜（price level and, aggregate-demand curve downward slope），716—717

储蓄、投资及其与国际流动的关系（saving, and their relationship to international flows），671—672

储蓄与投资（saving and），558—561

投资加速数（Investment accelerator），758

投资税收抵免（Investment tax credit），565，719，802

男性投资者与女性投资者（Investors, men vs. women），586—587

看不见的手（Invisible hand），541，546，548，563

内向型政策（Inward-oriented policies），542

J

日本（Japan）
    人均收入（average income in），529
    经济增长（economic growth of），531
    通货膨胀（inflation），657
    通货膨胀率（inflation rate），640

工作（Jobs）
    岗位数量（number），598

工作搜寻（Job search），**599**，599—601
    公共政策和寻找工作（public policy and），600
    摩擦性失业是不可避免的（frictional unemployment inevitable），599
    失业保险（unemployment insurance），600—601

垃圾债券（Junk bonds），555

K

约翰·肯尼迪（Kennedy, John），765

罗伯特·肯尼迪（Kennedy, Robert），504

约翰·梅纳德·凯恩斯（Keynes, John Maynard），587，739，748，749，764—765，800

白宫的凯恩斯主义者（Keynesians in White House），765—767

迈克尔·克瑞默（Kremer, Michael），545

L

劳动（Labor）
    与总供给曲线的移动（aggregate-supply curve shifts and），722
    劳动力利用不足的衡量指标（measurement of underutilization），596，597

劳动力（Labor force），593，594—596

劳动力参工率（Labor-force participation rate），**593**，594—596

一价定律（Law of one price），679

最后贷款者（Lender of last resort），621，629，631，632，742

杠杆（leverage），625—627

杠杆率（leverage），**626**

线性回归（Linear regression），**827**

流动性（Liquidity），**617**
    资产的流动性（of asset），750
    货币的流动性（of money），750
    流动性偏好理论（theory of liquidity preference），**748**，749—757
    流动性陷阱（trap），756

可贷资金（Loanable funds），561—570
    可贷资金市场（market for），688—690
    供给与需求（supply and demand for），688—692
    对数刻度（Logarithmic scales），649
    纵向数据（Longitudinal data），822

长期（Long run）
    反通货膨胀的货币政策（disinflationary monetary policy），786
    长期利率（interest rates），751
    菲利普斯曲线（Phillips curve），775—777

洛杉矶道奇队（Log Angeles Dodgers），511

投资不足（Low capital investment），545

教育程度低（Low educational attainment），546

罗伯特·卢卡斯（Lucas, Robert），530，787

M

宏观经济学（Macroeconomics），492
    宏观经济变量同时波动（quantities fluctuate together in），712
    宏观经济政策的六大争论（six debates over policy for），797—815
托马斯·罗伯特·马尔萨斯（Malthus, Thomas Robert），543
边际状态的工人（Marginally attached workers），597
边际消费倾向［Marginal propensity to consume（MPC）］，758, 760
市场势力（Market power），567, 604—606, 777, 782, 784, 792
市场［Market(s)］
    债券市场（bond），554—555
    金融市场（financial），554—556
    外汇市场（for foreign-currency exchange），690—692
    保险市场（for insurance），579—580
    可贷资金市场（for loanable funds），561—570, 688—690
    市场风险（risk），581
    股票市场（stock），555—556
可贷资金市场（Market for loanable funds），**561**, 562, 688—690
    政府预算赤字与盈余（government budget deficits and surpluses），566—569
    投资激励（investment incentives），565
    储蓄激励（saving incentives），563—565
    可贷资金的供给与需求（supply and demand for loanable funds），561—563
市场非理性（Market irrationality），587—588
市场风险（Market risk），**581**
均值（Mean），828
交换媒介（Medium of exchange），557, 616, 617—619, 624, 641, 642, 644, 750
菜单成本（Menu costs），**654**, 658, 726, 806, 807
墨西哥（Mexico）
    经济增长（economic growth of），531
    资本外逃对墨西哥经济的影响（effect of capital flight on economy），702
    通货膨胀率（inflation rate），640
    政治不稳定（political instability），710
微观经济学（Microeconomics），**492**
服兵役，影响公民的收入（Military service, affects civilian earnings），833—834
最低工资法（Minimum-wage laws），602—603
痛苦指数（Misery index），771, 784
错觉理论（Misperceptions theory），726—727, 729
总需求与总供给模型（Model of aggregate demand and aggregate supply），**710**, **714**, 714—715
    总需求曲线（aggregate-demand curve），715—720
    总供给曲线（aggregate-supply curve），721—729
    长期菲利普斯曲线（long-run Phillips Curve），777
    菲利普斯曲线（Phillips curve），774
货币均衡（Monetary equilibrium），641—642
货币注入（Money injection），642—643, 753, 754
货币中性（Monetary neutrality），645—646, **646**
    费雪效应（Fisher effect），650—651
    再度审视货币中性（revisited），733
货币政策（Monetary policy），**621**
    与总需求（aggregate demand and），748—757
    货币供给的变动（changes in money supply），753—754
    争论，按规则制定还是相机抉择（debate, policy made by rule or discretion），803—805
    反通货膨胀（disinflation），786
    扩张性的货币政策（expansionary），756
    银币自由铸造争论（free-silver debate），658—659
    目标（goals of），808—809
    通货膨胀目标化（inflation targeting），805
    货币注入（monetary injection），753—754
    美联储政策中利率目标的作用（role of interest-rate targets in Fed policy），754—756
    关于稳定经济的争论（stabilization policy arguments），798—799
    流动性偏好理论（theory of liquidity preference），748, 749—751
    利率降至零（zero lower bound），756—757
货币制度（Monetary system），615—634

银行与货币供给(banks and money supply), 622—627
联邦储备体系(Federal Reserve system), 620—622, 628—630
货币的含义(meaning of money), 616—620
货币(Money), 616
 商品货币(commodity), 617
 部分准备金银行制下的货币创造(creation with fractional-reserve banking), 623—624
 信用卡(credit card and), 619
 法定货币(fiat), 617
 货币的职能(functions of), 616—617
 终值(future value), 576
 超速通货膨胀期间的货币(during hyperinflations), 648, 649
 货币的种类(kinds of), 617—618
 货币的流动性(liquidity of), 750
 衡量货币的时间价值(measuring time value of), 576—577
 现值(present value), 576—577
 货币数量论(quantity theory of), 640, 643
 货币存量(stock), 618, 619
 美国经济中的货币(in U.S. economy), 618—619
 货币价值(value of), 641
 货币流通速度(velocity of), 646—648
货币需求(Money demand), 641—642
 流动性偏好理论(theory of liquidity preference), 750
货币市场(Money market), 619, 631
 均衡(equilibrium in), 750—751
 与总需求曲线的斜率(and slope of aggregate demand curve), 752
货币乘数(Money multiplier), 624—625
货币供给(Money supply), **621**, 622, 641—642
 银行资本、杠杆以及2008—2009年的金融危机(bank capital, leverage, and financial crisis of 2008—2009), 625—627
 银行挤兑和货币供给(bank runs and), 631—632
 银行与货币供给(banks and), 622—627
 贴现率(discount rate), 628
 超额准备金(excess reserves), 623
 美联储控制货币的工具(Fed's tools for monetary control), 628—634
 货币中性(monetary neutrality), 645—646, **646**
 货币乘数(money multiplier), 624—625
 公开市场操作(open-market operations), 622, 628
 支付准备金利息(paying interest on reserves), 630
 控制货币供给中的问题(problems in controlling), 630
 法定准备金(reserve requirements), 629, 630
 流动性偏好理论(theory of liquidity preference), 749—750
道德风险(Moral hazard), 580
 保险(insurance), 580
"迁移机会"计划(Moving to Opportunity Program), 821
多重回归(Multiple regression), 831
乘数效应(Multiplier effect), 758, 800
 总需求(aggregate demand), 758
 支出乘数的公式(formula for spending), 758—760
 其他应用(other application of), 760
市政债券(Municipal bonds), 555
共同基金(Mutual funds), **557**
 金融中介机构(as financial intermediaries), 557—558
 指数基金(index funds), 557
 资产组合(portfolio), 557

N

纳斯达克(全国证券交易商协会自动报价系统)[NASDAQ (National Association of Securities Dealers Automated Quotation system)], 556
国民收入(National income), 494, 496, 498, 499, 558—561, 570, 579, 760, 776
国家医疗研究所[Institutes of Health (NSF)], 543
《国家劳动关系法案》(National Labor Relations Act), 605
国民储蓄(National saving), **559**, 560, 562, 567—569, 810, 811, 813—814
 增加国民储蓄的方法(ways to increase), 814

国家科学基金会(National Science Foundation), 543
自然实验(Natural experiment), **832**
自然产出水平(Natural level of output), 721, **722**, 751
自然率假说(Natural-rate hypothesis), 780—782
 自然实验(natural experiment for), **780—782**
自然失业率(Natural rate of unemployment), 592, **594**, 776—778
自然资源(Natural resources), 533, **534**, 535—538, 543, 544, 547, 721
 与总供给曲线移动(aggregate-supply curve shifts and), 722
 生产率的决定因素(as determinant of productivity), 534
 增长的限制因素(limit to growth), 536
 人口增长,导致自然资源紧张(population growth stretching of), 543—544
负相关性(Negative correlation), 772, 778
负的公共储蓄(Negative public saving), 697, 810
资本净流出(Net capital outflow), 668—669, **669**
 净出口与资本净流出相等(equality of net exports), 669—671
 金融资源的流动(flow of financial resources), 668—669
 利率(interest rates), 694
 两个市场之间的联系(link between two markets), 693
净出口(Net exports), **498**, 498—499, **666**
 净出口变动引起的总需求曲线移动(aggregate-demand curve shifts due to changes in), 718—719
 GDP的组成部分(as component of GDP), 498—499
 相等(equality of), 669—671
 物价水平与净出口,总需求曲线向右下方倾斜(price level and, aggregate-demand curve downward slope), 717—718
 贸易政策(trade policies), 698—701
外国净投资(Net foreign investment), 669
国民生产净值[Net national product(NNP)], 496
纽约证券交易所(New York Stock Exchange), 556
纽约扬基队(New York Yankees), 511

尼日利亚(Nigeria)
 人均收入(average income in), 529
 通货膨胀率(inflation rate), 640
名义汇率(Nominal exchange rate), 676
 恶性通货膨胀期间(during hyperinflation), 681
 国际交易(international transactions), 676
名义GDP(Nominal GDP), 501, 645
 真实GDP与名义GDP,数字例子(numerical example of real vs.), 500—501
 真实GDP与名义GDP(real GDP vs.), 500—503
 货币流通速度与货币数量方程式(velocity and quantity equation), 646—648
名义利率(Nominal interest rate), 521—522, **522**, 562—563, 650, 749
名义变量(Nominal variables), **645**, 646, 713, 714, 722, 733, 777
北美自由贸易协定[North American Free Trade Agreement(NAFTA)], 668, 705
营养(Nutrition)
 经济增长与营养(economic growth and), 540—541
 健康与营养(health and), 540—541

O

巴拉克·奥巴马(Obama, Barack), 736, 765, 790, 800, 801
观测数据(Observational data), **821**
开放经济(Open economies), **666**
 净出口与资本净流出相等(equality of net exports and net capital outflow), 669—671
 开放经济中的均衡(equilibrium in), 693—695
 欧元(Euro), 677
 金融资源的流动(flow of financial resources), 668—669
 物品的流动(goods, flow of), 666—675
 政府预算赤字(government budget deficit), 696—698
 政策和事件如何影响开放经济(how policies and events affect), 696—703
 物品与资本的国际流动(international flows of goods and capital), 666—675

外汇市场(market for foreign-currency exchange), 690—692

可贷资金市场(market for loanable funds), 688—690

名义汇率(nominal exchange rates), 676

政治不稳定与资本外逃(political instability and capital flight), 701—703

国际交易的价格(prices for international transactions), 676—678

购买力平价(purchasing-power parity), 679—683

真实均衡(real equilibrium), 695

真实汇率(real exchange rates), 676—678

贸易政策(trade policy), 698—701

美国经济日益提高的开放程度(U.S. economy, increasing openness of), 667—668

公开市场操作(Open-market operation), 621, 622, **628**, 630, 641, 733, 736, 749, 753—756

普通最小二乘法(Ordinary least squares), **827**, 828, 832

石油输出国组织[Organization of Petroleum Exporting Countries(OPEC)], 738

 通货膨胀(inflation), 785, 789

 供给冲击(supply shocks), 785

外向型政策(Outward-oriented policies), 542

股票被高估(Overvalued stock), 583

所有者权益(Owners-equity), 626

P

巴基斯坦(Pakistan)

 经济增长(economic growth of), 530—531

面板数据(Panel data), **822**

参数(Parameters), **823**

完全替代(Perfect substitutes), 682, 692

永久债券(Perpetuity, bonds), 555

个人收入(Personal income), 712, 762, 767

威廉·菲利普斯(Phillips, A.W.), 722, 778, 779—781, 791

菲利普斯曲线(Phillips curve), **772**

 总需求、总供给和菲利普斯曲线(aggregate demand, aggregate supply and), 773—775

 破灭(breakdown of), 782

 金融危机期间(during financial crisis), 791

 长期菲利普斯曲线(long-run), 775—777

 自然率假说(natural-rate hypothesis), 780—782

 20世纪60年代的菲利普斯曲线(in 1960s), 781

 由来(origins of), 772—773

 理性预期(rational expectations), 787

 使理论与证据相一致(reconciling theory and evidence), 778—779

 牺牲率(sacrifice ratio), 785—786

 菲利普斯曲线的移动(shift in), 775—782

 短期菲利普斯曲线(short run), 779—780

 供给冲击(supply shocks), 782—784

物质资本(Physical capital), **533**

 生产率的决定因素(as determinant of productivity), 533—534

 人均物质资本(per worker), 533—534

波兰,恶性通货膨胀(Poland, hyperinflation in), 648, 649

政治性经济周期(Political business cycle), 803, 804

政治不稳定与资本外逃(Political instability, capital flight and), 701—703

人口增长(Population growth)

 稀释了资本存量(diluting the capital stock), 544—545

 经济增长与人口增长(economic growth and), 543—545

 促进了技术进步(promoting technological progress), 545

 导致自然资源紧张(stretching natural resources), 543—544

资产组合,共同基金(Portfolio, mutual funds), 557—558

现值(Present value), **576**, 576—577, 583

价格[Price(s)]

 恶性通货膨胀期间的价格(during hyperinflations), 648, 649

 国际交易的价格(for international transactions), 676—678

 物价水平(level of), 640—641

 相对价格(relative), 654—655

物价水平（Price level），720—721，751
    物价水平与消费（consumption and），716
    汇率效应（exchange-rate effect），717
    物价水平与投资（investment and），761—717
    物价水平与净出口（net exports and），717
私人储蓄（Private saving），**560**，568，569，697，811，814
生产价格指数（Producer price index），**515**
生产（Production）
    生产与增长（growth and），529—549
    GDP衡量某一既定时期内，生产的价值（within specific interval of time, GDP measures value of），495—496
生产函数（Production function），535
    图示（illustration），538
生产率（Productivity），533
    决定因素（determinants of），533—535
    健康与营养（health and nutrition），540—541
    重要性（importance of），533
    生活水平与生产率（living standards and），532，533
    作用（role of），532—536
产权（Property rights），541，543
公共物品（Public goods），542—543
公共政策（Public policy）
    收益递减和追赶效应（diminishing returns and catch-up effect），537—539
    经济增长与公共政策（economic growth and），537—547
    教育与公共政策（education and），540
    自由贸易与公共政策（free trade and），542
    健康与营养（health and nutrition），540—541
    来自国外的投资（investment from abroad），539
    工作搜寻与公共政策（job search and），600
    人口增长与公共政策（population growth and），543—545
    产权和政治稳定（property rights and political stability），541—542
    研究与开发（research and development），542—543
    储蓄和投资（saving and investment），537
公共储蓄（Public saving），**560**，810，814
    预算赤字（budget deficit and），814

负的公共储蓄（negative），810
    储蓄的激励（saving incentives and），814
购买价格（Purchase price），655
购买力（Purchasing power），679
    银行账户（bank account），522
    通货膨胀（inflation and），652—653
    衡量指标（measures of），512
购买力平价（Purchasing-power parity），**679**，679—684
    基本逻辑（basic logic of），679—680
    汉堡包标准（hamburger standard），683
    含义（implications of），680—681
    局限性（limitations of），682—683
    特例（as special case），692

Q

质量（Quality）
    效率工资理论，工人素质（theory of efficiency wages and worker quality），607—608
生活质量（Quality of life），505—506，529
量化宽松（Quantitative easing），736，756
数量（Quantity）
    美联储，影响准备金量（of reserves, Fed influence），628—629
数量方程式（Quantity equation），646—648，**647**
货币数量论（Quantity theory of money），640，**643**
进口配额（Quotas, import），668，701

R

随机游走（Random walk），**585**，585—587
    随机游走与指数基金（index funds and），585—587
    股票价格（stock prices），585
随机对照实验（Randomized controlled trial），**820**
理性预期（Rational expectations），**787**
    与无代价的反通货膨胀的可能性（and possibility of costless disinflation），787
罗纳德·里根（Reagan, Ronald），673，697，788，801，805
    政府债务（government debt and），567
真实汇率（Real exchange rate），**677**，677—678，680，691—695

真实 GDP（Real GDP），**501**
    过去半个世纪的真实 GDP（half century of），502—503
    与名义 GDP（vs. nominal GDP），500—503
真实利率（Real interest rate），**522**，522—523，650，749
真实变量（Real variables），**645**，645—646，713
衰退（Recession），570，**710**
    2008—2009 年的衰退（in 2008—2009），734—736
    期间及之后的菲利普斯曲线（Phillips curve during and after），782
    2020 年的新冠疫情衰退（Covid recession of 2020），740
    真实 GDP 与衰退（real GDP and），502—503
    减税（tax cuts），800—802
    沃克尔决策（Volcker's decision），805
    新冠疫情衰退期间的工资（wages, during Covid recession），610—611
使理论与证据相一致（Reconciling theory），778—779
生活费用的地区差别（Regional differences, cost of living and），519—521
地区价格平价（Regional price parities），519—520
《1861—1957 年英国失业和货币工资变动率之间的关系》（菲利普斯）["Relationship between Unemployment and the Rate of Change of Money Wages in the United Kingdom, 1861—1957" (Phillips)]，772
相对价格（Relative price）
    与资源配置不当（misallocation of resources and），654—655
    相对价格变动（variability），654—655
研究与开发，经济增长与（Research and development, economic growth and），542—543
准备金率（Reserve ratio），**623**，623—625，628—630
法定准备金（Reserve requirements），623，629，630
准备金（Reserves），**622**，623—626，628—629
残差（Residual），827
资源（Resources）
    金融资源的流动（flow of financial），668—669
    自然资源（natural），533—538，543，544，547
    相对价格变动与资源配置不当（relative-price variability and misallocation of），654—655
留存收益（Retained earnings），496，584
反向因果关系（Reverse causality），**822**
工作权利法（Right-to-work laws），605
风险（Risk）
    通过多元化降低风险（diversification reduces），581
    企业特有风险（firm-specific），581
    风险管理（managing），578—582
    市场风险（market），581
    风险与收益之间的权衡取舍（and return, trade-off between），581—582
风险厌恶（Risk aversion），**579**
《鲁滨孙漂流记》（笛福）[*Robinson Crusoe* (Defoe)]，533
约翰·D. 洛克菲勒（Rockefeller, John D.），532
《货币政策的作用》（弗里德曼）["The Role of Monetary Policy" (Friedman)]，775

S

牺牲率（Sacrifice ratio），785—786，**786**
销售税（Sales taxes），649
抽样变异（Sampling variation），829
保罗·萨缪尔森（Samuelson, Paul），755，765，772，773，775，778，779，781，793
托马斯·萨金特（Sargent, Thomas），787，793
储蓄 [Saving(s)]，**559**，812—814
    经济增长（economic growth），537
    财政政策与储蓄（fiscal policy and），569
    储蓄激励（incentives），563—565
    通货膨胀，增加了储蓄的税收负担（inflation raises tax burden on），655
    储蓄与投资（investment and），560—561
    国民储蓄（national），812—814
    国民收入账户（national income accounts），558—561
    负的公共储蓄（negative public），697，810
    私人储蓄（private），560
    公共储蓄（public），560，673，697，811，814
    可贷资金供给（as supply of loanable funds），561—562
    为了鼓励储蓄而修改税法的争论（tax law reform

debate to encourage saving), 812—814
季度调整（Seasonal adjustment），495
美国第二银行（Second Bank of United States），632
部门转移（Sectoral shifts），600
服务（Services）
 CPI 篮子（CPI basket of），514
 当期生产的，GDP 包括（currently produced, GDP includes），495
 无形的服务（intangible），495
皮鞋成本（Shoeleather costs），**653**，653—654，806，807
短期（Short run）
 短期总供给曲线（aggregate-supply curve），724—727
 反通货膨胀的货币政策（disinflationary monetary policy），786
 经济波动（economic fluctuations），713—715
 短期利率（interest rates），751
 菲利普斯曲线（Phillips curve），778—779
新加坡，实行外向型政策（Singapore, pursued outward-oriented policies），542
斜率（Slope），715—718，724—727，752—753
社会保障（Social Security），498
 社会保障补助，指数化（indexation of benefits under），521
罗伯特·索洛（Solow, Robert），765，772，773，775，778，779，781，793
投机泡沫（Speculative bubble），587
支出乘数，公式（Spending multiplier, formula for），758—760
稳定（Stabilization）
 自动稳定器（automatic stabilizers），767
 争论（debate），798—799
 政策争论（policy arguments），765—766
滞胀（Stagflation），736，737—739，783
标准差（Standard deviation），**829**
标准误（Standard error），**829**
《星球大战：原力觉醒》（*Star Wars: The Force Awakens*），519
描述（Statement）
 定性描述（qualitative），826
 定量描述（quantitative），826
统计误差（Statistical discrepancy），496
统计模型（Statistical model），827
黏性价格理论（Sticky-price theory），726
黏性工资理论（Sticky-wage theory），725—726，728—729，732，736
股票（Stocks），555，555—556
 企业特有风险的多元化（diversification of firm-specific risk），580—581
 有效市场假说（efficient markets hypothesis），584—585
 基本面分析（fundamental analysis），583—584
 指数基金（index funds），585—586
 市场非理性（market irrationality），587—588
 随机游走（random walks），585—587
股票指数（Stock index），556，586
股票市场（Stock market），555—556
 美联储（Federal Reserve），754—755
价值储藏（Store of value），557，616，**617**
罢工（Strike），604
结构性失业（Structural unemployment），**599**，606
撒哈拉以南非洲地区（Sub-Saharan Africa），541，545—547
替代偏向（Substitution bias），515
替代效应（Substitution effect），456—457，814
劳伦斯·萨默斯（Summers, Lawrence），742
供给与需求（Supply and demand）
 区分供给与需求（disentangling），696
 外汇（for foreign-currency exchange），688—692
 可贷资金（of loanable funds），688—692
供给冲击［Supply shock（s）］，782—784，**783**
 抵消不利的供给冲击（accommodating adverse），784
 对总供给的不利冲击（adverse shock to aggregate supply），783
 20 世纪 70 年代的供给冲击（of the 1970s），784
 菲利普斯曲线（Phillips curve and），782—784
 供给冲击的作用（role of），782—784
盈余（Surplus）
 政府预算赤字与盈余（government budget deficits and），567—569

贸易盈余（trade），**666**

T

T 型账户（T-account），623
有形的物品，GDP 包括（Tangible goods, GDP includes），495
关税［Tariff(s)］，703
减税（Tax cuts）
 乔治·W. 布什（实行的减税）（under George W. Bush），762，800
 肯尼迪（实行的减税）（under Kennedy），765
税收待遇，债券（Tax treatment, Bonds），555
关于税法的争论（Tax laws debate），812—814
债券的税收待遇（Tax treatment, bonds），555
技术变革（Technological change），535，545
技术知识（Technological knowledge），**534**，534—535
 与总供给曲线的移动（aggregate-supply curve shifts and），728
债券的期限（Term, bonds），555
短期拍卖工具（Term auction facility），629
通货膨胀理论（Theory of inflation），640—651
流动性偏好理论（Theory of liquidity preference），**748**，749—751
 货币市场的均衡（equilibrium, money market），750—751
 货币需求（money demand），750
 货币供给（money supply），749
政策的前后不一致性（Time inconsistency of policy），804
 在实践中的重要性（practical importance of），805
时间序列数据（Time-series data），**822**
货币的时间价值，衡量（Time value of money, measuring），576—577
贸易余额（Trade balance），**666**
贸易壁垒（Trade barriers），668
贸易赤字（Trade deficit），**666**
 一国收入的衡量（measuring a nation's income），492
 美国的贸易赤字（in U.S.），673—675
权衡取舍（Trade-offs）
 风险与收益之间的权衡取舍（between risk and return），581—582
贸易政策（Trade policy），**698**，698—701
 进口配额（import quota），698
 关税（tariff），698
贸易盈余（Trade surplus），**666**
转移支付（Transfer payments），498
交通（Transportation），514，668
通货膨胀保值债券（TIPS）［Treasury Inflation-Protected Securities（TIPS）］，555
实验组（Treatment group），820
特朗普（Trump, Donald），621，668，705，765，792
土耳其，通货膨胀率（Turkey, inflation rate），640
工人流动率，效率工资（Turnover, efficiency wages and），607

U

无偏的（Unbiased），830
被低估的股票（Undervalued stock），583
失业（Unemployment）
 补助（benefits），601
 周期性失业（cyclical），592，**594**
 失业与效率工资（efficiency wages and），607—608
 摩擦性失业（frictional），599—600
 失业的确认（indentifying），592—599
 失业保险（insurance），600—601
 失业与工作搜寻（job search and），599—601
 失业的衡量（measuring of），578—582
 最低工资法（minimum-wage laws and），602—603
 自然失业率（natural rate of），592，**594**，776
 通货膨胀与失业之间的短期权衡取舍（short-run trade-off between inflation and），771—793
 结构性失业（structural），606
 为什么总有些人是失业者（why some people always experience），598—599
失业率（Unemployment rate），**593**
 衡量指标（measures），592—596
 1960 年以来的失业率（since 1960），594
工会（Union），**605**
 集体谈判（collective bargaining），605

工会经济学（economics of），604，605
工会对经济是好还是坏（good or bad for economy），605—606
罢工（strike），604
一种卡特尔（type of cartel），604—605
英国（United Kingdom）
经济增长（economic growth of），530—531
人均真实GDP（real GDP per person），530—531
美国（United States）
平均收入（average income in），529—531
经济增长（economic growth of），530—531
经济增长率（economic growth rate），543
投资占GDP的百分比（GDP to investment），538
政府债务（government debt），567—569
通货膨胀率（inflation rate），640
利率（interest rates in），522—523
美国经济的国际化（internationalization of economy），667
国际贸易与国际金融（international trade and finance），667—668
营养（malnutrition in），540
美国经济中的货币（money in），619—620
真实GDP（real GDP in），502—503
贸易赤字（trade deficit），673—675
计价单位（Unit of account），616—618，**617**，646，656，657，806
无法衡量的质量变动（Unmeasured quality change），516
效用（Utility）
效用函数（function of），579

V

变量（Variables）
名义变量（nominal），645
真实变量（real），645
货币流通速度（Velocity of money），**646**，646—648
委内瑞拉（Venezuela）
恶性通货膨胀（hyperinflation in），660—661
通货膨胀率（inflation rate），640
保罗·沃尔克（Volcker, Paul A.），785—789

沃尔克决策，导致衰退（decision led to recession），805
反通货膨胀（disinflation），787—789

W

工资物价螺旋式上升（Wage-price spiral），738
工资（Wages）
5美元日薪（$5-a-day），608—609
新冠疫情衰退期间的工资（during Covid recession），610—611
效率工资（efficiency），607—609
最低工资法（minimum-wage laws），602—603
财富（Wealth）
任意的财富再分配（arbitrary redistributions of），657
财富效应（effect），716，748
女性（Women）
美国经济中，女性劳动力（labor force participation in U.S. economy of），595—596
1950年以来，女性的劳动力参工率（labor force participation rates since 1950），595
《欧兹国历险记》（Baum）[*The Wonderful Wizard of Oz*（Baum）]，658
工人（Worker）
丧失信心的工人（discouraged），597
工人努力程度（effort），608
工人健康状况（health），607
人均人力资本（human capital per），534
自然资源（natural resources），534
人均物质资本（physical capital per），534—535
工人素质（quality），607—608
工人流动率（turnover），607
世界银行（World Bank），539
世界价格（World price），782，783，804
第二次世界大战（World War II），539

Z

零通货膨胀（Zero inflation），522，655，757，803，806—808
争论（debate），522，655

对利息收入的税收处理(tax on interest income), 655

票价(ticket price), 522

利率降至零(Zero lower bound), 756—757

津巴布韦(Zimbabwe)

    人均收入(income per person in), 530